Wilhelm Schaefer

Die köigliche Gemäldegalerie zu Dresden

Wilhelm Schaefer

Die köigliche Gemäldegalerie zu Dresden

ISBN/EAN: 9783743666474

Hergestellt in Europa, USA, Kanada, Australien, Japan

Cover: Foto ©Thomas Meinert / pixelio.de

Weitere Bücher finden Sie auf **www.hansebooks.com**

Die Königliche GEMÄLDE-GALLERIE im Neuen Museum zu DRESDEN.

Beschreibung und Erläuterung
sämmtlicher Gemälde
nach der Ordnung der Räume,
begleitet von
kunstgeschichtlichen und kritischen Erinnerungen.

Erster Band.

Die Geschichte der Gallerie, und die Revue der ersten, westlichen Abtheilung, des Entrée und der Räume G bis mit A. enthaltend.

Dresden,
H. Klemm's Verlag.
1860.

Vorwort.

In aller Welt ist längst ihr Ruf erklungen.
Mit edlem Stolz' nennt sie das Vaterland,
„Manch' köstlich Werk von grosser Meister Hand
Birgt Elbflorenz!" — erschallt's von fremden Zungen.

Als *Herder*, in den ersten Jahren dieses Jahrhunderts, während seines längern Aufenthaltes in *Dresden*, nächst den übrigen Kunstsammlungen der Residenz, auch die kurfürstliche Gemälde-Gallerie mit grossem Interesse besucht hatte, und er, von Begeisterung ergriffen, niederschrieb:

„Blühe, deutsches Florenz, mit deinen Schätzen der Kunstwelt,
„Stille gesichert sei, Dresden-Olympia, uns!"

war allerdings längst die fruchtreiche Zeit der Haupterwerbungen für die Dresdener Gemälde-Gallerie vorüber. Ja, sie stand bereits, was namentlich die italienischen Schulen und die holländischen und niederländischen Grossmeister betraf, *als ein grossartiges Denkmal des regen Kunstsinnes und der seltenen Kunstliebe mehrer sächsischen Fürsten* da; doch bildete sie damals noch nicht das schöne, abgerundete Ganze wie jetzt, wo endlich nach langem, vergeblichen Wünschen und Harren, auch selbst eine günstigere Localität Vieles dazu beiträgt, den Genuss dieses binnen *hundert und fünfzig Jahren* vereinten Gemäldeschatzes zu erhöhen.

Zu *Herder's* Zeit (1803) fehlten der Gallerie namentlich noch die vorzüglichsten Werke der *holländischen und niederländischen Kleinmeister*, die allerdings von vielen, nur die grossartigen Formen liebenden Kunstkennern sehr wenig oder gar nicht beachtet zu werden pflegen, weil sie, nach ihrem Ausspruche, gleichsam am Untergange der sinkenden Kunst den Sinn nur noch durch den Zauber der Farbe und Technik fesselten. Dennoch darf auf deren Besitz die Gallerie stolz sein, weil unbestritten keine ihrer Schwestern in Europa so reich mit einem derartigen Schmucke aus den Werkstätten der neuzeitlichen Kunst prunken kann, als gerade sie. Doch soll damit nicht etwa gesagt sein, dass dieser grosse Reichthum allein der Gallerie ihren grossen Ruf verschaffte, dessen sie sich ja schon vor 1800 erfreute. Dieser war vielmehr bereits früher durch den allerkostbarsten Besitz der *Sistinischen Madonna* des *Raffael* und der seltenen Werke eines *Correggio*, namentlich der „Nacht" und der „Magdalene", eines *Tiziano*, besonders des „Zinsgroschen", eines *Paolo Veronese*, eines *Holbein*, vornehmlich der „meyerschen Madonna" und des „Morrett" etc. etc. begründet. Allein auch der stattliche Besitz der *Holländer* und *Niederländer* ist es, der alljährlich noch jetzt Tausenden von kunstsinnigen Reisenden das offene Geständniss, *dass die dresdener Gemälde-Gallerie zu den vorzüglichsten Gemälde-Sammlungen Europa's gehört*, gleichsam abzwingt, ja, ihr sogar längst in topographischen Schriften des Auslandes den Ehrennamen *„eines Solitär und grossen Pitt in Sachsens Ehrenkrone"* verschafft hat.

Von der Mehrzahl der kleinen seltenen Bilder, welche die Reihen der *niederländischen* und *holländischen Schulen* trefflichst ergänzen, kann man mit Recht sagen, es muss in der *zeichnenden Kunst*, wie in der *Architectur*, neben den genialen grossen Massen auch solche fleissig gearbeitete, feine

Gliederungen geben, während selbst in der Instrumentalmusik neben den grossen Contrabässen und Violons auch die zarten Geigen in trefflichster Harmonie wirken. — Der grösste Theil derselben befand sich bis zum Jahre 1817 noch in den Gemächern des königlichen Schlosses, nachdem nur erst wenige derselben seit 1806 von da aus in die Gallerieräume übergegangen waren, wie die vom Verf. fast durchgängig angegebene Zeit darthun kann, in welcher jedes Bild zur Gallerie selbst gekommen ist. — Natürlich waren dieselben vor 1817 den Freunden der Kunst, die sich allein dafür interessirten, nur, mit besonderer Erlaubniss des Hausmarschalls, im Sommer, während des pillnitzer Hoflagers, zugänglich und der grösste Theil der Localitäten, in welchen sie aufgehangen waren, war überdiess nicht durchgängig so geeignet beleuchtet, um sie vollkommen geniessen zu können.

Der bei Weitem grössere Theil dieser *holländischen* und *niederländischer Kabinetsbilder* ward übrigens ursprünglich auch nur allein als *eine Zierde für die königlichen Zimmer* angekauft, und selbst mehre der Kabinetsstücke aus den italienischen Schulen (*Correggio*'s „Magdalene" etc.) hatten sogar noch zu Anfange dieses Jahrhunderts ihre zeitweilige Aufstellung in den Apartements der königlichen Familie, *deren speciell erworbenes Eigenthum der ganze Gemäldeschatz überhaupt ist.*

Auch erzählt *Dassdorf* (Dresdens Merkwürdigkeiten, 1782): *„Uebrigens hat die schöne und in ihrer Art einzige Gallerie noch einen grossen Schatz von vortrefflichen Gemählden, die wegen Mangel des Platzes noch nicht haben können aufgemacht werden, sondern die nur meistens noch unten hin an den Wänden anstatt der Lambris gestellt sind,"* und nach *Hasche* (Beschreibung Dresdens) waren es allein 371 Stück Gemälde, die auf diese Weise aufgestellt und auch nicht in dem gedruckten Verzeichnisse aufgeführt waren. Ja, unter diesen nur schwer zugänglichen Gemälden befanden sich sogar unter anderen die *„Grablegung"* und *„Landschaft"* von *Rembrandt*, van der *Werff's „Urtheil des Paris"* etc. etc.

Wie manches ausgezeichnete Gemälde verbarg ausserdem noch die sogenannte *Doublettengallerie*, welche völlig ungeordnet in der Langgallerie der brühlschen Terrasse sich befand, und die bis 1825 kaum zugänglich und, so zu sagen, wie ein Stiefkind von der damaligen Gallerie-Direction behandelt wurde, worüber selbst mehre Topographen öffentlich bittere Klagen erhoben haben. Ja, man verschwieg es selbst nicht, dass aus derselben besonders zu *J. A. Riedel's* Zeit, etwa 1770 bis 1812, viele Bilder spurlos verschwanden, unter anderen sogar ein werthvolles Gemälde des **Quentin Messys**, weil der Oberchef, **Marcolini**, wie es in mehren Schriften heisst, keinen Kunstsinn besass. Aus dieser verwahrlosten Beisammlung wurden erst namentlich seit 1826 durch den Gallerie-Director *Matthäi* viele bis dahin unbeachtet gebliebene Bilder für die Aufstellung in der Gallerie selbst entnommen, und die durch den Staats-Minister *von Lindenau* angeordnete Einziehung von Scherwänden verschaffte der Gallerie mehr Raum, um auch dem neuen Zuwachse geeignetere Plätze bieten zu können, während die Kabinetsbilder den Fenstern näher gebracht werden konnten. Nachdem endlich seit 1830, nach Aufhebung dieser sogenannten Doublettengallerie, welche, ausser den Prospecten *Thiele's* und *Canaletto's* und (seit 1813) den sogenannten *Raffaels-Tapeten*, sowie den grossen Bildern des *Sylvestre*, über 250 Gemälde noch enthielt, die Mehrzahl derselben in den sogenannten *„Vorrath der Gallerie"* gekommen war, um dort ruhig einer Auferstehung entgegen zu harren, war es namentlich erst wieder der Director *Schnorr von Carolsfeld*, durch dessen Thätigkeit für die Gallerie seit Ende der vierziger Jahre noch so manches treffliche, bis dahin selbst von der vom Minister *von Lindenau* angeordneten, doch mit der frühern Direction gespannten Commission nicht gewürdigte Gemälde der Gallerie selbst einverleibt wurde, worauf wir bei der vorliegenden Revue der einzelnen Gemälde stets speciell aufmerksam gemacht haben.

Der einzige Mangel, der in der Gallerie stets sehr bemerkbar war, und ihr auch gleichsam zum Vorwurfe gemacht ward, ist das Fehlen einer nur einigermassen vollständigen Kette der Werke alt- und neudeutscher Kunst, worin jedoch in neuester Zeit schon etwas nachgeholfen worden ist. Dass aber die deutsche Schule in der Gallerie, so zu sagen, in der *Minorität* ist, hat eigentlich einzig und allein darin seinen Grund, dass man zu der Zeit des grössten Erwerbungseifers den italienischen Schulen vorherrschend huldigte, und das Studium der altdeutschen Kunst von Künstlern und Kunstkennern völlig verabsäumt und sogar verschmäht ward, weshalb sogar eine Unzahl von aus den landesfürstlichen Schlössern entnommenen, werthvollen altdeutschen Gemälden wahrhaft verschleudert worden sind, worauf wir in der geschichtlichen Einleitung auch speciell aufmerksam gemacht haben. Namentlich aber zeugten von dieser Nichtachtung der vaterländischen Kunst noch viele früher in den Amtsarchiven vorhandene Inventarien und Auctionsverzeichnisse.

Trotzdem behält die dresdener Gallerie ihren *unbestreitbaren Werth*, der unbedingt in der jetzigen Aufstellung nach den Schulen noch weit besser gewürdigt werden kann, als früher, wo, wie *Hirt* sich darüber ausspricht, „die Arbeiten eines und desselben Meisters fast muthwillig in grossen Ent-

fernungen von einander aufgehangen waren, gleichsam als
Räthsel und Prüfung für den Beschauenden."

Wie einseitig aber auch die Gallerie von den Kunstkennern und Kunstschriftstellern im Allgemeinen behandelt worden ist, zeigen alle die Schriften, welche bis jetzt dieselbe kritisch und kunsthistorisch behandelten. Denn während die Mehrzahl derselben stets den *Italienern* und ausser diesen höchstens den Gemälden eines *Rubens* und *van Dyk* eine grössere Beachtung schenkten, wurden die übrigen Holländer und Niederländer meistens nur ganz oberflächlich berücksichtigt. Am Meisten von ihnen hat noch *von Racknitz,* dann aber namentlich *Hirt*, sowie ausserdem auch noch, in dem Texte zu *Hanfstängl's Galleriewerke*, der Director *Frenzel*, besonders aber *Dr. Karl Ferdinand Peters* in gründlicher und zugleich ansprechender Weise auf die Vorzüge der kleineren Gemälde dieser Schulen in der Gallerie aufmerksam gemacht, und neuerdings hat *von Quandt* in seinem „*Begleiter*" etwas mehr als früher ihnen seine Aufmerksamkeit gewidmet. Es ist bis jetzt in der That sehr Vieles und Mannigfaltiges über die Gallerie geschrieben worden, aber aus allen den erschienenen Schriften verschiedenen Umfanges konnte man sich doch kein richtiges Gesammtbild von dem wirklichen Reichthume derselben machen, indem man eigentlich gewöhnlich nur etwa 2 bis 300 Bilder derselben genauer in's Auge fasste, während man die übrigen 1700 Gemälde en bloc behandelte, oder gar nicht der Erwähnung werth hielt. — Ausserdem waren die *Cataloge* eigentlich nur für die *blossen Spaziergänger in der Gallerie* abgefasst: denn während die *ältesten* derselben, sowie das sehr beliebte *Abrégé* noch manche gute Bemerkung enthielten, obgleich sie in der Bildbeschreibung meist sehr oberflächlich und sogar leichtsinnig zu Werke gingen, während ferner die Cataloge (von

1806—1812) von *J. A. Riedel* nächst mancher kunsthistorischen und kritischen Notiz auf die Bildbeschreibung schon etwas mehr Gewicht gelegt hatten, was sich sogar bei *Demiani* (1817—1822) und besonders bei *Matthäi* (seit 1826) vortheilhaft steigerte, so waren dagegen die letzten abgekürzten Cataloge des Letztern desto dürftiger in jeder Beziehung, so dass selbst der Laie keineswegs ein Genüge daran fand. Leider hat auch *Julius Hübner*, dessen Verdienste um die Geschichte der Gallerie im Allgemeinen und der einzelnen Gemälde im Besondern wir in der *Einleitung* gehörig gewürdigt haben, die letzte, noch ungenügendere Bilderbeschreibung des nach dem Tode des Gallerie-Directors *Matthäi* auf Anordnung der Gallerie-Commission noch mehr verkürzten Catalogs adoptirt, während er doch unbedingt, weil er nun einmal keine Zeit hatte, jedes Bild genau nach dem Inhalte selbst revidiren zu können, der in den *Matthäi*schen Catalogen von 1826 bis 1835 den Vorzug hätte geben sollen, indem er dadurch gewiss sich noch weit mehr den Dank der Beschauer erworben haben würde.

Der Verf., der seit 25 Jahren die Schätze der Gallerie genauer kennen zu lernen und speciell zu würdigen Gelegenheit hatte, und sogar in zwei verschiedenen Zeiträumen die Veranlassung erhielt, sich mit der Geschichte derselben überhaupt, wie in Rücksicht der einzelnen Gemälde näher befreunden zu können, um allerdings nur als *Materialien-Handlanger* bei der Herausgabe eines umfassendern Werks über die Gallerie zu dienen, hatte namentlich auch nur zu oft Gelegenheit, die verschiedenartigsten, zum Theil gerechtfertigten Wünsche der Beschauer rücksichtlich eines *geeigneten, kunstgeschichtlichen Führers* in derselben zu vernehmen, und namentlich Veranlassung, die Ansprüche, die man an einen sogenannten „*raisonnirenden Catalog*" oder „*historisch-*

artistischen Cicerone" machte, in ruhige Ueberlegung ziehen zu können. Die Voraussetzung jedoch, dass von Seiten eines anerkannten Kunstkenners, der zugleich Mitglied der Gallerie-Commission war, ein den Ansprüchen des kunstliebenden Publikums entsprechendes, vollständiges Galleriebuch erscheinen würde, hielt den sich nicht für hinlänglich competent erachtenden Verf. immer noch zurück, seine gesammelten Erfahrungen in Verbindung mit seinen kunstgeschichtlichen Forschungen für die Herausgabe zu verarbeiten. Ein zweites Hinderniss war jedoch auch das Finden eines Herausgebers, der es wagte, die Mittel zur kostspieligen Herstellung eines solchen Werkes dem Unternehmen zu bieten.

Die Translocation der Gallerie in das neue Museum war vollendet; es erschienen auch mehre Bücher über diese sogar umfangreicher gewordene Gemäldesammlung, doch keines entsprach den eigentlichen Anforderungen der wirklichen Kunstfreunde, wiewohl nicht zu verkennen ist, dass *von Quandt's* „Begleiter" ein erwünschtes *Vademecum* für dieselben ward und auch *Lindau's Galleriebuch* eine aufrichtige Anerkennung verdiente. — Da fand der Verf. in dem unternehmenden und auf dem Gebiete der Costümgeschichte als Schriftsteller selbst ungemein thätigen *Heinrich Klemm* einen Herausgeber, und sofort ging er, noch ausserdem von mehren Kunstfreunden ermuthigt und namentlich von dem als Kunstkenner rühmlichst bekannten *von Quandt* aufgemuntert, an die allerdings theilweise sehr schwierige Aufgabe, und erhielt im Verlaufe der Arbeit sogar durch mehre andere hiesige und auswärtige Kunstkenner noch eine bei Weitem grössere Ermuthigung. —

Vor Allem hielt es der Verf., abgesehen davon, dass die strenge Ordnung nach den *Schulen* in einem Cataloge einen wesentlichen Vorzug hat, dennoch bei der vorliegen-

Vorwort.

den Revue der Gemälde, schon wegen der Bequemlichkeit für den Beschauer, geeigneter, die vorhandene Reihenfolge der Räumlichkeiten zu wählen, wiewohl die strenge Ordnung nach den Meistern, aus den in der Einleitung näher berührten Ursachen, bei dem Arrangement der Räume nicht immer festgehalten werden konnte, und namentlich der gebotene Raum der Gallerie selbst es nöthig gemacht hatte, die grossen Gemälde in den sechs grossen Sälen der innern Gallerie anzubringen, während man die vorzüglicheren, kleineren Gemälde derselben Meister in der vornehmlich dazu sich eignenden, nördlichen Gallerie, sowie theilweise sogar in den für manche Gemälde selbst noch geeigneteren Kabinets der zweiten Etage anbrachte. Um aber zugleich auch jedes Gemälde, sowohl nach der Ordnung der Schulen und Chronologie der Meister, als auch nach den Räumen, sofort finden zu können, ist am Schlusse des dritten Bandes ein *Verzeichniss nach der Reihenfolge der* die verschiedenen Malerschulen nach der Zeit verfolgenden *Catalognummern* mit der genauen Angabe des *Raumes* und der *Wand* desselben, wo das Bild sich befindet, sowie mit dem Nachweise der absichtlich durch alle drei Bände fortlaufenden *Zahl der Seite*, auf welcher jedes Bild beschrieben und besprochen worden ist, angefügt.

Als Vorbild bei der Beschreibung und Besprechung der einzelnen Gemälde diente aber dem Verf. namentlich das vom Gallerie-Director Prof. Dr. *Waagen* mit Umsicht bearbeitete „*Verzeichniss der Gemälde-Sammlung des Museums in Berlin*", theilweise auch die von Dr. *F. Kugler* herausgegebene „*Beschreibung der Gemälde-Gallerie des Königlichen Museum's zu Berlin*", sowie ausserdem *Frédéric Villot*'s „*Notice des tableaux exposés dans les Galeries du Musée impérial du Louvre*", und in mancher Beziehung selbst

Eduard Koloff's „Beschreibung der Museen und Gallerieen zu Paris".

Ueberdies hat der Verf. den trockenen Ton der Bildbeschreibung möglichst vermieden und dem Sujet jedes Gemäldes auch die jedesmalige Darlegungsweise anzupassen gesucht, damit der Beschauer desto besser zur Auffassung desselben gleichsam gestimmt und nicht etwa dadurch gelangweilt, sondern vielmehr zur genauern Betrachtung desselben erst recht aufgemuntert werde. Die Erläuterung jedes Bildes betrifft nun entweder das Geschichtliche des Sujets im Allgemeinen und Besondern, oder die partielle Zerlegung der Composition, namentlich die Anordnung des Dargestellten und deren Zusammenwirken, oder das Costüm der Figuren, oder die Eigenthümlichkeiten der sie umgebenden Gegenstände in Landschaft oder abgeschlossenem Raume. An diese schliesst sich die Betrachtung jedes Gemäldes nach künstlerischer Auffassung und technischer Behandlung, wobei jedoch der Verf. *nie massgebend,* sondern nur bescheiden andeutend erscheinen möchte, während der *ohngefähr angenommene Rang eines jeden Bildes,* soweit es thunlich erschien, und ohne ebenfalls geradezu *massgebend* auftreten zu wollen, schon durch die *verschiedene Grösse der Catalog-Nummern mit Beisetzung von ein bis zu drei Sternchen* angedeutet ist, was namentlich deshalb geschah, um, zur Erleichterung für den Beschauer, wenigstens unmassgeblich anzuzeigen, welche Gemälde in jedem Raume die mehr oder minder beachtenswerthen sein dürften, oder dafür bisher angesehen zu werden pflegten, wodurch jedoch dem natürlichen, harmlosen Gefühle, wie dem geläuterten Kunstsinne des gebildeten Beschauers keineswegs Fesseln angelegt werden sollten. Es wird daher diese gewagte Classification am Ende weit weniger arrogant erscheinen, da im Vorliegenden alle Gemälde *ohne Unterschied* die Revue passirten, als die bis jetzt herausgegebenen Auswahlen, durch welche dem Beschauer die Gelegenheit benommen blieb, auch über andere Gemälde, die ihm gleichfalls gefielen, die aber der Auswähler nicht für werth erachtete, sie unter die Reihe seiner Auserwählten aufzunehmen, wirklich etwas Näheres erfahren zu können. — Wenn ferner der Verf. nicht durchgängig streng die den Kunstkennern eigentlich nur geläufige *Kunstterminologie* bei der Besprechung handhabte, so ging er von der ihm durch Erfahrung gewordenen Ueberzeugung aus, dass nur wenige kunstsinnige, dabei auch mit einem gesunden Urtheile begabte Beschauer *Sulzer*'s „Theorie der schönen Künste" oder *Detmold*'s „Anleitung zur Kunstkennerschaft" etc. studirt haben, abgesehen davon, dass die Mehrzahl der Formeln der sogenannten Kunstkennersprache meist in mehr klangvollen, als genau bezeichnenden Redensarten besteht, die nicht selten kunstgelehrter zu sein scheinen, als sie wirklich sind. —

Was übrigens die mehrfachen Abweichungen, welche sich der Verf. von den bisherigen, durch die officiellen Cataloge und anderen Schriften über die Gallerie gleichsam sanctionirten Bezeichnungen mancher Gemälde, rücksichtlich der *Namen der Künstler* sowohl, als auch hinsichtlich der *Erklärung der Sujets,* betrifft, so sind diese nicht etwa, so zu sagen, aus blosser kunstkritikastrischer und historisirender Laune hervorgegangen, sondern sie sind vielmehr einfache, durch eine genauere, mehrjährige Betrachtung und namentlich durch möglichst gewissenhafte Untersuchung der Gemälde gerechtfertigte Resultate. Bei einer gründlichen Untersuchung so manches Gemäldes fanden sich allerdings nicht selten massgebende *Monogramme, Namenszüge, Jahrzahlen* und andere entscheidende *Kennzeichen*, die den Verf., nach genommener Rücksprache mit kunstverständigen und kunsthistorisch gebildeten Männern nöthigten, dem durch die Cataloge Sanctionirten oder den von Anderen bis dahin darüber ausgesprochenen Ansichten und Behauptungen mit gewohnter Freimüthigkeit, doch in aller Bescheidenheit und natürlich stets unter gehöriger Angabe der Motiven und Darlegung des Vorgefundenen entgegen zu treten, oder endlich die Endurtheile anerkannter Kunstkenner unter gewissen Umständen anzuzweifeln, während er dagegen in anderen Fällen blos die verschiedenen Ansichten zur weitern Beurtheilung neben einander reihte, und sein eigenes Urtheil, als dabei nie massgebend, dem ruhigen Urtheile der Beschauer unterordnete. — Uebrigens beansprucht der Verf. keineswegs für seine Forschungen eine unbedingte Annahme, sondern er beabsichtigte dadurch vielmehr die weitere Forschung und endliche, gründlich erwogene Entscheidung von Seiten der wissenschaftlich gebildeten Künstler und wahren Kunstkenner anzuregen. — **Widerspruch fördert die Wahrheit!** — Diesen alten Erfahrungssatz mögen daher alle Diejenigen erwägen, welche vielleicht durch des Verf. im Interesse der Wissenschaft gewagte Widersprüche und Darlegungen sich verletzt fühlen könnten.

Zur Förderung der allgemeinern Verbreitung kunstgeschichtlicher Kenntnisse dürften ausserdem die vom Verf. möglichst nach den neuesten Forschungen gegebenen Notizen über der verschiedenen Künstler Lebensverhältnisse, deren hauptsächlichste Werke, sowie technische Eigenthümlichkeiten und künstlerische Vorzüge etc. dienen, da nur Wenigen die Zeit und Gelegenheit geboten ist, sich durch eigenes Studium damit vertrauter machen zu können, während es doch unbedingt zur Erhöhung des Kunstgenusses in einer Gemälde-Gallerie gehört, jeden Künstler nach seinen individuellen

Bestrebungen und dem durch Zeit und Verhältnisse bedingten künstlerischen Standpunkte genauer zu kennen und zu würdigen.

Ausserdem ist der Verf. möglichst bemüht gewesen, die *älteren*, wie auch die *neueren Stiche, Radirungen etc.* nach den Gemälden nachzuweisen, und ausserdem die in neuester Zeit erschienenen *Lithographieen* nach denselben aufzuführen. Dass er gewisse *Stahlstiche* nicht erwähnt, hat darin seinen Grund, weil er diese Arbeiten *nicht zu den Kunstblättern* zu zählen sich veranlasst fühlte, da sie meistens *nicht* nach den Originalen, sondern nach den *Hanfstängl'schen Lithographieen* erst copirt sind, und das Maschinenmässige des Stiches wie die blosse Speculation zur Schau tragen.

Ueberdies dürfte auch noch der Besucher der Gallerie darauf aufmerksam zu machen sein, dass der Verf., um besonders den wiederholt gegen ihn ausgesprochenen Wünschen möglichst zu genügen, selbst die *Decoration der Decken, Friese etc.* der Säle und Kabinete beschrieben und erläutert hat, wobei er, die betreffenden Künstler jedesmal zu Rathe zu ziehen, nicht unterliess.

Das vom Herausgeber *Heinrich Klemm* entworfene *historische Titelbild* des ersten Bandes enthält neben der Abbildung des *ältesten* Galleriegebäudes am Jüdenhofe die Portraits der hohen *Stifter* der Gemälde-Gallerie, *Kurfürsten Fr. August I.* und *Fr. August II.* (als Könige von Polen *August II.* und *III.*), sodann das 1747 *umgestaltete* alte Galleriegebäude, im Sockel dagegen das 1855 vollendete *Neue Museum* und darüber das Portrait des hochseligen Königs *Friedrich August IV.* als *Erbauer* und unsers allverehrten Königs *Johann* als *Vollender* des Museums.

Schlüsslich macht der Verf. den geneigten Benutzer dieses Werkes noch besonders auf die jedem Bande angefügten

„**Zusätze und Berichtigungen**" aufmerksam, da von ihm in diesen Manches nachgetragen wurde, was ihm von anerkannten Kunstkennern nach bereits vollendetem Drucke noch mitgetheilt oder erinnert worden ist.

Vorzüglich hat der Verf. noch rühmend der durch Rath und That an den Tag gelegten Theilnahme mehrer Männer zu gedenken, welche demselben bei der Ausführung seines Unternehmens zu Theil geworden ist. Vornehmlich war es die fördernde Theilnahme des *Herrn Gallerie-Directors Prof. Schnorr von Carolsfeld* und des kürzlich verewigten *Herrn von Quandt*, sowie des *Herrn Director Prof. Gruner*, welcher sich der Verf. zu erfreuen hatte, während die schon im Voraus theilnahmsvoll ausgesprochene Anerkennung des Unternehmens von Seiten des *Herrn Director Prof. Waagen in Berlin* und *Herrn Prof. Dr. Hettner in Dresden* Vieles zur Ermuthigung des Verf. beitrug.

Mit dem Wunsche, dass das Unternehmen, als ein **erster Versuch**, die Kunstschätze der dresdener Gallerie *in ihrer Gesammtheit* dem kunstliebenden Publikum erläuternd vor das Auge zu führen, von den *Kunstkennern* mit gerechter Rücksichtnahme auf die *erstmalige, mühevolle Durchführung dieser Aufgabe* beurtheilt und von den *Kunstfreunden* als ein **getreuer Cicerone** freundlichst begrüsst werden möge, schliesst der Verf. mit der Bitte, auch bei diesem Werke rücksichtsvollst zu bedenken, *dass ja aller Menschen Werke unvollkommen sind*.

Dresden, am 3. Adventsonntage 1859.

Dr. **Wilhelm Schäfer.**

Einleitung.

Pragmatische und topographische Geschichte der Königlichen Gemaelde-Gallerie und des Neuen Museums in Dresden.

Nebst topographischem Plane des Neuen Museums.

Die Dresdner Gallerie ist für die Gebildeten des ganzen Erdballs nicht allein ein Hauptort des Genusses, sondern auch der Belehrung in der Kunst.

Waagen.

Zur

Geschichte der Gemälde-Gallerie.

Einleitung.

Jedem *Gebildeten*, der die *Dresdener Gemäldegallerie* besucht, um sich entweder einen wahrhaft erhebenden geistigen Genuss, oder auch nur eine entzückende Augenweide zu verschaffen, also nicht nur dem *Kunstkenner*, der mit geübtem Auge und still freudigem Wohlbehagen die herrlichen Räume durchschreitet, wird es willkommen sein, als Einleitung zur eigentlichen *Betrachtung* und *Beschreibung* der einzelnen Bilder und der *Charakteristik* ihrer Meister eine Art *Biographie* dieses seltenen Kunstschatzes vorausgeschickt zu sehen.

Dass eine *Gemäldegallerie* zur Bildung und moralischen Erhebung des Volkes unbedingt Vieles beizutragen vermag, brauchten wir wohl nicht erst zu bemerken, wenn es nicht gerade von der wahrhaft weltberühmten Dresdener Gemäldegallerie vorzugsweise behauptet werden könnte, da die ziemlich unbeschränkte Oeffentlichkeit derselben seit fast einem Menschenalter in dieser Beziehung sehr wohlthätig wirkte. Ja, man hat daselbst zu beobachten mehrfach Gelegenheit, wie der einfachste Mensch mit dem stillen Gefühle der *Erhebung seines Ichs über die Alltagssphäre* die Bildersäle durchmustert und vor den hauptsächlichsten Meisterwerken nicht selten wie festgewurzelt steht, während seine oft höchst prosaischen Mienen von einer gewissen, ihm sonst unbekannten poetischen Regung, als ein Ausdruck des herzlichsten Gefühls, bewegt erscheinen.

Der Ruf der „Sixtinischen Madonna" des grossen *Rafael*, und *Holbein's* Meyerschen Votivbildes „Madonna", der „heiligen Nacht", sowie des „heiligen Sebastians" und „St. Georgs vor der Madonna", und der „büssenden Magdalena" von *Correggio*, der prächtigen Skizze *Rubens*, „des jüngsten Gerichts" und dessen „Liebesgartens", des „Zinsgroschens" und der „Venus" von *Tizian*, des Christus mit der Dornenkrone von *Guido Reni*, des Brod und Wein segnenden Christus, sowie der heiligen Cäcilie und der Tochter der Herodias von *Carlo Dolce*, der Findung des Moses von *Paul Veronese*, der büssenden Magdalena von *Battoni*, des falschen Spiels von *Caravaggio*, David's mit Goliath's Haupte von *Giordano*, des Geldwechslers von *Quintin Messys*, der Anbetung der Weisen von *Mabuse*, der Himmelskönigin und der Kinder Karl's I. von *Van Dyk*, des verlorenen Sohnes, sowie des Diogenes mit der Laterne und des Familienconcerts von *Jordaens*, der launig aufgefassten Entführung des Ganymed und der fröhlichen Stimmung beim Champagner von *Rembrandt*, der Verstossung der Hagar von *van der Werff*, des Amors von *Raphael Mengs*, des „Wiener Chocoladenmädchens" von *Liotard*, der „alten Köchin" von *Felicitas Robert*, des Judenkirchhofs von *Ruysdael*, der Fruchtstücke von *David de Heem*, der Genrebilder von *Ostade*, wie von *Sammt-* und *Bauern-Breughel*, von *Dow, Slingeland, Eg. van der Neer, Metzu, Mieris, Netscher, Terburg* etc. — ist sogar bis in die niederen Schichten des Volkes gedrungen, was man fortwährend aus den Nachfragen nach diesen Bildern von Seiten der schlichtesten Leute in der Gallerie selbst ersehen kann, wozu allerdings in neuerer Zeit auch die durch Kupfer- und Stahlstich, sowie Lithographie und Photographie ermöglichte Verbreitung derselben in schönen wie in unschönen Copieen noch sehr Vieles beigetragen haben mag.

Im Ganzen sind es etwa zweihundert Gemälde, welche eine wahrhaft klassische Berühmtheit haben, und namentlich sind hundertundneunzig der anerkanntesten durch die höchst gelungenen Lithographieen von *Franz Hanfstängl* *), die im Abdrucke sogar noch eine überaus

---

*) Um zugleich eine Uebersicht von den hervorragendsten Gemälden der Dresdener Gallerie im Voraus zu bieten, und gleichzeitig Freunden der Kunst Gelegenheit zu verschaffen, sich davon zu unterrichten, welche Bilder im Ganzen von *Hanfstängl* geliefert wurden, Falls sie diese oder jene Copie (die fast eben so billig sind, als die meist sehr verfehlt retouchirten Photographieen nach denselben) zu besitzen wünschten, theilen wir ein vollständiges Verzeichniss derselben nach der Reihenfolge der Hefte mit: Heft 1: Der Zinsgroschen, von Titian. — Die Klavierspielerin, von Netscher. — Das Reitergefecht, von Wouvermann. — 2: Der heilige Sebastian, von Correggio. — Der Wildprethändler, von Metzu. — Die Jagd, von Ruysdael. — 3: Die heilige Cäcilie, von Carlo Dolce. — Eine holländische Bauernschenke, von Ostade. — Eine Dame, welche sich die Hände wäscht, von G. Terburg. — 4: Madonna, von Gimignano. — Der

sorgfältige Retouche erhalten haben, in den weitesten Kreisen der Kenner und Freunde der Kunst bekannt geworden.

Schreibemeister, von G. Dow. — Die Wildprethändlerin, von Metzu. — 5: Rembrandt und seine Frau, von ihm selbst. — Die Spitzenklöpplerin, von Slingeland. — Die Schmiede, von Wouwermann. — 6: Madonna, von Holbein. — Die Malerwerkstatt, von Ostade. — Der Abend, von Both. — 7: Der heil. Evangelist Matthäus, von Carracci. — Ein lesendes Mädchen, von P. de Hooghe. — Der Kesselflicker, von Mieris. — 8: Potiphar's Weib, von Cignani. — Die Söhne Rubens, von ihm selbst gemalt. — Der Pferdemarkt, von Wouwermann. — 9: Der Zahnarzt, von G. Dow. — Eine ruhende Heerde, von H. Roos. — Die Anbetung der Weisen, von Paul Veronese. — 10: Ein Portrait, von van Dyk. — Das Atelier des Fr. van Mieris, von ihm selbst gemalt. — Die Spieler, von Caravaggio. — 11: Die Nacht, von Correggio. — G. Metzu und seine Frau, von ihm selbst gemalt. — Joseph stellt seinen Vater dem König Pharao vor, von Ferd. Bol. — 12: Amor, von Raphael Mengs. — Niederländische Dorfschenke, von D. Teniers. — Königin Tomyris, von Guercino da Cento. — 13: Die Sängerin, von Netscher. — Der Trompeter, von Terburg. — Der Liebesgarten, von Rubens. — 14: Hagar und Ismael, von Baroccio. — Die Wahrsagerin, von Mieris. — Die Hühner und der Raubvogel, von Hondeköter. — 15: Christus von Bellino. — Die kranke Frau, von Netscher. — David, von A. Turchi. — 16: Herodias, von Carlo Dolce. — G. Dow, auf der Violine spielend, von ihm selbst gemalt. — Ahasverus, von Rembrandt. — 17: Die Lautenspielerin, von van der Neer. — Das Feldlager, von Wouwermann. — Die heil. Magdalena, von Battoni. — 18: Die Töchter des Palma Vecchio, von Demselben. — Ein Mädchen, Eier untersuchend, von G. Schalken. — Holl. Winterlandschaft, von A. van de Velde. — 19: Die Spitzenklöpplerin, von Metzu. — Die Kinder Carl's I., von van Dyk. — Maria mit dem Christuskinde, ein Opfer empfangend, von Titian. — 20: Marie von Medicis, von Fassolo. — Der Eremit von G. Dow. — Die Hochzeit von Cana, von Paul Veronese. — 21: Madonna,

Dieses grossartige Unternehmen dieses ersten deutschen lithographischen Künstlers, welches sich auch mit vollem Rechte einer grossen Theilnahme zu erfreuen ge-

---

von Murillo. — Die Rauchgesellschaft, von Teniers. — Die Löwenjagd, von Rubens. — **22:** Madonna del bacino, von Giulio Romano. — Die Fischhändlerin, von Zorg. — Simeon im Tempel, von van der Eckbout. — **23:** Der Trompeter, von Mieris. — Die Brüder, von Vogel. — Die Anbetung der heil. Familie von Titian. — **24:** Maria mit dem Christuskind, von P. Bordone. — Der Geflügelhändler, von G. Metzu. — Die Rechtsverhandlung, von Ch. Bauditz. — **25:** Esther und Ahasverus, von B. Strozzi. — Der Pferdestall, von Ph. Wouwermann. — Die Flucht nach Aegypten, von F. Bol. — **26:** Die heil. Jungfrau mit dem schlafenden Kinde, von Sassoferrato. — Die unterbrochene musikalische Unterhaltung, von P. van Slingeland. — Danaë, von A. van Dyk. — **27:** Christus mit der Dornenkrone, von G. Reni. — G. Dow, von ihm selbst. — Der Zahnbrecher, von G. Honthorst. — **28:** Carl I., König von England, von van Dyk. — Der Chemiker, von D. Teniers. — Die Familie Concina, von Paul Veronese. — **29:** Die Verstossung der Hagar, von A. van der Werff. — Eine Dame am Putztische, von C. Netscher. — Satyre und Nymphen, von P. P. Rubens. — **30:** Magdalena, von M. A. Franceschini. — Der Gelehrte, von F. van Mieris. — Jacob und Rahel, von Giorgione da Castel Franco. — **31:** Eine Frau mit einem Kinde, von B. van der Helst. — Das Kloster, von J. Ruysdael. — Maria mit dem Kinde, Katharina und Johannes der Täufer, von Palma Vecchio. — **32:** Maria mit dem Jesuskinde und dem kleinen Johannes, aus Rafael's Schule. — Jagdscene, von Ph. Wouwermann. —. Römische Soldaten in der Wachtstube, von Caravaggio. — **33:** Der Traum des Jacob, von F. Bol. — Die heil. Magdalena, von F. Gessi. — Niederländische Bauernhochzeit, von D. Teniers. — **34:** Herzog Sforza von Mailand, von Leonardo da Vinci. — Die Spinnerin, von C. Netscher. — Christus auf dem Wege nach Golgatha, von P. Veronese. — **35:** Christus, von Carlo Dolce. — Die Lautenspielerin, von G. Terburg. — Eine Wildschweinsjagd, von F. Snyders. — **36:** Maria

habt, hat in seiner wahrhaft prachtvollen Ausstattung, mit genügendem Texte von Frenzel und C. Ferd. Peters, in drei Bänden oder in sechzig Lieferungen erschienen, von

vor dem Christuskinde betend, von Garofalo. — Der heil. Georg, von F. Penni. — Eine Heerde, von J. H. Roos. — **37**: Martin Engelbrecht, von A. van Dyk. — Catharina, Maria, Christus, Johannes und Joseph, von Palma Vecchio. — Die Flucht nach Aegypten, von Claude Lorrain. — **38**: Die Ordonnanz, von G. Metzu. — Rebecca reicht Abraham's Knechte zu trinken, von B. Strozzi. — Ein holländ. Wirthshaus, von A. van Ostade. — **39**: Die Taufe Christi, von Francia. — Maria mit dem Christuskinde, von Engeln umgeben, Schule des Rubens. — Das Kloster, von Ph. Wouwermann. — **40**: Die Bärenhatz, von F. Snyders. — Franz van Mieris in seinem Atelier, von ihm selbst. — Madonna St. Sisto, von Rafael. — **41**: St. Johannes, St. Geminianus, St. Petrus, St. Georg, von Correggio. — Eine Landschaft, von Berghem. — Die Darstellung des Messias im Tempel, von Paul Veronese. — **42**: St. Geminianus, St. Petrus, St. Paulus, St. Antonius, von Bagnacavallo. — Das Wiener Chocoladenmädchen, von Liotard. — Aufbruch zur Jagd, von Ph. Wouwermann. — **43**: Die Kirchenväter, von Dosso Dossi. — P. Rembrandt's Tochter, von ihm selbst. — Ein ländliches Volksfest, von D. Teniers. — **44**: Die Lautenspielerin, von Mieris. — Maria mit dem Christuskinde und Johannes, von Carracci. — Der Uriasbrief, von F. Bol. — **45**: Die Grablegung Christi, von Salviati. — Eine Dame mit dem Papagei, von C. Netscher. — Ein wildes Schwein von Hunden angefallen, von J. Jacobsen. — **46**: St. Petrus, St. Bruno, St. Georg, von Garofalo. — Der zurückgewiesene Antrag, von Verkolje. — Rückkehr von der Jagd, von Ph. Wouwermann. — **47**: Maria, von Sassoferrato. — Eine Dorfschenke, von Cornelius Bega. — Der Schutzempfohlene, von P. Lanzani. — **48**: Susanna im Bade, von Paul Veronese. — Die Näherin, von C. Netscher. — Christus und Pilatus, von Vecellio da Cadore. — **49**: Madonna, von C. W. E. Dietrich. — Die Berufung des Zöllners zum Apostelamte, von Pordenone. — Die Wildschweinsjagd, von P. P. Rubens. — **50**: Die heil. Magda-

welchen Lieferung 1 bis 50 drei, und Lieferung 51 bis 60 vier Blatt enthalten, und im Ganzen nur 360 Thaler kostet, (einzelne Blätter kosten nach Verhältniss 1 Thlr. 15 Ngr. bis 2 Thlr. 20 Ngr.), sich das meiste Verdienst erworben †).

---

lena, von Correggio. — Holländ. Winterlandschaft, von Isaac van Ostade. — Loth mit seinen Töchtern, von Guercino da Cento. — **51**: Der Musikunterricht, von Slingeland. — Portrait, von van Keulen. — Der Kirchhof, von Ruysdael. — Venus, von Palma Vecchio. — **52**: Venus mit dem Spiegel, von Titian. — Maria, aus der spanischen Schule. — Eine Frau mit der Weife, van Tol. — Der Abend, von Kuyp. — **53**: Magdalena, von van der Werff. — Der Schmaucher, von Metzu. — Christus am Kreuze, von P. Veronese. — Eine Thiergruppe, von Potter. — **54**: Der duldende Erlöser, von G. Reni. — Der Trinker, von Mieris. — Die Allée, von Ruysdael. — Venus, von Titian. — **55**: Rembrandt's Tochter. — Madonna della sedia, von Rafael. — Christuskind, von Pozzo. — Schlachtscene, von Wouwermann. — **56**: Netscher am Schreibtische. — Portrait von Titian. — Die vier Evangelisten, von Guercino. — Die Findung Mosis, von P. Veronese. — **57**: Der Eremit, von V. Bol. — Fruchtstück, von de Heem. — Der heil. Franciscus, von Correggio. — Thierstück, von H. Roos. — **58**: Madonna von Francia. — Judith, von Padovanino. — Canal von Venedig, von Canale. — Venus, von G. Reni. — **59**: Der heil. Michael, von Penni. — Eine Dame in ihrem Schlafzimmer, von Terburg. — Die kleine Fruchthändlerin, von Murillo. — Madonna nach Rafael, la belle jardinière. — **60**: Madonna v. Maratti. — Portrait einer Venezianerin, von Titian. — Landschaft, von Berghem. — Christus zu Emmaus, von P. Veronese. —

†) Dem Herausgeber, *Fr. Hanfstängl*, der anfänglich den Druck durch *K. Pohl* in Dresden unter seiner Leitung besorgen liess, aber baldigst, nach Rückkehr seines Bruders *Maximilians* von Paris, eine eigene Druckerei einrichtete, assistirten dabei noch *Fr. Hohe*, *Val. Schertle*, *Karl Straub*, *Fr. Pecht*, seine Brüder *Peter* und *Hans Hanfstängl*, *Gust. Markendorf* etc. — Dagegen fand das Unternehmen des Ausschnitthändlers, nachmaligen Kunst- und

Die erste Sammlung von Copieen im Kupferstich erschien in den Jahren 1753 und 1757 in zwei Volumen in Royalfolio, hundert Blatt, unter dem Titel: *„Récueil d'estampes d'après les plus célèbres tableaux de la Galerie Royale de Dresde."* Eine allerdings beabsichtigte Fortsetzung ist leider nicht vollständig erschienen, weil sowohl die Wirren des siebenjährigen Krieges mit der noch mehr dadurch bedingten Geldnoth in Sachsen behindernd dazwischen traten, als namentlich auch der König von Polen und Kurfürst von Sachsen, *Friedrich August II.*, der *Hauptschöpfer* des Dresdener Kunstschatzes, welcher die Herausgabe dieser Copieen veranstaltet hatte, im Jahre 1763 plötzlich starb. Dieses in der That schätzenswerthe Werk, was, soweit es erschienen (etwa 140 Blatt), nur 226 Thlr. (à 50 Blatt 82 Thlr.) kostete, besorgte der Director der Gallerie *von Heinecken*. Den Stich führten die vorzüglichsten Kupferstecher aus, und *Charles Hutin* retouchirte stets die ersten Probedrücke nach den Originalen, um auch in den Stich die gehörige Wirkung hineinzulegen. Hutin hat übrigens zu zweiundzwanzig Blatt (No. 1, 2, 13, 16, 18, 20, 21, 24, 25, 28, 31, 32, 37—40, 44, 45a. und b., 46 und 49) die Zeichnungen selbst geliefert, und der Herausgeber konnte es mit Recht in der Zueignungsschrift rühmen, dass damals noch kein ähnliches Werk, höchstens in Frankreich ausgenommen, erschienen sei. —

Buchhändlers *Wunder* in Leipzig (im J. 1833) zur Herausgabe einer ähnlichen Sammlung, gezeichnet und lithographirt von Dresdener und Pariser Künstlern (besonders von Léon Noël) keinen Fortgang, weil es aus Gründen sich keiner grossen Theilnahme zu erfreuen hatte. —

An diesem Werke, das so ungeheuere Kosten erforderte, welche auch den endlichen Stillstand desselben zu Anfange der siebenziger Jahre herbeiführten, haben fast durchgängig Künstler von Renomée gearbeitet, und die Arbeitskräfte dazu wurden sogar aus Italien, Frankreich, Süd-Deutschland etc. herbeigezogen. Der Kostenpunkt ward aber namentlich dadurch bedeutend erhöht, dass man öfter sogar, um das Gelungenste auswählen zu können, eine Copie von drei Meistern zu gleicher Zeit stechen liess. Vornehmlich stach für dieses seltene Unternehmen der Venetianer *Joseph Camerata*, der 1751 für dies Galleriewerk nach Dresden berufen wurde, namentlich stach er den heiligen Rochus und die heilige Familie von Procaccini, die Himmelfahrt der Maria von Carracci, die heilige Magdalena von Battoni, den keuschen Joseph des Pesaro, die Ehebrecherin des Calabrese, den David, verlorenen Groschen, die Arbeiter im Weinberge, den jungen Tobias, den barmherzigen Samariter des Feti, Madonna mit dem Kinde von Crespi. Gleich beschäftigt dafür war *Jos. Canale;* er erhielt 1751 als Hofkupferstecher und Zeichnenmeister bei der Gallerie den Ruf, wo er allein sieben Sommer an dem Bacchanale des *Garofalo* arbeitete. Ebenso wurden die Franzosen *Fessard, Beauvais, Daulle, Le Mire, Le Moitte, Tardieu, Tanjé, Aubert, Louis L'Empereur* und *Pierre Hutin* (Bruder des *Charles* in Paris), und die süddeutschen Kupferstecher *Phil. Andr. Kilian* zu Augsburg, der Nürnberger *Joh. Mart. Preissler*, der seit 1744 königl. dänischer Hof-Kupferstecher war, sowie die erprobten Künstler *Basan, Houbracken, Raspe, Geyser, Michael Keyl*, ebenfalls aus Nürnberg, welcher besonders den Cephalus und Procris von Guercino stach, wie auch *Simon Focke* und *Jacob Folkema* in Amsterdam für das Unternehmen benutzt.

Ingleichen hat *Lorenzo Zucchi*, ausser dem grossen Bilde Sylvester's „die Zusammenkunft in Neuhaus", No. 43, 47 und 49 der Sammlung, gestochen. Nächst diesem arbeiteten dafür *Follino* aus Venedig, sowie die bekannten Dresdener Kupferstecher *Joh. Conr. Krüger, Christian Friedr. Stölzel, Joh. Gottfr. Schulze* (Schüler Hutin's und Camerata's; besonders ist von diesem die Vestalin und Sibylle der Angelika Kaufmann, das Ecce homo von Guido Reni und der Christuskopf von Carracci, Ganymed von Rembrandt und Madonna des Rafael — das *letzte* Blatt, welches erschien — gestochen), sowie *K. L. Frenzel* und endlich *Joh. Friedr. Bause* in Leipzig.

Dieses Werk, dessen Fortsetzung des dritten Volumen (gegen vierzig Blatt) eigentlich gar nicht in die Oeffentlichkeit gekommen ist, war auch mit einem Texte in französischer und italienischer Sprache ausgestattet, wie der Separattitel der Volumes schon besagt: „*contenant cinquante pièces avec une description de chaque tableau en françois et en italien.*" — Auch erschien über das Werk bereits 1759 eine Recension im vierten Bande der Bibliothek der schönen Wissenschaften, und darauf, im Jahre 1760, von Dresden aus eine „Beantwortung der Recension des Kupferstichwerks der Dresdener Bildergallerie" etc.*)

Der erste *Katalog* erschien im Jahre 1748; doch haben wir bis jetzt kein Exemplar desselben erlangen können. Ein zweiter bei Weitem genügender in franzö-

---

*) Vergl. Nachrichten von Künstlern und Kunstsachen. Leipzig 1768. 1. Th. S. 175—248. (von K. H. v. Heinecken.)

sischer Sprache unter dem Titel: „*Catalogue des tableaux de la Galerie Electorale à Dresde, 1765.*" gr. 8., 17 Bogen stark, kam im Verlage der Schwickert'schen Buchhandlung in Leipzig heraus, wo auch im Jahre 1761 derselbe *deutsch*, 15¼ Bogen umfassend, erschien. Beide sind mit Titelvignette von Casanova verziert. Nachdem auch die Inspectoren *Christn. Friedr. Wenzel* und *Anton Riedel**) unter demTitel: „*Verzeichniss der Gemälde in der Churfürstl. Galerie in Dresden.*" Leipzig. 1772. 8. (16 B.)**), einen in *deutscher* und *französischer* Sprache herausgegeben hatten, erschien zehn Jahre später das beliebte „*Abrégé de la Vie des Peintres, dont les tableaux composent la Galerie Electorale de Dresde, avec le détail de tous les tableaux de cette collection et des Eclaircissemens historiques sur ses Chefs-d'Oeuvres de la peinture. Dresde 1782.*" 8. 468 Seiten †), während bereits der Bibliothekar *K. W. Dassdorf* in der „Beschreibung der Stadt Dresden i. J. 1782", Walther'sche Hofbuchhandlung, auf Seite 328—466 ein deutsches Verzeichniss, und *Joh. August Lehninger* in seiner „*Description de la ville de Dresde (à Dresde 1782, 8., chez les freres Walther, Libraires de la Cour)* von S. 178 bis 283 unter der Rubrik: „*La Galerie des Tableaux*" ebenfalls einen sehr ausführlichen Catalog der Gemälde, 830

---

*) *Joh. Anton Riedel*, geb. 1732 zu Prag. Sein Vater ward 1740 nach Dresden als Inspector berufen. Nachdem er Dietrich's Schüler seit 1747 gewesen, ward er seinem Vater 1751 adjungirt und nach dessen Tode, 1755, wirklicher Inspector. Er machte bereits 1791 Restaurationsversuche. Wenzel fungirte beim Kupferstichkabinet.

**) Leipziger gelehrte Zeitung, 1772. S. 328.

†) Dresdner gelehrte Anzeigen, 1782, Stück 41. und Wittenberg. Gelehrt. Zeitg. 1782. S. 505.

Stück in der äussern und 557 Stück in der innern Gallerie, sowie einige 60 Stück im „*Cabinet des Peintures en Pastel*", wo der Amor von Raphael Mengs, wie im *Abrégé*, als „*un cupidon, qui aiguise sa fléche*" bezeichnet wird, brachten. Nach dem Zeitgenossen und sächsischen Literaturhistoriker *Benjamin Gottfried Weinart*, der bei seinem kolossalen Sammlerfleisse und besonders bei strenger Kritik unbedingt schon im Interesse seiner 1790 erschienenen Literatur der sächsischen Topographie, Staatskunde, Geschichte und des Staatsrechts deshalb die genauesten Notizen eingezogen hatte, ist *Jean August Lehninger* Verfasser der freilich anonym erschienenen Schrift „*Abrégé etc.*" —; kein Zeitgenosse, weder *Kläbe*, noch *Hasche*, nennt weder den Geh. Legationsrath *von Hagedorn*, noch *Karl Heinrich von Heinecken**).

---

*) *Heineckens* Leidenschaft war überdies mehr die Kupferstichsammlung, was auch aus seinen „*Idée générale d'une collection complette d'estampes*" etc. (Leipzig und Wien 1770, 8.) und „*Dictionnaire des artistes, dont nous avons des Estampes, avec une Notice detaillée de leurs ouvrages gravés; Tom. I. A. Lips. 1778; Tom. II. B. 1788; Tom. III. Bla—Caz. 1789, u. Tom. IV. Ces—Diz. 1790. gr. 8.*" — deutlich hervorgeht. *Hagedorn* könnte wohl eben so gut Verfasser des *Abrégé* sein, wofür uns sein: „*Lettre à un amateur de la Peinture, avec des Éclaircissemens historiques sur un Cabinet et les Auteurs des tableaux qui le composent; Ouvrage entremêlé de digressions sur la vie de plusieurs peintres modernes. à Dresde 1755. gr. 8.*" bürgt. — Das sehr mangelhafte *Abrégé*, in dem an vierzig werthvolle Bilder übersehen, z. B. Paris Urtheil von *van der Werff* und „*Quos ego*" von *Rubens*, hat übrigens seine hauptsächliche Weisheit aus dem „*Abrégé de la vie de Peintres d'Argenville*" sowie aus dem *Abrégé* von *Roger de Piles* erholt. Schon gleichzeitige nicht eben lobende Kritiken nennen als Verfasser gleichfalls: *Hr. L—*.

Der *Joh. Aug. Lehninger* war Generalstabs-Secretär und besonderer Günstling Marcolini's. Er hatte lange gedient, namentlich aber auch die Blüthenzeit der Kunstperiode in Sachsen unter *Friedrich August II.* erlebt, (war 1720 geboren und starb 1786) und verräth in seiner „*Description de Dresde*" ungemein viel Sinn für Kunst und Wissenschaft.*)

Der Krieg in Folge der französischen Revolution brachte bekanntlich das Verlangen nach den Kunstschätzen der Gemäldegallerie etwas sehr in's Stocken. Im Jahre 1801 erschien noch ein Katalog von *Riedel.* Mehre Jahre war ein Theil der Bilder verpackt, und es konnte kein Bedürfniss nach einem neuen Kataloge rege werden. Deshalb erschien erst nach dem Frieden im Jahre 1817 von Neuem ein „*Catalogue explicatif des tableaux de la Galerie Royale de Dresde*" — „*Avec privilège du Roi*" — mit einem kurzgefassten „*Avant-propos*" über die Geschichte der Gemäldegallerie und einer „*Liste des Peintres dont les ouvrages se trouvent dans la Galerie de Dresde*", von 294 Seiten kl. 8°, mit 1011 Nummern der äussern und 348 Nummern der innern Gallerie, ausser dem Pastellkabinete, das noch keine Nummern hatte. — Diesem franzö-

---

*) Wir bedauern, dem für die Geschichte der Gemäldegallerie so ungemein thätigen und wirklich um dieselbe verdienten Professor *Hübner* eben so sehr, als dem Kammerherrn v. *Friesen* in dieser Beziehung widersprechen zu müssen. Ja, wir glauben eher *Weinart* Glauben schenken zu dürfen, als uns durch des ersteren Herrn in der That kritisch angelegte Conjectur und des Letzteren Tradition irre machen zu lassen. *Lehninger's „Description de Dresde"* erschien ein halbes Jahr früher, stimmt aber in der Erklärung der Bilder zum „*Abrégé*". *Hagedorn's* Einfluss wäre möglich.

sischen Kataloge folgte erst im Jahre 1822 in demselben Formate ein *deutscher* unter dem Titel: „*Neues Sach- und Ortsverzeichniss der Königlich Sächsischen Gemälde-Gallerie zu Dresden*" (zu haben bei der Gallerie) mit einem Verzeichnisse der Meister, und 1013 Nummern der äussern, 350 Nummern der innern Gallerie und über 150 Stück im Pastellkabinete. Beide Kataloge sind gemeinschaftlich von dem Oberinspector *Demiani* und Unterinspector *Schweigart* bearbeitet.

Nach *Matthäi's* Eintritte als Inspector ward 1826 ein zweites „*Neues Sach- und Ortsverzeichniss der Königlich Sächsischen Gemäldegallerie zu Dresden*" herausgegeben, welches 20 gGr. kostete. — Später gab der zum Gallerie-Director ernannte Professor *Friedrich Matthäi* den bisherigen Katalog in zwei Abtheilungen „*Verzeichniss der K. S. Gemäldegalerie zu Dresden. gr. 8.*" unter seinem Autornamen heraus. Seit 1835 umfasste dieses Verzeichniss, mit alphabetischem Register nach den Meistern, 1220 Oelgemälde in der äussern Gallerie (ausser der Abtheilung H.), mit den französischen, holländischen, niederländischen und deutschen Schulen, und 597 in der innern Gallerie, mit den italienischen Schulen, und das Pastellkabinet 183 Stück Bilder. — Im Jahre 1843 gab *Matthäi* einen neuen französischen Katalog „*Notice des tableaux dans la Galerie royale de Dresde*" heraus, dem 1844 eine abgekürzte Auflage des *deutschen* folgte. — Vor der Herausgabe des 1835 erschienenen Verzeichnisses war übrigens bereits die Gallerie völlig umgehangen worden, und auch später sorgte der Galleriedirector *Matthäi* vor jeder nothwendig gewordenen neuen Auflage seines Katalogs, dessen Verkauf zu seinen Revenuen gehörte, für eine neue wenigstens theilweise Umhängung. Die Auflage von 1835 ist die beachtenswertheste; sie enthält manche interessante Notiz, nächst einer intensiven Beschreibung der Gemälde.

Unterdessen war auch eine Art Gallerieführer im Jahre 1844 in der Arnoldischen Buchhandlung erschienen, der wohl mit Recht einiges Aufsehen machte. Es war das wirklich beachtenswerthe Büchelchen, von 8 Bogen Text in klein 8°: „*Die Dresdner Gemälde-Gallerie in ihren bedeutungsvollsten Meisterwerken erklärt von Dr. Julius Mosen*" mit einem Grundrisse der Räumlichkeiten versehen. Es erschien auch in zweiter Ausgabe 1850, und kostet nur 10 Ngr. — Der geistreiche Verfasser hat auf 194 Seiten so manches wirklich Neue und Beherzigungswerthe beigebracht, und es verdient manche von ihm darin angebahnte Idee weiter erwogen und verfolgt zu werden.

Die Translocirung der Gemäldegallerie aus den bisherigen, von ihr über 100 Jahre bewohnten Räumen, in das neue Museum (vom Mai bis zum 25. September des Jahres 1855), sowie eine wesentliche Vermehrung derselben durch die Prospecte von Thiele und Canaletto und namentlich die beachtungswerthen Bilder aus dem sogenannten Vorrathe, bedingte bei einer völlig neuen, ganz verschiedenen Räumlichkeit und strengen inventariellen Ordnung und Nummerirung der Bilder nach den Schulen und Meistern und deren chronologischer Reihenfolge (wobei blos die *Rafaelsteppiche*, sowie die früher separat bewahrten *Pastellgemälde* und *Veduten Canaletto's*, als in der Parterregallerie, vom 39. bis zum 46. Kabinete, noch besonders verbliebenen Gemälde, eine kleine Ausnahme machen, indem diese einen Anhang bilden), einen neuen Katalog. —

Auf hohe Veranlassung ging ein in der That sehr thätiges und auch mit guten Kenntnissen in der Kunstgeschichte versehenes Mitglied der Gallerie-Commission, Professor *Julius Hübner*, an die schon vorausgesehen schwierige Aufgabe, die Bearbeitung und Herausgabe des neuesten *„Verzeichniss der Königlichen Gemälde-Gallerie zu Dresden"*. Und er hat seine Aufgabe in kürzester Zeit, trotz der vielfachen, schwer zu übersteigenden Hindernisse insoweit gut gelöst, dass nun wenigstens Jeder den Bestand, Reichthum und Werth der Gemäldegallerie daraus ersehen kann. Es wird gewiss Niemand verkennen, welche grosse Mühe Prof. *J. Hübner* sich allein schon deshalb gegeben hat, um über der Mehrzahl der Gemälde der Gallerie wirkliches *Herkommen*, was doch theilweise die Originalität am Ersten zu documentiren vermag, irgendwie Notizen, vorzüglich aus den Acten des Geheimkabinetsarchivs, sowie nächstdem aus alten Tagebüchern, Registraturen, Inventarien und Katalogen zu beschaffen, und somit eine ziemlich genaue *Erwerbungsgeschichte* des gesammten Gemäldeschatzes der Dresdner weitberufenen Gallerie vorlegen zu können. — Allerdings hat der Käufer dieses historisch und inventariell, aber nicht nach der Aufstellung geordneten Verzeichnisses beim Besuche der Gallerie *die Unbequemlichkeit des unaufhörlichen Nachschlagens der Nummern*. Da aber die neuesten gebotenen Räumlichkeiten, sowie die in jedem Bilde selbst gelegenen Forderungen der Beleuchtung und andere künstlerische Bedingungen und kunstgerechte Rücksichten es nothwendig machten, den Gemälden meistens eine von der Reihenfolge des nach den Schulen und den Meistern noch überdies streng chronologisch geordneten Verzeichnisses abweichende Aufstellung zu geben, so musste freilich dem Beschauer die allerdings etwas störende Umständlichkeit des Aufsuchens der nach den Nummern bunt neben und unter einander gereihten Gemälde zugemuthet werden. Eine wohl mögliche Ausmittelung zwischen einem Orts- und Sachverzeichnisse und einem systematischen Kataloge konnte freilich nicht in der Aufgabe des *Prof. Hübner* liegen, da er dazu nur weit mehr Zeit und auch Raum nöthig gehabt haben würde.

Einen Ersatz bot schon vor dem Erscheinen des „Hübner'schen Verzeichnisses" ein vom hochgeachteten, greisen Kunstkenner und Mäcen, *J. G. von Quandt*, im Verlage der Hofbuchdruckerei herausgegebenes Büchlein von 184 Seiten: „*Der Begleiter durch die Gemäldesäle des Königlichen Museums zu Dresden*" (mit einem Schmidt'schen Stahlstiche, der nördlichen Ansicht des neuen Museums). Allerdings beschränkt sich diese höchst beachtenswerthe, in gewandter Elite den Gemächern gefolgte Kunstrevue nur auf 141 der vorzüglichsten Gemälde aus den Räumen der ersten Etage, ohne dabei auf die Nummern Rücksicht zu nehmen, und ist eigentlich, wie er auch selbst andeutet, nur für Kunstfreunde geschrieben, die mittels Eisenbahn reisend, mit gleicher Eile sich einen Kunstgenuss in der Gemäldegallerie verschaffen wollen, ausserdem aber ein *nachhaltiges Souvenir* mit nach Hause bringen möchten.

Das bereits in zwei Auflagen bei Ernst am Ende in Dresden (1856) erschienene: „**Dresdner Gallerie-Buch.** *Ein berathender Führer zur Auffindung und zum Verständniss sämmtlicher Meisterwerke in der Königl. Gemälde-Galerie etc. von M. B. Lindau*", auf 184 Seiten, mit 11 Seiten Register der Meister, 8°, ist ein recht hübscher und gehaltreicher kunsthistorischer *Cicerone*; für den Laien aber ohne Werth, indem dieser sich höchstens des von Seite 197 bis 229 vorhandenen Verzeichnisses der Bilder nach den Nummern, das mit einigen, nicht unwesentlichen

Abänderungen, in individueller Ansicht, nach dem Hübner'schen Kataloge entworfen ist, bei Beschauung der Gemälde bedienen kann, wenn er sich nicht durch vieles Nachschlagen unnütz zerstreuen will.

Ausser den verschiedenen Texten zu den oben schon erwähnten Galleriewerken (in Kupfer- und Stahlstich, sowie in Lithographie) haben auch noch mehre Reisebücher und ältere wie neuere Dresdener Fremdenführer, sowie das *Conversations-Lexicon für bildende Kunst* von *Friedrich Faber*, im dritten Bande unter dem leider viele Unrichtigkeiten enthaltenden Artikel „*Dresden*" (Seite 53 bis 132) eine Kunstrevue der Gallerie, welche auch unbestritten manche gute Notiz enthält, unternommen; doch wäre zu wünschen, dass mehre eingedruckte Holzschnitte sich einer richtigern Zeichnung zu erfreuen hätten, was namentlich vom St. Georg des Correggio und der heil. Familie nach Sassoferrato gilt.

Dies wäre die ohngefähre Literaturgeschichte der Dresdner Gemäldegallerie; jetzt aber zur *Geschichte ihrer Entstehung, ihrer frühern Räumlichkeiten, allmähligen Vermehrung* und *speciellen Erwerbungen* durch Ankäufe, sowie *Verluste* und mehrfachen *Erlebnisse*.

Muthmassliche und sichere Geschichte der Entstehung der Gemälde-Gallerie mit einigen Vorbemerkungen.

Sachsen war bereits seit 800 Jahren vermöge seiner Stellung im deutschen Reiche, namentlich unter den Ottonen, ein der Kunst keineswegs fremdes Land, und selbst die Malerei, die gewöhnlich eine getreue Begleiterin der Baukunst zu sein pflegte, mag in ihm schon in dem 10.

Jahrhunderte kunstmässig geübt worden sein. Denn als *Heinrich I.* die Hungarn ohnweit Merseburg 933 besiegt hatte, liess er nach Luitprands Berichte „*in superiore coenaculo domus*" (im obern Speisesaale der kaiserlichen Pfalz) zu Merseburg (aber nicht wie Andere wollten „*im Dome,*" was der christlichen Sitte entgegen gewesen wäre), die Siegesscene der Hungarnschlacht durch ein „so täuschendes" Gemälde verewigen, „dass man eher die Schlacht selbst, als ein Gemälde zu sehen glaubte." Wahrscheinlich ging dasselbe verloren, als man die Kaiserpfalz zu einer bischöflichen Residenz einrichtete. Zwar war noch zu Peckensteins Zeiten im Merseburger Schlosse ein uraltes Gemälde von jenem Siege zu sehen und zu Anfange dieses Jahrhunderts war im Domcapitel noch ein Schlachtstück vorhanden, welches diesen Sieg darstellen sollte, das aber unbedingt weit späterer Entstehung gewesen sein mag. — Ebenso waren im Jahre 1729 in der Kuppel der alten ehrwürdigen Kirchenruine zu Memleben noch Malereien aus dem 10. Jahrhunderte vorhanden, wovon selbst noch Stieglitz sen., im Jahre 1791, etliche Spuren sah. Uebrigens mag die Malerkunst ebenso, wie ursprünglich die christliche Baukunst, von den Geistlichen am Ersten geübt worden sein, und es beschäftigte sich sogar Sigismund, Bischof zu Halberstadt, im 10. Jahrhundert mit Malerei. — Vornehmlich war, ausser der am frühesten geübten Wandmalerei, die Deckmalerei in Büchern von Pergament schon zu *Otto's II.* Zeit sehr in Aufnahme. So schenkte z. B. dieser Kaiser, nach Ditmars Chronikon, dem Domherren zu Magdeburg ein Buch, das mit seinem und seiner Gemahlin, Theophania, Bildnissen, welche sehr stark vergoldet oder vielmehr wohl auf Goldgrund, nach Art der beiden Gemälde von Solario (2201 und 2202) in der Gallerie, gemalt waren. Ein mit Miniaturgemälden verziertes und im schönsten Farbenschmucke noch jetzt glänzendes Missale der Domkirche zu Naumburg dürfte unbedingt aus dem 12. Jahrhundert herrühren. — Ferner war nach dem *Chronicon Montis sereni* die Kirche des alten, auf dem Petersberge bei Halle gelegenen Lauterberger Klosters namentlich mit Gemälden ausgeschmückt, welche auch nicht Wandgemälde gewesen sein können, da sie, wie der Chronist berichtet, abhanden gekommen sind. Auch gedenkt eine Originalurkunde des Dresdener Hauptstaatsarchivs (vom 19. Septbr. 1206) eines ausgemalten steinernen Gebäudes des Markgrafen zu Meissen *(caminata Marchionis depicta)*, und ebenso ist vorzüglich aus Rothe's Thüringscher Chronik das „gemalte Haus" bei dem Thurme auf der Wartburg bekannt. — Ueberhaupt war Thüringen sehr reich an Kunstschätzen aller Art, die durch das öftere Reisen der Kaiser in diesem Lande dahin gekommen sein mochten. Vor allen war Erfurt und seine Klöster reich an kostbaren Handschriften, die leider grossentheils erst in neuester Zeit in Judenhände gefallen und in's Ausland gegangen sind. Eine mit Miniaturen reich verzierte Handschrift war schon im Besitze des Landgrafen Hermann von Thüringen, die sich jetzt nach Kugler (Kunstgesch. S. 506) in der königlichen Privatbibliothek zu Stuttgart befindet. — Vorzüglich aber übten die Frauen des hohen Adels und der Fürsten, nächst der kostbarsten Stickerei, welche gleichfalls eine schon vorhandene Fertigkeit in der Malerei voraussetzt, sowie nächst der gleichfalls Kunstfertigkeit und Farbensinn erfordernden Federmosaik, *„opus plumarium"*, die Kunst der Malerei selbst. So war um die Mitte des 13. Jahrhunderts die Eine der Töchter des Grafen Hermann von Mansfeld, als sie in das Kloster

Helpede kamen, eine gute Malerin, während die Andere als sehr geschickt in der Schreibkunst gerühmt wird.

Es ist überdiess im Allgemeinen aufrichtig zu beklagen, dass so viele alterthümliche Gemälde in den sächsischen Kirchen, besonders auch des Meissner-, Oster- und Pleissner-Landes, seit der Reformation, nicht allein zur Zeit der Bilderstürmerei, sondern durch den Zelotismus der Geistlichkeit (im 17. und 18. Jahrhundert) gegen Alles, was irgend an den Katholicismus erinnerte, und vornehmlich durch die Rohheit und Unwissenheit der Schulmeister*), noch mehr aber durch die tolle Schuljugend in neuer und neuester Zeit, die oft dieselben zu Zielscheiben ihrer Werfbelustigungen machten, zerstört worden sind. Dadurch ist es uns allerdings erst noch unmöglicher geworden, einen tieferen Blick in die Geschichte der Malerei und der Kunstbestrebungen in den mittlern Zeiten in Sachsen zu werfen. Das, was in dem Museum des Alterthums-Vereins noch aufbehalten ist, reicht zum Theil nicht weit über das 16. Jahrhundert hinaus, ist höchstens aus Wohlgemuths Zeit, und die auf Silbergrund mit bunten Lasurfarben gemalten und nebenbei staffirten Bilder dürften höchstens aus dem Anfange des 14. Jahrhunderts stammen. — Ein Künstler, der in Sachsen im 14. Jahrhundert besonders für die Ausschmückung der Kirchen mit Bildern Sorge getragen, war namentlich der *Hans von*

---

*) Es ist vorgekommen, dass diese Leute mit Altar- und Votiv-Bildern aus altcölnischer, fränkischer und cranachscher Schule die Fussböden in den Thürmen ausgebessert, oder Taubenschläge davon gezimmert, oder wohl gar sie zu Läden für die Dachluken benutzt haben. Ja, es ist geschehen, dass man Votiv-Gemälde aus Cranachs Schule zu Kirchenstühlen und Fusstritten verarbeitet und dass die Schuljugend den Figuren die Augen ausgestochen hat. —

Cöllen, welcher in Chemnitz gelebt haben soll, und dem man auch die ehemaligen Hochaltarbilder (jetzt im Alterthums-Museum zu Dresden) zuschreiben will. — Doch ist genau genommen Sachsen immer noch reich gegen Böhmen und Schlesien und die nördlichern Nachbarländer an Gemälden aus der Zeit vor 1500; es könnte aber bei einiger Aufmerksamkeit der frühern Kircheninspectionen weit reicher sein. — Auch mag Sachsen schon sehr frühe mit italienischen Malern in Verbindung gestanden haben, da namentlich Leipzig, das als Handelsplatz die erste Gelegenheit dazu hatte, einen schönen Beleg dafür besitzt. Es ist dies nämlich das Altarblatt der Pauliner Kirche, eine Verkündigung, aus *altflorentinischer* Schule, welches, selbst nach Quandts Urtheile, von grosser Schönheit ist. Das Meiste jedoch, was Sachsen in seinen alten Kirchen, Klöstern und Schlössern von den ältesten Malereien noch kurz vor der Reformation und selbst noch etwas später aufzuweisen hatte, mag wohl auch aus der durch italische Künstler unter Kaiser *Karl's IV.* Schutze in Böhmen gegründeten Malerschule oder, wie einige Spuren an noch vorhandenen Ueberbleibseln einiger zerstörter Altarbilder (zu Penig etc.) zeigen, aus *altcölnischer* Schule gestammt haben, während zu Ende des 15. Jahrhunderts die Nürnberger *(fränkische Schule)*, besonders *Michael Wohlgemuth* und seine Schüler, namentlich *Dürer* und dessen Schüler *Altdorfer* etc. Sachsen und Thüringen, vorzüglich deren ältere reichen Städte Zwickau, Erfurt etc. mit Altarbildern versahen. — Aber auch die *Nördlinger* oder *Ulmer* Schule, wie wenigstens das in Gestalt eines Flügelaltars nach 1521 errichtete Grabmahl des Lorenz Pflugk in der Annaberger Stadtkirche beweist, mag Sachsen seine Kunstartikel geboten haben. — Seit dem Anfange des

16. Jahrhunderts war es aber ganz vorzüglich *Lucas Cranach* (Müller oder Sunder?) und sein Sohn und Enkel, sowie dessen Schüler *Vischer*, *Martin*, *Mathias* und *Wolfgang Krodel*, *Joachim Kreuter* sowie *Heinrich Königswieser*, welche in Sachsen eine neue Schule der deutschen Malerei bildeten und die die kurfürstlichen Schlösser zu Torgau, Lochau, Freiberg, Wittenberg etc., sowie die Kirchen des Landes mit mancherlei Bilderzier versahen, welche zum Theil noch vorhanden sind und deren mehre sogar in die Gemäldegallerie Dresdens aus den genannten Schlössern und namentlich aus der Kunstkammer übergingen. —

Nachdem unbedingt schon seit dem 13. Jahrhunderte, wo Dresden eine Residenz der mächtigen Markgrafen Meissens ward, im markgräflichen Schlosse am Taschenberge zu Dresden, namentlich in dessen Kapelle, Bilderschmuck vorhanden gewesen, hatten möglicher Weise die in Dresden residirenden Nachkommen des kunstsinnigen Markgrafen *Heinrichs* (des Erlauchten), da diese mehr Sinn für das Waffengeschmeide entwickelten, als für die bildende Kunst, wenig oder gar nichts zur künstlerischen Ausschmückung ihrer Dresdener Hofburg gethan. *Albrecht der Beherzte*, Herzog zu Sachsen, war keineswegs der Kunst abhold: denn es ist aktenkundig, dass Meister *Ludwig* in Leipzig Mehres für ihn malte; so unter anderen eine Auferstehung im Jahre 1484, wofür dieser allerdings nur zwei Gulden erhielt. Auch den *Cranach* beschäftigte Herzog Albrecht, indem er sich und seine Gemahlin, Sidonie, von ihm lebensgross und auch wiederholt sich im bekannten Brustbilde malen liess. Die im historischen Museum noch vorhandenen lebensgrossen Bilder des fürstlichen Paares sind von 1514, also erst nach des Herzogs

Tode gemalt. — Sein selbst erbautes Schloss zu Meissen hat er allerdings dem Dresdener vorgezogen. Erst dessen noch bei Weitem kunstfreundlicherer Sohn, Herzog *Georg*, der zu gleicher Zeit den „*Hofmaler Meister Lucas Cranach zu Wittenberg*" seinen Freund nannte, hatte eine Veranlassung, mehre Maler für Dresden in Dienste zu nehmen. Dieser baute nämlich um 1534 das geschmackvoll ausgeführte „*Thorhaus*" auf der Brücke, nachmals „*Georgenschloss*" genannt, und da er es von Aussen mit allerlei Bildhauerarbeit reich verzierte, so suchte er durch Gemälde seines Freundes *Cranach* auch das Innere würdig zu schmücken, während er wahrscheinlich auch von *Bles*, *Golzius*, und vielleicht auch Bilder aus der ältern venezianischen Schule in dieser Absicht ankaufte. Dies war unbedingt der erste Grund zur Dresdener Gemälde-Gallerie.

Noch mehr Veranlassung, die malerische Ausschmückung zu Hilfe zu nehmen, hatte sein Neffe und zweiter Nachfolger, der Kurfürst *Moritz*, welcher von 1548 bis 1553, wo er leider bei Sievershausen seine Heldenlaufbahn vorschnell endete, ein neues Schloss zwischen das Georgenschloss, nächst der Elbe, und das alte Markgrafenschloss am Taschenberge erbaute, und von Innen mit Gemälden, aber vornämlich auch mit Tapezereien aus Arras (?), und von Aussen, namentlich in der Freigallerie unter dem Thurme, mit grossartigen Wandmalereien, die noch in einer Spur vorhanden sind, schmückte, wobei die Maler *Franc. Riccini* und Gebrüder *Gabriel* und *Benedict Tola*, welche er nach Dresden berufen, wirkten. — Nach 1547 brachte Moritz höchstwahrscheinlich die berühmten, nach den Patronen *Rafaels* zu *Arras* im Auftrage Papsts *Leo's X.* [*]

---

[*] Vasari Vit. — vita di Raffaello II. 124. — Wilhelm Roscoe, Leo X., übers. von Glaser. 3. Bd. 428 ff. —

gewirkten Tapeten von Wittenberg, wohin sie als päpstliches Geschenk für den Kurfürst *Friedrich den Weisen* (was sehr möglich) gelangt sein sollen, nach Dresden, während die nach den *altniederländischen* (Quintin Messys?) Patronen gewebten *Arazzi* (die Engländer sagen: „*Arras hangings*") bereits durch Herzog *Georg*, der als Administrator von Friesland wiederholt Flandern besuchte, nach Dresden gekommen sein dürften. — Ursprünglich mögen diese ältern Arazzi den Capellsaal im alten Markgrafenschlosse, oder den nachmaligen Riesensaal, und dann die Hofstube im neuen, seit 1534 ausgeführten Thorhause geziert haben. — Sehr zu beklagen ist, dass die Reihe derjenigen Arazzi, die den Türkenzug, den Kurfürst Moritz 1542 selbst mit unternommen hatte, wobei er auch von seinem Leibpagen *Reibisch* vom Tode gerettet ward, darstellten, verloren gegangen ist. Im Jahre 1564 war auch diese gewebte Tapezerie, der damals berühmte „Türkenzug", laut Briefen der Kurfürstin *Anna* an ihre Mutter *Dorothea*, Königin von Dänemark, im Schlosse zu Dresden noch vorhanden, und sie war, wie es scheint, durch mehre Zimmer hindurch angebracht. Ebenso waren zwei Drittheile von den, auf Veranlassung des Moritz, wahrscheinlich aber von Italienern*) entworfenen und gemalten Patronen, in Rollen geschnitten, sowie sie die Tapetenweber unter das „Gezeu" bei dem Wirken zu legen pflegen, noch aufbewahrt. Kurfürstin Anna veranschlagte eine neue Farbencopie nach

---

*) Kurfürst Moritz hatte schon für die Italiener als Künstler eine Vorliebe, daher er auch bei seinem Schlossbauo, laut Rechnungen, nicht nur „*Welsche Maler*" sondern sogar Welsche Maurer, Steinmetzen und Estrichschläger beschäftigte. Die italienischen Maler hatten noch 1562 im Schlosse zu schaffen. (Vgl. Dr. W. Schäfer Sachsenchronik I. S. 339 ff.)

den Originalgeweben auf 200 Thaler. — Wo dieser Türkenzug gewebt wurde, geht jedoch aus keiner Stelle der vier copirten Briefe*) hervor; vielleicht aber doch wohl zu Arras, wo die Königin *Dorothea* sic wahrscheinlich ebenfalls für Copenhagen, wie wenigstens in den Antworten angedeutet ist, wirken lassen wollte. —

Nächst Moritz hat dessen Bruder, der bei Weitem kunstsinnigere Kurfürst *August*, das erst von ihm nach 1554 vollendete *Moritzschloss* mit mancherlei schönen „*Schildereien*" oder „*Tafelarbeit*," wie man damals gewöhnlich die Gemälde nannte, ausschmücken lassen. Besonders waren aber in der 1560 eingerichteten *Kunstkammer* **), so wie in der *Liberey* ***) und in den Kammern und Gängen des weitläufigen Schlosses eine grosse Anzahl von Gemälden aufgehangen, deren Reinigung und neues Arrangement etc. vor Hoffesten, oder bei zu erwartenden

---

*) Vgl. Dr. Wilh. Schäfer, Sachsenchronik Ser. I. S. 73 f. —

**) Es gehörte damals gewissermassen zum feinen Tone, in jedem einigermassen nobeln Schlosse, nächst einer *Rüst-* und *Stallkammer* auch eine „*Kunstkammer*" zu haben. Unbedingt ist die Kurfürstin *Anna* die Stifterin derselben; sie wenigstens stand mit aller Länder Herren in Correspondenz, um durch fortwährende Acquisitionen von Kunstwerken und Curiositäten die Kunstkammer zu bereichern. Die Gemäldebranche hatte Lucas Cranach, der Sohn, mit dem die Kurfürstin deshalb brieflich verkehrte; auch geht aus diesem Briefwechsel hervor, dass die Cranachs zum sächsischen Hofe in einem sehr vertrauten Verhältnisse standen.

***) War die Bibliothek. Doch es gab auch schon um 1560 eine Art *Bildergallerie*, wo besonders die Familienbilder hingen und wofür *Lucas Cranach* 1569 eine grosse Familientafel zu malen hatte. Dieses Gemach heisst öfter in Acten die *Bilderei* oder das *Tafelzimmer*.

hohen Besuchen wiederholt in Briefen und Kammerrechnungen gedacht wird. Doch waren auch in den übrigen kurfürstlichen Schlössern des Landes, namentlich *auf dem Stolpen, in der Moritzburg,* zu *Nossen, Torgau, Lichtenburg, Lochau etc.* die meist mit Täfelwerk bekleideten Zimmer noch mit zum Theil werthvollen Bildern decorirt, von welchen leider der grösste Theil früher (besonders vor 1656) verloren gegangen war, ehe man an eine Vereinigung der Gallerie im Jahre 1722 dachte. —

Am Hofe des Kurfürsten *August* lebte auch der Maler *Zacharias Wehme,* der 1580 das „Türkenbuch" und unter Kurfürst *Christian* das „Moritzmonument" malte, welches Bild nachmals im Jägerhofe hing. Auch waren zu derselben Zeit *Daniel Bretschneider* und *Hans Graf* am Hofe beschäftigt. Ferner scheint der baiersche Maler *Georg Behaim* ebenso um diese Zeit für den Hof gearbeitet zu haben. Besonders aber war *Heinrich Göding* (mit der Chiffre H. G. Brvn.) aus Braunschweig († 1606) sehr thätig als kurfürstlicher Hofmaler, und von ihm sind die älteren Temperabilder der sächsischen Fürsten bis auf *Christian II.* in der Gewehrgallerie gemalt; auf Kupfer malte er 1601 die zehn Jungfrauen und 1602 das „Banket Belsazzars". Auch dessen Sohn *Heinrich* war Hofmaler, gleichzeitig mit *Paul Schürer* unter *Christian I.* und *II.,* der besonders Thierstücke in Oel auf Kupfer lieferte.

Zu Anfange des 17. Jahrhunderts finden wir *Kilian* (Chilian) *Fabritius* als kurfürstlichen Hofmaler, der auch namentlich die Verpflichtung gehabt zu haben scheint, die Gemälde in den kurfürstlichen Schlössern zu überwachen, und überdiess, wo möglich, neue zu erwerben, weshalb man ihn auch *„Malerey-Inspector"* genannt findet. Er selbst war ein geschickter Maler, und man nennt von ihm als gelungene Gemälde den „Zinsgroschen", die Enthauptung des Johannes", „Christus segnet die Kinder", „Urtheil des Paris" etc.; auch die Fresken in dem vom Kurfürst *Johann Georg I.* erbauten Riesensaale, meist mythologische Gegenstände, sollen von ihm ausgeführt worden sein. —

Ebenso bemerkenswerth sind *Centurio Wiebel* und die wirklichen Hofmaler *Joach. Friedr. Schreyvogel* († 1688) und *Johann Finke* († 1675), sowie der Geschichtsmaler *Schubart*, der Portraitmaler *Schober*, wie auch namentlich *August Schumann* und die Hofmaler *Johann Christian Schiebling*, Vater und Sohn, welche sämmtlich bis zu Ende des 17. Jahrhunderts für den Hof laut Acten Aufträge auszuführen hatten, und manches bis jetzt noch als unbekannt bezeichnete Bild könnte aus Rechnungen mit der Zeit noch bestimmt werden, wie z. B. No. 1675, welches actenkundig von *Christian Schiebling*, 1632, für 34 Thlr. gemalt worden ist, und No. 1680, das ein Bild des mittlern Cranach ist und mit einer Zeichnung dieses Meisters in dem bekannten sächsischen Stammbuche übereinstimmt. —

Nach *Tobias Beutel* im „Chursächs. hohen Cedernwalde" waren 1671 in der Kunstkammer „unterschiedene alte und neue künstliche Gemählde mit untergesprengt, als von *Albrecht Dürern*, von *Luca von Leyden*, von *Luca Cranachen*, von *Tintoretto*, *Titiano*, *Rubenssen* und andern künstlichen Mahlern gemalt:

> Die Augen hält uns auf ein Bild das vorgesetzt
> Als wie Gesang und Klang die Ohren sonst ergötzt."

Besonders waren in der fünften oder *Kunstspiegelkammer*: „die vier Jahreszeiten, von solchen Thieren und Früchten gemahlt, die jede Jahreszeit mit sich bringt. Item die vier *Complexiones* und andere herrliche Gemählde." Ferner wird in der dritten Kammer von J. Joach. Müller im „entdeckten Staatskabinet" ein Gemälde erwähnt, „so sehr gelobet wurde, als: ein Gemählde eines gewesenen gottlosen Mahlers, dem geträumet, ob ihn der böse Feind in das höllische Feuer tragen wolle, darüber er aufgewacht, sich hernach bekehrt und durch dies Gemählde solchen seinen Traum repräsentiret. — Das Feuer und die Lohe so eigentlich und natürlich getroffen, wird vor das Köstlichste daran gehalten."*) — Auch wird der „Trojanischen Historien, unter andern die Göttin Pallas, Juno und Venus, so sich dem Judicio Paridis unterworfen" und eines Bildes, das „Wahrzeichen" genannt, im Jagdkabinete gedacht, „welches eine Jungfer, so sich hinten und forn bespiegelte, darstellte." — Andere Bildercuriosa waren: „so *obscoena*, die Grasemagd, die Bademagd, der Baum mit den Früchten, darnach die Jungfern, und derjenige Baum, nach welchem die Junggesellen mit Knütteln wurffen." — Endlich wird eines Bildnisses des eine Elle grossen Königs von Polen, Uladislaus Loktikos *(Cubitalis*, lebte um 1296) gedacht und ausser 10 Stück von Cranach selbst gemalten und der Kunstkammer verehrten Bildern noch ganz besonders, als rarstes Stück, der heilige Hironymus in Gesellschaft des Löwen, Gemälde von *Albrecht Dürer*, mit dessen gewöhnlichem Zeichen, ein D in einem grössern A, und mit der Jahrzahl 1514, ausdrücklich erwähnt. Ueberdiess gingen Landschaften von *Claude Lorrain* (No. 634 und 635), sowie *Tizians* Venus (No. 209), unter der Bezeichnung: „König Philipp II. von Spanien und

---

*) Unbedingt ist damit das Bild Peter Breughels, No. 696, die Versuchung des heiligen Antonius, oder (doch weit weniger) No. 864, Teniers Gespenster-Erscheinung gemeint.

Signora Laura", wie auch Maria von *Buonacorsi* (No. 66 als Caravaggio), von *Tintoretto* (No. 265) die neun Musen auf dem Parnass, von *Parmesano* (No. 143) St. Sebastian und Franciscus vor der Himmelskönigin, von *Rubens* (No. 795) Tochter der Herodias mit Johannis Haupte, (No. 827) Zeit und Wahrheit (Copie), im Jahre 1722 schon aus der Kunstkammer in die neugebildete Bildergallerie über. *) —

Martin Zeiler verzeichnete im vierten Gemache der Kunstkammer namentlich von Cranach „Adam und Eva, Bildnisse in Lebensgrösse", im fünften Gemache „Landschaften und biblische Figuren" sowie „schöne *Contrefait* der Kaiser und des Hauses Oesterreichs". Nach ihm hingen aber auch noch in der Kurfürstin Kunstkammer, namentlich im ersten Zimmer „Geistliche Gemälde", im dritten Zimmer „Viel fürstlicher Personen Abbildungen", und im vierten Zimmer endlich „Viel *Contrefaits*". —

Auch Anton Weck**) berichtet über den Befund der Kunstkammer, aus der, genau genommen, alle übrigen Sammlungen für Kunst und Wissenschaft, wie aus einem Mutterschoosse, hervorgegangen sind, dass sie aus sieben

---

*) Als vorzüglichste Bilder, welche aus der Kunstkammer 1722 und 1725 in die neugeschaffene Gallerie übergingen, sind bekannt: No. 23 (nach jetziger Bezeichnung) 88, 188, 189, 190, 231, 242, 300, 307, 308, 309, 346, 435, 437, 438, 530, 687, 688, 690, 720, 754, 758, 771, 795, 864, 972, 981, 1174, 1212, 1252, 1273, 1382, 1396, 1397, 1417, 1420, 1421, 1422, 1441, 1499, 1502, 1506, 1599 und besonders die von Cranach: No. 1638, 39, 40, 41, 42, 45, 46, 47, 50, 51, 52, 53, 55, 56, 57, 64, 65, 66, von Holbein: 1698, Elzheimer 1723, 24, v. Heinz 1725, 26, 27, sowie Bemmel 1746 etc. etc. —

**) In seiner Beschreibung der Residenzstadt Dresden vom Jahre 1679, Seite 34 ff.

Zimmern bestand, „in welchen eine solche Disposition und gute Ordnung gemacht, dass man darin *Memoriam artificalem et localem* haben könne, dabei auch dieses wohl in Acht zu nehmen, dass weil der Hochlöblichste Churfürst zu Sachsen etc. Herr Augustus, Christmilden Andenkens, als ein Kunstliebhabender: auch in Mechanicis und Mathematicis wohlerfahrener Potentat und Herr gleichsam dieses wichtigen Werks Fundator und Urheber gewesen, Sr. Churfürstlichen Gnaden Contrefait, auf unterschiedene Arten zu mehrern Andenken, in allen Gemächern der Kunstkammer zu befinden ist". — Im Entréezimmer der sogenannten „Antekammer" waren „unterschiedener Potentaten Conterfaite, meistentheils in gantzem Stande*) auch andere Gemählde und illuminirte Sachen**) anzutreffen". — Im ersten Hauptzimmer, der Werkzeug- und Instrumentenkammer, waren ebenfalls „Gemälde vieler grossen Herren und anderer fürnehmer Personen Brustbilder von Lucas Cranachs Hand umbher gestellt". — Im andern Gemache war ferner „an Gemälden der Stamm der Herzoge zu Sachsen von Herzog Albrecht an gerechnet, im gantzen Stande zu finden". — Im dritten Gemache fand man „alda allerley biblische Gemälde und andere Histo-

---

*) In ganzer Figur und Lebensgrösse.

**) Aquarellen, die man in jener Zeit sehr schätzte und auch sehr gut ausführte. Eine sehr alte Art von Aquarellen auf Holz waren die seit dem Anfange des 15. Jahrhunderts sehr gewöhnlichen Temperabilder, welche zuweilen mit einem Eiweissfirnisse gefestet waren. Zur Zeit des Kurfürsten Augusts und Christians I. waren namentlich der Hofmaler *Heinrich Göding*, der Braunschweiger, und dessen Sohn gute Temperamaler. Auch haben wir mehre sogenannte „ölgetränkte" Temperagemälde vom ältern und von den beiden jüngern Cranachen, welche man irrig für Oelgemälde anzusehen pflegt. —

rien, so von Albert Dürern, Titiano, Tintoretto, Lucas Cranachen, Rubenio, Conchetten (?), Luca von Leyden, Barmisano und andern künstlichen Malern verfertiget worden". — Im fünften Zimmer, dem Gemache für allerlei Schmuck, Kostbarkeiten, Curiositäten und Künsteleien, waren „an Gemälden meistentheils heydnische Historien von köstlicher und mühsamer Arbeit, als Dürer, Cranachs, Falkenbergs, Barmasens, Schürers *) und anderer vornehmer Mahler" **). — Das sechste Gemach, das eigentliche Naturalienkabinet, enthielt ebenfalls Gemälde „darunter ein sehr grosser Löwe und Hirsch, Item Jagten und allerhand Landschaften auch andere Contrefaite". — Das siebente Zimmer endlich bewahrte nächst vielen Statuetten von Marmor und Bronce, sowie Bildwerken in Elfenbein und Speckstein auch von Gemälden: „nicht allein die Ersten zwölf Römischen Kaiser, von *Juleo Cäsare* an, biss aufn Domitianum, welche der berühmte Maler Titianus grösser als in Lebensgrösse verfertiget, sondern auch umb und umb der Niederländischen Mahler ***), der Polen, künstliche Landschaften". —

---

*) Paul Schürer war Hofmaler unter Christian I. u. II. und lieferte besonders in Oel treffliche Thierstücke auf Kupfer. Etwas später malte auch *Zacharias Wagner*, ein geborner Dresdner, der bis 1640 in Brasilien gewesen war, ebenfalls Thierstücke. Auch war seine Sammlung von 110 colorirten Zeichnungen, Thiere und Früchte Brasiliens, bekannt geworden.

**) Darunter waren auch Bilder von dem Schüler *Christian Schieblings*, dem nürnberger Künstler *Daniel Preisler*, sowie von *Joh. Rauscher* aus Leipzig, der bis 1665 in den Niederlanden war und dann für den Dresdener Hof Landschaften malte.

***) Namentlich von Pölenburg, Goyen, Wynants, Saftleeven, oder von Jan Breughel, Math. und Paul Bril, Savery, Vinkenbooms,

In diesem weitberühmten Zustande blieb diese Kunstkammer, welche im Vereine mit der „*Stall- und Rüstkammer,*" dem „*Zeughause*", (das erst um 1834 so schändlich spoliirt worden ist) etc., Dresden bereits zu Ende des 16. Jahrhunderts in ein bedeutendes Renommée gebracht hatte, bis zum Jahre 1701, wo am Charfreitage (25. März) ein furchtbarer Brand die nordwestliche und nordöstliche Seite des Moritzschlosses und Georgenschlosses zum Theil, sowie namentlich den Riesensaal mit den Veduten sächsischer Städte und Schlösser ganz verzehrte.*) Bei dieser Feuersbrunst, die glücklicher Weise am Tage ausbrach, wurden noch mit genauer Noth die sieben Gemächer der Kunstkammer geräumt, und es war ein Wunder, dass die Schätze aller Art gerettet werden konnten. Man schaffte sie einstweilen in den Klepperstall nächst dem Elbthore, von wo aus sie jedoch baldigst in das Regimentshaus am Jüdenhofe (No. 1) übersiedelt wurden.

Da aber der Raum und die Räumlichkeit nicht genügte, so blieben sie nur bis zum Jahre 1720 hier. In diesem Jahre translocirte man zu einer endlich wieder geeignetern Ausstellung die Schätze der Kunstkammer in die zweite Etage des japanischen Palais, woselbst sie zehn „absonderlich darzu *adaptirte* Zimmer" umfasste, und *Iccander* bemerkt in seinem „*Königlichen Dresden*" von 1723: „die in aller Welt berühmte Chur-Sächsische Kunstkammer ward aus Neu-Dressden in dieses Pallatium wegen der allda befindlichen guten frischen Luft gebracht, und

---

Wildens, Momper, Miel, Peters, Tilborg (972), Marienhof (981), Molanus, Vorstermans etc. —

*) Vgl. Einleitung zur Historie von Sachsen, Band IV. S. 68. wo die beschädigten Zimmer und Schlosstheile specificirt sind.

ist in schönster Ordnung rangiret worden; so wird kein vornehmer Passagier leicht durchreisen, der nicht dieses Wundergebäude nebst der Erstaunens-würdigen Kunstkammer in Augenschein nehmen sollte." — Ja, die Kunstkammer war fast zum Wahrzeichen Dresdens geworden: denn man pflegte allgemein zu sagen, dass wer in *Sachsen* nicht *Dresden* und in *Dresden* nicht die *Kunstkammer* gesehen, habe nichts gesehen; auch behauptete man, dass (nächstdem, dass sie so ausserordentlich reich an Gegenständen) „deren *Pretiosa* mit keiner Feder zu beschreiben, inmassen, wie *Passagiers judiciret*, dieselbe kaum in drei Jahren nach Würden *perlustriret* werden könne." —

Bis zum Jahre 1733 blieb die Kunstkammer im japanischen Palais, in welchem Jahre sie jedoch in die nördliche Gallerie des Zwingers verlegt wurde, wo sie blieb, bis die Stall- und Rüstkammer, zu einem historischen Museum umgeschaffen, dort hin versezt und ein grosser Theil der Kunstkammer an die übrigen Sammlungen vertheilt ward oder unter den Hammer kam. — Hinc illae lachrymae! —

Erste Bildung der Gemälde-Gallerie.

Friedrich August I., Kurfürst von Sachsen, den der polnische Kronenreif von 1697 bis 1724 wiederholt sehr drückend geworden war, hatte trotz der vielen schweren Anfechtungen von Aussen und der Opfer, welche die Behauptung der polnischen Königskrone nöthig machte, eigentlich mehr im Allgemeinen als mehre seiner Vorfahren in Zeiten des Friedens einen Sinn für das Sammeln in Kunst und Wissenschaft gezeigt. Ja, man darf es ihm zum Ruhme nachsagen, dass er, genau genommen, das Meiste namentlich zum Wachsthume der Kunstsammlungen Dresdens beigetragen hat.*) Ja, wir sind überzeugt, dass, hätte *Friedrich August I.* noch länger gelebt, er auch noch bedeutend die Gemäldegallerie erweitert und bereichert, und er dies nicht seinem Sohne überlassen haben würde.

Den Grund zu einer eigentlichen Gemäldegallerie hat er wenigstens gelegt. Dies hat er im Jahre 1722 dadurch bezweckt, dass er im Juli dieses Jahres Befehl gab, alle in den verschiedenen kurfürstlichen Schlössern des Landes, sowie theilweise in den dazu gehörigen Kirchen und Kapellen vorhandenen Gemälde zu verzeichnen, und nach geschehener Inventur „Sr. Königl. Majestät in Pohlen und Churfürstlichen Durchlaucht zu Sachsen sämmtlicher Schildereien", die schon in der Kunstkammer vorhanden waren, eine Auswahl treffen liess, um sie in den dazu eingeräumten Localitäten der zweiten Etage**) des von Kurfürst *Christan I.* 1586/87 erbauten Reisigen-Stalls

---

*) Man denke nur an den (1723—26) Erwerb der schönsten Antiken aus der brandenburger Sammlung und an den Ankauf (1728) der Antikensammlungen des Fürsten Agostino Chigi und des Cardinals Albani. Ebenso begegnet uns der Geschmacksreichthum aus der Zeit dieses nach Glanz und werthvollen Kunstschöpfungen strebenden Fürsten im grünen Gewölbe, wie im historischen Museum, namentlich aber auch in der Porzellainsammlung. —

**) In der Bel-Etage waren die sogenannten Stallzimmer, die ebenfalls, sowie auch die nordwestliche Gallerie in der zweiten Etage des Moritzschlosses, zwischen dem Riesen- oder nachmaligen Heldensaale, und den zwei Paradezimmern, nächst dem Schlossthurme, aus welchem man in den sogenannten Kirchensaal gelangte, mit vielen kostbaren Bildern verziert waren, die Stallzimmer dienten meist nur als Wohnungen für hohen Besuch bei Hofe.

am Judenhofe aufzustellen. Der für die neuvereinte Gemäldesammlung bestimmte Raum, unter dem Rubrum: „*Gallerie und angrenzende Zimmer*" geführt, bestand (laut 1742 vorgenommener Prüfung des ersten Inventars von 1722, worauf wir sogleich zurückkommen werden) in der obern ersten und zweiten Gallerie nebst den Eckzimmern mit 308 Gemälden, sowie in 11 Nebenzimmern mit 445 Gemälden, während in den Stallzimmern der ersten (Bel-) Etage 185 Gemälde sich befanden, so dass die ganze neue Gemäldegallerie 1938 Gemälde zählte. —

Nach der ebengedachten, auf allerhöchste Anordnung verzeichneten Inventur von 1722, welche unter der Oberleitung des königlichen Architecten, *Barons Raymond le Plat*, der zum ersten Director der Gemäldegallerie ernannt ward, und unter der Inspection der *Geheimkämmeriers Steinhäuser* aufgenommen worden war, befanden sich übrigens *in sämmtlichen, zur Hofhaltung in und ausserhalb Dresden gehörigen kurfürstlichen Gebäuden**) und den abgetrennten *Räumlichkeiten***) der Dresdener Schlossgebäude

---

*) Schloss Annaburg, Augustusburg, Freudenstein in Freiberg, Hubertusburg, Königstein, Lichtenburg, Meissen, Moritzburg, Pillnitz, Pretzsch, Sedlitz, Torgau, K. Schloss in Warschau etc.

**) Im *Moritzschlosse* selbst die *Anatomiekammer* über der Kunstkammer auf dem Tabulat, dritte Etage (1616 bis 1620 durch den Hofbarbier *Melchoir Meyer* aufgestellt, 1701 im Brande gerettet und bis 1728 im Regimentshause, dann im Tanzsaale des Zwingers, 1733 zum grössten Theile an die Universität Wittenberg abgegeben); enthielt namentlich Landschaften, das *Audienzgemach* (in der ersten Etage nächst dem Thurme), alte *Büchsenkammer* (das XXI. und XXII. Gemach der Stall- und Rüstkammern), die *Cabinetscanzelei* (über dem Portale in der Schlossgasse), *Marschallamt* (rechts vom englischen Thore), *Thurmkammer* (über dem englischen Thore). Ausserdem waren auch Gemälde in folgenden kurfürstlichen Gebäuden vertheilt: Im *Bade beim Elbthore* (da

über 4700 Stück Gemälde, unter denen doch 3110 werthvollere und über 1590 minder werthvolle Bilder vorhanden waren, welche von 1723 bis 1747 der mit Kunstkritik geschehenen *Auswahl für die Gemäldegallerie* unterlagen.

Doch auch auf den Zuwachs der neuen, 1722 begründeten Gallerie war *Friedrich August I.* bedacht. Er knüpfte überall mit hochgestellten Männern, sowie mit Malern und Kunsthändlern Verbindungen an, von woher etwa gute Bilder zu erhoffen waren. Alle *Hofchargen*, ja, selbst die *Officen, Kammerdiener* und *Thürhüter*, sowie anderer Seits *hohe* und *niedere Räthe* wurden mit in das Interesse gezogen, oder sie beeiferten sich von selbst, die neue Gemälde-Gallerie mittelbar und unmittelbar zu bereichern, um dadurch in der Gnade der Majestät zu steigen, oder vielleicht auch, wie damals nicht ungewöhnlich war, so zu sagen, ihr Schäfchen dabei zu scheeren. — Namentlich werden die Maler *Christ. Ludw. Agricola*, der Oberhofmaler *Samuel Bottschildt* und dessen Vetter und Schüler

---

wo jetzt die katholische Kirche steht), in der *Conditorei* (in dem Fraumutterhause auf der Schlossgasse; jetzt geistliches Haus), in dem *Parillon* in der Hoheiten Garten (auf der Ostraallee; jetzt Herzoginnen Garten), im *Haxthausenschen* Hause (jetzt zum Schlosse gehörig, am Taschenberge), in der *Hofkirche* oder katholischen Kirche (am Taschenberge, dem jetzigen Hauptstaats-Archivsgebäude) der *Kronschatzmeisterin Moscinska* Hause (jetzt Weinhändler Peyer auf der Scheffelgasse), im *Oberlandbaumeisterhause* am Zwinger (ward beim Bau der katholischen Kirche mit abgetragen), *Palais* am Elbthore (vormals der Gräfin von Rochlitz gehörig, dann vom Statthalter Fürstenberg bewohnt, seit 1766 Gebäude der Malerakademie und endlich Finanzhaus), *Türkischen Garten* (begriff das Areal des jetzigen Blochmannschen Instituts und der Reitbahncaserne, der evangelischen Freischule und der beiden Reitbahngassen; nicht Struvens Garten). —

Heinrich Christian Fehling (Prof. der Akademie und zweiter Inspector der Gallerie, † 1725), der Blumenmaler *Du Buisson* und *Antoine Pesne* in Berlin, der Hoftheatermaler *Grono* *), der Hofmaler *Louis Sylvestre* und *Alexander Thiele*, sowie der Portraitmaler *du Roy* in Dresden, der bekannte *Balthasar Denner* in Hamburg etc. als Lieferanten und Unterhändler genannt. — Nicht minder waren die Favoritinnen des Königs, die Gräfin *Cossel* **), die *Esterle*, der Fürst *Lubomirsky* und dessen Gemahlin, die *Lubomirska*, spätere *Fürstin von Teschen*, sowie der durch seine vertrauliche Geradheit gegen den König bekannte Feldmarschall *Flemming*, der Graf von *Friesen*, der Hofrath und Inspector der Naturalien- und Kunstkammer *Johann Heinrich v. Heucher*, der Graf *R. B. v. Lagnasco****), der Geh. Kabinetsminister Graf *von Wackerbarth*, der Graf *Promnitz*, der Graf *Castelli*, der Trabantenhauptmann Baron *von Seyffertitz*, die Grafen *von Nostiz* und *von Pflugk*, die königl. natürlichen Söhne, Graf *Moritz* u. *Chevalier de Saxe*, so *fern* sie auch theilweise selbst der Kunstliebhaberei standen, möglichst bemüht, sich wenigstens durch Mitwirkung in der Gunst des Königs zu heben. Ja, sogar Se. Heiligkeit, der Papst *Innocenz XIII.*, der König von Sicilien, *Victor Amadeus*, der Kurfürst von der Pfalz, *Carl Philipp*, der Statthalter der Niederlande, Prinz *Wilhelm Karl Heinrich Friso*, die Gräfin *Wrzowecz* zu Prag, sowie der später als Cardinal bekannte *Pater Salerno* etc. be-

---

*) Ward von Venedig vor 1719 nach Dresden berufen, malte den Plafond des grossen Opernhauses und die Apostelbilder in der Kuppel der Frauenkirche, starb 10. Mai 1748, 79 Jahre alt.

**) Schrieb sich nie *Gräfin Cosel*.

***) War General-Major und genoss das unbegrenzte Vertrauen des Königs; ein feiner Mann.

strebten sich, für des Königs löbliches Unternehmen, seinem glanzvollen Hofe auch eine entsprechende Gemäldegallerie zu schaffen, wo sie konnten, ein Interesse an den Tag zu legen. — Ausserdem wurden auswärtige *Kunsthändler* beauftragt, Gemälde von Werth für die neue Gallerie zu beschaffen, und unter ihnen werden namentlich in den Inventarien genannt: *Grünberg* zu Brüssel, *Kindermann* in Dresden, *Franz Lemmers* und *Jacob de Wit* zu Antwerpen, der durch seinen Kunst- und Landkarten-Verlag berühmte Holländer *Peter Schenk* zu Amsterdam etc. — Die gründlichste Aufzählung würde uns jedoch nutzlos zu weit führen; wir werden daher bei der Beschreibung der in jener Zeit erworbenen einzelnen Bilder selbst Gelegenheit nehmen, noch die übrigen hier übergangenen, weniger bekannten und untergeordneten Namen von Gemäldelieferanten für die Gallerie nachzutragen. —

So hatte im Juli des Jahres 1722 die Gemäldegallerie ihren selbstständigen Anfang genommen, enthielt die in der Inventur „*Sr. Königl. Majestät in Pohlen und Churfürstlichen Durchlaucht in Sachsen sämmtlicher Schildereyen*"*)

---

*) Noch im 18. Jahrhunderte war es Gebrauch, jede fürstliche Gemäldegallerie „*Schildereikammer*" zu nennen; davon zeigt uns auch ein 1729 bei Mumbach in Weimar gedruckter Katalog der dasigen herzoglichen Gemäldegallerie, dessen Titel wörtlich lautet: „*Ausführliche und gründliche Specification derer kunstreichen, kostbahren und sehenswürdigen Gemühlden, welche auf der Schilderey-Cammer der hoch-fürstlich Sächsischen Residenz Wilhelms-Burg zu Weimar anzutreffen sind.*" — Der Katalog ist von Joann Anton Klyher, hochfürstl. Hofmaler und „Kunst-Cammerier" herausgegeben. Diese Gemäldegallerie befand sich damals in dem sogenannten „*grossen Schall-Saal*", sowie in drei daran anstossenden Zimmern, und enthielt Bilder von Titian, Guercino, Anibali Carazzi, Bassano, Guido Reni, Rosa di Tivoli, Tintoretto,

verzeichneten Gemälde, und hatte, wie wir bereits andeuteten, schon im Jahre 1742 sich nicht unbedeutend gemehrt, so dass man sich veranlasst sah, der unzulänglichen Localität wegen eine Auswahl zu treffen. —
Der der Kunst im Allgemeinen so ungemein geneigte Kurfürst und König *Friedrich August I.* starb am 1. Febr. 1733 im Palaste zu Warschau; doch das begeisterte Streben für die bildende Kunst am sächsischen Hofe ging nicht mit ihm zu Grabe, sondern vererbte sich auf den Sohn und Nachfolger, *Friedrich August II.* (als König von Polen *August III.*), im reichsten Maasse. Schon bei seinem Aufenthalte in Italien, in den Jahren 1712, 1713, 1716 und 1717 hatte dieser kunstsinnige Prinz, laut Inventarien für die möglichste Beschaffung von Gemälden für den nach wahren Werken der Kunst unablässig strebenden Vater eifrig Sorge getragen. Ein vermehrteres Streben nach Gemäldeerwerbungen regte sich jedoch in ihm nach seiner Thronbesteigung. Noch bei Weitem mehr als der höchstselige Vater zog er nicht nur seine Umgebung in's Interesse, sondern knüpfte auch neue Verbindungen im Auslande, besonders in Italien, an. Namentlich war es Graf *Algarotti* und der Gesandte *Villio*, sowie der alte Kunstkenner *Zanetti* zu *Venedig*, ferner der uneigennützige Maler *Carlo Cesare Giovannini* zu Bologna, der bekannte französische Maler *Hiacynthe Rigaud*, sowie *de Brays*, inglichen *Noël Araignon*, (Ecuyer Valet de Chambre de la Reine) und der kurf. sächsische und königl. polnische Agent *Le Leu* zu Paris, ein gewisser *Voët* im Haag und der Kunsthändler *Morell* in Antwerpen, der kurländische

---

Lutti, Correggio, Dürer, Cranach, Aldegraf, Rottenhammer, van der Meer, van der Neer, Hemskerken, Wouverman, Claude Lorrain, David de Heem, Corn. Harlem, Ossenbeck, Jean Steen etc.

Canzler *von Kayserling*, wie auch *Jos. Gottfr.* Riedel in Prag und Wien (vor 1740, in welchem Jahre er als Hofmaler nach Dresden berufen und 1742 Gallerie-Inspector ward), der Kunsthändler *Georg Breitbarth* zu Erfurth, der *Geheimrath Graf von Brühl*,*) der Hofmaler *Christ. Wilh.*

---

*) *Heinrich Graf von Brühl*, einer der fünf Söhne des mittellosen sachsen-weissenfelsischen Geheimraths, war schon als Page der Herzogin Elisabeth wegen seiner glatten Manieren und gefügiger Diensttreue sehr beliebt. Eben so schnell verstand er sich auch die Gunst *Friedrich August's I.* zu gewinnen, so dass ihn dieser König bald zum Kammerherrn ernannte, auf seinen Reisen mit sich führte, und ihn sogar zum Hüter der polnischen Reichskleinodien erwählte, was seine spätere Stellung bedingte. *Brühl* hatte sich schon, als der König am 1. Febr. 1733 plötzlich starb, seine Existenz durch Erwerbung mehrer ansehnlicher Staatsstellen gesichert und sich bereits theilweise unentbehrlich gemacht. Jetzt galt es *Brühl*, den Günstling *Friedrich August's II.*, den Grafen *Sulkowsky*, entbehrlich zu machen. Er scheute dabei keine Mittel, um seinen gefährlichen Nebenbuhler, so zu sagen, aus dem Sattel zu heben. Selbst die Gräfin *Kollowrath*, eine Favorite der Königin, die ihm weniger günstig, musste dazu Dienste leisten, und es gelang der verdeckte Streich. So sah sich Brühl mit einem Male allein in der Gunst seines Herrn, dem er sich schon dadurch verbindlich gemacht hatte, dass er ihm 1733 die polnischen Reichskleinodien überbrachte und Alles aufbot, ihm als Nachfolger den polnischen Thron zu sichern. — Was Brühl that, leistete er aber nur als scheinbar allerunterthänigster Diener und Knecht. Nur aus diesem Motive hielt er sich hunderte von Dienern und eine Garde, nur deshalb schaffte er Kunstschätze aller Art und Bibliothek. *Friedrich II.* sagt von ihm: *Brühl war der Mann dieses Jahrhunderts, der die meisten Kleider, Uhren, Spitzen, Stiefeln, Schuhe und Pantoffeln hatte; Cäsar würde ihn zu jenen schön frisirten und parfümirten Köpfen gezählt haben, die er nicht fürchtete.* — *Friedrich August II.* war aber kein Cäsar, er war ein frommer, gutmüthiger Herr und Vater, aber dabei ein zu schwacher Regent; seine Hauptfrage war stets:

Ernst Dietrich, der spätere Gallerie-Insp. *Pietro Guarienti*, der *Christian Ludw. von Hagedorn,**) der Hofmaler *Anton Raphael Mengs*, der Geh. Ober-Cammerrath *Karl Heinr. von*

„„*Brühl! habe ich Geld?*"" — und die stete Antwort Brühl's: „*Ja, Sire!*" — Um recht sicher sein Schäfchen scheeren zu können, war Brühl stets in der Nähe des Königs, sprach aber nie mehr, als er gefragt war, umstellte ihn mit den dichtesten Wachen und kein Tritt des Monarchen war von ihm unbeobachtet. Jeder, der sich dem Regenten nähern und Brühl nicht dazu ziehen wollte, wurde zurückgewiesen und, wenn jener es gar erzwingen wollte, auf eine Weise beseitigt (exempla sunt odiosa). *Der König wähnte sich und seine Unterthanen glücklich, er sah die Welt durch gemalte Fensterscheiben.* Des Königs höchst löbliche Neigung zu den bildenden Künsten, der wir unbedingt viel verdanken, benutzte Brühl auf seine eigene Weise, namentlich um desto vorsichtiger seine egoistischen Pläne durchsetzen zu können. Um sich aber vor jeder Controle völlig gesichert zu wissen, hatte er sich sogar in den Besitz der vorzüglichsten Staatsämter und Oberchargen zu setzen gewusst. — *Brühl war mit einem Wort, der schlaueste Egoist, den je die Erde trug, und behauptete dabei den Schein der grössten Uneigennützigkeit.* Brühl war aber auch nur für *Friedrich August II.*, als Premierminister, geschaffen und konnte dieses Regiment daher auch nicht überleben, um noch einigermassen mit Ehren von der Schaubühne der Welt abzutreten. *Friedrich August II.* starb plötzlich am 5. October 1765, und Brühl folgte ihm, seltsam genug am 28. Octbr. Seine Schlauheit hatte übrigens alle Untersuchungen gegen ihn unmöglich gemacht.

*) War jüngerer Bruder des Dichters Friedrich v. Hagedorn, geboren 14. Febr. 1713 zu Hamburg, ward 1761 kursächsischer Legations-Secretair und 1765 geheimer Legationsrath und General-Director der Kunstakademieen zu Dresden und Leipzig, und starb 24. Jan. 1780. Er war ein grosser Kunstkenner und schrieb, wie mehre seiner Schriften beweisen, einen guten französischen Curialstyl. Man hat ihm das „Abrégé de la vie des Peinctres" beilegen wollen ohne zu bedenken, dass man von ihm Etwas besseres

Heinecken,*) der Oberlandbaumeister *Pöpelmann* und der Maler *Friedr. Sigm. Striebel* in Dresden etc., welche sich bei den unter *Friedrich August II.* geschehenen einzelnen und hauptsächlichsten Erwerbungen für die Gemäldegallerie thätig zeigten. —

---

erwarten musste. Einen Schatten auf sein Leben wirft die von ihm möglichst unterstützte Intrigue der Professoren der Akademie gegen *Raphael Mengs*, dessen Rückkehr nach Dresden und Mitdirektorium bei der Malerakademie keineswegs gewünscht wurde. Hagedorn's „Unterthänigster Vortrag" deshalb findet sich in Schäfer's Sachsenchronik Ser. I. S. 136 ff. abgedruckt. —

*) Geboren zu *Lübeck* 1706, gestorben zu *Altdöbern* (seinem Patmos), in der Niederlausitz, 23. Jan. 1791. Er hatte zu Leipzig die Rechte studirt, hofmeisterte dann in vornehmen Familien zu Dresden und ward um 1733 Privatsecretär des Grafen Brühl, als dieser seine entschiedene Laufbahn betrat. Brühl wusste *Heinecken's* Dienste zu würdigen und auch zu lohnen: denn er beförderte ihn von einem Posten zu einem andern einträglichern. Er ward selbst in den Reichsritterstand erhoben und zu einem königl. polnischen und kurf. sächsischen Geh. Rath um 1755 ernannt. Er hatte sogar von 1754 an die Oberleitung der Gemäldegallerie. Seine Nachrichten von Künstlern und Kunstsachen, 1768, 1771 und 1786 zeigen von vielen kunsthistorischen Studien. Die ihm angedichtete Herausgabe des Abrégé ist jedoch, da selbst J. G. Meusel in seinem gründlichen teutschen Schriftstellerlexikon (1750—1800) unter Heinecken, obschon er alle anonym erschienenen Bücher desselben aufführt, *nicht erwähnt*, sehr zu bezweifeln. — Besonders auffallend ist übrigens die durchgängig wörtliche Uebereinstimmung des Abrégé mit der ein halbes Jahr früher in demselben Verlage erschienen „Description de la ville de Dresde" von J. A. Lehninger bei der Erklärung der Bilder und Angabe der Künstlernamen, welche von den frühern und spätern französischen Catalogen der Gallerie meist gänzlich abweicht. Eine frühere Ausgabe des Abrégé ist nicht vorhanden, und das Titelkupfer von Hutin, mit der Jahrzahl 1754, nur zum Ueberflusse beigegeben.

Umbau des ersten Bildergallerie-Gebäudes.

Nach der im Jahre 1742 ersten geschehenen Prüfung und Auswahl des gesammten Bildervorraths am Dresdener Hofe hatten sich bereits im Jahre 1744 die bisherigen Gallerie-Localitäten im kurfürstlichen Stallgebäude für eine fernere würdige Aufstellung einer schon zu solchem Umfange und Werthe gelangten königlichen Gemäldesammlung, als nicht mehr zureichend herausgestellt. — Der König beschloss daher, das alte, äusserlich unbedingt sehr geschmackvoll im Renaissancestyle ausgeführte und mit vielen Bildhauerarbeiten, ja sogar Fresken, verzierte zweistöckige Gebäude mit hohen Giebeln und Eckvorlagen umzuschaffen. Die Parterreräume verblieben nach Wegfall der Stallzimmer am Jüdenhofe, vor welchen eine spanische Freitreppe*) aufgeführt ward, bis zum Jahre 1753 noch für die Stallungen (130 Stände). Doch als diese unter einer Gemälde-Gallerie als unpassend erschienen, dienten sie nur noch als Galawagen-Remisen und ausserdem für die Requisiten des Stalldepartements. Die obere Etage wurde jedoch nebst den sie überragenden, zweistöckigen Giebeln abgetragen, und dafür eine hohe Etage mit Arkadenfenstern aufgeführt, wobei auch die Eckvorlagen in Wegfall kamen. — Im August 1744 ward, nach *Joh. Anton Riedel's Tagebuche*, die Räumung der bisherigen zwei Gallerieen, zwei Eckzimmer, sowie elf Seiten- und Stallzimmer begonnen. Die Gemälde, „*sämmtliche Schildereien*", wurden einstweilen in das japanische Palais mittels Militär geschafft,

---

*) In der dresdenischen Addresse (1756): „*eine grosse steinerne Döppelte Flötz-Treppe*" genannt.

um den Bau mit Ernste vor die Hand nehmen zu können. In Jahresfrist war auch dieses ganze Stallgebäude „Anno 1745 um ein Stockwerk um und um erhöhet und gänzlich renoviret."*) —

Riedels Tagebuch berichtet aber weiter, dass schon im Jahre 1746 „*sämmtliche Schildereyen aus dem Japanischen Palais, die Copieen ausrangiret, und die Originalien auf die Gallerie geschafft*" worden sind.

Ein geeigneteres Galleriegebäude war somit geschaffen, und der König freute sich schon ungemein über die noch im Jahre 1746 wirklich vollendete Aufstellung der *äussern Gallerie*. Baldigst war auch der Ausbau der *innern Gallerie* vollbracht, so dass, wie *Riedel's Tagebuch* besagt, auch diese Räumlichkeiten im Jahre 1747 bezogen und „*ebenfalls wieder angeordnet und in derselben die Italienischen Bilder rangiret*" werden konnten.

Das zur neuen Gemälde-Gallerie hauptsächlich in seiner Oberetage umgeschaffene kurfürstliche Stallgebäude, das aber, im Vergleich zu dem frühern *Christiansbaue*, sich

---

*) Die „*Dresdenische Addresse*" von 1756 sagt S. 17: „Oben ist ein grosser kostbar ausmeublirter Saal, auf dem sonst die hohen Allerdurchlauchten Landesherrschaften zu verschiedenen mahlen die Ordens-Festins und andere Galla-Tage pompeus celebriret, öfters grosse Balls und Cercles gehalten, auch hohe Potentaten zu verschiedenen mahlen logieren können. Anjetzo aber ist die Königl. Bildergallerie darinnen angeleget, und dieserwegen grosse Arcaden- und Bogenfenster gemachet worden, welche Gallerie wegen der kostbaren von aus- und inuländischen berühmtesten Künstlern verfertigten mit grossen Geld-Summen bezahlten Mahlereien und Schildereyen, in die schönste Ordnung aufgemachet, die Reisenden nicht ohne Verwunderung, Ergötzung und Nutzen sehen müssen. Ueber die Gemählde-Gallerie hat der Herr Geh. Cämmerer Steinhäuser und der Hof-Mahler Riedel die Inspection."

von Aussen nur als ein in seinen Umfangsmauern höchst einfaches Haus, das in der That nach blossem Bedürfnisse aufgeführt, darstellte und in seiner Schmucklosigkeit noch jetzt vor unseren Augen steht, begrenzt mit seiner östlichen Langseite die ehemalige Stallgasse, jetzige obere Augustusstrasse und mit seiner südlichen Breiteseite den Judenhof, wo auch die spanische Freitreppe*) zur ersten Etage führt. Das Oblongum des ganzen Gebäudes hat an der östlichen und westlichen Langseite 91 Ellen und an der südlichen und nördlichen Breiteseite 81 Ellen Länge. Die Grundfläche enthält 7371 Quadratellen, wovon aber 857 Quadratellen auf den umschlossenen länglichen Hofraum gehen. Ueberdies sind an der nördlichen Breiteseite nordwestlich und nordöstlich zwei kleine Flügel von 247 und 235 Quadratellen angefügt; durch den nordöstlichen Flügel steht das Gebäude mit der langen Gallerie längs der ehemaligen Elbgasse, jetzigen untern Augustusstrasse, in Verbindung und unter ihm mündet das Stallthor ein.

Die innere Räumlichkeit war gleich Anfangs in zwei Haupttheile, in die *innere* und *äussere Gallerie*, getheilt. Die *äussere Gallerie* erhält das Licht von der Augustusstrasse, von dem Judenhofe, von dem Rüstkammergebäude und dem Stallhofe her, während die *innere Gallerie* vom eigenen länglichen Hofraume aus beleuchtet wird. Die *äussere Gallerie* umfasst an der Judenhofseite drei Säle, nach der Augustusstrasse zu eine lange Gallerie mit einem Saale und dem Pastellkabinete, nach dem Stallhofe zu drei

---

*) Diese Freitreppe war früher nur bei ausserordentlichen Gelegenheiten gangbar, während der Haupteingang zur Bildergallerie bis 1840 von der nördlichen Hofseite war.

Säle und nach dem Rüstkammergebäude hin eine lange
Gallerie, während die *innere Gallerie* nur eine Gallerie
und vier kleinere Säle enthält. Uebrigens scheinen einem
alten Verzeichnisse zu Folge die nördlichen, wie die südlichen drei Säle ursprünglich nur zwei Räume oder Quer-
gallerieen gewesen zu sein, und die vier Wände mögen erst
später, vielleicht um 1765, eingezogen worden sein. —
Die Reihenfolge der Gemälde nach den Nummern lief
durch alle Räume der innern und äussern Gallerie zuvörderst an der Rückwand, gegenüber den Fenstern, und setzte
sich dann auf der Seite der Fenster vom ersten Raume
an fort. Die Ordnung der *äussern Gallerie* begann auf
der Seite des *Stallhofs* und lief nach der Rüstkammer-,
Jüdenhof- und Stallgassenseite bis zum Pastellkabinete,
im nordöstlichen Flügelanbaue, zu. — Ein wirkliches Fest-
halten der Schulen war nur bei den vorzüglichern, unbestreitbaren Original-Bildern befolgt, während öfter sogar
Florentiner und Römer unter den Niederländern und Hol-
ländern, man weiss nicht aus welchen Gründen, ihren
Platz gefunden hatten. Die Ordnung der italienischen
Schulen in der *innern Gallerie* war dagegen etwas fester
gehalten; wenigstens fand man daselbst keine Holländer,
Niederländer oder Deutsche eingemischt.

Allmählige Vermehrung der Gemälde-Gallerie durch Ankäufe oder Geschenke.

Während über die verschiedenartigsten Erwerbungen
der Gemälde-Gallerie hinsichtlich des unbedingt hervor-
ragensten Schatzes der Meisterwerke der italienischen
Kunst mit grösster Genauigkeit Rechnung gehalten wurde,

ist über die Erlangung der überreichen Suiten von Gemälden aus der holländischen und niederländischen Schule, in welcher Beziehung die Dresdener Gemälde-Gallerie doch grossartig dasteht, weit weniger bekannt.*) Soviel aber steht fest, dass bereits ein grosser Theil der Bilder dieser Schulen schon vor 1722 im Besitze des Hofs, wenn auch nicht in Dresden, vorhanden war, und dass sie, was namentlich die kleinern betrifft, bis zum Tode *Friedrich August's I.* mehr als künstlerische Ausstattung in den Localitäten nicht nur des Dresdener Schlosses, sondern sogar mehrer königl. Jagd- und Lustschlösser im Lande und selbst des sächsischen Palais in Warschau dienten. — War dies doch selbst noch unter *Friedrich August II.* theilweise auch mit Bildern aus andern Schulen der Fall, obschon dieser Monarch bei Weitem mehr seinen Gemäldeschatz zu vereinigen bemüht war. Namentlich ist bekannt, dass dieser König im Jahre 1748, wo noch nicht alle Bilder in das neu hergerichtete Stall- oder Galleriegebäude gebracht waren, in allerhöchsteigner Person sich nach dem japanischen Palais begab, um dort eine Auswahl für das königl. Palais in Warschau zu treffen. So findet man ferner wiederholt in *Riedel's Tagebuche*, dass *Friedrich August II.* noch um's Jahr 1750 mittels allerhöchsteigenhändiger Zettel täglich eine Auswahl von Bildern traf, welche er in seinen Zimmern aufzustellen befahl und deren Elite endlich sogar als seine Privatsammlung be-

---

*) Man darf die Vermuthung hegen, dass noch in den Akten des *Geheimarchivs*, das 1706 auf's Neue geordnet wurde, und namentlich auch in den alten *Kammerrechnungen* (freilich zerstreut) sich auch über die älteren Erwerbungen vor 1706, in welchem Jahre das *Geheime Cabinets-Archiv* erst errichtet ward, sich Etwas vorfinden dürfte. —

trachtet wurden. So war er auch noch im Jahre 1754 darauf bedacht, sein 1748 völlig umgebautes Lieblings-Jagdschloss *Hubertusburg* durch eine von ihm allerhöchsteigenhändig geschehene Auswahl von Gemälden aus seinem Schatze in Dresden zu schmücken.

Wir sahen bereits, dass die *Kunstkammer* mehre Gemälde aus der niederländischen und holländischen Schule, besonders die beiden von *Bles* und *Golzius*, aber auch von *Breughel, Balen, Ambrosius* und *Joh. Franck, Marienhof, Flinck, Wouwermann, Mignon, Toornvliet, van der Velde, Tilborg etc.*, (zum Theil unter anderen Namen) besass; die Mehrzahl derselben ist jedoch wohl erst in den Jahren von 1722 bis 1755 acquirirt worden. Namentlich geschahen Erwerbungen holländischer und niederländischer Bilder bereits durch den Grafen *von Wackerbarth*, sowie durch den Feldmarschall *von Flemming* seit 1722, und schon im Jahre 1708 ff. durch den Kunsthändler *Franz Lemmers*, sowie den Premier-Commissair *Raschke* in Antwerpen, ferner durch den ersten Galleriedirector, *Baron Raymond Le Plat*, wie auch durch *Ventura Rossi*, ja, selbst durch den *Kurprinzen Friedrich August* auf seiner italienischen Reise, wie endlich durch viele Ankäufe *Johann Gottfried Riedels*, nämlich vor 1740 von Prag aus, und ebenso durch ihn nach der Zeit als Hofmaler und Gallerieinspector, auf der Oster- oder Michaelismesse in Leipzig*). Ausserdem wer-

---

*) In Leipzig war namentlich zur *Ostermesse* vor dem siebenjährigen Kriege auch eine Art Kunstmarkt. Der Stapelplatz für diese meist ausländischen Werke der bildenden Künste war *Auerbachs Hof*, wo sich zur Aufnahme dieses Handelsartikels „*zwei schöne Bilderhäuser*" befanden (vgl. Vogels Leipzigisches Chronicon S. 186 B.). Es verkehrten dort „Welsche, Franzosen, Niederländer, Nürnberger, Augsburger" etc. mit ihren Kunst- und Manufacturartikeln. —

den die zum Theil S. 40 f. schon erwähnten Namen: Graf *Gotter* *), Baron *von Rechenberg* **), *von Kayserling*, Graf *von Pflugk*, Baron *von Schacht*, *Algarotti*, Legationsrath *von Kauderbach* ***) im Haag, selbst der Graf *Brühl* und dessen Günstling *Heinecken*, sowie *Araignon*, *de Brays*, *Rigaud* †), *Le Roy*, *Louis Talon* ƒ. *Grünberg*, *Naumann*, *Wanderer* (von Prag aus), *Morell* und *de Witt* (in Antwerpen), *Breitbarth*, *Kindermann*, *Heucher*, *Perodi*, *Pesne*, *Benzoni*, *Bottschildt*, theils als freiwillige Vermittler, theils als bezahlte Unterhändler bei Ankäufen von holländischen und niederländischen Bildern genannt. — Ein Theil derselben kam aber auch direct aus den Sammlungen des Grafen *Waldstein* zu Dux, sowie der Gräfin *Wrzowecz* und des Grafen *Czernin* zu Prag, wie sogar aus der Sammlung des Prinzen *Amadeus von Carignan* zu Paris, und selbst aus den Gallerien zu *Mantua* und *Modena* nach Dresden. Endlich waren es zumeist entweder niederländische oder holländische Bilder, welche die Königin *Maria Josephe* ihrem königlichen Gemahle aus löblicher Sitte alljährlich als Messgeschenk oder zu seinem Namenstage verehrte, —

---

*) *Gustav Adolf*, königl. preuss. Oberhofmarschall und wirklicher Geh. Staatsminister, vorher als *von Gottern*, herzogl. gothaischer Geheimrath, *Envoyé extraordinaire*. Ward von Karl VI. baronisirt und am 29. Octbr. 1740 vom König von Preussen in den Grafenstand erhoben.

**) *Johann Georg*, war Kammerherr und nach 1700 kursächsischer *Envoyé* am hannöverschen Hofe.

***) Besonders im Septbr. 1763 aus dem Nachlasse des Guil. Lormier.

†) Dessen Spediteur und überhaupt Agent für den sächsischen Hof in Paris war Le Leu, welcher alle Sendungen, die durch Rigaud nach Dresden aufgegeben waren, und Zahlungen zu vermitteln hatte.

und *Seghers* schönes Blumenstück im Glasgefässe (898), *Kierings* Landschaft (1415), *Schalkens* lesende Alte (1482), *Gelders* Hellebardier (1504), *van der Werffs* Schachspieler (1545) etc. sind auf diese Weise in den Besitz des Königs *Friedrich August II.**) gekommen, und kamen erst lange nach dessen Tode zur Gallerie.

Eine gute, obschon an Zahl geringe, Acquisition für die Gallerie geschah aber gleich im ersten Jahre nach der eigentlichen ersten Gestaltung der Gallerie durch *Le Plat* in Prag, wo dieser Kunstvertrauensmann *Friedrich August's I.* am 15. Juni 1723 aus der schon erwähnten

---

*) Der 5. März, der Tag „*Friedrich*", ward als Namenstag des Königs begangen, während sein Geburtstag auf den 7. Oct. (geb. 1696) fiel. Man war überzeugt, dass man dem Könige nichts Besseres und für ihn Werthvolleres an diesem Ehrentage zu überreichen vermochte, als ein gutes Original-Gemälde, das zugleich eine erwünschte Vermehrung seiner grössten Lieblinge war. Aber nicht allein die Gemahlin des Königs, sondern auch die Schwiegertochter, *Marie Antonie*, die Kurprinzessin, that dies zuweilen; so ist *Neck's* Hain des Pan (987) und *Both's* Gebirgslandschaft mit Maulthieren (1208) ein Namenstagsgeschenk von ihr. Ja, selbst der alte biedere Graf *Wackerbarth-Salmour* schenkte im Jahre 1751 eine Landschaft von Ruysdael (1376) dem Könige zur Michaelismesse. Ja, man trägt sich sogar mit der Anekdote, dass der König, als ihm einst seine Gemahlin an einem Namenstage zur Abwechselung einen *brillanten Stock*, ein ausgezeichnetes spanisches Rohr mit goldener, reich juwelirter Krücke, den der Hofjuwelier aus Paris als neueste Façon erhalten hatte, und überdies sogar im Preise die gewöhnliche Bilderkaufsumme überstieg, in Gegenwart des Hofmarschalls überreichte, denselben mit Freudigkeit zwar entgegennahm, aber doch auch der höchst naiven Frage: „Wo aber bleibt denn mein Bild?" sich trotzdem nicht erwehren konnte. — Brühl wusste leider am Besten diese ganz in sich versunkene Kunstliebe des Königs zu seinem und seiner Creaturen Nutz und Frommen möglichst zu benutzen. —

Sammlung der Gräfin *Wrzowecz* unter anderen Niederländern (sonderbar!) die von Rubens Hand (?) vielleicht selbst gefertigte Copie des für den Herzog von Ferrara von *Michael Ange Buonarotti* gemalten, später an *Franz I.* von Frankreich verkauften und auf Veranlassung des züchtigen Ministers Ludwigs XIII., *Desnoyers,* zu Fontainebleau verbrannten Bildes der von dem Jupiterschwane geheimsuchten Leda und die beiden trefflichen Portraits (937 und 941) von *van Dyk* etc. ankaufte.

Die erste bedeutendere Erwerbung, wenn auch nur weniger notabeler Gemälde, bestand in 268 Stück aus der Sammlung des Grafen *Waldstein* im Schlosse *Dux* bei Töplitz, welche im Jahre 1741 zu Stande kam. — Um dieselbe Zeit kaufte ferner der schon erwähnte Graf *Gotter*, welcher um 1741 zu 1742 als preussischer Gesandter am kaiserlichen Hofe zu Wien accreditirt war, eine grosse Anzahl Gemälde aus verschiedenen Schulen, von welchen jedoch nur wenige, nach der Ansicht der Kunstkenner, eine Bedeutung hatten, daher auch wohl eigentlich mehr nur als Decorationsbilder für die königlichen Schlösser bestimmt waren und auch gedient haben, indem sie zum grossen Theile nach 1747 und 1763 in den sogenannten Vorrath und in die Doublettengallerie auf der Brühlschen Terrasse kamen. —

Nachdem, wie wir bereits andeuteten, vorzüglich aus *Paris* vieles Beachtenswerthe und Werthvolle aus der niederländischen und holländischen Schule, namentlich die schönsten Bilder *Wouwermanns**), vor dem Jahre 1741 in

---

*) Besonders der den Armen spendende Capuziner (1260), vom Banquier Le Noir in Paris; die Carambolage des scheuen Rosses mit dem Bauerwagen (126) und die Hirschfeiste (1305), aus dem Cabinet des *du Pils*; die Rast vor dem Wirthshause

die königliche Gallerie gelangt war, ward besonders im Jahre 1743 aus der vom Prinzen *Amadeus von Carignan* hinterlassenen Gemäldesammlung durch die Unterhandlung des schon gedachten französischen Hofmanns *Noël Araignon* und des *de Brays* gleichfalls noch manches Treffliche aus diesen Schulen gewonnen, während leider der grössere Theil dieser schätzbaren Sammlung durch den König *Ludwig XV.* für die Gallerie des *Louvre* angekauft worden ist. —

Von wahrhaft hoher Bedeutung wird jedoch stets das Jahr 1743 für die Dresdener Gemälde-Gallerie bleiben. Denn, nachdem im März dieses Jahres bereits der neue Gallerie-Inspector, *Joh. Gottfr. Riedel*, von Prag aus die beiden seltenen Bilder von *Paolo Caliari*, gen. *Veronese*, „die Kreuzigung" (281) und „die Auferstehung Christi" (288), sowie zwei von dessen Sohne, *Carlo Caliari*, als „*Paolo Veronese*", „die Taufe Christi" (292) und die etwas dunkle Allegorie auf die „Uebergabe der Krone Cyperns an die Republik Venedig" (291)*), für nur 4000 Thlr. erlangt worden waren, hatte der als kunstsinnig bekannte Graf

---

(1269), das Gefecht bei der brennenden Windmühle (1270), der beladene Wagen beim Wasserfalle (1287) und der Pferdebeschlag (1294), aus der Sammlung *Crozat's*, sowie die Reiter bei der Schmiede (1302), und die Hirschjagd am Landsee (1304), aus dem Cabinet der Gräfin *de la Verrue* etc. etc.

*) Das Gemälde von Veronese, „Christus am Kreuze zwischen den Schächern" (280), war bereits 1741 durch Vent. Rossi aus Venedig, und die „Susanna im Bade" (284), i. J. 1742 durch Rigaud aus der Sammlung des Prinzen Carignan für Dresden angekauft worden, während der „Hauptmann von Capernaum" (282) erst 1747 durch Guarienti und Zanetti, und „Europa auf dem Zeusstiere" (286) i. J. 1745 durch Algarotti, sowie der „Patriarch Danielo Barbaro" (289), von Vent. Rossi in Venedig gewonnen wurden.

Algarotti das Glück, zu Venedig von *Zuane Delfino* für 22,000 venetianer Livres die „*Holbeinsche Madonna*" der Dresdener königlichen Gallerie zu verschaffen, über welche ausserordentliche Acquisition wir unter der Beschreibung und Geschichte dieses Bildes im Kabinet N. ausführlich zu sprechen Gelegenheit genommen haben *).

Nach Verlauf von zwei Jahren ward der König abermals durch eine Erwerbung beglückt, die, obschon sie mit grossen Geldopfern und allerlei Schwierigkeiten, ja, sogar mit Aerger verknüpft war, dennoch seine Freude auf die höchste Staffel emporhob. Es war der Ankauf von 100 wahrhaft klassischen Gemälden aus der Sammlung des Herzogs *Franz von Este-Modena,* die theilweise in

---

*) Bemerkenswerth ist, dass ein zweites Exemplar desselben Gemäldes, dem Dresdener an Grösse und Anordnung fast durchgängig entsprechend, sich im Besitze der Prinzessin *Maria Anna*, Gemahlin des Prinzen *Wilhelm* von Preussen, zu Berlin befand, das aber auf ihre Tochter, die Prinzessin *Marie Elisabeth* von Hessen-Darmstadt, überging. *Aloys Hirt* hat zuerst in seinen Kunstbemerkungen auf einer Reise über Wittenberg und Meissen, nach Dresden und Prag (vgl. S. 16. Anmerkung) im Jahre 1830 auf dieses Zwillingsbild in Berlin aufmerksam gemacht und ihm ebenso gut die Originalität von *Hans Holbeins jun.* Hand zugesprochen. Doch hat sich bis jetzt noch kein völlig unparteiischer Kunstkenner und Kunsthistoriker daran gemacht, zu vergleichen, welches Bild von beiden die erste Idee und welches die Wiederholung sei. Zwar hat *Kugler*, nicht beachtend die historischen 200jährigen Autoritäten des Dresdener Bildes, nach einigem Studium (ein gründlicheres kann doch natürlich erst dann erfolgen, sobald beide Bilder neben einander stehen) seine Vermuthung zu begründen versucht, dass natürlich das Berliner das *ältere*, und das Dresdener nur die *mit anderer Beihilfe später ausgeführte Wiederholung* sein dürfte (vgl. Stuttg. Kunstbl., Jahrg. 1845, Nr. 8). *Kugler* schaffe aber ja erst Geburts- und Verhaltschein des Berliner Bildes, dann wollen wir es ihm glauben. Das Gemälde ist jetzt in Darmstadt.

Modena, zum Theil aber in *Ferrara* aufgestellt war. — Den Anfang zu den grösseren Kaufsunterhandlungen machte eigentlich nur *Correggio's* treffliches Bild „St. Georg etc. vor der thronenden Madonna" (136), welches 12,000 Zecchinen kosten sollte. — Doch hatte die damals im höchsten Stadium begriffene Geldverlegenheit des Herzogs die beste Gelegenheit dazu dargeboten, das Geschäft endlich auf 100 der vorzüglicheren Bilder der herzoglich Esteschen Gallerie erweitern zu können. Die Verhältnisse gestalteten sich gleich Anfangs nur zu günstig, als dass sie die so schon auf früheren Reisen gezündete Liebe des Königs zur Kunst, bei der Aussicht auf eine solche seltene Erwerbung, nicht noch mehr zur Flamme hätten anfachen sollen, zumal sein Premierminister, der schlaue Graf *von Brühl*, den Brand noch zu schüren bemüht und darüber gewissermassen erfreut war, ein neues nachhaltiges Mittel gefunden zu haben, des Königs Aufmerksamkeit von sich und seinem Treiben weit mehr als bisher abzulenken*). —

---

*) Niemand wird wohl so thöricht sein, den stets das Beste wollenden, gutherzigen König deshalb verdammen zu wollen, dass er so ungeheure Summen für seine brennende Liebe zur Kunst verwendete. Hätte er diese allerdings Geldopfer fordernde Neigung, die aber billiger als *Maitressenwirthschaft* war, nicht verfolgt, und wäre er in dieser Beziehung vielleicht gar sparsam gewesen, wie es Vorgänger und Nachfolger waren, oder hätte er wohl gar geizen wollen, so würde es doch unbedingt nicht zum Heile des Volkes gediehen sein, sondern das Gesparte der unersättliche *Brühl* auf andere geschickte und ungeschickte Weise im luxuriösen Haushalte verbraucht oder an seine, von ihm selbst gefürchteten Creaturen und Schranzen verschleudert haben. Auf diese Weise hat des Königs oft gemissbilligter Kunstluxus unbestritten noch das Gute gehabt, dass dem Lande etwas Bedeutendes da-

Der damalige sächsische Gesandte zu Venedig, Graf *Villio,* sowie der Hofmaler *Ventura Rossi,* der, sowie sein Bruder *Lorenzo*),* seit 1732 am Dresdener Hofe beschäftigt war, und als Specialbevollmächtigter, jedoch unter falschem Namen, nach *Modena* und *Ferrara* entsendet ward, um die Gemälde mit Kenneraugen zu besichtigen und über ihre Auswahl ein gründliches Gutachten abzugeben, waren die ersten Unterhändler. Ausserdem wurden noch der nachmals in Dresden bedienstete Galleriecinspector *Pietro Guarienti**)* und der „*alte Zanetti*"***) in Venedig hierin zu Rathe gezogen. Für das eigentliche Geldgeschäft dabei hatte man noch überdies den Banquier *Joh. Thomas de Rachel* nach Venedig abgeschickt, der durch seinen

---

durch erhalten worden ist, was schon drei Menschenalter hindurch für Sachsens Renommée und Verkehr segensreich gewirkt hat. *Brühl* allein hat, so lange er erster Minister und allgewaltiger Staatssteuermann in Sachsen war, dem Lande mindestens jährlich 1 Million gekostet, während noch eine zweite und dritte Million dessen Creaturen und die von ihnen geführte schlechte Staatswirthschaft kostete. —

*) Sein Portrait hat Zucchi nach Ceruti gestochen. —

**) Ist auch als Kunsthistoriker durch die neue vermehrte Ausgabe des schon 1704 zu Bologna erschienenen „Abecedario pittorico" des J. Pellegrini u. Ant. Orlandi (Venet. 1753) bekannt.

***) Dieser damals anerkannte Kunstkenner und Archäolog Antonio Maria Aless. Zanetti schrieb namentlich: „Varie pitture a fresco de principali Maestri Venetiani." — „Della Pittura Venetiana Lib. V." und „Raccolta di cento e dodici quadri rappres. istor. sacre, dipinte da piu celebri Pittori della Scuola Veneziana." Auch besass er eine bedeutende Sammlung geschnittener Steine, worüber er ebenfalls geschrieben. Endlich war auch sein Sohn berühmt, der sich mit der Xylographie beschäftigte und namentlich die Manier des Hugo da Carpi wieder in Aufnahme zu bringen suchte.

dortigen Bruder *Paul Moritz Rachel* die Auszahlung zu besorgen beauftragt war.

Aus einem spätern Schreiben *Zanetti's* scheint jedoch hervorzugehen, dass man wohl zu viele Leute hierbei in's Spiel gezogen hatte und, da gewöhnlich viele Köche den Brei verderben, man auch bei diesem Geschäfte durch zu grosse Umständlichkeit eher geschadet als genützt haben mochte. Denn der 75jährige *Zanetti*, der schon früher die grossen Bildereinkäufe für den Herzog von Orleans in Italien bestens vermittelt hatte, beklagte es unumwunden in einem der späteren Briefe, *dass man ihm die Kaufsunterhandlungen nicht allein überlassen, da er unbedingt für denselben Kaufpreis, für welchen man nur 100 Stück Bilder aus der herzoglich esteschen Sammlung erhalten, die gesammte modenesische Gemäldegallerie verschafft haben würde.* Namentlich bemerkt er, dass man das Angebot nicht in *Zecchinen*, sondern in *Gulden* hätte thun sollen, weil dies als eine *gewaltigere Summe* dem Herzoge bedeutender in die Ohren geklungen haben würde *(perché fa più strepitoso il numero!).* —

Trotzdem, dass *Vent. Rossi* im strengsten Incognito zuerst in *Modena* und *Ferrara* aufgetreten war, so waren denndoch die Unterhandlungen, unbedingt durch Zuziehung noch mehrer Personen nicht so ganz geheim geblieben, wie es doch nothwendig gewesen wäre. So mochte das Gerücht davon selbst in das Publikum gedrungen sein, dass der Herzog unter der Hand seinen Gemäldeschatz veräussern wollte. Die selbst laut gewordene Unzufriedenheit mehrer Patrioten mit diesem Missfallen erregenden Beginnen des Herzogs sowohl, als namentlich die theils rein patriotischen, theils aber auch nur in der versteckten Absicht, dabei von sächsischer Seite ein ansehnliches Beschwichtigungsgeld zu erhalten, geäusserten Bedenken, welche die Räthe des Herzog gegen ihn ausgesprochen hatten, mussten freilich den Unterhandlungen nur behinderlich sein, obschon beim Herzog das *Geldbedürfniss* bereits entschieden hatte. — Namentlich legten der Premierminister, Marchese *Rangoni*, sowie der Finanzminister und Uditore generale (Generalauditor) *Bondigli* die von ihnen gefühlte Verantwortlichkeit, einen solchen Kunstschatz dem Vaterlande gewissenlos verloren gehen zu lassen, dem Herzoge angelegentlich an das Herz, während noch andere herzogliche Räthe sich sogar entschieden gegen die Veräusserung dieser werthvollsten Gemälde der herzoglichen Gallerie aussprachen. — Doch die Bestechlichkeit, die auf Italiens Boden vielfach gewuchert hat, spielte auch hierbei eine gewaltige Rolle, und der auf *Bondigli's* Seite wohl nur als Gaukelschild gebrauchte Patriotismus wich endlich gleichfalls, wie in anderen Fällen so oft, dem *blanken Golde*. Die bedeutenden Geldopfer, die, um alle aufgetauchten Hindernisse zu beseitigen, im Verlaufe der mehrfach unterbrochenen Unterhandlungen nöthig geworden waren, erhöhten allerdings auch gewaltig die Kostbarkeit der bereits für 100,000 Zecchinen erhandelten 100 Stück Gemälde. — Trotzdem, dass die Bilder bereits in aller Stille verpackt und zum Transporte vorbereitet waren, so erhoben sich doch immer noch neue Schwierigkeiten, die nicht nur mit der grössten Behutsamkeit, sondern natürlich auch, laut Quittung vom 20. August 1745, durch ein Geschenk (Regalo) von 100 Zecchinen bei dem goldgierigen *Bondigli* gehoben werden mussten, damit es nur endlich dem königlichen Bevollmächtigten gelingen konnte, die inhaltschweren Kisten nach *Padua* auf venetianischen Boden zu bringen, wo sie einstweilen in *Ventura Rossi's* Wohnung bis zur vollständig erfüllten Leistung der Kaufsumme von 100,000 Zecchinen *) verblieben. Da aber die Zahlung sich ohne die Schuld des Bevollmächtigten etwas verzog, so fand man freilich modenesischer Seits wiederholt Gelegenheit, eine noch besonders im Kaufcontracte vom 17. Septbr. 1745 festgestellte Entschädigung von 7000 Zecchinen zu erpressen, damit der ganze Kauf nicht noch rückgängig ward. Nachdem endlich die Kaufsumme und auch die contractlich fällig gewordene Entschädigungssumme gedeckt waren, und als Alles berichtigt zu sein schien, wusste dennoch der unersättliche *Bondigli* ein neues Hinderniss gleichsam herauf zu beschwören, woran die harmloseren sächsischen Unterhändler in der That bei Abfassung des Contracts nicht gedacht hatten. *Bondigli* brachte nämlich noch die im Contracte allerdings nicht ausdrücklich mit einbedungenen *Goldrahmen* der Bilder zur Sprache, und der Umstand, dass *Bondigli* vier zinsbare Steuerscheine (sogenannte Steuerbillets) mit als Zahlung annehmen musste und wegen der Baarzahlung selbst bis zur Leipziger Ostermesse 1746 eine Gestundung der Auszahlung gewährte, machte es nothwendig, dass der immer noch zwischen Himmel und Erde schwebende *Ventura Rossi* dem Geldhungrigen abermals 1000 römische Scudi opfern musste.

Ende August des Jahres 1745 war der Handel eigentlich, abgerechnet die Weiterungen *Bondigli's* wegen der

---

*) Eigentlich eine venetianische Goldmünze von der Zecca (d. i. Münze) zu Venedig, wo sie geschlagen ward, „Zecchino" genannt; galt 22 Lire Conventionsmünze, als an Schrot und Korn dem ungarischen Ducaten gleich. Der Ducaten galt damals nur 2 Thaler 18 bis 20 gute Groschen.

Rahmen etc., so gut als abgemacht, und dennoch verzog sich der völlige Abschluss bis zum Anfange des Juli 1746. — Nachdem auch *Ventura Rossi* so weit mit dem *Bondigli* in's Reine war, kam die Reihe an den *Paul Moritz Rachel* in Venedig, der ebenfalls mit diesem unerschöpflichen Quengler noch peinliche und qualvolle Stunden zu verleben hatte. Bevor aber diese letzte Probe der Geduld von *Rachel* bestanden ward, ging bereits in Dresden von beiden langgeprüften Duldern die freudige Botschaft ein, dass am 6. Juli 1746 *fünf Karren* mit den 100 Stück wohlverpackten Gemälden der modenesischen Gallerie von Venedig aus über Wien nach Dresden unter königlichem Freipasse abgegangen wären. —

Der allerletzte Brief *Rachels* an seinen Bruder in Dresden in dieser Angelegenheit ist voll von Jeremiaden über *Bondigli's* allerletztes Benehmen bei der endlich erfolgten Bezahlung selbst. — Namentlich ist darin hervorgehoben, wie schwer es ihm vor Allem gefallen sei, überhaupt 100,000 Stück Zecchinen, was eine Hauptbedingung im Kaufe Seiten *Bondigli's* gewesen, *baar* zu beschaffen, und was es dann noch ausserdem für ihn für eine Marter gewesen wäre, auf *Bondigli's* Verlangen alle 100,000 Stück Zecchinen, selbst die ganz neu geprägten nicht ausgenommen, durchzuwiegen, und endlich das etwa am Gewichte dieses und jenes Stückes Fehlende bis zur geringsten Abweichung der Waage durch Nachzahlung gehörig in Richtigkeit zu bringen, wobei es an überflüssigen Wegen und Hin- und Herschickereien nicht fehlte. — Ein voller Tag ward allein mit der Baarzahlung an *Bondigli* Seiten *Rachels* verbracht. Dass daher *Rachel* den mit aller Finanz und Alefanz vertrauten modenesischen *Ministro delle Finanze* keineswegs brieflich loben konnte,

sondern dass dieser von jenem vielmehr, dennoch aber in aller Etiquette, geschmäht und verwünscht wurde, versteht sich von selbst. Und wir können es in der That dem viel geprüften *Rachel* nicht übel nehmen, wenn er brieflich darüber gegen den Bruder seinem Unmuthe Luft machte, dass er noch „in grossen Verdruss mit dem harten, unhöflichen und irraisonablen Bondigli gerathen". —
Dagegen stellte *Rachel*, sowie auch *Rossi*, und namentlich *Algarotti*, den Premierminister, Marchese *Rangoni*, als einen vollkommenen „*Nobile*" und „*venerablen Cavaliere*" dar, und Rachel kann ebensowenig umhin, denselben seinem Bruder in Dresden angelegentlich zu empfehlen, dass er beim allmächtigen Reichsgrafen *von Brühl* für diesen Ehrenmann, nach damals sehr gebräuchlicher Sitte in Sachsen, eine „marque d'estime von Seiten des Hofs", d. h. ein *Porzellangeschenk* *) vermittele, als der Graf *Alga-*

---

*) Das sächsische Porzellan stand im Auslande fast in dem Werthe vom Golde, und man fand damals von Seiten des Hofes Manchen, der sich um den sächsischen Hof in einer Beziehung verdient gemacht hatte, mit einem Porzellangeschenke ab, den man später mit einer bei Weitem billigern Ordensdecoration so zu sagen ablohnte. Aber auch als Bezahlung für rückständige Gehalte an Staatsdiener musste baldigst bei Brühls grauenvoller Finanzwirthschaft das Meissner Porzellan dienen, woher sich noch zu Anfange dieses Jahrhunderts die grossen Vorräthe von Porzellangefässen und Figuren in manchen sächsischen Familien schrieben, die sich oft erst beim Urenkel bezahlt gemacht haben. — Doch mochte schon zu Brühls Zeit die Beanspruchung eines Porzellangeschenks als „Don gratuit" bei grösseren Ankäufen etc. zu häufig wiedergekehrt sein, da er ernstlichst für alle späteren Fälle erklärte, dass Se. Majestät der König solches Ansinnen sehr ungnädig vermerkt und dass er sich desshalb in Zukunft „dergleichen *vague* Versprechungen" ein für alle Male verbitten müsste. —

rotti für den alten *Zanetti* eine in Gold gefasste *Porzellan-Dose* bei Brühl verschafft hatte, die er auch selbst auf dessen Befehl für den greisen Kunstkenner mit nach Venedig nahm. —

Die fünf Karren mit den Gemälden langten im August des Jahres 1746 zur grössten Freude des Königs und seines Hofes in Dresden an, und *Ventura Rossi* hatte vorläufig die Genugthuung, dass er der königlichen Freude gegenüber das stolze Selbstgefühl, dass diese Erwerbung hauptsächlich sein Werk sei, geltend machen durfte. Dennoch aber scheint ihm dabei nicht nur sein Gewissen im Geheimen, sondern er sich sogar laut gesagt zu haben, dass er, *selbst Italiener,* eigentlich dazu, als man sein Vaterland solcher ausserordentlicher Kunstschätze zu berauben beabsichtigte, gar nicht die helfende Hand hätte darreichen, noch viel weniger hierin von seiner Seite alle Klugheit und Gewandtheit dem intriguanten *Bondigli* gegenüber aufbieten sollen, um wirklich diese Beraubung unter Verleugnung alles Nationalgefühls nur zur Zufriedenheit einer fremden Landeshoheit vollführen zu helfen. —

Namentlich waren im modenesischen Ankaufe Gemälde von *del Sarto* (28. 29), von *Carlo Dolce* der „Brod und Wein spendende Christus" (45), von *Penni* (61, 62), von *Guilio Romano* die „Madonna della scodella" (64), von *Dosso Dossi* (112 — 115, 117, 118, 120), von *Garofalo* (121 — 124, 127), von *Benevenuti* (128), und von *Correggio* sechs der vorzüglichsten Bilder (132 — 137), unter welchen sich auch die „*heilige Nacht*" (135) befand, von der jedoch eine *Copie* für die herzogliche Gallerie zu Modena contractlich ausbedungen ward, die *Ventura Rossi* zu besor-

gen übernommen *). Besonders rühmte sich *Vent. Rossi*
die „*famosissima Maddalena*" des *Correggio* noch in den
Kauf mit bekommen zu haben, obschon anfänglich *sie mit
vier andern Bildern* ausdrücklich von demselben ausgeschlossen worden war, wobei er noch ganz besonders den
ernstlichsten Gewissensbiss darüber nicht zu bergen vermag, dass er doch als Italiener sein Vaterland um solch
ein Kunstkleinod nicht hätte bringen sollen. — Ausserdem waren darunter Gemälde von *Carpi* (142), von *Parmesano* (144, 146), von *Mazzuoli* (148, 149), von *Abbate*
(150), von *Caravaggio* (156, 157), von *Giorgione* (199),
sowie namentlich von *Tiziano* der „Zinsgroschen" (202),
und „Alfons I. und Lucrezia Borgia vor der Madonna" (204),
wie auch vier andere Bilder desselben Meisters (206, 207,
210, 211), ferner von *Jac. Palma* (227), von *Pordenone*
(233), von *Bassano* (254), ebenso von *Paolo Veronese* die
vorzüglichsten Gemälde (276—279, 285, 287 und aus
dessen Schule 295), von *Ferabosco* (331), von *C. Procaccini*
der Rochus (417), und *G. C. Procaccini* (418), von *Lud.
Carracci* (422), von *Ann. Carracci* (424—430) **) und von
A. M. Carracci (432), dann auch von *Guido Reni* der
Bacchus (446), der Auferstandene (448), und der heilige
Hieronymus (454), ingleichen von *Spada* (461—463), von
Tiarini (464), von *Montalti* (465), sowie von *Torre* (466,
467), besonders aber dessen werthvolle Copie des „Zins-
groschens" nach Titian (468), welche allerdings nach dem

---

*) Nach dem „Abrégé" S. 130 hat diese Copie auf Leinwand *Joseph Nogari* ausgeführt. —

**) Nach Guarienti's Angabe vermisste man bei dem Aus-
packen der Bilder in Dresden den Lautenspieler (428), „Suonatore
di Liuto", oder „il Mascharone"; doch muss das Bild nachgelie-
fert worden sein. —

Originalcontracte zurückgeliefert werden sollte. — Ebenso befanden sich darunter Gemälde von *Albano* (471, 473), von *Guercino*, die Semiramis (492), sowie aus der spanischen Schule von *Ribera*, die „Marter des Bartholomäus" (591), und von *Velasquez* (595, 597). Ja, selbst aus der niederländischen Schule bot der modenesische Ankauf mehres Werthvolle, namentlich das schöne Gemälde des *Rubens*, den „heiligen Hieronymus" (791), und von *van Dyk*, den „Geharnischten" (938, sowie 940), ferner die „Bauernfamilie" von *Ryckaert* (961), und vom Holländer *Laär* die sogenannte „opera oltramontana" (1237). Endlich gewann die Gallerie durch diese in jeder Beziehung bedeutende Vermehrung auch sogar *Holbeins* treffliches Portrait des „*Thomas Morrett*" (1694), jedoch unter dem Namen „Lodovico Sforza, il Moro" mit der Firma des *Leonardo da Vinci*, auf welchen Irrthum erst durch *Rumohr* und *von Quandt* (Kunstblatt 1846 Nr. 9) die Kunstwelt aufmerksam gemacht wurde.

Diejenigen, welche, wie allerdings schon geschehen, behaupten möchten, dass die Kaufsumme für diese Einhundert Stück Gemälde aus der modenesischen Gallerie viel zu hoch sei, werden unbefangen bei genauerer Erwägung des unbestrittenen Werthes der einzelnen Gemälde zuverlässig von ihrer Behauptung abstehen, wenn sie namentlich bedenken, dass allein schon *Titians* „Zinsgroschen", *Correggios* „heilige Nacht", „Magdalene", die drei „Madonnen", und der „Arzt", sowie die vier grossen vorzüglichsten Gemälde des *Paolo Veronese* jetzt für diese Summe*)

---

*) Ward doch vor mehren Jahren in Paris eine *Madonna von Murillo* mit 615,300 Francs bezahlt. Und was für Preise haben nicht die Engländer in neuerer Zeit für Gemälde in Italien und neuerdings im Haag gezahlt, deren Originalität sogar sehr bezweifelt werden dürfte.

überhaupt wohl gar nicht geschafft werden könnten. — Uebrigens hat sich dieses der Brühlschen offenbaren Finanzvergeudung durch den modenesischen Ankauf entgangene und Sachsen dadurch gleichsam erhaltene Capital mittelbar gewissermassen schon sehr gut verzinst *). —

Nachdem in den nächsten Jahren von *Zanetti* und *Guarienti* **) noch mehre Einkäufe, namentlich i. J. 1747

---

*) Es ist sogar zu beklagen, dass von Seiten des Königs, *Friedrich August's II.*, nicht weit mehr die ihm in Italien damals gebotene Gelegenheit zu Ankäufen werthvoller Bilder benutzt ward. Denn der modenesische Kauf hatte gewissermassen in Italien die Lust rege gemacht, die werthvollsten Bilder loszuschlagen, um nur Geld damit zu machen. So ward das Original der *Cäcilie des Rafael* durch den Maler *Becchetti* von Bologna aus für 50,000 Ducaten angeboten. Ebenso war die „Madonna di Fuligno" des *Rafael* den Nonnen zu Fuligno feil und, hätte der Maler *Sigmund Striebel* nicht so albern gefeilscht, und geglaubt, mit 2000 Scudi und einer „*Copey*" aus seinem Pinsel diesen Juwel zu erlangen, so wäre es geglückt. Brühl hatte sich übrigens auf einen weit höheren Preis schon gefasst gemacht, und deshalb bereits 4000 Scudi beim Cardinal *Albani* zu Rom zur Anzahlung bei diesem Handel deponirt, mit welchem Gelde, wie sich Striebel ausdrückt, der Cardinal einstweilen „*zu negotiiren*" sich erlaubt hatte. Auch *Rafaels* „Violinspieler" (zur Zeit im Palaste Sciarra zu Rom) und dessen „Fornarina" (im Palast Barberini), sowie *Domenichino's* treffliches Bild „Diana mit den Nymphen" (in der Gallerie Borghese) waren zum Kauf angeboten. — Der König war aber nicht Herr: denn Brühl war mehr als Minister.

**) Dieser Bilderhandel musste jedoch in Italien sehr geheim betrieben werden, und die Unterhändler mussten dabei die grösste Schweigsamkeit beobachten, was leider von Einigen nicht streng genug geschehen sein mochte. Am Vorsichtigsten scheint sich aber *Guarienti* stets dabei benommen zu haben. Dies beweist namentlich, dass er sogar in seiner Correspondenz mit Brühl sich einer Chiffreschrift bediente, deren *J. Hübner* S. 41 (Einleitung zum Verzeichniss der königl. Gallerie) specieller gedenkt.

des *Bassano* „Tobias" (248) und *Paolo Veronese's* „Hauptmann zu Capernaum" (282) aus der Casa Grimani in Venedig vermittelt, und auch schon früher durch *Algarotti,* der allerdings einen sehr hohen Werth*) auf seine Verdienste bei den Kunstbestrebungen des sächsischen Hofes legte, mehre beachtenswerthe Gemälde, besonders im Jahre 1743 die beiden *Strozzi* (524 u. 525) aus der Casa Sagredo etc. erlangt worden waren, wurde im Jahre 1748 durch *Placido Gialdi* der Ankauf von 69 Gemälden aus

---

*) Dem glatten, gemessenen *Brühl* mag in der That der feine *Algarotti* mit seinen, obschon gewandt verdeckten Ansprüchen mitunter unbehaglich geworden sein. Trotzdem liess Brühl sich seine Stimmung gegen den Grafen nicht merken, behandelte ihn, sowie dieser es auch stets beanspruchte, als „alten brescianer Nobile". Algarotti erhielt bereits unterm 16. Febr. 1742 eine schriftliche Ordre des Königs, Bilderankäufe in Italien zu machen, dazu auch ein Reisegeld von 1000 Ducaten, und später ebenfalls noch von Zeit zu Zeit bei Unterhandlungen angemessene Entschädigungen. Dadurch aber, dass er aus Ursachen nicht speciell mit zu den Unterhandlungen wegen des modenesischen Ankaufs gezogen wurde, war sein Ehrgeiz auf's Höchste verletzt. Namentlich hebt er hervor, dass *V. Rossi,* dem er nicht gewogen, ihm, und zwar zum offenbaren Schaden des sächsischen Hofes, so zu sagen, Bilder vor der Nase weggekauft habe. Er vergass auch nicht, eine genaue Veranschlagung der Summen, welche er angeblich bei jedem Bilderankaufe für den König erspart hatte, beizubringen, wonach bei nur 21 Gemälden die nicht unbedeutende Summe von 11,900 Ducaten sich herausstellte. Ebenso bot er in scheinbar grösster Uneigennützigkeit seine eigene Gemäldesammlung zu 6000 Ducaten dem Könige an, und stellte, da er natürlich voraussetzte, dass er weiteren Aufträgen des Hofes entgegensehen könnte, das billige (?) Verlangen, ihm den Titel eines *„General-Intendanten der königlichen Ankäufe"* nebst einer jährlichen Leibrente von 1500 Ducaten zu verleihen. Brühl wusste jedoch sehr geschickt dem Algarotti darauf ablehnend zu begegnen.

der *kaiserlichen Gallerie zu Prag* für die Summe von 50,000 Thalern vermittelt.

Der gewandte *Pietro Guarienti* hatte sich nach Prag begeben, um in aller Stille die beim Kaufe zu berücksichtigenden Gemälde auszuzeichnen. Das bei diesem Verkaufe überhaupt obwaltende Geheimniss scheint es aber auch nöthig gemacht zu haben, dass *Placido Gialdi* im Incognito zu Prag auftrat, wesshalb er daselbst als ein Kaufherr aus Holland erschien, welcher als Lieferant für die Generalstaaten sein Vermögen in Bildern zur Speculation für Holland anzulegen gesonnen sei. Die Gelegenheit, auf eine möglichst verschwiegene Weise für Gemälde so viel als möglich Geld zu erhalten, mochte selbst höhern Orts sehr erwünscht gekommen sein, da man die ganze Prager Gallerie dem *Gialdi* für 300,000 Gulden zum Kauf anbot, auf welchen Kauf in Bausch und Bogen sich jedoch dieser wohlweisslich nicht eingelassen hatte; sondern er erklärte vielmehr, nur auf den Kauf von höchstens 69 Stück ihm beliebter Bilder eingehen zu wollen. Man glaubte, hierbei mit etwas vollem Munde fordern zu können, und so verlangte man allein für diese 69 ausgewählten Bilder 100,000 Thaler, welche hochgespannte Forderung jedoch den gewandten Unterhändler keineswegs störte, und die er, vertraut mit den dortigen finanziellen Verhältnissen, auf die Hälfte herabzustimmen verstand. Doch mochte die Prager Bilder-Unterhandlung zu Wien in der Hofburg selbst einige Aufmerksamkeit rege gemacht haben, da man aus einem bei den betreffenden Papieren liegenden Zeddel ersieht, dass S. K. M. „allermindestens" acht Bilder, besonders *Tenier's* „Wiener Bildergallerie" (noch im Belvedere zu Wien vorhanden), die „Schweinsjagd" von *Rubens* (800), und *Palma's* kolossales Bild „der Einzug Heinrich's III. in Venedig" (230), vom Kaufe ausgenommen wissen wollte. Doch muss *Gialdi* die beiden letzteren Bilder noch mit in den Kauf erhalten haben, da sie zur Dresdener Gallerie mit gekommen sind. — Namentlich waren bei diesem Kaufe ausser den schon erwähnten beiden Bildern auch *van Dyk's* Gemälde, „Karl I. von England nebst Gemahlin" (931), das Schulbild von *da Vinci*, „Tochter der Herodias mit Johannis Haupte" (17), die „Spieler" von *Caravaggio* (158), die gute Copie der „Venus" nach *Titian* (212), „Loth" von *Bassano* (250), „der Mann im Lehnstuhle" von *Tintoretto* (266), und dessen „Ehebrecherin vor Christus" (268), sowie der „Leichnam Christi" von *Schiavone* (272), „Christus mit der Dornenkrone" von *Guido Reni* (447), wie endlich auch nebst mehren anderen Niederländern der „Zahnarzt" von *Honthorst* (1062) etc. etc. etc.

Nach einem Schreiben vom 2. April 1749 erhielt die Gallerie durch *Guarienti* in diesem Jahre das geachtete Bild *Carlo Cignani's*, „Joseph und Potiphars Weib" (503), aus der *Casa Contarini* zu Venedig für 600 Zecchinen, und ein anderes von *Paris Bordone,* „die heilige Familie" (237), von *Palma Vecchio* die „schöne heilige Familie" (225), von *Pempi* die „Auferweckung des Lazarus" (339), und von *Polidoro di Venezia* „eine heilige Familie" (243), zusammen für 353 Zecchinen, aus der *Casa Pisani* zu Venedig*).

---

*) Das Schreiben *Guarienti's* an Brühl von Venedig aus liefert eine Probe von der verabredeten Chiffrirung. Es heisst darin: „Fai acheté le Rigaud à Forli de la maison Contarini pour 600 gr. Francois Porbus et Spranger etc. 353 gros." Nach einem bei der Correspondenz vorhandenen *Schlüssel* bedeutet Forli: Venedig — Rigaud: Carlo Cignani — Franc. Porbus: Paris Bordone — Spranger: Palma Vechio — Gros oder Grossi: Zecchinen etc.

Auch machte der nach Rom entsendete, aber in keiner Weise geschickte sächsische Maler, *Sigmund Striebel*, im Jahre 1749 einige nicht ganz üble Einkäufe. Seine Sendung hatte eigentlich zum Zwecke, die Geheimnisse der römischen *Mosaikarbeiten* zu erforschen, nebenbei aber auch von einer beim Cardinal *Albani* von Brühl niedergelegten Summe von 4000 römischen Scudi, wenn er Gelegenheit finden sollte, Ankäufe von guten Bildern zu bewirken. Der erste, in Aussicht stehende Ankauf der „Madonna di Fuligno" des *Rafael* scheiterte bekanntlich an *Striebel's* taktlosem Missgebote; doch war er glücklicher in Erlangung der „Pieta" des *Vasari* (36) für 20 Scudi, des „Schildes" von *Caravaggio* (60) für 40 Scudi, der „Frau mit den Früchten" von *Maratti* (103) für 43 Scudi, sowie der Madonna von *Garofalo* (126) für 300 Scudi etc.

In diese Zeit trefflicher Bilderärnte fällt auch *Guarienti's* Erwerbung der vorzüglichen Copie der „heiligen Cäcilie" nach *Rafael* *), die früher in Dresden dem *Giulio Pippi Romano* mit grossem Unrechte zugeschrieben ward **), obgleich sie schon längst zu *Bologna* selbst als eine daselbst gemalte, sehr gelungene Nachbildung von dem Niederländer *Denys Calvart* (geb. 1555 zu Antwerpen), welchen die Italiener *Dionysio Fiammingo* zu nennen pflegen, bezeichnet worden war. — Ebenso verdankte die Gallerie den Bemühungen des *Guarienti* in demselben Jahre noch

---

*) Das Original war für 15,000 Ducaten dem sächsischen Hofe durch den Maler Becchetti zu Bologna angeboten worden; doch scheint dieser Ankauf nach *J. Hübner* durch die deutschen Bedenklichkeiten und weitläufigen Anfragen des *Raphael Mengs*, welche den Grafen *Brühl* verstimmten, gescheitert zu sein, während *Rossi* und *Algarotti* wohl zum Ziele gelangt sein würden.

**) Vgl. „Abrége" etc. 1782 S. 35 unter Nr. 523.

die beiden *) *Wandelbilder* von der *Predella* des Hochaltars der Kirche „St. Giovanni in monte" zu Bologna von dem aus der Schule zu Ferrara hervorgegangenen *Ercole Grandi* (geb. 1491, † 1531), welche G. (nach *Luigi Crespi's* Briefen) aus der Sacristei genannter Kirche ankaufte.

Eine der nächsten beachtenswerthesten Erwerbungen war der von dem als thätigen Unterhändler in Italien uns schon bekannten Canonicus *Luigi Crespi* **) vermittelte Ankauf des trefflichen Bildes von *Guido Reni,* „Ninus und Semiramis", für 3000 Ducaten. Dieses Gemälde kam unter dem Titel „*Salomo und die Königin von Saba*" im Jahre 1752 zur Gallerie, und *J. Hübner* meint, dass diese Bezeichnung wohl auch vorzuziehen sei, zumal die Persönlichkeiten und die Handlung des Bildes („Motiven der Bewegungen") weit besser dazu passen. Der gelehrte *Crespi,* der vielleicht die Veranlassung zur Umtaufe des Bildes sein könnte, mag aber doch wohl seinen historischen Grund dabei gehabt haben. Auch *Mosen* scheint bei seiner Erklärung der Bedeutung des Bildes nicht weiter nachgeforscht zu haben: denn der Sohn der Semiramis hiess bekanntlich Ninyas, und diese trat jenem erst lange nach des Ninus Tode die Krone (wahrscheinlich gezwungen) ab. Woher sollte dann der historische Zu-

---

*) Vasari I. S. 394 (ed. Bottari, Rom.) sagt: „Ben é vero in quel mentre fece alcune altre cose, e particolarmente, che si su la predella dell' Altare Maggiore di St. Giovanni in monte, nella quale fece *tre storie* della passione de Christo". Wonach also drei Bilder an dieser Predella waren. Das eine Bild blieb unbedingt, da es fest in der innern Füllung der Predella eingesetzt war, während man nur die beiden zum Einschieben (wie es an den Predellen bei der Wandelung der Altäre sehr gewöhnlich war) bestimmten Wandelbilder als überflüssige verkaufte. —

**) Sohn des bologneser Malers *Guiseppe Maria Crespi.* —

sammenhang mit der beibehaltenen Ueberschrift „*Ninus und Semiramis*" (die auch v. Quandt beibehalten möchte) kommen, da doch bei *Mosen* von einer Enthebung der Krone, welche Semiramis mit ihrem verweichlichten Sohne vornahm, die Rede ist*), was auch bereits *M. B. Lindau* (Galleriebuch S. 68) bestens gerügt hat. — Der Contract wegen des Bildes, das lange im Besitze der Familie *Tanara* war, ward am 13. Juli 1752 abgeschlossen, und demselben ist auch ein Echtheitszeugniss der Academici Clementini zu Bologna, von dem umsichtigen *Crespi* besorgt, beigelegt **). —

---

*) Die Erklärung des „Abrégé" (S. 158 Nr. 188) ist: „Le Roi Ninus assis sur le trône, reçoit à son côté Sémiramis et le fait dépositaire de la couronne", die auch mit der frühern Lehninger's übereinstimmt. Besonders beachtenswerth ist aber die im „Abrégé" noch beigefügte historische Bemerkung: „*Plutarque* raconte que Ninus, éperdument amoureux de Sémiramis lui laissa un tel empire sur lui, qu'il eut la foiblesse de se dépouiller de toute son autorité lui abandonnant pour un jour le gouvernement de ses Etats. Le *Guide* peintre de sentimens, saisit ce sujet; il choisit le moment que Ninus, encore assis sur le trône, y reçoit à ses côtés son amante. Le Prince lui présente la main et reçoit la sienne en signe de la foit réciproque et la nouvelle Reine, dépositaire de la couronne, la porte sur sa tête". etc. — Unter den vielen Sagen von der Semiramis stimmt übrigens keine, so weit uns bekannt, mit der Erklärung *Mosen's*. —

**) Leider war das treffliche Gemälde etwas beschädigt, aber dennoch ward es von den Besitzern in sehr hohem Preise gehalten, so dass sie anfänglich 10,000 römische Scudi dafür forderten. Es hing damals im Palaste des Marchese *Giovanni Nicolo Tanari*. Die Kaufsunterhandlungen, welche fast zwei Jahre gewährt hatten, wobei aber die Forderung sich auf 6000 Scudi herabgestimmt, fanden sogar noch darin eine Störung, dass der Sohn des Marchese gegen den Verkauf einen Protest einlegte, weil er ihn als eine offenbare Verletzung des Hausfideicommisses

Wir kommen jetzt zu der allerwichtigsten Erwerbung. Bis jetzt fehlte es der Gallerie noch an einem der 287 anerkannten Gemälde des *Rafael Sanzio von Urbino* *). Eines der vorzüglichsten dieses fleissigen Meisters zu erwerben, bot sich im Jahre 1753 dar, nachdem *Friedrich August II.* dasselbe bereits als Kurprinz auf seiner Reise in Italien am Hochaltare der Klosterkirche Sto. Sisto der Benedictiner zu *Piacenza* gesehen, bewundert und damals schon im Stillen den Wunsch gehegt hatte, dasselbe für die Dresdener Gallerie zu erwerben. Es waren seit dieser Zeit mehr als zwanzig Jahre verflossen, in welcher Zeit sich allerdings bereits Gelegenheit dargeboten hatte, drei Bilder dieses Meisters: die Madonna di Fuligno (jetzt im Vatican), die Sta. Caecilia (jetzt in Bologna) und den Violinspieler (jetzt im Pal. Sciarra zu Rom) zu erlangen, welche aber leider auf schon gedachte Weise unbenutzt vorüber gegangen war. Der Maler *Carlo Cesare Giovannini* zu *Bologna* erhielt vor Allen vom sächsischen Hofe im Jahre 1753 den Auftrag, sich über den eigentlichen Zustand des Bildes genau zu unterrichten. *Giovannini* begab sich in Gesellschaft des Dottore, Abbate *Giovanni Battista Biamoni* zu Piacenza selbst nach der Kirche Sto. Sisto und nahm über

---

erklärte. Nur *Crespi's* geistlicher Einfluss und Gewandheit vermochte den Protest durch ein besonderes Breve des Papstes, welches Verkauf und Ausfuhr genehmigte, zu heben. Am 6. Mai ward der Kauf ratihabirt und am 13. Juli ratificirt. —

*) Er malte bekanntlich 14 Madonnen mit Heiligen, 65 heilige Familien, 37 einfache Madonnen, 14 Darstellungen aus dem Leben der Maria, 24 aus dem Leben der Heiligen, 80 Männer- und 14 Frauenbildnisse. Das erste bekannte Bild Rafael's war 1508 das Portrait des Papstes *Julius II.* und sein letztes die „*Verklärung*" im Vatican. —

den Befund eine Art Registratur auf, die man bei *Gaetano Giordani* zu Bologna niederlegte und eine Abschrift davon nach Dresden gelangen liess, wo sie zu den betreffenden Akten im Dresdener Geheimkabinetsarchive beigelegt ist. — Nach dieser gutachtlichen Vorlage hatte *Giovannini* das Bild vom Hochaltar herunternehmen lassen und sofort die Echtheit des Gemäldes erkannt; zwar fand er daran einige unerhebliche Beschädigungen in der Gewandung der Figuren, sowie etliche scheinbar nachgedunkelte Stellen am Körper des Christuskindes, die nach seiner Ansicht „*durch den zufällig hier und da etwas fetter aufgetragenen Lasurfirniss des Meisters selbst entstanden sein könnten*". Auch bemerkt er, dass wohl mehr noch die Trockenheit diesem Oelgemälde auf Leinwand nachtheilig gewesen, das 200 Jahre, ohne Etwas zur Erhaltung desselben zu thun, an seiner Stelle gestanden hatte. Ebenso entdeckte er bereits die später durch *Palmaroli*, im Jahre 1827, erst beseitigte Verkürzung des Bildes, wodurch ein Theil des *Zugvorhanges*, um das Bild dem Rahmen anzupassen, eingeschlagen worden war, und er wünschte diesen Uebelstand baldigst in Dresden gehoben zu sehen, was leider aus uns unbekannten Gründen doch noch so lange unterblieb. — Ebenso gedenkt *Giovannini* des Umstandes, dass häufiges Anfeuchten der eingeschlagenen matten Stellen mit Oel, oder wohl gar mit Speichel, wie oft von sehr unbedachtsamen Copisten zu geschehen pflegt und worauf sich später Staub etc. aufgesetzt, auf dem Gemälde offenbare Schmutzflecken erzeugt hätte, was namentlich um die Madonna in der durch Cherubimköpfchen von der zarten Bläue bis zur zartesten Lichtverklärung gebildeten Glorie mehrfach der Fall war.

Der Handel konnte allerdings nur unter grösster

Verschwiegenheit betrieben werden, und es ward dabei, da das Bild vor dem Volke doch wieder an Ort und Stelle ersetzt werden musste, auch der Schleichhandel der Klosterherren nicht verrathen werden durfte, eine *getreue Copie* zuvörderst ausbedungen, welche auch der venetianer Maler *Guiseppe Nogari* sofort bestens besorgte, und welche Copie sogar noch jetzt von den Italienern in gutem Glauben als das *Original* verehrt werden soll. Nachdem der Handel durch *Giovannini* glücklich abgeschlossen, der Kaufpreis von 40,000 römischen Scudi oder 20,000 Ducaten gezahlt und *Nogari's* Copie in den Altar eingesetzt war, ging das herrliche Gemälde des noch nicht übertroffenen *Rafael Sanzio* nach Dresden ab, und die Sage geht, dass man das Bild, um eine etwaige Entdeckung bei Visitation auf dem Transporte völlig unmöglich zu machen, zuvor mit einer Landschaft, in Leimfarbe gemalt, überzogen habe. (Se nol vero, bene trovato!) Es gelangte glücklich im November 1753 in Dresden an und die Freude des Königs über die endliche Erlangung dieses aus *Rafael's* Pinsel hervorgegangenen Kunstwerks war so ausserordentlich, dass er, als *Giovannini*, welcher (laut eigenem Handschreiben vom 21. Mai 1754) diese Italien entführte *Perle* selbst überbrachte, die Auspackung und Aufstellung desselben kaum erwarten konnte. Er liess es vor Allem, wie die Sage geht, nach dem Thronsaale im Schlosse bringen und da, als man nicht sogleich bei der Aufstellung den geeignetsten Platz auffand, der in der Auffindung des für die Gemälde geeigneten Lichts sehr geübte König aber dazu sogleich die Seite, wo der Thronsessel stand, als die passendste aursah, so erfasste er allerhöchsteigenhändig den Sessel und schob ihn mit den Worten bei Seite: *„Platz für den grossen Rafael!"* —

Ohne hier weiter darauf einzugehen, dass man (vielleicht nicht ganz mit Unrecht) behauptet, dass das Bild der *Sixtinischen Madonna,* weil es gegen den gewöhnlichen Gebrauch der damaligen Künstler auf Leinwand gemalt, und dem Rahmen des Altars in der piacenzer Benedictiner-Klosterkirche Sto. Sisto erst angepasst worden sei, ursprünglich zu einer sogenannten „*Processionsfahne*" gedient, was offenbar nur eine falsche Bezeichnung der Behaupter sein dürfte, ja, dass man sogar die Originalität des Bildes, das schon *Vasari* mit vollem Rechte „cosa rarissima singolare" nannte, angefochten, und dass endlich ein Pendant desselben zu *Rouen* in Frankreich, in der Abteikirche *St. Amand,* sich befinde etc. etc., was wir unter der Beschreibung des Gemäldes (No. 49 im Kabinete A.) selbst näher beleuchten werden: gehen wir zu der letzten hauptsächlichsten Erwerbung durch *Friedrich August II.* für die Gallerie über.

Es ist die von dem höchst uneigennützigen *Giovannini**) gleichfalls vermittelte Erwerbung des unbedingt der „Sixtinischen Madonna" wohl nachstehenden, aber dennoch grossartigen, von Rafael's Schüler, *Bartolomeo Ramenghi,* genannt *Bagnacavallo,* für den *Convento di Pellegrini* zu *Bologna* gemalten Altarblattes: „die auf den Wolken thronende Madonna mit den anbetenden heiligen Petrus und Paulus, Geminian (nach dem „Abrégé" *Dominicus*) und

---

*) Der ehrliche *Giovannini* hatte es verschmäht, sein Interesse bei dem ihm geschenkten Zutrauen des sächsischen Hofes zu wahren. Er verschied im schönsten Mannesalter plötzlich am 30. Juli 1758 zu Bologna und hinterliess eine zahlreiche Familie in bedeutender Mittellosigkeit. Selbst der kaltberechnende Brühl ward durch des biedern Künstlers Ehrlichkeit gerührt: denn er unterstützte die Hinterlassenen.

Antonius von Padua" (67). Dieses Gemälde schien für die Ewigkeit an seinem ursprünglichen Bestimmungsorte gefesselt zu sein, da man es in einer mit dem Mauerwerke architectonisch verbundenen Umrahmung eingesetzt, oder gleichsam eingemauert hatte. Allein ein Gebot von 300 ungarischen Ducaten in Gold vermochten denndoch das wand-, niet- und nagelfeste Kunstwerk aus seinem Verbande zu lösen, und an seiner Statt ward ein anderes altes Bild eingesetzt, dessen Sujet *Giovannini*, obschon er dafür fast eben so viel, als für *Ramenghi's* Bild, hatte zahlen müssen, gar nicht einmal näher zu bezeichnen für werth erachtet hat. *Giovannini* hatte noch an dem stellvertretenden Bilde, da keines für den Raum der Umrahmung in der Grösse völlig passend gefunden werden konnte, einige nicht unbedeutende Ergänzungen zu malen gehabt, und trotzdem kam das neuerworbene Gemälde mit Einschluss des angekauften Ersatzbildes und *Giovannini's* Arbeit daran nur 700 Ducaten zu stehen, welcher Preis doch unbedingt zum hohen Werthe desselben in gar keinem Verhältnisse steht. Zur letzten Freude des Königs an einer grossartigen Vermehrung seiner Lieblinge gelangte das seltene Gemälde im Jahre 1755 nach Dresden.

Der Ausbruch des siebenjährigen Krieges, der für das durch Brühl's selbstsüchtige Finanzwirthschaft so schon seines „Nervus rerum gerendarum" beraubte Sachsen eine der verderblichsten Katastrophen im 18. Jahrhunderte ward, und den König bedeutend in seiner Liebe zur Kunst stören musste, sistirte auch die weiteren Erwerbungen für die Gallerie. Es sind zwar Spuren in den die Gemäldegallerie betreffenden Papieren vorhanden, dass man allerdings von Auswärts Anerbietungen mehrfach bekommen, wohl auch Unterhandlungen wegen Bilderankäufen angeknüpft haben mag, dass sie aber, was namentlich werthvollere Gemälde betraf, nicht zu Stande gekommen sein können, da selbst *J. Hübner* bei seinen angelegentlichen Recherchen über vorgefundene Bilderverzeichnisse Nichts bemerkenswerthes zu entdecken vermochte, was in dieser für Sachsen und sein Fürstenhaus so traurigen Zeit angekauft worden wäre.

Namentlich ist sehr zu beklagen, dass ein am 27. Septbr. 1763 durch den sächsischen Gesandten, den Legationsrath *von Kauderbach*, im *Haag* vermittelter Kauf von 17 äusserst werthvollen Gemälden aus dem Kabinet des daselbst kurz vorher verstorbenen Mr. Guille Lormier, meistens von den vorzüglichsten holländischen Meistern, für die allerdings nicht unbedeutende Summe von 8732 Thaler 12 Groschen oder 16,354 holländische Gulden (exclusive der etwa 500 holl. Gulden betragenden Unkosten), durch den am 5. October dieses Jahres plötzlich erfolgten Tod des kunstliebenden Königs, *Friedrich August's II.*, eine Störung erlitt. Dadurch ging leider der Gallerie diese vorzügliche Erwerbung bis auf 4 Bilder, worunter sich namentlich *Dow's* „büssende Magdalene" (1044) und *Rembrandt's* Skizze der „Grablegung" (1155) etc. befanden, verloren. — Es ward nämlich von Dresden aus dem Gesandten im Haag nach dem Tode des Königs sofort der Befehl ertheilt, dass er die angekauften Bilder ohne Weiteres wieder verkaufen solle, weil der Sohn und Nachfolger des hochseligen Königs, der überall möglichste Ersparnisse eintreten lassende Kurfürst *Friedrich Christian*, dieselben nicht für die Gallerie behalten wissen wollte. Auch *Brühl*, der sich sehr für diesen Ankauf interessirt hatte, und dessen Regiment freilich mit dem 5. Oct. 1763 als abgeschlossen anzusehen war, starb urplötzlich am

28. desselben Monats, und von *Kauderbach* konnte nur nach dringenden Vorstellungen soviel beim neuen Ministerium durchsetzen, dass er nicht zum offenbaren Nachtheile des Hofes die Bilder sofort verkaufen musste, sondern dass ihm wenigstens nachgelassen war, eine günstige Gelegenheit zum Verkaufe abpassen zu dürfen, damit er dieselben ohne Verlust an den Mann zu bringen vermöchte. Doch es hatten sich schneller, als man in Dresden geglaubt, dazu Käufer im Haag selbst gefunden. Denn, als man, nachdem der Kurfürst *Friedrich Christian*, ohne sein mit grossem Eifer betriebenes Ersparungssystem in der erstrebten Vollendung gesehen zu haben, am 17. Dec. 1763 das Zeitliche nach zweimonatlicher Regierung gesegnet hatte, sofort auf Befehl des Administrators *Xavier* an den Gesandten im Haag die Weisung, dem Verkaufe der Gemälde Einhalt zu thun, erliess, waren bereits 13 der vorzüglichsten in andere Hände übergegangen. —

In dieses Jahr fällt auch noch der vom Administrator *Xavier* angeordnete Ankauf der meisten Veduten des *Canaletto* aus dem Nachlasse des Grafen *Brühl*, dessen Erben sich weigerten, die dem armen Maler rückständige Summe von 4200 Thaler zu zahlen, nachdem dieser bereits 5 Veduten von Dresden i. J. 1751 für die Gallerie gemalt hatte *).

Die Hauptärndte für die Gallerie muss mit dem Jahre

---

*) Das letzte Bild, die trefflich gelungene Ansicht der Kreuzthurmruine, kaufte 1764 auf Vortrag v. *Hagedorn's* dem damals sehr in Armuth gerathenen Künstler der Administrator *Xavier* für 200 Thaler ab. Von Canaletto's Veduten, die zum grössten Theile früher eine Separatsammlung bildeten, sagt das Abrégé: „Le grand nombre de ses tableaux est rangé dans la Galerie extérieure et la plus grande partie n'y est pas encore mise en place."

1763 als abgethan betrachtet werden. Die Wirren des verderblichsten Krieges im 18. Jahrhundert hatten überdies noch Wirren in die Verwaltung derselben gebracht, indem sogar ein Theil der vorzüglicheren Bilder, welche in Kisten verpackt auf dem Königsteine in Sicherheit gebracht worden waren, wo sie allerdings in einer nicht eben sehr trockenen Räumlichkeit aufbewahrt gewesen, sehr gelitten hatte, welcher Nachtheil jedoch durch *Riedel's* unermüdliche und verständige Fürsorge noch zeitig genug gehoben ward. — Nach Beendigung des Krieges fand sich aber ausserdem eine andere Wirre, welche vornehmlich darin bestand, dass ein Kunsthändler in England, Namens *Gaven*, noch mit einer Rechnung zum Vorscheine kam, nach welcher er für gelieferte Bilder eine Zahlung zu beanspruchen hatte. Namentlich hatte er, seinen aufgestellten Posten zu Folge, Gemälde aus den Gallerien der Cardinäle *Ottoboni* und *Cibo* für die Gallerie zu Dresden auftragsweise angekauft und geliefert. Unter andern sollte ein nicht näher bezeichnetes Gemälde von *Rafael Sanzio*, sowie das ausdrücklich bezeichnete Gemälde *Guido Reni's*, „der Erzengel Michael", durch ihn zur Gallerie eingeliefert worden sein. Bei näherer Erörterung fand sich jedoch, dass die Mehrzahl der auf Rechnung gebrachten Gemälde keineswegs geliefert worden sein konnte, und man durfte muthmassen, dass vielleicht Herr *Gaven*, die Kriegswirren benutzen zu können, geglaubt hatte, um einen Vortheil daraus für seine Casse zu ziehen. Ausserdem aber fand sich noch, dass die wirklich von *Gaven* zur Gallerie gelangten Gemälde, die sich selbst im Vorrathe vorfanden, und allerdings auch noch unbezahlt waren, dem angesetzten enormen Preise gar nicht entsprachen, zumal sie noch überdies auf dem

Transporte von England durch das bei einem Schiffsleck in die Kisten gedrungene Seewasser ungemein gelitten hatten, so dass man es für nicht ungerecht ersah, dass man dieselben dem Eigenthümer, der als Lieferant doch unbedingt auch für den sichern Transport haften musste, zurücksendete. —

Es war fast ein Jahrhundert gleichsam *unfruchtbar* für die Gemäldegallerie verstrichen, als sich zuvörderst im Jahre 1852 die günstige Gelegenheit darbot, die Reihenfolge der altdeutschen Schulen durch ein Werk des Dürer'schen Schülers, *Hans Burgkmair's* aus Augsburg, aus dem Nachlasse des Majors *Aster* in Dresden zu ergänzen. Für dieses werthvolle, wohlerhaltene Altarbild mit zwei Lieden, den Tod der heiligen Ursula mit den Jungfrauen etc. darstellend, zahlte man nur die Summe von 700 Thalern. — Namentlich aber bot sich im Jahre 1853 die seltene Gelegenheit dar, die bis jetzt nur sehr mager in der Serie der Malerschulen vertretene *spanische Schule* durch eine höchst beachtenswerthe Erwerbung von *London* aus zu bereichern. — Es waren zwar bereits in der durch den sächsischen Gesandtschaftssecretär zu Madrid, *Louis Talon*, im Jahre 1744 für 4146 Thaler angekauften Suite von 108 Bildern zweiter und dritter Classe (unter welchen aber auch „Clorinde" von *Barbieri*, jedoch als „Correggio", sich befand), sowie vor 1722 aus der Sammlung des Marchese *de la Encenada*, namentlich durch *Kindermann*, dann durch Baron *Schacht* und *Le Plat*, 1730 durch *V. Rossi*, 1745 durch den spanischen Gesandten, Graf *de Bene*, ebenso durch den modenesischen Ankauf, durch *v. Heinecken*, sowie 1830 aus dem Nachlasse des Fürsten *Kanikoff*, und 1851 von Dr. *Hille* aus König *Anton's* Nachlasse mehre spanische Gemälde, namentlich von *Ribera*, der Gallerie einverleibt worden; der eigentliche Schmuck aus spanischer Schule gelangte aber erst durch die im Jahre 1853 gemachte Erwerbung zur Gallerie, die man unbedingt dem für die Kunst so ungemein enthusiasmirten Könige *Friedrich August IV.* zu verdanken hat. — Es waren diese funfzehn Gemälde ziemlich alle aus der hinterlassenen Sammlung des im Jahre 1848 durch die Zeitverhältnisse gezwungen nach England übergesiedelten Königs der Franzosen, *Louis Philipp's,* welche 1854 auctionis lege in London veräussert ward. Unter ihnen befand sich namentlich „Christus an die Säule gebunden" von Pedro Ruiz (574), Tod der Maria von *Vincente Joanez* (576), Kreuzigung von *Diego Correa* (577), Jacob am Brunnen von *Pedro Orrente* (578), Mariä Empfängniss von *Juan de las Roelas* (579), das Christkind von *Vincenzio Carducho* (581), Petrus von dem ältern *Franc. de Herrera* (582), die „Missa cantada mayor" Gregor's des Grossen von *Juan de Ribalta* (598), der heilige Onufrio von dem Portugiesen *Vasco Pereyra* (599), der die päpstliche Tiara ablehnende Franz von Assisi von *Franc. Zurbaran* (600), Franz von Assisi und die Kreuztragung von *Jac. Geron de Espinoso* (602.-603), St. Paulus von *Alonso Cano* (604), das sogenannte „Wunder des heiligen Basco" (?) von *Juan de Valdes Leal,* sowie namentlich das grossartige, im heiligsten Ernste streng kirchlicher Haltung durchgeführte Gemälde *Murillo's,* den Martyrertod des heiligen Rodriguez darstellend (606), welches als ein Diamant der Gallerie jedenfalls zu betrachten ist. Die Summe für diese erstandenen Bilder, 579 Pfund Sterling und 22 Schilling, ist sehr gering in Betracht ihres Werthes. Hauptsächlich verdankt man der Umsicht des jetzigen, damals noch in London lebenden Kupferstichgallerie-

Directors *Ludw. Gruner* die Vermittelung dieser seltenen Acquisition.

Nächst den sächsischen Prospecten *Canaletto's* haben auch die von *Alexander Thiele*, welche derselbe von 1722 bis 1745 für *Friedrich August I.* und *II.* malte, eine Aufnahme in der Gallerie und zwar im 27. und 28. Cabinet der zweiten Etage des neuen Museums gefunden, nachdem sie früher im Hintergebäude des Brühl'schen Palais mit den *Canaletti's* eine Separatsammlung bildeten. Das Abrégé und Lehninger nennen 1782 nur 14 der Gallerie einverleibte Gemälde *Thiele's*, und 1821 war nur noch die Ansicht des Schlosses Merseburg in derselben.

Ausserdem hat die Gallerie aus dem sogenannten Vorrathe, der in früherer Zeit auf der Brühlschen Terrasse in der sogenannten Doublettengallerie (der ehemaligen Gemäldegallerie Brühl's, jetzt Ausstellungssaal) aufgestellt war, nicht nur schon mehre Jahre vor der Translocation der Gemäldegallerie in das *neue Museum* nach und nach, sondern namentlich bei derselben einen nicht unbedeutenden Zuwachs erlangt, wodurch dieselbe, welche nach dem letzten Katalog der Gallerie vom Jahre 1853 nur 2055 (inclusive des Pastellkabinets mit 177) Nummern zählte, bei Hübner 2217 zählt, wovon die im Juni 1856 von den Erben des Geh. Raths *von Ungarn-Sternberg* erkauften beiden Gemälde auf Goldgrund von Antonio de Solario eine der letzteren Erwerbung waren.

Ueberdiess hat im Jahre 1856 die Gallerie noch dadurch eine Erweiterung hinsichtlich der in ihr aufgenommenen Kunstzweige erlangt, dass man für die früher neben der Sammlung der vaterländischen Prospecte von *Alexander Thiele* und *Canaletto* in dem an die Terrasse stossenden Gebäude des Brühl'schen Palais aufgestellten, nach *Rafael Sanzio's* Patronen gewirkten *Arazzi,* welchen man noch andere, nach Patronen altitalienischer und altniederländischer Meister gewebte Bildwerke, zugesellte, den *Kuppelsaal* des neuen Museums, das Centrum der Gemäldegallerie, weniger passend einräumte.

Ausserdem sind sowohl aus der *Lindenaustiftung,* als auch von den *Ausstellungsgeldern* und dem Erlöse des *Katalogverkaufs* der Gallerie, sowie aus dem *Stipendien-* und auch *Academiefond* einige zwanzig Gemälde seit 1849 von grösstentheils noch lebenden Künstlern für die Gallerie angekauft worden, die im 31. und 32. Cabinet der zweiten Etage ihre Aufstellung fanden.

Eine grössere Erwerbung von Gemälden geschah endlich im Mai 1857 aus der für die königl. Sammlungen angekauften Sammlung des als Kupferstecher ersten Ranges bekannten Prof. *Moritz Müller,* genannt *Steinla* (nach seinem Geburtsorte *Steinlah* bei Hildesheim im Amte Liebenburg), aus welcher 23 Gemälde in die Gallerie aufgenommen worden sind*).

---

*) Darunter sind Gemälde von *Lorenzetti* von *Siena*, *Piet. Perugino*, *Raffaelino de Garbo (?)*, *Domenico Ghirlandajo (?)*, *Pilippino Lippi (?)*, *Lorenzo Credi (?)*, *Domenichino*, *Franc. Furini*, *Jac. Jordaens*, *Hemskerk*, sowie 2 Portraits von *Franz Porbus*. Ausserdem noch eine Magdalene mit der Salbenbüchse aus *Leonardo da Vinci's* Schule, ein Knabe mit der Klapper von einem unbekannten venetianischen Meister, ein Gastmahl, wobei ein Affe figurirt, mit der Bezeichnung „*Hoerdeins*" und „*1651*", und ein Bildchen, den *heiligen Rochus* darstellend, aus der *umbrischen* Schule. Endlich ein treffliches Bildchen des *Lucas Cranach* mit Zeichen und der Jahrzahl 1535, den Kurfürsten „*Friedrich den Weisen*" darstellend. Im Ganzen sind 21 Gemälde von dieser beachtenswerthen Erwerbung in die Gallerie aufgenommen worden. —

Auch haben neuerdings in fast allen Sammlungen*) noch wenig vertretene Branchen der Malerei in der Gallerie, sowohl durch eine bereits im Vorrathe geführte Collection, als namentlich durch Schenkungen des Geheimraths *F. H. W. Preuss* und des Herrn *von Römer* auf *Neumark*, und durch ein Vermächtniss des *Oberhofmarschalls von Reizenstein***), Aufnahme gefunden. Es ist die Emaille-

---

*) Schon um 1770 stand in dem Pastellzimmer ein *Tisch* mit drei langen Schubkästen, die über 100 Miniatur- und Emaillegemälde enthielten, welche theils in Schildkrot-, theils in Goldrahmen gefasst waren, und Leuten, die sich dafür interessirten, besonders gezeigt wurden, was jedoch später nicht mehr geschah. — Unter den älteren 89 noch vorhandenen Miniatur- und Emaillegemälden befinden sich zwei vorzügliche Copieen der *Therese Mengs*, von der „*Nacht*" des *Correggio* und dem in Parma befindlichen, sogenannten „*Tag*" desselben Meisters, sowie eine vorzügliche Copie der heiligen *Familie des Lionello da Carpi* von *Raffael* en miniature. Endlich gehören 3 Emaillegemälde des *Ismael Mengs*, sowie zwei Miniaturen von *Raphael Mengs*, und 18 dergleichen von *Rosalba Carriera*, sowie 12 von der *Felicita Hofmann*, zu den vorzüglichern der alten Sammlung. —

**) Die erste Schenkung vom Geh. Rath *Preuss* besteht in 49 Portraits berühmter Regenten, die aber meistens gelungene Copieen sind, während die zweite Schenkung von *Rudolph Benno von Römer* in 7 Original-Miniaturen der *Friederike Dinglinger*, sämmtlich Portraits der durch den *Johann Melchior Dinglinger*, der Hofjuwelier unter *August II.* war, berühmten Familie besteht. Die testamentarisch der Gall. vermachte Sammlung des alten, würdigen *von Reitzenstein* besteht in 5 Einrahmungen. Im 1. Rahmen, mit 17 Bildern, zeichnen sich das Portrait des *Feldmarschalls Laudon*, die Bildnisse der Könige *August III.*, *Friedrich August I. von Sachsen* und *Maximilian Joseph von Bayern*, sowie der als Kinder gemalten Prinzessinnen *Maria* (nachmals Grossherzogin von Toskana) und *Amalie von Sachsen* aus. In der 2. Einrahmung zeichnen sich (unter 9 Gemälden), namentlich durch die unge-

und Miniaturmalerei, vornehmlich die auf Elfenbein, für welche ein besonderer Schrank eingerichtet worden ist, der im Interesse der Erhaltung dieser zarten Bilder und deren sensibeln Farbe nur monatlich einmal (nach Anordnung des K. Ministeriums: an jedem *ersten Dienstage* im Monate, doch auch ausser dieser Zeit auf besonders gegen die Direction ausgesprochenen Wunsch von auswärtigen Kunstfreunden) zur Schau gegeben wird, und der einstweilen im 45. Cabinet der Parterre-Gallerie, bei den *Canaletti's*, seine Aufstellung fand. Es ist ein guter Anfang zur fernern Bereicherung dieser durch die Daguerreotypie und Photographie so sehr ausser Pflege und Mode gekommenen zarten Kunstbranche.

wöhnliche Grösse, das Portrait des *letzten Kurfürsten von Trier, des Prinzen Clemens von Sachsen*, sowie durch trefflichste Ausführung die Bildnisse Kaisers *Alexander I. von Russland*, dessen Bruders *Nicolaus* nebst des Thronfolgers und des Königs *Friedrich Wilhelm IV. von Preussen* vortheilhaft aus. Der 3. Rahmen enthält 19 Gemäldchen, die jedoch sehr in der Farbe verblichen sind, unter denen sich besonders das Bildniss des *Prinzen Maximilian von Sachsen* (Vaters des jetzigen Königs) durch zarte Ausführung und gute Erhaltung auszeichnet. In der 4. Umrahmung, mit 9 Bildnissen, tritt vornehmlich das Portrait des *Prinzen Albert von Sachsen-Teschen* und das seiner Gemahlin, *Christine von Oesterreich*, in lebensvoller Behandlung hervor, in welcher Beziehung auch das Bildniss des *Hieronymus Buonaparte* zu erwähnen ist. In der 5. Einrahmung zeichnen sich vorzüglich das von *Isabey* gemalte Portrait *Napoleon's I.*, sowie die Bildnisse des Königs *Friedrich August I. von Sachsen*, des *Erzherzogs Karl von Oesterreich* und *Hieronymus Buonaparte* aus. Ausser dieser Miniaturensammlung sind noch 3 kleine Portraits dem Vermächtnisse eingeschlossen, welche die Bildnisse der *Prinzessin Marianne von Sachsen*, sowie des *Erzherzogs Karl von Oesterreich* und des *Generals von Reitzenstein*, als Rittmeister der Prenkenhof-Kürassiere. —

Einige aus der Geschichte der Gallerie bemerkenswerthe Missgeschicke, Verluste und Diebstähle.

Wir haben im vorhergehenden Abschnitte aus dem erfreulichern Theile der Geschichte der Dresdener Gemäldegallerie möglichste Mittheilungen gemacht, haben besonders der allmähligen Vermehrung und namentlich der vorzüglichsten Erwerbungen gedacht, welche vorzugsweise in dem Zeitraume von 1722 bis 1858 derselben zugeführt wurden, wodurch sie eigentlich nur auf den Standpunkt gelangte, auf dem es ihr erst möglich ward, mit allen Gallerieen Europa's unbedingt in die Schranken der bedeutsamen Oeffentlichkeit treten zu können.

So wie nun aber die Geschichte jedes Einzelnen bald mehr bald weniger erfreuliche Lebensmomente, aber auch Unannehmlichkeiten und Erfahrungen des Missgeschickes*) zu berichten hat, so ist es auch mit der Geschichte aller, namentlich der Oeffentlichkeit angehörenden Institute.

---

*) Ein eigenthümliches Missgeschick, dessen Veranlasser bis jetzt noch unentdeckt blieben, widerfuhr der Gallerie am 9. März 1858, wo etwa Mittags ¾ auf 12 Uhr in der 2. Etage, 26. Cabinet, aus No. 681 (Kreuzigung Christi) der *Christuskopf herausgeschnitten ward*, während wohl fast gleichzeitig in der nördlichen Gallerie der ersten Etage mehre unter der Revue der Cabinete selbst näher bezeichnete Gemäldchen, namentlich auch der „*trinkende Bacchus*" von *Guido Reni* und die „*badende Diana*" von *Albano*, mittels eines spitzigen Instruments verletzt wurden. Die Art der Verletzungen bezeugte, dass der Urheber wahrscheinlich aus falschem Schaamgefühle seinen Ingrimm nur an den Nuditäten in diesen Gemälden hatte auslassen wollen.

Denn nicht allein aus der abwechselnden Individualität und Ansicht ihrer Verwalter und Oberleiter kann ihnen ein Nachtheil erwachsen, sondern auch von denen in's Besondere, die einen falschen Begriff vom Eigenthume haben, und in beiden Beziehungen hat auch die Dresdener Gemäldegallerie mehrfache Erfahrungen gemacht.

Schon durch den grossen Brand des Georgen- und eines Theiles des Moritzschlosses, am 25. März 1701, gingen mancherlei, zuverlässig alte, gute „*Tafeln*" und „*Schildereien*", d. h. Gemälde von historischem und artistischem Werthe, welche vornehmlich in der zweiten Etage, sowie auf den Tabulaten, wie man die Räume in den hohen Giebeln nannte, verloren, da diese zuerst vom Feuer ergriffen worden waren.

Einen gleichen, wo nicht in mancher Beziehung noch ansehnlichern Verlust an werthvollen Bildern hatte aber der Hof durch die gänzliche Zerstörung des erst 1748 prächtig ausgeführten *Hubertusburger* Schlosses zu beklagen. *Friedrich II.* nämlich, der so vielfach angestaunte „*Philosoph von Sanssouci*" und Monarch, nahm wegen Theilnahme der Sachsen an der Plünderung Charlottenburgs Rache, und gab deshalb 1760 *Hubertusburg*, den Lieblingssitz *Friedrich August's II.*, der Plünderungslust seiner Soldaten Preis. Die kostbarsten *Gemälde*, Tapeten, ja sogar die Geräthschaften, Gefässe, Parquetfussböden und Fenster wurden geraubt oder zerstört*). — Der damalige Gallerieinspector *Johann Anton Riedel* berichtet, dass von der ausserordentlichen Gemäldesammlung des geräumigen Hubertusburger Schlos-

---

*) Der Anführer, der bekannte Freipartie-Obrist *Quintus Icilius* (*Guichard*, früher Geistlicher), verkaufte sogar das Kupferdach an die Berliner Juden, die es unter sächsischem Stempel vermünzten.

ses, aus welcher 10 Jahre früher (ein Beweis für die Reichhaltigkeit und den Werth dieses Gemäldeschatzes) 100 Stück Bilder als Copieen oder sogenannte Doubletten ausgeschossen worden waren, kaum „ein halbes Dutzend" und auch diese „in dem beklagenswerthesten Zustande" übrig geblieben waren. Wie manches werthvolle Gemälde mag bei dieser Gelegenheit nicht mit verloren gegangen sein, da der König, wie wir schon erwähnten, erst 1754 namentlich für dieses Schloss eine allerhöchst eigene Auswahl aus seinem Dresdener Bilderschatze getroffen hatte.

Dieses waren Verluste durch Missgeschick, die leider nicht gut abgewendet werden konnten, während andere Verluste durch *Verkauf* oder *Versteigerung* doch vielleicht *hätten unterbleiben können*.

Nachdem bereits aus dem vom Feldmarschall *Flemming* um 1720 erkauften *holländischen Palais* (seit 1730 japanisches Palais) an den Kunstagenten Le Leu in Paris 28 Gemälde anerkannter Meister auf Brühl's Anordnung (vielleicht im Tausch) überlassen worden waren, wurden, laut Acten, unterm 21. Juni 1769, an *von Heinecken* (der damals unsers Wissens nicht mehr Galleriedirector war) für eine bereits vorher gezahlte Summe von 7900 Thlr. 132 Stück meistens Gemälde aus altdeutscher, namentlich Cranach'scher Schule, die allerdings noch nicht dem Galleriebestande eingereiht waren, verabfolgt.

Noch nachtheiliger für den Bestand der Gallerie selbst war aber die 1796 vom allmächtigen Günstling *Friedrich August's III.*, dem Generaldirector der Kunstsammlungen, Kämmerer Graf *Camillo Marcolini*, befohlene Versteigerung von sogenannten Doubletten *). Dass damals nicht mit

---

*) Wirkliche Doubletten können genau genommen in keiner Gemälde-Gallerie vorkommen, da doch Copieen keine Douder gehörigen Vorsicht ausgewählt und vielleicht manches Werthvolle (vorzüglich einige der grösseren Canaletti's) für Doubletten (?) erklärt worden war, beweist, dass dieses Beginnen das Missfallen der Freunde und Kenner der Kunst erregt hatte, unter welchen namentlich der vorzüglich als Landschafts-Kupferstecher rühmlichst bekannte *Joh. Adolph Darnstedt* als derjenige genannt wird, welcher mit Erfolg sich gegen diese Auction ausgesprochen haben soll. Die Versteigerung ward noch eingestellt, nachdem sie nur die Summe von 679 Thlrn. Erlöss gegeben hatte. —

Wie schon angedeutet, liessen sich aber auch, sei es nun entweder aus Liebhaberei oder in der Hoffnung auf Gewinn, Mehre verlocken, Gemälde *diebisch* zu entwenden. Der älteste aus dem i. J. 1722 aufgenommenen Inventar bekannte derartige Diebstahl betraf (nach *Jul. Hübner*): „No. 174 *Schubert, Copie: Laurentius auf dem Roste*" und „No. 126 *Martin Olif, Original, Schwäbische Bauern sitzen am Tische und essen*" (aus einer Reihenfolge von 7 Bildern, welche schwäbische Volkssitten darstellt), von welchen im Jahre 1723 (also schon nach der Bildung der wirklichen Gemäldegallerie) ersteres von der Schildwache entwendet und letzteres auf dem Riesensaale gestohlen wurde. —

---

bletten sind, und es höchst selten vorkommt, dass ein und dasselbe Bild mehre Male von einem berühmten Meister gemalt wird, noch viel weniger in ein und derselben Sammlung vorkommen dürfte. So wird es gewiss Niemand einfallen, den trunkenen Hercules von *Jordaens* (910) als eine Doublette vom Originalbilde des Rubens (792) zu erklären, da auch die geistreiche Copie des Jordaens nächst einiger Variation grosse Selbständigkeit hat, was selbst mit dem nach *Titian* copirten „Zinsgroschen" von *Torre* der Fall ist. —

Ferner ersieht man aus einem Auszuge des *J. G. Riedel-schen* Tagebuchs, dass im Jahre 1747 aus dem Raume des Vorraths durch die Feuerwächter, welche dazu die Schlüssel hatten, ein Gemälde von *Franz von Mieris: „ein Mann an einem Tische, der Tabak raucht"*, sowie *„zwei ordinäre Stücken von Xavier, so Conversation vorstellen"*, heimlich ausgeführt worden waren. — Ein merkwürdiger Bilderdiebstahl betraf jedoch im Jahre 1784 die Gemäldegallerie durch den *Johann Georg Wogaz* (Feldbesitzer vor dem schwarzen Thore an der Priessnitz, auf dem neuen Anbaue, jetzt Antonstadt), welcher dadurch die traurige Berühmtheit erlangte, dass sogar seine Vergehen Stoff zu einer Novelle boten und sein Portrait[*] in Radirung erschien. — In der Nacht vom 21. zum 22. October 1788 war der Diebstahl verübt worden; am 22. machte der Inspector *Johann Anton Riedel* in grösster Betrübniss die Anzeige beim Chef, Sr. Excellenz dem Grafen *Marcolini*, dass in der verflossenen höchst stürmischen Nacht, begünstigt durch des Sturmes Getöse und mittels Durchbrechung des Drahtgitters, sowie Eindrückung einer Fensterscheibe von der Freitreppe am Jüdenhofe aus ein Dieb in die Gallerie eingestiegen sei. Es fehlten leider a) in der innern Gallerie No. 183 die berühmte *Magdalene des Correggio*[**], b) das *Urtheil des Paris* von *van der Werff*

---

[*] Hasche sagt (Magazin der sächsischen Geschichte, Bd. 5. S. 701: „der berüchtigte Wogaz, der noch in seinen verdienten Banden sitzt, ist (was thut man nicht aus Gewinnsucht?) als Allegorie in Kupfer gestochen, und wird von Neugierigen, obgleich das Gesicht nur aus der Luft gegriffene Phantasie ist, gern bezahlt"; — und „Der Hof liess ihn durch den Hofmahler *Schmid* für die Gallerie portraitiren, auch erschien er nach Herrn Franquet's Zeichnung von Herrn Klengel radirt, klein Folio". —

[**] Die Sage ging (vgl. Hasche Magazin V. S. 583), dass

und c) No. 407 ein *jugendlicher Kopf mit Hut und Straussfeder* von *Seibold* *). — Eine von *Marcolini* angeordnete Bekanntmachung des nächtlich verübten Diebstahls, welche überdies dem Entdecker oder Wiederbringer der gestohlenen Bilder 1000 Stück Ducaten zusicherte, ward sofort gedruckt an alle Strassenecken geheftet und die Untersuchung dem Oberamte zu Dresden übergeben. —

Die erste Folge des Maueranschlags vom 22. October war, dass am 26. Morgens 4 Uhr ein Laternenwärter beim Auslöschen der Lampen im italienischen Dörfchen an einem Laternenpfahle ohnweit des an die Bastion *Sol* stossenden katholischen Consistoriums und der längs des Elbufers erbauten geistlichen Häuser (beim jetzigen *Hôtel Bellevue*) eine Kiste nebst Brief an „*Se. Durchlaucht den Kurfürsten zu Sachsen zu eigenhändiger Eröffnung*" fand, welche der Finder sogleich auf der zwischen der Elbe und katholischen Kirche gelegenen Hauptwache ablieferte. In der Kiste lag das Bild von *van der Werff* und das von *Seibold*, und in dem Briefe stellte der anonyme Uebersender das Verlangen, dass die zugesagten 1000 Ducaten an einer näher bezeichneten Stelle in der Gegend der jetzigen Scheunenhöfe, auf dem nach dem Walde der

---

man für dieses Bild 1787 80,000 Thlr. geboten hatte. — Bis zum Tode *Friedrich August's II.* hing dieses Bild nicht in der Gallerie, sondern, als Lieblingsbild des Königs, in dessen Schlafzimmer. *J. H. Riedel* erzählt (im Tagebuche 1744—60), dass er am 29. Aug. 1756, bei Annäherung der Preussen (nachdem der König sich, um dem sächsischen Heere in das Lager bei Königstein zu folgen, reisefertig gemacht) die Magdalene in das Schlafzimmer der Königin bringen musste. Nach dem plötzlichen Tode der Königin (nach der Schlacht bei Rossbach) am 17. Oct. 1757 gelangte das Bild in die Verwahrung des Kurprinzen *Friedrich Christian*.

*) Nach Hasche a. a. O. die jetzige No. 1812. —

Hellerberge oder nach Hecht's Weinberge zu führenden Wege, und zwar in einem Loche bei einem Meilensteine (Stundensteine?) niedergelegt werden sollten, worauf man die *Magdalene von Correggio* sodann vorfinden würde.

Man legte zwar eine in ein Kästchen verwahrte, erklärungslose Beantwortung der Zuschrift an die näher bezeichnete Stelle, die man überdies den Forstbedienten zur Ueberwachung übergab; doch war man gleichzeitig durch eine beim Oberamte gemachte Anzeige dem Diebe auf die Spur gekommen. Es hatte sich nämlich der erwähnte *Wogaz* gegen Jemand über den Maueranschlag Etwas verlauten lassen, und sollte sich namentlich wegen des Werthes der Edelsteine am Rahmen der correggio'schen Magdalene näher befragt, auch darüber ausgelassen haben, wie wohl eine Verwerthung derselben möglich wäre. *Wogaz* hatte nun bereits wegen eines Eigenthumsvergehens (gestohlener Bienenstöcke) in Untersuchung sich befunden und war überhaupt als ein übelberüchtigter Mensch, der aber viel Schlauheit und Frechheit besass, der Behörde bekannt. Um daher zuvörderst noch mehr Beweis in die Hände zu bekommen, liess man ihm für einige Zeit vorher selbstbesorgte Militärfuhren eine eigenhändige Quittung einreichen, wodurch man eigentlich erst zu der Ueberzeugung gelangte, dass *Wogaz* wirklich selbst den fraglichen Brief geschrieben hatte.

In Folge dieses gewonnenen Verdachtsgrundes wurde auch sogleich am 8. Novbr. *Wogaz* sammt seiner Familie ohne Weiteres eingezogen. Während dem ward sofort im Hause des *Wogaz* die gründlichste Durchsuchung angestellt und, da man bei der ersten Nachsuchung in allen Räumen des Gehöftes selbst Nichts vorgefunden, hatte man endlich auch die Dielen bis zum Dachboden aufgerissen.

91

Da nun entdeckte man unter den aufgehobenen Dielen des obersten Bodens bei der mitten im Dache aufsteigenden Esse, nächst anderm gestohlenen Gute, auch das noch fehlende werthvolle Bild nebst dem grössern Goldrahmen und dem kleinern silbernen Rahmen, aus dem die Steine, die jedoch noch dabei verwahrt, ausgebrochen waren.
— Nachdem man das *Corpus delicti* vorgefunden, ward der hartnäckigst läugnende *Wogaz* von Neuem zur Vernehmung gebracht, und, als er wiederholt nichts als ausweichende Antworten gab, wirkte mit einem Male das herbeigebrachte Bild nebst Rahmen, worauf er jedoch überführt sofort bleich und ohnmächtig zusammensank.

Zur Beruhigung des Publikums*), das sich ungemein theilnehmend und wahrhaft bekümmert**) bei diesem Vorfalle gezeigt hatte, ward eine öffentliche Bekanntmachung über den genauen Thatbestand erlassen. Die wiedererlangten Gemälde wurden der Gallerieinspection wieder übergeben; doch Correggio's „Magdalene" erhielt

---

*) Als Beleg dafür, wie dieser Diebstahl auch ausserhalb Dresdens die allgemeine Theilnahme rege gemacht hatte, diene noch folgendes Curiosum. Mitten in der grössten Bestürzung erhielt am 29. Oct. der wegen der noch fehlenden „*Magdalene*" völlig entmuthigte *Riedel* eine anonyme Zuschrift von *Gera* aus datirt, worin ihm der Briefsteller als ein bewährtes Mittel anrieth, die Worte Agmoet. Melach. Agla. Agla. Delay über die
† † † † †
Thüre und das eingedrückte Fenster der Gallerie zu schreiben, wodurch der Dieb gezwungen werden würde, das Bild von selbst wiederzubringen.

**) Man trug sich namentlich mit dem Gerüchte, dass die Bilder im Auftrage eines fremden Kunstliebhabers, der auf dieselben geboten haben sollte, entwendet worden seien, und dass sie in's Ausland gebracht wären, weil der Dieb aus drei verschiedenen Sälen die Bilder herausgefunden hatte.

den obschon nicht mit zu werthvollen Steinen besetzten silbernen Rahmen*), der aber doch den Dieb mit verführt haben mochte, nicht wieder. —

Die Untersuchung gegen *Wogaz*, der noch mehrer Diebstähle und frecher Einbrüche verdächtig und sogar überführt wurde, währte fast ein Jahr lang, und es wäre ihm fast geglückt, sich seiner Strafe noch zu entziehen, indem er einen Knecht des Stockmeisters durch das Versprechen von 1000 Thlrn., welche er irgendwo vergraben zu haben vorgab, verleitet hatte, ihn aus der Haft entspringen zu lassen. Doch das Vorhaben ward während der schon vorbereiteten Ausführung in den ersten Tagen des Juni 1789 noch zeitig genug entdeckt. Der mehrfach, sogar Kirchenräubereien bezüchtigte Verbrecher**) stand am 11. Octbr. desselben Jahres unter fürchterlichem Andrange des Volkes am Pranger und ward auch am selbigen Tage

---

*) Der Rahmen, der später an das grüne Gewölbe abgegeben wurde, ward nur im Werthe von 140 Thlrn. an Silber, Steinen und Goldverzierungen taxirt.

**) Er hatte nicht nur im Schlosse Uebigau und in dem Naturalienkabinet eingebrochen, sondern hatte auch die katholische Hofkirche und die Kunstkammer beraubt. In der Kirche hatte er 4 in Kupfer getriebene, stark versilberte Leuchter von einem Seitenaltare und ein Stück der carmoisin-sammetnen Bekleidung des Hochaltars mit Goldtressen, von 800 Thlrn. am Werthe, und in letzterer ein von einem Cupido gehaltenes Lavoir, sowie eine Kunstuhr „Diana mit einem Hirsche", beide zusammen 69 Mark Silber haltend, gestohlen und eingeschmolzen für 900 Thlr. verkauft, die er zur Tilgung der auf seinem Besitzthume lastenden Schulden verwendete. Sein verlauteter Entschluss übrigens war, dass, wäre ihm die Verwerthung des letzten Raubes, der Gemälde, geglückt, er seinen Grundbesitz verkauft und sich nach Amerika eingeschifft haben würde.

nach Zwickau abgeführt, wo er noch 1820 im dasigen Zuchthause detinirt war. —

Nach einem Berichte des Inspectors *J. A. Riedel* ward auch am 10. Aug. 1810 *ein kleines Bild holbein'scher Schule* vermisst, das aber ebensowenig, als das unter seinem Nachfolger, *C. F. Demiani*, entwendete Gemälde No. 1609 „*Rottenhammer Dianenbad*", wieder erlangt worden ist.

Man hatte zwar schon nach dem Diebstahle im Jahre 1810 für eine Befestigung der kleineren Gemälde Sorge getragen; doch musste diese nicht ausreichend gewesen sein, um sie gegen verschmitzte Diebe völlig zu sichern, da gleichfalls wieder im Jahre 1849 einem Frauenzimmer von zweideutigem Rufe, einer gewissen *Sophia May* aus Langensalza, es gelang, das berühmte Gemäldchen von *Metzu*, „die junge Briefleserin" (No. 1245 im Kabinet 21) unbemerkt aus der Gallerie und Dresden zu entführen, und damit bis nach Leipzig zu entkommen, wo sie aber, da das genau bezeichnete Bild in öffentlichen Blättern bereits als gestohlen angezeigt worden war, als sie es einem Kunsthändler zum Verkaufe anbot, sofort festgehalten und nach Dresden zurückgebracht wurde.

Noch sind einige Gefahren zu erwähnen, welche an der Gallerie entweder glücklich oder ohne dass dieselbe bedeutenden Schaden dabei nahm, vorübergingen.

Als bei Annäherung der Preussen zu Anfange des Septembers 1756, wo Dresden von allen Truppen, die in das Lager am Königsteine zogen, entblösst ward, auch der König, *Friedrich August II.*, dorthin am 1. Septbr. abging, und die heroische Königin, *Maria Josephe*, allein Dresden nicht verliess, stand es allerdings sehr bedenklich selbst um die werthvolle Gemäldegallerie. — Der Inspector *Joh. Ant. Riedel*, der nach dem Tode seines

Vaters, *Joh. Gottfried Riedel*, 1755 wirklicher Inspector geworden war, und sich über 60 Jahre wahrhaft als treuster Versorger des ihm anvertrauten Gutes bewährte, übergab der Königin die Schlüssel der Gallerie versiegelt. Doch ging die Gefahr für die Gallerie ganz glücklich vorüber; man begnügte sich mit Ausleerung der Landeskassen und des Zeughauses. Der Preussenkönig *Friedrich II.* zog am 10. Septbr. selbst in Dresden ein und wohnte im Moseziusky-Palais. Der Heroismus der Königin *Josephe* bei der gewaltsamen Eröffnung des Geheimarchivs durch General *Wylich* mochte dem Könige von Preussen, der stets einige Galanterie gegen Damen bewies, doch etwas Rücksicht für die Kunstschätze des Hofes gelehrt haben. Er besuchte am 26. Novbr., nach seinem abermaligen Einzuge am 14. Novbr., wo er im Brühl'schen Palais wohnte, mit den Prinzen *Heinrich* und *Ferdinand* von Preussen die Gallerie, und bestellte sogar bei einem zweiten Besuche derselben, am 22. Dec., eine Copie der „*Magdalene*" von *Battoni* beim Hofmaler *Dietrich*, doch mit dem Bemerken „*den Todtenkopf wegzulassen*" *). — Auch die der Gallerie drohende Gefahr bei der Vertheidigung Dresdens durch den preussischen Kommandant *Schmettau* gegen den kaiserlichen Feldmarschall *Daun* im Jahre 1758 u. 1759, wo Ersterer das Schloss und die dazu gehörigen Gebäude zu seiner äussersten Vertheidigung vorrichten zu lassen, und sich unter den Ruinen derselben im Nothfalle zu begraben erklärte, ging noch glücklicherweise vorüber. Da aber die Gefahr des Krieges immer drohender für Dresden ward, und man doch noch Altstadt-Dresdens Ein-

---

*) Am 17. März 1757 dem Könige *Friedrich II.* bei seiner vierten Anwesenheit in Dresden von *Riedel* und dem Oberhofmeister der Königin übergeben.

äscherung befürchten musste, nachdem bereits 1758 und 1759 die Vorstädte in Feuer aufgegangen waren, und somit weitere Gefahr für die Gallerie drohte, so hatte man sofort nach der Capitulation, am 4. Septbr. 1759, die meisten, namentlich die werthvollsten Gemälde auf den Königstein geschafft*), während nur der kleinere Theil im Galleriegebäude verblieb. — Die Gefahr nahte. Das preussische Bombardement gegen Dresden, im Jahre 1760, hatte wirklich einigen Nachtheil für die Gallerie, indem durch das Eindringen einer Bombe und mehrer Sechs- und Achtpfünder, sowie namentlich mehrer bedeutender Splitter von den auf der dem ärgsten Kugelregen trotzenden Kuppel der Frauenkirche geplatzten Bomben einige Gemälde nicht unbedeutend beschädigt waren: ein Blumenstück von *Mignon*, von *Lancret* „die Tanzbelustigung" (668), von *Weenix*, „der Haase" (1490) von *Torrelli*, ein nicht näher bezeichnetes Altarbild, und von *Sylvester* das grosse Gemälde „die Zusammenkunft der königlichen Familie mit der Schwiegermutter, der Kaiserin-Wittwe *Amalie*, zu Neuhaus" (652), von *Francia* „Taufe Christi" (410).

Die letzte Gefahr, welche in diesem Jahrhunderte auf eine noch immer mit grossem Dunkel überlagerte Weise über Dresden heraufbeschworen ward, und der Gemäldegallerie ebenso gut, als sie dem alten königlichen Opernhause, sammt der noch unersetzten Hoftheater-Garderobe und einem Theile des Zwingers den völligen Ruin brachte, den Untergang hätte bringen können, ging gleichfalls nicht ohne Nachtheil an ihr vorüber. — Es war die von Aussen wohl am Meisten geförderte Revolution in den

---

*) Leider hatte dabei ein Theil der Gemälde namentlich in Folge der langen Verpackung sowohl, als auch der Aufbewahrung der Kisten in nicht eben sehr trockenen Räumen gelitten.

ersten Maitagen des Jahres 1849. — Die Gallerie wurde zwar noch zeitig genug vom Schlosse und der Gewehrgallerie her durch Militär besetzt, ehe die Aufständischen sich in derselben festsetzen konnten. Dies hätte auch in der That sehr leicht von der Freitreppe am Jüdenhofe aus geschehen können, zumal man des Schlosses sich zu bemächtigen und es sogar in die Luft zu sprengen gedachte. Diese Occupation würde nun unbedingt die Zerstörung des Gemäldeschatzes zur Folge gehabt haben, da die rohen Zuzügler die Bilder ebensowenig, als es in Privathäusern geschehen, geschont haben würden, und sie beim endlichen Rückzuge wohl gar noch das Gebäude in Brand gesteckt haben würden. Die von der Militärbesatzung aus der äussern Gallerie gegen die Aufständischen entsendeten Kugeln hatten natürlich auch ernstliche Erwiderungen von Seiten der Letzteren zur Folge, wodurch den Gemälden allein schon die höchste Gefahr drohte. — Doch noch zeitig genug war man darauf bedacht gewesen, sofort durch Abnehmen der vorzüglicheren Bilder, vorerst in den Abtheilungen *A.*, *B.* und *H.*, manchen Schaden zu verhüten; allein die Kugeln drangen auch durch die Wandungen in die innere Gallerie ein und verletzten daselbst mehre Bilder. Das Unternehmen, wenigstens die werthvollsten Gemälde vor diesem in die Gallerie mehre Tage hindurch eindringenden Kugelregen der Insurgenten in Sicherheit zu bringen, war in der That höchst gefahrvoll; dennoch unternahm es der verewigte Geheime Hofrath Dr. *Heinrich Wilhelm Schulz*, mit Unterstützung des Gewehrgallerie-Inspectors *Hänisch* und mehrer Soldaten, da das in der Stadt wohnende Galleriepersonal durch den Strassenkampf völlig behindert war, ihre Wohnungen zu verlassen. Trotz dieser genommenen Vorsicht aber waren dennoch einige 70 Gemälde mit Kugeln durchbohrt. Dies betraf namentlich in der Abtheilung *H.* das grosse Bild von *Andrea Celesti*: „nächtlicher Kampf während der Eroberung einer Stadt", das durch 33 Kugeln verletzt ward (jetzt noch im Vorrathe verblieben), ferner in *B.* die „Madonna von *Murillo*" (607), in *A.* „die heilige Familie" von *Le Brun* (638) (an welchem eine Kugel durch ein Auge der St. Anna gegangen war), von *Rubens*: „Clölia aus dem Lager der Etrurier mit ihren Gefährten entfliehend" (806), war von mehren Kugeln verletzt, ausserdem mehre Gemälde von *Migliore*; in *A.* besonders das grosse bereits 1760 mehrfach verletzte Bild von *Sylvestre*: „die Zusammenkunft in Neuhaus" (652), welches allein 10 Schüsse bekommen hatte, und „Friedrich August II." (654), woran jetzt noch eine Kugelverletzung vorhanden ist, sowie das treffliche Pastellbild von *Liotard:* „Graf Moritz von Sachsen" (1946) etc.

Was geschah zur Erhaltung der Gemälde?

Wir fanden, dass, nachdem bereits der von *Friedrich August II.* von Venedig berufene Hofmaler *Anton Kern*[*]) seit 1741 Restaurationen vorgenommen hatte, und seit

---

[*]) War 1710 zu Tetschen geboren, Schüler des Venetianers Pittoni; schickte von Rom aus den „Bethlehemitischen Kindermord" (1879 der Gallerie) an den König, der dieses Bild anfänglich in seinem Schlafgemache aufgehängt hatte. Zucchi hatte ausser dem Bilde „L'Inverno" die „vier Jahreszeiten" von ihm gestochen. Er starb bereits 1747, 37 Jahr alt. Bezog als Hofmaler nur 240 Thaler Gehalt.

1746 auch *Ch. W. E. Dietrich* *) bei der Gallerie deshalb angestellt war. Seit der Mitte des vorigen Jahrhunderts geschah Seiten der Gallerie-Inspection immer mehr, was die möglichste Erhaltung der Bilder fördern konnte. Namentlich war es der Gallerie-Inspector *Johann Anton Riedel*, der darauf ernstlich bedacht, manches ausgedörrte, im Firnisse gerissene, oder wohl gar verletzte Bild auf irgend eine die Originalität desselben nicht störende Weise gleichsam zu heilen. Besonders bewies *Riedel* sich als vorsichtiger Gemäldearzt an den nach dem siebenjährigen Kriege vom Königsteine in eben keinem erfreulichen Zustande zurückgekehrten, vorzüglich mit Moderflecken gleichsam übersäeten Gemälden. Ebenso machte er die um 1788 aus dem Vorrathe in die Gallerie aufgenommenen Gemälde geniessbar. Die Glanzperiode der Erwerbungen war vorüber, und so musste man nun wenigstens darauf bedacht sein, die vorhandenen Schätze mit möglichster Sorgfalt zu überwachen, da vornehmlich die schon zu Ende des vorigen Jahrhunderts als ungünstig erkannte Localität der Bildergallerie, welche den Gemälden ebensowenig gegen die nachtheiligen Wirkungen der Hitze und Kälte, als gegen das Eindringen des nicht minder verderblichen Kohlenrauches einen Schutz bot. Der allzu grosse Wechsel der Temperatur unsers Klimas

---

*) Ihm sagt man jedoch nach, dass er die schadhaften Stellen der Gemälde ohne alle Rücksicht auf das noch Erhaltene übermalt habe, wobei man ihm aber ein grosses Geschick nicht abzusprechen vermag. In dieser Stellung bei der Gallerie mag er auch sein ungemeines Nachahmungstalent erst recht ausgebildet haben. Schon im 18. Jahre soll er in Gegenwart des Königs zwei Bilder in Ostade's und Pölenburg's Manier binnen vier Stunden ausgeführt haben. —

hatte nicht allein den für den Witterungswechsel in jeder Jahreszeit allerempfindlichsten Gemälden auf Holz geschadet, sondern auch an denen auf Leinwand sichtliche Veränderungen hervorgebracht. — Es waren auch schon seit dem Anfange dieses Jahrhunderts einzelne Stimmen wegen der Nothwendigkeit, ein neues Local für die Gallerie zu beschaffen, laut geworden, da der Zustand der Gemälde immer bedenklicher zu werden drohte. Bereits hatte *F. Xavier du Burtin* *), und namentlich unser für die Gallerie seit 40 Jahren wahrhaft väterlich besorgter Kunstkenner *J. G. von Quandt* wiederholt im Kunstblatte (um 1825) sich beklagend und mahnend vernehmen lassen, und sie hatten vornehmlich dabei als eine unbedingte Nothwendigkeit die Restauration der vorzüglichsten Bilder ausgesprochen. Doch wie Vieles bei uns zu Lande nur langsam erwogen wurde, und oft noch langsamer, d. h. gewöhnlich erst dann zur Ausführung kam, wenn man sich durch die höchste Gefahr und zugleich durch ein Beispiel des Auslandes gleichsam dazu gezwungen sah, so war es auch hier der Fall. Das Vorurtheil gegen jede Restauration von Gemälden war wohl dabei mit der grösste Hemmschuh gewesen; dieses ward jedoch im Jahre 1825 durch den Kabinetsminister, Graf *von Einsiedel,* niedergeschlagen, und die erste Folge davon war, dass man den als Restaurationskünstler bereits in Italien anerkannten *Palmaroli* 1826 nach Dresden berief, um mit seiner Kunstfertigkeit wenigstens den werthvollsten Bildern der Gallerie als ein Erretter zu erscheinen. *Palma-*

---

*) „Traité théoretique et pratique des connaissances, qui sont nécessaires à tout amateur de tableaux (Bruxelles 1808. 2 Vol. 8°). Chap.: de la Galérie Royale à Dresde.

roli*) traf im Juni des Jahres 1826 hier ein und begann am 25. August d. J. seine Arbeiten. Die erste höchst schwierige Aufgabe, die er zu lösen unternahm, war die Restauration des Gemäldes von *Garofalo:* „Madonna von musicirenden Engeln umgeben unter ihr St. Petrus, Bruno und Georg", was ungewöhnlich vom Zahne der

---

*) Palmaroli erschien in Begleitung seines Sohnes von Rom in Dresden. — Er erhielt täglich für sich und den Sohn einen Louis neuf oder Carolin, also monatlich 187 Thaler Honorar nebst anständigem Kostgelde und Miethzinse, und in der letzten Zeit noch eine Zulage von 40 Thlrn. Für die Reise sowohl her als zurück nach Rom bekam er ausserdem 300 Thlr. Als sich sein Aufenthalt in Dresden, der anfänglich nur auf wenige Monate bestimmt war, durch die vielen, meist Zeit erfordernden Arbeiten über den Winter 1826 hinaus bis zum August 1827 verlängerte, so wurden für ihn und den Sohn, als unser Klima ungewohnten Italienern, nicht nur Heitzung und warme Kleidung beschafft, sondern ihnen auch noch ein Taschengeld und Theaterbillets verwilligt. Die Gesammtausgaben für Palmaroli's 14monatlichen Aufenthalt beliefen sich, mit Einschluss einiger Hundert Thaler an nöthigen Utensilien bei der Arbeit, 5513 Thaler. *J. Hübner,* welcher bemerkt, dass dem Palmaroli die Restauration der „*heiligen Nacht*" von *Correggio* mehr eingebracht habe, als der Künstler für das Original (140 Thlr.) erhielt, hat nicht bedacht, dass 140 Thlr. zu Correggio's Zeit so viel werth waren, als 1827 800 bis 1000 Thaler. Allein *Hübner* lässt auch *Palmaroli* die Gerechtigkeit widerfahren, dass er „wirklich fleissig und tüchtig gearbeitet und in dieser verhältnissmässig sehr kurzen Zeit nicht weniger als 54 Bilder, worunter sehr grosse, zur Zufriedenheit hergestellt" hat. Ausserdem hatte *Palmaroli* noch in derselben Zeit in der katholischen Hofkirche das grosse Altarbild von *Raphael Mengs,* sowie zwei kleinere Altargemälde restaurirt. Dass man übrigens die Unkosten für *Palmaroli* Seiten des Hofs und der Generaldirection nicht zu hoch betrachtet und mit dessen Leistungen völlig zufrieden gewesen ist, beweist, dass ihm der König noch ein Gnadengeschenk von 50 Ducaten aus seiner Chatoulle zugehen liess.

Zeit gelitten hatte. Nachdem er diese Aufgabe zur grössten Verwunderung gelöst, kam nach mehren anderen der Restauration bedürftigen Bildern auch die Hauptaufgabe, die thunlichste Herstellung der *„Sixtinischen Madonna"*, an die Reihe. Es hatte dieses vorzüglichste Werk *Rafael's*, nach *Quandt's* Urtheile, *noch nie einen Firniss erhalten*, dadurch aber auch die Kraft des Colorits verloren. Das Allerbedenklichste dabei aber war, dass durch den Mangel des Firnisses die Leinwand aller nothwendigen *Elasticität* entbehrte, so dass die Farbe bereits *brüchig* zu werden drohte. Um diesen Mängeln möglichst abzuhelfen, namentlich dem weitern Reissen der Farbe vorzubeugen, unternahm es *Palmaroli* mit seltenem Geschicke, zuvörderst das Bild zu *rentoiliren* und dann mittels eines leicht aufgetragenen Mastixfirnisses, ohne jedoch erst eine, allerdings verbetene, gründliche Reinigung von dem 300jährigen Schmutze daran vorgenommen zu haben, der Farbe neues Leben zu verleihen *). Dass es, wie vorausgesehen, nicht fehlen konnte, dass auch *Palmaroli's* zuverlässig nur segensreiche Restaurationen für die Gemäldegallerie ihre heimlichen und offen schmähenden Feinde finden würden, liess sich erwarten; hatten sich doch sogar offenbare Widersacher schon vor Beginn seiner Arbeiten ziemlich laut vernehmen lassen, welche die durch *Palmaroli's* Restauration den Gemälden erst recht drohende Gefahr

---

*) *Jul. Hübner* sagt: „In wie weit er auch hier seine Aufgabe gelöst habe, darüber waren und sind, wie es in solchem Falle wohl zu gehen pflegt, die Meinungen verschieden. Zum Glück waren es an diesem Bilde doch nur bestimmte Theile, welche schon in dem früher erwähnten Berichte Giovannini's bezeichnet worden, die einer Herstellung bedurften, während alles Uebrige nur eine leichte Reinigung erforderte".

in dem grellsten Lichte darzustellen bemüht waren. Doch unser hochgeehrter Kunstkenner *v. Quandt* unterliess es, als Freund der Gerechtigkeit und Freimüthigkeit, *nicht*, gegen diese „anmasslichen Beurtheiler" eine kräftige Zurechtweisung schon gleichzeitig ergehen zu lassen, und, da im Verlaufe von fast 30 Jahren abermals Bedenklichlichkeiten, hauptsächlich vor und bei der Uebersiedelung der Gemäldegallerie in das neue Museum gegen *Palmaroli's* Restauration der *„Sixtinischen Madonna"* auftauchen zu wollen schienen, so hielt er es geeignet, im September 1856 von Neuem (im Dresdner Journal) eine unumwundene Erklärung darüber abzugeben*).

---

*) Es heisst in derselben unter Anderen: „dass der Mastixfirniss auf einem in solchem Grade verschmachteten Gemälde bald wieder verschwand, konnte nicht fehlen, und die mancherlei Verunglimpfungen, welche dieses Meisterwerk durch viele Copisten erlitten, hatte Palmaroli nicht entfernen dürfen. Diess gab Denjenigen, deren Günstlingen die Restaurations-Arbeiten nicht übertragen worden, Veranlassung, Palmaroli zu beschuldigen, er habe unser Raphaelsches Gemälde verdorben. Unterzeichneter übernahm in Hofrath Böttcher's „Kunstblatt" Palmaroli's Vertheidigung, und die ausgezeichnetsten deutschen Künstler, welche in Rom lebten, liessen mit ihrer Namen Unterschriften gegen jene anmasslichen Beurtheiler in der Augsburger Allgemeinen Zeitung eine kräftige Zurechtweisung ergehen. — Es sind seitdem dreissig Jahre verflossen, der Mastixfirniss war vertrocknet, die Malerei durch den Niederschlag von Steinkohlendämpfen und Feuchtigkeit, die sich bei dem Temperaturwechsel an kalten Flächen erzeugt, wieder sehr unscheinbar geworden, so dass bei der neuen Aufstellung des Raphael sich die unerlässliche Nothwendigkeit zeigte, eine behutsame Reinigung und Erfrischung des Gemäldes vorzunehmen, welche dem erfahrenen und höchst geschickten Inspector Herrn Schirmer übertragen wurde. Die versunkene Färbung ist in ihrer ursprünglichen Kraft und Harmonie auferwacht und setzt alle wahren Kenner in Staunen. Mit

Uebrigens hat Palmaroli's Berufung nach Dresden im Allgemeinen für die Folge noch das Gute gehabt, dass sich unter seiner Leitung der Inspector *J. A. Renner**) zum Restaurateur ausbildete. Dadurch ward es möglich, nach *Palmaroli's* Weggange noch manches der Hilfe be-

---

der Würde des Gegenstandes steht nun die Einfachheit, die ernste Stimmung des Colorits, im Einklange, und wir werden gewahr, dass sich die Malerei zur Zeichnung, wie die Musen zur Poesie verhält. — Wäre es nun wohl Herrn Inspector Schirmer, bei aller Trefflichkeit seiner Kunst, möglich gewesen, ohne Gesichter, Hände und Traperieen zu retouchiren, einzig und allein durch eine zweckmässige Anwendung des Copaivabalsams dies abgestorbene Gemälde wieder zu beleben, wenn es Palmaroli verdorben hätte? — Der jetzige Zustand dieses Gemäldes widerlegt die ungegründete Anklage, welche von den Feinden Palmaroli's erhoben wurde. — Wenn wir uns freuen, dass Palmaroli die Dauer dieses Gemäldes um dreissig Jahre verlängerte und Herr Inspector Schirmer es verjüngt hat, so wollen wir uns dabei erinnern, dass die Rettung dieses bewundernswürdigen Werkes dem Grafen Einsiedel zu verdanken ist, der noch zur höchsten Zeit den Entschluss fasste, Palmaroli zu Hilfe zu rufen " —

*) *Johann August Renner* hatte bei seiner wahrhaft gewissenhaften Vorsicht sich baldigst zum gewandten Restaurateur ausgebildet und man vertraute ihm nachgehends die schwierigsten Restaurationen an. Nicht nur, dass er sich eine grosse Gewandheit im Rentoiliren brüchicher Leinwandbilder, die er z. B. an Sylvester's „Zusammenkunft in Neuhaus" zeigte, angeeignet, sondern er machte baldigst auch Versuche, Gemälde von der alten Leinwand zu heben, und auf *völlig neue* Leinwand, ja, sogar *Holzbilder* nach behutsamer *Wegnahme des Holzes* auf Leinwand überzutragen. Eine vorzügliche Probe seiner sichern Kunstfertigkeit in dieser Beziehung lieferte *Renner* z. B. an dem Garofalo'schen Bilde von 9 Ellen 10 Zoll Höhe und 5 Ellen 1 Zoll Breite, „Madonna mit St. Petrus, Bruno und Georg", das er im Jahre 1838 von dem dem Gemälde immer verderblicher werdenden Holze abnahm.

dürftige Bild kunstgerecht wieder herzustellen und durch eine geschickte Reinigung genussreicher zu machen. Es war ja bis zum Erscheinen *Palmaroli's* in Dresden die Restauration der Gemälde eine, wenn auch nicht unbekannte, aber doch mit Geheimnisskrämerei geübte Kunst, die überdiess bei aller stolzen Geheimthuerei oft nur zum Nachtheile der Gemälde betrieben ward *).

Durch die vom Staatsminister *Bernhard von Lindenau*, der im Jahre 1834 die Oberdirection der Museen übernahm, angeordnete Revision des bedeutenden Vorrathes, welcher zum Theil im Brühlschen Palais aufgehäuft war, worunter Bilder waren, die sich theilweise in sehr kläglichem Zustande befanden, fand man erst recht Gelegenheit, die begonnene Restaurationsthätigkeit zu entwickeln. Freilich hatte sich inzwischen das Vorurtheil gegen die Gemälderestauration von Neuem geltend gemacht. *Quandt*, der namentlich in dieser Beziehung ein Vertrauensmann *von Lindenau's* war, spricht sich darüber a. a. O. folgendermassen aus: „Herr von Lindenau setzte eine Commission der Gemäldegallerie ein, welche darüber entscheiden sollte, ob die Restauration bei den Gemälden der Königlichen Gallerie thunlich oder nöthig sei. Mit welchen Scheingründen von einer Seite dagegen, mit welcher Ueberzeugungsfestigkeit auf der andern Seite für Wiederherstellung gestritten wurde, enthalten die ausführlichen Protocolle des Ober-Kämmerei-Archivs. Herr von Lindenau überzeugte sich, wie nöthig es sei, den Stimmen Gehör zu geben, welche eine den Gemälden zu leistende

---

*) Erst 1828 erschien *Dr. Lucanus's* gründliche und belehrende Schrift über die „*Gemälde-Heilkunde*", und 1832 in einer noch mehr vervollständigten Auflage.

Hilfe riethen, und hat dadurch Kunstwerke von höchster Wichtigkeit, deren Untergang ohne Beistand unvermeidlich gewesen wäre, gerettet". — Die mit der Revision beauftragten Personen wählten eine bedeutende Anzahl von Bildern aus, die für werth erachtet wurden, in der Gallerie Platz*) zu finden.

*) *Quandt* sagt darüber: „Es entstand dadurch eine Vermehrung der Gemälde, für welche die Galleriewände nicht ausreichten, und Prof. *Thürmer*, dessen sich noch viele Architecten mit Achtung und Liebe erinnern, verschaffte, von Herrn von Lindenau dazu beauftragt, durch Einziehung von Scheidewänden, und neben den Fenstern angebrachten Schirmen (sogenannten Scherwänden) nicht nur Raum für die hinzugekommenen Bilder, sondern auch Gelegenheit, die kleinen, zarten Werke der Niederländer und Holländer in ein sehr günstiges Licht zu bringen. Ehe diese Umgestaltung des Gallericlocals zustande kam, starb *Thürmer*, und sein Nachfolger, der damalige Professor *Semper*, vollendete die begonnene Arbeit. — Hierdurch entstand die Nothwendigkeit einer völligen Umstellung der Gemälde und Se. Maj. der König genehmigte den von Herrn *von Lindenau* vorgelegten Plan, nach welchem die Werke der Malerei in Schulen geordnet wurden. Diess veranlasste nun wieder eine neue Einrichtung, die bereits in den meisten Museen des Auslandes stattfand, dass an den Bilderrahmen Tafeln angebracht wurden, worauf nicht nur die Nummern, sondern auch die Namen der Künstler und deren Lebenszeit angegeben sind. Aber auch diese Veranstaltung, welche den Beschauern sehr zum Vortheile gereichte, fand beharrlichen Widerstand, weil Einige meinten, ihre Accidentien möchten darunter leiden. Bei den milden Gesinnungen und der schonenden Handlungsweise des Herrn *von Lindenau* war es nicht möglich, Missbräuche abzuschaffen und Verbesserungen einzuführen, ohne grossen Schwierigkeiten zu begegnen. Nur wer Zeuge der unerschöpflichen Geduld des Herrn *von Lindenau* gewesen ist, kann in vollem Maase das Verdienst schätzen, dass derselbe so viele Hindernisse überwand und ihm so treffliche Unternehmungen gelangen". — Das ist ein freimüthiges Wort.

Die durch diese geschehene Auswahl namentlich sich immer mehr herausstellende Nothwendigkeit zur Gemälderestauration gebot auch eine Vermehrung der Arbeitskraft. Deshalb ward dem thätigen Inspector *Renner* noch ein Gehilfe in der Person des sich trefflich dazu eignenden, später ebenfalls zum Gallerieinspector ernannten Malers *Schirmer* beigegeben, der jetzt, nachdem *Renner*, nach seinen vielen Leistungen, im Alter vorgerückt ist, allein die noch fortgesetzte Restauration der Gemälde mit grosser Umsicht besorgt und besonders neuerdings mehrfache Proben seiner Geschicklichkeit an den Tag gelegt hat. —

Nachdem der grössere Theil der vorzüglicheren Gemälde der Gallerie theils eine *nöthige Reinigung*, theils aber auch eine *gründliche Restauration* erhalten hatte, und *die Aussicht auf Beschaffung eines neuen, den Einflüssen des Temperaturwechsels, sowie namentlich der vom Steinkohlenrauche stets geschwängerten Atmosphäre Dresdens bei Weitem weniger ausgesetzten Galleriegebäudes,* noch weit hinausgestellt zu sein schien, so glaubte man den besten, zartesten und dabei sensibelsten, d. h. so zu sagen „*alterschwachen*" Bildern wenigstens einen Schutz dadurch geben zu müssen, dass man sie mit *Spiegelglastafeln**) versah, was so-

---

*) *Dr. H. W. Schulz* in seiner 1846 erschienenen Schrift: „Ueber die Nothwendigkeit eines neuen Galleriegebäudes für die königl. Gemäldesammlung" etc. (Leipzig bei Brockhaus), sagt auf S. 11: „Die auf mehreren der vorzüglichen Gemälde zum Schutz angebrachten Gläser können aber nur als eine halbe Massregel betrachtet werden, da sie zwar Staub und Russ, nicht aber die Einwirkungen des Temperaturwechsels abhalten. Die Beschauung wird aber insbesondere bei grossen Gemälden, wo sich in diesen Gläsern die mit Bildern überfüllten Säle abspiegeln, im höchsten Grade behindert und eine Ausdehnung dieser Massregel auf einen

gar mit dem kolossalen Gemälde der „*Sixtinischen Madonna*" geschah. Freilich ist durch diese allerdings wohl gerechtfertigte Vorsicht eine nicht geringe Unbequemlichkeit für den Beschauer hervorgegangen, da die *Spiegelung* der starken Glasscheiben, die durch den *Glanz des Firnisses* der Bilder selbst noch erhöht wird, manches Gemälde, vorzüglich die zartausgeführten Niederländer und Holländer, in der That weit *weniger geniessbar* macht, welcher Uebelstand im neuen Locale, besonders in den kleineren Kabineten der nördlichen Gallerie mit Seitenlichtern noch weit mehr bemerkbar sich macht. — Ob übrigens mit der Zeit durch diese Abschliessung der Gemälde von der Luft denselben genützt sein wird, steht zu erwarten.

Die offenbare Nothwendigkeit eines neuen Galleriegebäudes.

Trotz aller genannter Vorkehrungen zur Erhaltung des seltenen Gemäldeschatzes der Dresdener Gallerie zeigte sich dennoch bereits nach Verlaufe eines Zeitraums von 10 Jahren der verderbliche Einfluss des Steinkohlenrauches bei der mangelhaften Fensterconstruction des alten Galleriegebäudes und der feuchte Niederschlag der Luft in *nichtheizbaren*, dem Wechsel der Temperatur stets ausgesetzten Räumen an den gereinigten und namentlich auch an den mit Glas überdeckten Gemälden wieder. Nachdem schon seit 20 Jahren, vorzüglich aber seit dem Jahre 1839, öffentliche Befürchtungen *der höchsten Gefahr* eines sichern, wenn auch langsamen Verderbens im In-

---

grösseren Theil der Gallerie würde nicht ohne sehr grosse Kosten zu bewerkstelligen sein."

und Auslande immer lauter ausgesprochen worden waren, fand sich *J. G. von Quandt* als Mitglied der Galleriecommission, auf Grund seiner eigenen Beobachtung veranlasst, seine Ansicht *über den Zustand der Gemäldegallerie unumwunden* in einer besondern Schrift*) auszusprechen. Er stellte vor Allem die vielen Nachtheile des überdies der Feuersgefahr so sehr ausgesetzten Galleriegebäudes dar, welche den unersetzlichen Gemäldeschatz dem Untergange zuführen müssten, und hob nächstdem die „*Verpflichtung gegen die gesammte civilisirte Welt, ein Museum zu bauen, dessen Lage Gemälde von so hohem intellectuellen Werthe vor zerstörenden Einflüssen sichere*", freimüthigst hervor.

Schon im Jahre 1839 hatte sich die Regierung zwar von der *Nothwendigkeit*, den laut gewordenen Stimmen Gehör zu geben, überzeugt, und hatte ihr sogar *den längern Verzug der Abhilfe als pflichtwidrig* erscheinen lassen. Doch konnten bis zum nächsten, im Herbste des Jahres 1839 beginnenden Landtage die zu einer Vorlage und und Vorstellung nothwendigen Vorarbeiten noch nicht so weit gediehen sein, weshalb sich das allerhöchste Decret vom 17. Januar 1840 auch nur *entschieden über das wirkliche Bedürfniss*, jedoch noch *unentschieden über das Mittel der Abhilfe selbst* aussprach. Es erklärte sich bereits für einen *Neubau*, hatte aber als den Platz für denselben die *Stallwiese* auf der neustädter Seite bezeichnet. Die Stände gingen daher auf diese *unbestimmte* Erklärung *nicht ein* und *lehnten* sogar vorläufig *jede Verwilligung zu dem beantragten Neubaue* ab. Abermals fand das Unter-

---
*) „Ueber den Zustand der Königl. Gemäldegallerie zu Dresden" etc. Leipzig 1842.

nehmen beim Landtage 1842/43 durch den *allgemeinen Nothstand* im Lande ein allerdings vollkommen gerechtfertigtes Hinderniss. — Bei den seit dem Mai 1844 bis zum October 1845 wegen der nothwendigen Abhilfe geschehenen Erörterungen und Berathschlagungen glaubte man leider zu der Ueberzeugung gekommen zu sein, dass es eines *eigentlichen Museums,* d. h. eines im untern Geschosse Statuen und in der obern Etage Gemälde aufnehmenden Gebäudes *weniger* bedürfe, da für die ersteren, namentlich die Antiken*), bereits ein sehr schönes Local im japanischen Palais vorhanden sei. — Es beschränkte sich daher die gestellte Aufgabe lediglich auf Beschaffung eines geeigneteren Raumes für die Gemälde, auf den Bau einer *Pinakothek,* und hierzu glaubte man 3 Wege einschlagen zu können, dass man: entweder 1) *den Umbau des bisherigen Locals;* oder 2) *die Verlegung der Gemäldegallerie in das japanische Palais,* und der Bibliothek**)

---

*) Ist nur kaum halb wahr, da die Statuen eigentlich weit mehr eines *Oberlichtes* benöthigt sind, wenn sie die richtige Beleuchtung erhalten sollen. Weit zweckdienlicher wären für die Antiken die Gallerieen des Zwingers, wenn sie Oberlichter erhielten, was übrigens bei der Höhe der Bogenfenster am Ende noch nicht unumgänglich nothwendig sein würde. Das *naturhistorische Museum* so gut, als das *historische Museum* mit seiner *Nachbarschaft des* (trotz der Vorsicht des Abgrabens) *nur Feuchtigkeit erzeugenden Zwingerwalles* haben so daselbst eine *nicht eben geeignete* und noch weit weniger räumlich genügende Localität.

**) Es hätte wohl nichts Unerhörteres geschehen können, als die Bibliothek zu translociren, die keinen geeignetern Raum haben kann, wenn sie namentlich über das ganze Palais sich verbreiten könnte und weniger auf schon mehrfach nöthig gewordene Durchzüge, die dem Gebäude mit der Zeit nur schädlich werden müssen, angewiesen wäre. Was würde der Transport der Bücher, die Umschaffung der Gallerieräume zur Bibliothek

in das Local der Gemäldegallerie, oder endlich 3) den *Neubau eines besondern Galleriegebäudes* vor die Hand nehme. — Zum Glücke sah man sehr bald von der *Umbaufrage* ab, da bei derselben der richtige Grundsatz sich geltend machte, dass die Gemälde dem Auge vor Allem geniessbarer gemacht werden mussten, und sonach bei einer Veränderung nicht höher als höchstens 10 Ellen vom Fusse des Beschauers ab aufgehangen werden dürften, dass ferner aber auch bei Heizbarmachung der Räume natürlich darauf geachtet werden müsste, dass in zu hohen Räumen ein zu ungleicher Temperaturgrad*) entstehen würde, wobei die am höchsten aufgehangenen Gemälde stets einem zu bedeutenden Hitzgrade am Ende ausgesetzt sein dürften. — Es musste sich daher die Unangemessenheit des alten Galleriegebäudes in jeder Beziehung herausstellen**). — Und wollte man wirklich etwas

---

und des japanischen Palais, für eine Pinakothek noch weit weniger geeigneten Gebäudes, zu einer Bildergallerie gekostet haben? Welche Unordnung würde dadurch übrigens hervorgerufen worden sein, zwei so grosse Sammlungen gleichzeitig auf den Haufen werfen zu müssen, und welche Localität hätte dazu dienen sollen, während des Umbaues beider Gebäude diese Haufen einstweilen zu verwahren? — Keine von beiden Sammlungen hätte übrigens dadurch gewonnen.

*) Dr. *Schulz* bemerkt a. a. O. S. 12: „Dagegen ist die Heizbarkeit in dem gegenwärtigen siebenzehn Ellen hohen Locale, wo die hochhängenden Bilder einen sehr bedeutenden Wärmegrad aushalten müssten, um für die untern den angemessenen von 10 bis 12 Grad zu erreichen, eben so unstatthaft, als unrathsam in einem alten, holzreichen, mit grossem hölzernen Dachstuhl versehenen Gebäude."

**) Dass bei diesen sich mehrfach kreuzenden Fragen man auch auf mancherlei, zum Theil sehr sonderbare Auskunftsmittel gerieth, war ganz natürlich, da die Ansichten der Menschen über

Zweckdienlicheres (was doch nur die Absicht sein konnte) schaffen, so konnte dies nur durch *völliges Niederreissen des obern Stockwerkes und durch Verlängerung des nördlichen und südlichen Flügels und Herausschiebung der nordwestlichen Gallerie*, natürlich unter *Abtragung* des ganzen 6000 ☐ Ellen umfassenden, für die Gallerie nur Verderben drohenden *Bautengenistes*, der alten Rüstkammer, der Ställe, der Theaterkanzlei etc. (zwischen der alten Bildergallerie und der Schössergasse bis zum Kanzleigässchen) geschehen, welche Aufgabelösung freilich nur mit einem ausserordentlichen Aufwande von 230,000 Thlrn. hätte bewerkstelligt werden können. Dadurch war aber keineswegs die Feuersgefahr von 3 Seiten, besonders bei dem unmittelbaren Zusammenhange mit dem Schlosse, und eben so wenig der Einfluss des Staubes und des von allen Seiten zuströmenden Steinkohlenrauches, sowie ausserdem die schwer zu beseitigende Verbindung mit der königl. Wagenremise, mit einigen Dunst und Ungeziefer erzeugenden Ställen und der Pferdeschwemme noch lange

---

Kunst und Kunstschätze stets verschiedene zu sein pflegen. So bemerkt *von Wietersheim* in seiner 1847 erschienenen Schrift: „*Der Neubau für die königliche Gemäldegalerie in Dresden von ...... m.* (Leipzig bei Brockhaus) S. 9 f.: „Der verschiedentlich aufgetauchte Vorschlag nach vorgängiger Sonderung der Gemälde in mehr oder minder werthvolle, nur für erstere ein neues Local einzurichten, hat, wegen der Schwierigkeit solcher Ausscheidung, besonders aber auch, weil der eigentliche Vorzug des seltenen Reichthums der Dresdener Gallerie dadurch ganz aufgeopfert werden würde, nie Beifall gefunden. Das in Tageblättern ausgesprengte Gerücht einer beabsichtigten theilweisen Veräusserung von Gemälden ist zu unwürdig, um der Widerlegung zu bedürfen." — Die Landtagsmittheilungen v. 1845—46 geben über diese aufgetauchten Vorschläge nähern Aufschluss.

nicht aufgehoben. — Daher konnte es auch nicht fehlen, dass, nach reiflicher Erwägung, dieser Plan sowohl von der Regierung, als auch von den Ständen namentlich entschieden abgeworfen ward*). — Ein *zweiter* ebensowenig beachtungswerther Plan für den *Neubau auf demselben Grunde ohne Vergrösserung des Bauareals* fand schon deshalb ein Hauptbedenken, da er nach genauerer Prüfung von Seiten eines nicht betheiligten Architecten den Mangel des Raumes nicht hob und überdies den Gemälden keine vortheilhafte Beleuchtung versprach, sowie endlich die Localitätsgebrechen nicht heben konnte**). — Eben so ward der Plan, das japanische Palais zu einer Pinakothek***) umzuschaffen, nach einigem Hin- und Herschwanken aus schon angedeuteten Gründen verworfen, und die Regierung entschied sich für den *Neubau* eines besondern Galleriegebäudes, der jedoch in der Wahl des *Bauplatzes*†) ebensosehr seine Schwierigkeiten fand. — Man hatte die *Bürgerwiese*, der *Herzoginnen Garten*, den *Palaisgarten* in Neustadt, die *Promenade zwischen der Stallstrasse und dem Zwingerwalle*, das *Lüttichau'sche Stadtfeld*, den *Raum zwischen der Stadt und dem Grossen Garten*,

---

*) Beifuge zum Decret vom 12. Nov. 1845. Landtagsacten I. 2, S. 445.

**) Landtagsmittheilungen 1845/46 I. 3, S. 1826 ausführliche Mittheilung des königl. Commissars beim Landtage.

***) Landtagsacten 1840. I. 2. S. 445—447.

†) Man sagt, dass in den 20er Jahren die Verschönerungs-Commission, namentlich nach 1822, die durch Abtragung der Festungswerke gewonnenen Räume als Bauplätze verschenkt, ja, sogar den anliegenden Grundbesitzern mit Gewalt aufgedrungen habe. Später kam man in Verlegenheit, so dass es fast nothgethan, die erst gewaltsam verschleuderten Bauplätze wieder anzukaufen.

den *Grossen Garten* sogar selbst, den *Menageriegarten* nächst dem Ostravorwerke als Bauplätze vorgeschlagen; doch waren sie sämmtlich aus mehrfachen Gründen*) baldigst als nicht geeignet erkannt, und es blieb jetzt nur noch die Wahl zwischen dem *jetzigen Platze, an der nördlichen Seite des Zwingers,* entweder als Abschluss desselben oder in der Richtung der Hauptwache, und *der Stallwiese***) *in Neustadt.* — Wie zu erwarten war, fand auch der letzte Plan, so verlockend er auch in jeder Beziehung sein mochte, Bedenken und Widerspruch. Obschon dessen Ausführung Dresden so ausserordentlich verschönert haben würde, weil an die Stelle des offenbaren Schandfleckens in dem herrlichen Panorama, anstatt der sogenannten *Pontonsschuppen,* vis à vis der Brühlschen Terrasse, ein echter Nobelbau dadurch entstanden wäre. Vor Allem aber waren es die gewaltigen *Vorbereitungsbaue****): zuerst *eine den Elbfluthen trotzende Terrasse* nebst *Quai*

*) Hat *von Wietersheim* a. a. O. S. 13. klar auseinander gesetzt.

**) Darüber sagt *von Wietersheim* a. a. O. S. 15: „Nichts ist dem Blicke ansprechender, als jene Stelle der Neustadt. Schon sieht im Geiste das entzückte Auge von der Brühlschen Terrasse aus, an der Stelle jener Vorrathsschuppen — des Schmutzfleckens auf diesem einzig schönen Rundgemälde — den neuen Prachtbau grossartig sich erheben". — „Da es undenkbar wäre, einen Palast in die Tiefe eines, fast in jedem Jahre überflutheten Wasserbeckens zu stellen, so müsste hier erst ein, dem höchsten Wasserstande entsprechend, um 7 bis 8 Ellen erhöhter Platz von mindestens 300 Ellen Länge und 200 bis 220 Ellen Tiefe durch Ausfüllung mit Ufermauer geschaffen werden etc."

***) Vgl. darüber Landtagsacten 1839/40, Beilage zu III. 5. I; S. 169. Ferner L.-A. 1845/46, I. 2. S. 448. — Landtagsmittheilungen 1846, I. 3. S. 821, II. Kammer II. 2. S. 2113—2130, I. Kammer, I. 3. S. 1820—1826.

und *Landungstreppe*, sodann die *Verlegung* oder *Unterbringung* der dadurch vertriebenen *Schuppenräume*, welche Bauten allein einen Kostenaufwand von etwa 150,000 Thlr. beansprucht haben würden, sowie auch die wegen der architectonischen Verhältnisse nothwendige *Vergrösserung und Heraushebung des Baues*, wie ausserdem noch einige andere nachbarliche Verhältnisse*) und Kostenpunkte, welche die Ausführung bedenklich machten und dem Plane bei den Landständen, die so schon aus theilweise zu materiellen Ursachen keine zu grossen Sympathieen für einen Museumsbau hatten, keinen Anklang, sondern vielmehr den heftigsten Widerspruch verschaffen mussten, was bei der Kammerverhandlung am 6. Febr. 1846 sich kund gab.

Es blieb daher keine Wahl mehr übrig, als den Platz zu wählen, den bereits im Jahre 1835 der Architect *Schinkel* im Allgemeinen als den dafür *geeignetsten* erklärt hatte. Es war der Platz an der nördlichen Abgrenzung des Zwingers, wo sich eine hohe Mauer zum Schutze der Orangerie gegen die Nordwinde bis 1846 erhob. — Durch diese Wahl ward eigentlich der Zwinger erst das, wozu er bereits zu Anfange des vorigen Jahrhunderts bestimmt wurde, der Vorhof**) zu einem grossartigen Bau.

---

*) Der in jener Zeit kaum zu ermöglichende Ankauf des gräflich Hoffmannsegge'schen Gartengrundstücks.

**) König *Friedrich August I.* hatte die Idee, am linken Elbufer zwischen der Brücke und der Bastion Sol ein neues grossartiges Schloss aufzuführen, nachdem 1701 eine Feuersbrunst das alte Schloss so furchtbar zum grossen Theile zerstört hatte. Zu diesem projectirten Schlosse, von dem noch Risse und Pläne vorhanden sind, sollte der Zwingerbau eigentlich den Vorhof bilden. Im Jahre 1736 scheint derselbe Plan von *Friedrich August II.* wieder aufgenommen worden zu sein, wenigstens fin-

Am Landtage von 1845/46 verwilligten die Stände mit Genehmigung des gewählten Platzes die für den Bau des *neuen Museums* postulirte Summe von 350,000 Thlr. und *von Quandt* bemerkt ganz richtig: *„Wenn sich jeder Kunstfreund erfreut, jetzt die Werke der grössten Künstler in so würdigen, heiteren Räumen und tageshellem Lichte zu erblicken, so müssen wir uns daran erinnern, dass es dem Herrn Staatsminister von Wietersheim gelang, bei den Ständen die Verwilligung des Museumsbaues auszuwirken."*

Der Haupthebel bei dem Unternehmen, der unschätzbaren Bildergallerie eine neue, würdigere und geeignetere Localität zu geben, war der für die Kunst so ausserordentlich enthusiasmirte König *Friedrich August IV.*, und wir können überzeugt sein, dass, hätten diesem für die Wissenschaft und Kunst gleichbeseelten Regenten, der freilich nur über seine geringe Civilliste und eine unbedeutende Summe zur Erhaltung der Schlösser und königlichen Bauten zu verfügen hatte, Privatmittel zu Gebote gestanden, er unbedingt dazu weit früher Veranstaltung getroffen haben würde. Leider sah der hochherzige König nicht die völlige Vollendung seines Lieblingsbaues.

Bau des neuen Museums oder des dritten Gemäldegalleriegebäudes.

Da der Neubau, als Hauptbau, den stehenden Zwingerbau als den Vorhof gewissermassen abschliessen sollte, so musste er, wenn auch nicht in völlig übereinstimmendem, aber doch wenigstens in annäherndem Baustyle aus-

---

det sich von diesem Jahre eine Zeichnung dieses projectirten Schlosses, und erst der Bau der katholischen Hofkirche mag den Plan völlig beseitigt haben. —

geführt werden. Allerdings hätte die am Zwingerbaue bis auf das Kleinste durchgeführte französische Renaissance, oder sogenannte Belle rocaille, die der die Antike gewöhnte und daher jener abholde Italiener mit dem barbarischen Namen Roccocco (d. h. etwa soviel als „regelloser Felsengrottenstyl") zu benennen pflegt, sich zu dem mächtigen Baue des Museums weniger geeignet, während sie zu Gallerieen- und Pavillonbauten sich ganz gut eignet. — Eine andere Aufgabe dabei war, dass der Neubau in Rücksicht auf die, durch die Bestimmung des Baues bedingte Ungleichheit der Etagen und Dachlage, in einer Art von Absonderung vom Zwingerbau ausgeführt werde. Eine dritte Aufgabe war die mit bedeutendem Raumverluste und Mehraufwande verbundene Ausführung einer Durchfahrt als nothwendiger Communweg, und die dadurch wiederum bedingte Ausführung einer Kuppel über derselben, sowie ferner die Trennung des Erdgeschosses in zwei durch die unumgängliche Wegeinräumung getheilte Seiten. Es ward aber auch dadurch zugleich nothwendig, dass dieser gekuppelte Mittelbau, als Hochbau eines gleichsam monumentalen Baues, welcher sich zugleich der wiewohl überladenen Architectur des Zwingerbaues, die aber denndoch höchst imponirende Verhältnisse hat, mit wahrhaft imposanten Verhältnissen und dabei in einer einfachen Würde gegenüberstelle, und sich gleichzeitig durch Bedeutung der Anlage, wie der künstlerischen Ausschmückung, auszeichne. — Zu diesen Aufgaben allen kam aber noch eine Hauptbedingung. — Es erschien nämlich mit dem ständischen Antrage: „*vor Allem für die Erhaltung der Gemälde bei der Construction des Baues Sorge zu tragen*", unvereinbar, die den grössten Theil des Tages ausgesetzte Südseite selbst für Gemälderäume zu bestimmen, was die Nothwendigkeit hervorrief, durch eine architectonische Wendung die wirklichen Gallerieräume der Südseite mit einer Vorlage zu decken, und sie nur mittels Oberlichtes zu erleuchten. Die Lösung aller dieser an den Planarchitecten gestellten Aufgaben waren in der That nicht die leichtesten. Doch sind sie nach Möglichkeit mit grosser Gewandtheit und wohl nicht auf Unkosten der architectonischen Harmonie des Baues, was leider nur zu häufig bei dergleichen bedingungsvollen Bauten vorzukommen pflegt, sondern möglichst zum Vortheile derselben gelöst worden.

Es war gleich von vornherein zum Planarchitecten der höchst phantasiereiche Baukünstler, Prof. *Gottfried Semper*, erwählt. Dieser hatte sieben verschiedene Baupläne*) und sogar Modelle dazu hergestellt, welche in der am 21. Dec. 1846 mit Hinzuziehung mehrer sogar auswärtiger Architecten abgehaltenen Beschlussversammlung vorlagen, von denen zwei, ein grösserer**) und ein kleinerer, als vorzüglich zweckmässig anerkannt wurden.

Die Grundgrabung auf 8 Ellen Tiefe ward im März

---

*) Ein von den beiden theoretisch und practisch durchgebildeten Landbaumeistern *Hänel* und *Marx* entworfener Plan, der auch dem Zwingerbaue sich noch mehr accomodirte, war namentlich darauf berechnet, alle Sammlungen Dresdens in ein Museum zu vereinen. Er fand den ihm gebührenden hohen und allerhöchsten Beifall, und ihm stand allein die landständische Verwilligung zum Baue einer blossen Bildergallerie entgegen. —

**) Obschon alle Sachkenner unbedingt diesem sowohl in Hinsicht auf architectonische Schönheit der Verhältnisse, als namentlich auch in Rücksicht auf das nothwendige Raumerforderniss den Vorzug gaben, so gebot doch der Hinblick auf die Verwilligungssumme von Seiten der Landstände die Ablehnung desselben. Uebrigens war auch dieser der Lieblingsplan *Semper's*.

des Jahres 1847 begonnen, und die Grundsteinlegung selbst
geschah unter dem gewöhnlichen Cäremoniell am 23. Juli
1847 Nachmittags 5 Uhr. Die Oberaufsicht bei Ausführung
des Plans erhielt der Planarchitect, Prof. *Semper*, dem
noch als Oberaufseher für die technischen Arbeiten der
umsichtige Amts-Bauverwalter *Beuchelt* beigegeben ward.
— Der Bau ward ernstlichst in Angriff genommen, allein
nur zu bald ergab es sich, dass die beschlossene Ausführung am Ende nicht ausreichend sein würde. Denn
schon im Laufe des Unterbaues trat bei noch reiflicherer
Ueberlegung des Bauzweckes die Nothwendigkeit einer
Vergrösserung immer augenscheinlicher hervor. Es ergab sich vornehmlich, dass durch die dem Theater zugekehrte Seite des Neubaues, sobald namentlich derselbe,
was doch bei der angenommenen Länge des Baues nicht
möglich war, die beiden angrenzenden Zwinger-Pavillons
mit ihren hohen Mansarddächern nicht deckte, keineswegs
eine harmonische Wirkung hervorgebracht werden würde.
Es fand sich aber auch ausserdem, dass der Neubau ohne
die durch den grössern Plan bedingten Eckflügel, sobald
namentlich nicht gleichfalls die Südseite zu einer dem
Zwecke gemässen Benutzung verwendet werden könnte,
schon für den damaligen Bestand der Gemäldegallerie
kaum ausreichend, noch viel weniger für spätere Berei-
cherungen derselben geeignet sein würde. Ueberdies
würde selbst bei Aufgebung des Eckflügelbaues auf der
Stadtseite zur Maskirung eines den Bau unbedingt schän-
denden Winkels, sowie zwischen dem Neubaue und dem
einstöckigen Verbindungsbaue die Herstellung eines nutz-
losen viereckigen Höfchens, im Style der äussern Front-
mauer, erforderlich und am Zwingerwalle ein noch bei

Weitem kostspieligerer Vorbau unter allen Umständen nothwendig geworden sein.

Im Frühjahre des Jahres 1848 kamen daher die Vorstände der Bauführung bei dem Ministerium des Innern, das damals die Oberleitung hatte, deshalb dringlich ein, wegen der Fortstellung des Baues die endliche Entschliessung einzuholen. Hierauf sah sich dieses allerdings genöthigt, wollte es nicht wirklich so lange den Bau sistiren, bis man die Landstände erst in gehöriger Form darum befragt hatte, und somit bei der damaligen ohnehin verdienstlosen Zeit auch Hunderte von rüstigen und tadellosen Arbeitern ebenfalls noch durch Brotlosigkeit entmuthigen und der Schaar der Unzufriedenen zugesellen, sowie vorzüglich in Erwägung der schon früher angeführten Gründe der Räumlichkeit, unterm 1. Juni des J. 1848 den Anbau jener Eckflügel*) ohne weitern Aufschub zu genehmigen. — Nach diesem durch die raumerfordernde Nothwendigkeit gebotenen Ueberschreiten des ursprünglichen Bauplans, welcher nur 176 Ellen in der Länge betragen sollte, erhielt der *ganze Neubau* eine Länge von 224 Ellen 6 Zollen**), während die *Breite* oder vielmehr *Tiefe* an den *Eckflügeln,* wo die Zwischenbaue, welche das neue Museum mit dem nordöstlichen und nordwestlichen Zwingerpavillon verbinden, eingefügt sind, 32 E. 22 Z., an den *Zwischenflügeln* mit den südlichen einstöckigen Vorlagen 42 E. 18 Z., sowie im *Kuppel-* oder *Mittelbaue*

---

*) Es ward daher vor Allem der südöstliche Eckflügelbau in Angriff genommen und mit dem Mittel- und den beiden Seitenbauen bis zur Ballustrade fortgeführt, während der nordwestliche Flügel nächst dem Zwingerwalle, wo noch der zum Theater gehörige Gasometer entfernt und anderweit untergebracht werden musste, erst 1850 zur Aufführung kommen konnte.

**) Also 57 Ellen 18 Zoll länger.

50 F. 6 Z. betrug, und die ganze Arealfläche*) des Neubaues 10,300 Quadratellen erhalten hatte.

Eine angebliche Betheiligung bei den Ereignissen in der Maiwoche des Jahres 1849 veranlasste leider den Planarchitecten des Museumsbaues ausländisch zu werden; doch erlitt der Bau selbst dadurch keine Störung, da ein Architect schon früher assistirt hatte, welcher der Planzeichnungen mächtig war. An die Stelle des ausgetretenen Planarchitecten traten der unter *Thürmer* ausgebildete und wohlerfahrene Landbaumeister *Hänel***) und der in *Semper's* Schule gebildete und auch unter dessen Leitung schon früher beim Theaterbaue, wie auch selbst bei der Planspecialisirung des Neuen Museums assistirende Architect *Bernh. Krüger****), der bald darauf in die Stelle des Hofbaumeisters einrückte. —

Wie wir oben andeuteten, besteht das *Neue Museum*, das bis zum Jahre 1853 im *Aeussern* und 1855 im *Innern* seiner Vollendung entgegenreifte, aus einem, von dem 12 E. über der Attica des Hauptbaues sich erhebenden, einer *Kuppel*†) ähnelnden Aufsatze gekrönten *Mittelbaue*,

---

*) Der *eigentliche Museumsbau* bedeckt 9,555 ☐ E., wogegen der frühere Plan nur ein Areal von 7,909½ ☐ E., somit 1,645½ ☐ E. weniger bedeckt haben würde. Beide Verbindungsbaue mit dem Zwinger erfüllen noch ausserdem 750 ☐ E.

**) Vorzüglich ist die mit grosser Umsicht ausgeführte Dachconstruction *Hänel's* Werk, wie er überhaupt die Einwölbung des Corridors und der Oberlichter der beiden Etagen und der scheitrechten, mittels Töpfen ausgeführten Wölbung der nördlichen Langgallerie geleitet hat. —

***) Vorzüglich hat *Krüger* seine ungemeine Gewandheit in der Ornamentik auf eine höchst geschmackvolle Weise beim ganzen Baue bewährt.

†) Ist leider wegen der Beleuchtung, da man anfänglich Ge-

— dessen erhobenes Parterre eine in der Mitte gekuppelte und zu beiden Seiten gewölbt ausmündende *Durchfahrt* mit zwei ebenfalls gewölbten *Nebenpassagen* enthält. Die erste Etage dieses Mittelbaues enthält einen 20¼ E. durchmessenden, achteckigen *Mittelsaal*, dessen Höhe bis zum Oberlichte, in dem einer Kuppel ähnelnden Aufsatze 29¾ E. beträgt, sowie nördlich einen die nördliche Langgallerie der beiden Zwischenflügel verbindenden Mittelraum von 28 E. Länge und 8 E. Tiefe, mit 3 Seitenlichtern, der durch zwei Scherwände in 3 Piécen getheilt ist, südlich den 19 E. breiten und 12 E. tiefen Entree-Saal mit Ober- und Seitenlicht; die zweite Etage dagegen einen die obere Mündung einer zu beiden Seiten des *Kuppelsaales* aufsteigenden Treppe zugleich in sich fassenden, 28 E. langen und 8 E. tiefen Mittelraum, der die beiden, in einer Art von Attica verborgen liegenden, durch Oberlichter beleuchteten Zwischengallerieen und die unmittelbar damit verbundenen Eckflügelräume, mit Oberlicht, mit einander vereint. Den beiden Seiten dieses Mittelbaues schliessen sich die beiden Zwischenflügel, und

---

mälde hinein zu bringen gedachte, nach dem Wunsche der *Gallerie-Commission* niedriger angelegt, als es in *Semper's* Plane lag. *Hermann Hettner* sagt (Wissenschaftliche Beilage zur Leipz. Ztg. 1855. No. 64): „Und nicht minder tadelnswerth ist es, dass hier der Portalbau nicht hoch genug gipfelt. Die Kuppel erscheint von dieser Seite als gewaltsam und unvermittelt. *Semper* hat sich, wie man erzählt, hart darüber beklagt, dass dieser Kuppelbau aus äussern Rücksichten nicht so grossartig ausgeführt sei, wie er von ihm entworfen und beabsichtigt war. Schwerlich aber wäre, auch wenn man dem ursprünglichen Plan treu blieb, dieser störende Eindruck des Gewaltsamen und Unvermittelten gehoben worden."

an jeden derselben, gewissermassen als Vorlagen, der nordöstliche und nordwestliche Eckflügel an. —

In beiden *Mittelflügeln* sind im Hauptbaue: im rechten Parterre ein kreuzgewölbter Raum, von Säulen jonischer Ordnung getragen, für Gypsabgüsse, während im linken Parterre das *Vestibule* nebst *Treppenraum*, sowie südwestlich die gleichfalls gewölbten Räumlichkeiten der Kupferstichgallerie, und in der nordwestlich laufenden Gallerie, nächst dem *Restaurations-* und *Rentoilirzimmer*, 5 durch Scherwände abgetheilte Kabinets mit Seitenlicht für die Pastellbilder und die Gemälde *Dietrich's* und *Canaletto's* sich befinden. —

In der *ersten* Etage der beiden Mittelflügel sind zu beiden Seiten des höher gelegten *Kuppelsaales*, unter Stufenverbindung, 6 *Mittelsäle* mit Oberlichtern, zu $22\frac{1}{4}$ E. Höhe, $17\frac{1}{4}$ E. Breite und $24\frac{1}{4}$ E. Länge, (südöstlich H. I. K. und nordwestlich F. E. D.), sowie zwei mit 18 Seitenlichtern nördlich gekehrte Langgallerieen, welche durch 16 Scherwände in 18 Kabinets abgetheilt sind, davon jedes 9 E. Tiefe und $8\frac{1}{4}$ E. Breite hat. In dem südöstlich laufenden Mittelflügel befindet sich dagegen der gewölbte Corridor mit Seitenlichtern, der noch seiner Bestimmung entgegenharrt und dereinst mit Fresken geziert werden soll.

Die beiden *Eckflügel* enthalten im östlichen gewölbten Parterre einen zweiten Theil der Gypssammlung, sowie im nordwestlichen Parterre die Canaletti's und die Bibliothek des Kupferstichkabinets. In der *ersten Etage* sind dagegen zwei grosse, durch je 4 Scherwände in 6 Kabinets (nordwestlich A. B. C. und südöstlich L. M. N.) getheilte Säle, für die Gemäldgallerie, jeder $30\frac{1}{4}$ E.

Länge und 15¼ E. Breite, und in der *zweiten Etage* 4 Eckflügelsäle zu 15¼ E. Tiefe und 15¼ E. Breite. —
Der *südliche Vorbau* hat auch ein *Souterrain**) von 6¼ E. Höhe, während der nördliche Grund von 8 E. Tiefe völlig ausgefüllt ist.

Nachdem wir eine Uebersicht von der Eintheilung und Räumlichkeit des vielumfassenden Baues gegeben haben, wollen wir zur speciellern Beschreibung der *architectonischen Verhältnisse* und *Gliederungen* desselben übergehen, und namentlich auch dessen reiche *Ornamentale* nach ihrer *symbolischen Reihenfolge* etwas näher in's Auge fassen, da es doch unbedingt jeden Beschauer interessiren muss, zu wissen, auf welche Weise schon von Aussen der Bau ornamental-plastisch davon Kunde giebt, *was* sein Inneres birgt. —

Architectonsiche Verhältnisse des Baues.

Was zuvörderst die architectonischen Verhältnisse betrifft, nach welchen unbedingt stets die erste Frage sein muss, so ist etwa kürzlichst Folgendes zu bemerken. — Die *Höhe* der *Mittel-* und *Eckflügel* der nördlichen Fronte, die im Ganzen, in Berücksichtigung der Nach-

---

*) Vom Souterrain des Hauptbaues sind etwa ⅔ des Flächeninhaltes verfüllt worden, ⅓ ist jedoch als Kellerraum für die *Heizungsapparate*, das Heizungsmaterial und Requisiten benutzt. Die *Heizung* geschieht durch *heisses Wasser*, welches mittels *5 Cylinderkessel* in die durch alle Localitäten des Parterre und der ersten Etage unter dem Fussboden gelegten *gusseisernen Röhren* geleitet wird, und durch die daneben liegenden Röhren in die Kessel zurückläuft. Die Röhrenkanäle sind mit gusseisernem Gitterwerk gedeckt, und die zweite Etage erhält mittels *Gitterwerk im Fussboden* die überschüssige Wärme der ersten Etage.

barschaft der katholischen Kirche in ihren grossartigen Verhältnissen, einen weit massenvollern Eindruck macht, als die dem im Bellerocaille-Geschmacke ausgeführten Zwingerbaue zugewendete südliche Fronte mit ihrem Vorbaue, hält 41¼ Ellen von der Decke des Souterrain bis mit der Balustrade (aus runden Docken bestehend), der aber leider ihre Hauptzierden, die Bildsäulen fehlen, was daher allerdings gegen die damit reich versehenen Balustraden des Ober- und Unterbaues der katholischen Kirche absticht. Das *Souterrain* misst 5¼ E. und das *Parterre* 13¼ E., die *erste Etage* mit den Seitenlichtern 13¼ E., die verdeckte *Oberetage* mit Oberlichtern 9 E., und die *Kuppel* über der Balustrade der nordöstlichen und nordwestlichen Seitenflügel hat 13¼ E. Höhe. — Die südliche Fronte des Vorbaues (der Zwingerseite) hat 176 E. Länge und 33 E. Höhe mit der Balustrade, während die Verbindungsbaue mit dem Zwinger, sich nach dessen Bauconstruction richtend, theilweise Souterrain und ein Stockwerk nebst Balustrade haben. —

Der ganze in guten Maasverhältnissen durchgeführte Bau enthält 68 Fenster (oder Seitenlichter), wovon auf das *nördliche Parterre* 20, auf das *südliche* 16 Bogenfenster, sowie 6 auf die *beiden Eckflügelseiten* kommen. In der *ersten Etage* ist im *Mittelbaue* 1 grosses Bogenfenster zum Entree der Gallerie, während in den beiden *südlichen Vorlagen* 16 Bogenfenster, jedes zu 4 E. 19¼ Z. Breite und 9¼ E. Höhe mit Ecksäulen jonischer Ordnung sind. Die *nördliche Seite* hat dagegen 3 Fenster im *Mittelbaue*, 18 in den beiden *Zwischenflügeln* und 8 in den beiden *Eckflügeln*. Die Fenster der beiden Vorlagen der Südseite sowohl, als die 10 frontonirten Fenster der Nordseite sind zwischen der Archivolte und dem Architrav mit *Zwickelfiguren* geziert, während die 10 nicht frontonirten Fenster *Kränze* von *Eichenlaub* und *Lorbeer* in den freien Zwickeln zieren*).

Ausserdem dienen zum äussern Schmucke des Baues *Säulen* und *Pilaster*. Vornehmlich *südlich* 22 Säulen, *korinthischer* Ordnung; davon sind am Mittelbaue 4 freistehende, dahinter 4 Pilaster und 14 ₜSäulen, sowie 4 Ecksäulen, ausser den bereits gedachten 34 Fenstersäulen, *jonischer* Ordnung. Dagegen sind *nördlich* am *Mittelbaue* 4 freistehende mit 4 Pilastern, sowie an den *Zwischenflügeln* 16 Wandpilaster mit verzierten Füllungen, die 8 Frontons der Fenster der beiden Seitenbaue tragend, und an den beiden Eckflügeln 8 ₜSäulen und 12 Wandpilaster mit Lambris. Ueber den 14 nicht mit Frontons gekrönten Fenstern sind an der Pseudoattika Medaillons mit Haut-

---

*) *Hermann Hettner* sagt in der Wissenschaftlichen Beilage zur Leipziger Zeitung (1855, No. 84): „Es ist ein herrliches Zeugniss von dem feinen Stylgefühle des Künstlers, dass er den von aussen gebotenen Bedingungen der architectonischen Umgebung so einsichtig gerecht ward. Hier und da hat man aber, wie es scheint, nicht ganz ohne Fug den Vorwurf erhoben, dass diese Zurückhaltung sogar zuweilen allzustreng ist. Daraus sind manche Uebelstände entsprungen. Der schlimmste Fehler dieser Art ist das auf dieser Seite durchgeführte Motiv der Fensterbehandlung. Von den Fenstern des Obergeschosses hat immer nur das eine um das andere eine Pilastereinfassung, die ein vorspringendes Giebelgebälk krönt. Die übergangenen Fenster erscheinen dadurch gewissermassen als rechtlos, als verstohlen eingeschmuggelt; und die Linie jener Giebelkrönung wird fortwährend durchbrochen, und wirkt deshalb unschön." — Andere sind jedoch der Ansicht, die sich ebenfalls hören lässt, dass *Semper* gerade durch diesen Wechsel der Fensterzwickel eine grössere Massenwirkung hat hineinbringen wollen, und damit zugleich eine Attika, als wirkliche, doch verdeckte Etage, besser markirt würde. —

relief-Sculpturen. Die *Säulenstühle des Mittelbaues* enthalten ebenfalls Füllungen mit Bildhauerei, während über den beiden *Passagen* und der mittlern erhöhten *Durchfahrt* gleichfalls Zwickelfiguren angebracht sind; die *Wölbungen* beider sind in den Felderungen und Knöpfen geziert. — Endlich sind zu beiden Seiten des südlichen und nördlichen Austritts der Passagen Nischen für Figuren, ebenso 2 Nischen an der südlichen Vorlage, sowie 2 Nischen zu gleichem Zwecke an der südlichen Seite des Mittelbaues und der südlichen Seite der Eckflügel für Statuen angebracht, von welchen jedoch gegenwärtig nur erst die beiden des südlichen Mittelbaues ihrer Bestimmung übergeben worden sind.

Betrachten wir den ganzen Bau in seinem Umfange, so sehen wir ein in ruhiger Massenwirkung durch sich nach seinen einzelnen Theilen und den architectonischen Gliederungen ziemlich harmonisch verbundenes *Oblongum*. Den *Untersatz* des ganzen, nach oben in feinern Gliedern emporstrebenden, durch den einem Triumphbogen ähnlichen Mittelbau verbundenen Baues ist ein gewaltiger, aus kolossalen, nur mit dem Stecheisen bearbeiteten Sandsteinblöcken kräftig gefügter *Rustikbau,* der dem Ganzen das wohlthuende Gepräge tragfähiger und unzerstörbarer Festigkeit verleiht*). — Wie wunderbar „*baufeinsinnig*"

---

*) *Wilhelm Lübke* tadelt im deutschen Kunstblatte (1855 No. 4.) die Anlage der Rustica. *H. Hettner* sagt dagegen a. a. O.: „Der Tadel ist durchaus ungerecht. Gerade der Sandstein bot ganz von selbst die Hand zu diesem mächtigen Unterbau; der Künstler durfte dieser Verlockung um zu williger folgen, da das Motiv der Rustica dem Styl des anliegenden Zwingerbaues nicht widerspricht, sondern ihn nur aus seiner Entartung zu der ursprünglichen Reinheit der italienischen Renaissance zurückführt."

haben überdies die ausführenden Architecten die verschiedenen *Farbenlagen* des Baumaterials benutzt, um auch hierin dem Baue einen zarten Farbenschmuck zu verleihen und die Gliederungen durch ein *harmonisches Colorit desto kräftiger von einander abzusetzen*. Während nämlich der kolossale Rustikunterbau die dunkelste Abtönung in seinem Baumateriale erhalten hat, wählte man für die oberen Mauermassen einen gelblichen und für die architectonischen Glieder, sowie für die Decorative einen weissen und weissgrauen Sandstein*). —

— Uebrigens hebt der massige Rustikunterbau der Mittel- und Eckflügel die feine Gliederung des Oberbaues und die feiner gefugte Attika der Nordseite erst recht hervor, und wirkt namentlich auch sehr wohlthätig auf den reich ornamentirten Mittelbau.

*) Die Wahl des Steinmaterials nach der Farbe ist unbedingt bei dem Museumsbaue eine glückliche zu nennen, und bei der Anwendung der Sandsteine aus verschiedenen Brüchen ist man wahrhaft systematisch verfahren: Der *Untersockel* rings um den Bau ist von Kirchleitner Sandsteine, während die *Unterglieder* von Naundorfer sind. Dann folgen 3 Schichten *Quader-Rustik* von Posta, die *Oberglieder* wieder von Naundorfer und hierauf 7 Schichten *Quader-Rustik* von Bornsteiner. Die *Kämpfer* dagegen sind südlich durchgehends von Naundorfer, nördlich von Bornsteiner. Wiederum folgen nördlich 6 Schichten *Quader-Rustik* und südlich 5 Schichten von Bornsteiner. Der südliche *Gurt* ist aus Postelwitzer und die *Brüstung* von Naundorfer, der nördliche *Sims*, *Architrav*, *Fries* und die *Oberglieder* sind wiederum von Postelwitzer. Der *Sockel* der ersten Etage ist dagegen von Naundorfer, worauf 16 geschliffene *Quader-Schichten* folgen und an den ist Ecken *Quader-Rustik* von Bornsteiner. Der *grosse Sims*, sowie das *Tragloth*, der *Fries*, *Viertelstab*, sowie die *Console* oder vielmehr die gegliederten *Tragsteine*, ingleichen die *Hängeplatte*, die *Oberglieder* oder der *Carnies* sind dagegen von Kirchleitner und die *Balustrade* endlich mit ihren runden Docken ist von Postelwitzer. — Ferner sind die *Fensterschäfte* der nördlichen

Sämmtliche *ornamentale Arbeiten* sind von den Bildhauern *Moritz Seelig* und *Hauptmann* grösstentheils nach den Specialzeichnungen des jetzigen Hofbaumeisters *Krüger* ausgeführt, während die übrigen architectonischen Glieder, Simse, Docken, Eierstäbe, Füllungen etc. von sämmtlichen Steinmetzmeistern Dresdens und einem in Pirna besorgt worden sind. — Die Ausführung der *Statuen* und aller hauptsächlichen *figürlichen Zierungen*, namentlich die 12 grossen *Bildsäulen*, die 14 *Medaillons*, die 22 *Zwickelfiguren* des Hauptbaues und die 32 *Zwickelfiguren* der südlichen Vorlagen, die 4 südlichen und 4 nördlichen *Postamentreliefs* des Mittelbaues, sowie die *Friese, Zwickelfiguren* und *Medaillons* über den Passagen und der Durchfahrt, nördlich und südlich, und endlich die beiden *Hautreliefs* an der südlichen Attica des Mittelbaues, wie auch die *Reliefs* über dem Entree zur Gallérie und zu der Gypssammlung unter der Kuppel der Durchfahrt sind von den Professoren *Rietschel* und *Hähnel*. — Um übrigens das Ausspringen der scharf- und winkelrechten Ecken und Kanten der feingefügten Quader zu verhindern, hatte man bei diesem Baue zuerst, statt des früher bei Bauten von glatter Steinarbeit gewöhnlichen *Blei's*, Blättchen von *Guttapercha* angewendet, was ausserdem, dass es ein dazu weit geeigneteres Material ist, auch noch ein bei Weitem billigeres war.

Die *Parterreräume* sind sämmtlich nordwestlich auf

Fronte von Postelwitzer, während die *Säulenschäfte* und *Pilaster* der südlichen Fronte, dergleichen die *Füsse* und *Stühle* sowie die *Kapitäle, Medaillons*, Zwickelfiguren, *Frontons* (einige jedoch von Postelwitzer) und die *Eierstäbe* von Naundorfer Steinen gearbeitet sind. — Die *Kuppelzarge* ist aus Postelwitzer aufgeführt; die Deckung derselben ist jedoch Eisendachconstruction mit Oberlicht.

Pfeilern und im Vestibul auf *Säulen,* sowie nord- und südöstlich durchgängig rein auf *Säulen* ruhend in *Kreuzbögen gewölbt,* dagegen die Decken der nördlichen langen Gallerie und die der Eckflügelsäle in der ersten Etage von Eisenrippen nach *Semper's* Angabe gebildet, deren Glieder, besonders die Streben, Winkel und Schuhe, von den Gebrüdern *Jacobi* bei Meissen aus Eisen gegossen, sowie die Langstäbe und Schenkel in Dresden geschmiedet wurden, und sind sodann, der Leichtigkeit wegen, mit sogenannten *Topfziegeln scheidrecht* ausgewölbt worden.

Das *Sprengwerk des Daches* mit den Oberlichtern zu den 6 *Seitenflügelsälen* der ersten Etage und der in der nördlichen Attica des Mittelbaues, sowie der Seiten- und Eckflügel verdeckt laufenden Kabineterreihe der zweiten Etage ist nach dem bereits vom Prof. *Semper* ebenfalls gemachten Projecte von dem praktisch bewährten Landbaumeister *Haenel,* unter Beihilfe des Technikers *Centner,* mit angemessenen Modificationen in Ausführung gebracht worden. Dieses *grossartige Sprengwerk* ist ebenfalls von Guss- und Schmiedeeisen auf das Accurateste construirt und gleichfalls mit *Topfziegeln* zwischen den Bogenrippen ausgewölbt worden. Die darauf lagernde *Bedachung* ist von *Kupfer.* — Endlich sind noch die Balustraden und die oberen Aufsichten der ausladenden Simse mit Blei abgedeckt.

Die Bildwerke.

Gehen wir jetzt zur *figürlichen Ausstattung des Baues* selbst über. — Während schon die ganze *Bauform* uns hinlänglich darzuthun vermag, dass der Bau zu einem *grossen, öffentlichen* und dabei *idealen Zwecke* geschaffen wurde, so zeigt uns erst die dafür in Dienst genommene *Bildhauerkunst* in ihren mannichfachen Gebilden, welche gleichsam als eine im engsten Zusammenhange stehende Bilderschrift sich darstellen, „dass," wie *Hettner* richtig bemerkt, „diese idealen Zwecke eine würdige Feier der Kunst sind, dass dieser Bau zum Sitz und zur Behausung der vorzüglichsten Kunstwerke erbaut ist."

Namentlich hat der Mittelbau, der sich nach Art eines römischen Triumphbogens erhebt, und hier auch unbedingt den *Triumph der Kunst feiern soll,* durch bildnerische Verherrlichung den Zweck des Baues manifestirt. — Die nördliche Seite bietet überhaupt die Reminiscenzen und Glanzpunkte der Kunst des klassischen Alterthums, während der südliche Theil uns die Kunst des Mittelalters und der Neuzeit in activer und passiver Beziehung vorführt, indem wir hier nicht nur die vorzüglichern Kunstjünger und Kunstförderer beider Perioden selbständig plastisch in kolossalen Bildsäulen dargestellt, sondern auch (in diesen untergeordneter Weise, in Reliefs) zum Theile die Objecte, welche in beiden kunstgeschichtlichen Abschnitten die künstlerische Phantasie belebten, in chronologischer und systematischer Folge an und zu einander gereiht finden, wozu die Bildwerke der Flügelbaue den eigentlichen Schluss liefern.

Beginnen wir mit der Nordseite, so erblicken wir oberhalb des Portalbaues auf dem *Kranze des Hauptgebälkes* der obern 4 Säulen korinthischer Ordnung 4 Statuen gleich Styliten, welche rechts des Fensterfrontons den die stylvollste Epoche beginnenden bildenden Künstler der griechischen Grosszeit, den *Phidias*, und dessen Zeitgenossen und Beförderer der Künste, den *Perikles* (von Rietschel), sowie links den ersten Bildner der zweiten griechischen Kunstperiode, den *Lysippus* und deren hauptsächlichsten Schutzherrn, *Alexander den Grossen* (von Haenel), darstellen. — An dem darunter befindlichen frontonirten *Mittelfenster der ersten Etage* sind dann gleichsam als die frühesten Quellen für die religiöse Symbolik und künstlerische Darstellung der griechische Barde *Homer* und der Theogonist *Hesiod* als Zwickelfiguren thronend angebracht, während die Zwickel des *Hauptportals* die erhabenen Gestalten der die Kunstphantasie seit Jahrtausenden belebenden beiden Sänger- und Tonkünstler-Ideale, den selbst wilde Thiere durch seine Klänge bezaubernden *Orpheus,* und den durch seine Tonweisen die grossartigsten Baue schaffenden thebanischen *Amphion*, in grossartigen Relieffiguren. Ueber den beiden *Seitenpassagen* erbicken wir ferner als Zwickelfiguren die durch lebensvolle Jünglingsgestalten mit Attributen allegorisirten *vier Elemente der Weltschöpfung, Luft, Feuer, Wasser* und *Erde,* und darüber im *Friese* die von lieblichen Knaben geübten **gymnastischen Spiele** des klassischen Alterthums, während die unter dem Gebälke angebrachten beiden *Medaillons* die zwei Heroen der urmenschlichen Bildung, den *Prometheus* und *Pygmalion,* in ihrem unter dem Beistande der *Athene* und *Aphrodite* geförderten Schöpfungswerke uns plastisch vor das Auge führen. Endlich finden wir noch in den Füllungen der untersten Säulenstühle 4 Hautreliefs, welche Thaten der 4 Haupthelden des altgriechischen Mythos, rechts den *Hercules mit der Hydra,* den *Perseus,* der mit dem *Medusenhaupte den Drachen bekämpfte*, sowie links den *Jason mit dem goldenen Vliesse von Kolchis* und den *Theseus mit dem überwundenen Minotauros zu Creta* darstellen. — (Sämmtliche Zwickelfiguren, Medaillons und Reliefs sind von Rietschel.)

Wenden wir uns zu den Flügeln der nördlichen Fronte und beginnen mit der rechten Seite vom Mittelbaue, so finden wir an den 5 mit Frontons gezierten Fenstern, gleichsam in Correspondenz zu dem am Mittelfenster des Mittelbanes thronenden *Hesiod*, als Zwickelfiguren die Gestalten der olympischen Gottheiten, des *Zeus* und der *Here*, des *Poseidon* und der *Athene*, des *Apollon* und der *Artemis*, des *Ares* und der *Aphrodite*, des *Hephästos* und *Bacchos* (von Hähnel), sowie an der linken Seite, gleichsam mit *Homer* am Mittelbaue correspondirend, die Figuren des *Heracles* und *Perseus*, *Jason* und *Theseus*, *Pollux* und *Castor*, *Achilles* und *Hector*, *Agamemnon* und *Odysseus* (von Rietschel). — Die über den 10 nicht frontonirten Fenstern beider Flügel angebrachten Medaillons zeigen uns dagegen die Residenten des Parnassos, den *Apollon als Musagetes* und die 9 Musen: *Calliope*, *Clio*, *Melpomene* und *Euterpe*, sowie *Polymnia*, *Erato*, *Thalia*, *Urania* und *Terpsichore* (von Rietschel). — Auf der nordwestlichen Seite des Eckflügels erscheinen *Amor* und *Psyche* (von *Rietschel*), als der zarteste Urstoff klassischer Romantik, und auf der entgegengesetzten Seite des südöstlichen Eckflügels *Faust* und *Helena* (von Hähnel), als die äussersten Grenzmarken der mittelalterlichen Romantik, in den Zwickeln der frontonirten Fenster, während in den Medaillons über den nicht frontonirten Fenstern der südöstlichen Seite die Brustbilder der allegorisirten *Italia* und *Germania*, und auf der nordwestlichen Seite der *Hellas* und der *christlichen Roma* enthalten sind.

Wenden wir uns jetzt zu der an architectonischer Gliederung reichern Südseite und beginnen mit der Revue des ebenfalls an ornamentalem Schmucke reichern und zugleich in der Architectur breiter laufenden Mittelbanes, so erblicken wir im Mittelfelde der *Attika* die vergoldete Lapidarinschrift:

JOHANNES. REX. SAXONIAE.
ARTIS. MONVMENTA. PRINCIPVM. SAXONICORVM.
SOLLERTI. STVDIO. COLLECTA.
IN. HOC. AEDIFICIO. PVBLICO.
QVOD. CONDIDIT FRIDERICVS. AVGVSTVS REX.
REPONENDA. ET. SERVANDA. CVRAVIT.
A. MDCCCLV.

Ebenso, wie an der Nordseite 4 Statuen, als Styliten, die architectonische Gliederung abschliessend krönen und die Attika mit dem Unterbaue gleichsam vermitteln, so sind an dem (auch zu den Seiten in fortlaufender Profilirung gegliederten) südlichen Mittelbaue, auf dem Kranze des Obergebälkes, 6 Statuen zu gleichem Zwecke angebracht. — Vier derselben, die kolossalen Bildsäulen *Giotto's* (von Rietschel) und *Hans Holbein's* (von Hähnel) zur rechten Seite, *Albrecht Dürer's* (von Rietschel) und *Peter Cornelius's* (von Hähnel) zur linken Seite, stehen an der Fronte, und zwei derselben, *Dante Alighieri's* an der nordwestlichen Seite, sowie *Göthe's* (beide von Rietschel), an der südöstlichen Seite der Attika*). — Zu den beiden Seiten der

---

*) *Hettner* erinnert: „Diese Anordnung ist diejenige, über die jedenfalls am Meisten zu rechten ist. Offenbar hat hier die Chronologie störend eingewirkt. An sich wäre es weit passender gewesen, Göthe zu Rafael (also rechts) und Dante zu Michel Angelo (also links) zu stellen." — Ferner bemerkt *Hettner*: „Wir können uns jedoch nicht verhehlen, dass die meisten freistehenden Bildsäulen einen schlechten Standort haben. Sie stehen zu hoch. Die Attika lässt sie nicht zur Wirkung kommen. Der Baumeister der gegenüberliegenden katholischen Kirche wahrte, nach dem Vorbild der italienischen Renaissance, den Vortheil der

Inschrifttafel ist rechts ein Hautrelief mit der Darstellung *des von der Himmelsleiter träumenden Jacob's* (nach 1. Moses 28, 12 ff.) angebracht, während das gleichgrosse Hautrelief links *Jacob's Traumkampf* (nach 1. Moses 28, 24 ff.) vorstellt.

Die erste Etage, welche durch vier korinthische Säulen in drei Felder getheilt ist, umfasst in ihrem Mittelfelde ein hohes Bogenfenster und in den beiden Seitenfeldern *zwei Nischen*. In der Nische zur Rechten steht die kolossale Statue des *Rafael Sanzio*, zur Linken die des *Michel Angelo*)*, und von den beiden darüber

---

Plastik besser; dort silhouettiren sich die Statuen frei in der Luft. Doch sieht man deutlich, dass trotzdem auch die Statuen die gleiche Liebe und Kunstfertigkeit bekunden, namentlich gilt dies von den Statuen der Südseite, von *Giotto*, *Holbein*, *Dürer* und *Cornelius*. Hier, wie in allen anderen Bildwerken, ist gar nicht hoch genug anzuerkennen, dass die Künstler unverbrüchlich an der Ruhe und Grossheit des echt plastischen Styls festhielten und sich nirgends, wie dies in Sandstein so oft zu geschehen pflegt, zu manirirt malerischen Wagnissen fortreissen liessen.

*) *Hettner* gesteht: „Am Günstigsten sind die Statuen *Rafael's* und *Michel Angelo's* von *Hähnel* gestellt. Beide sind Meisterwerke im höchsten Sinne. Wie wunderbar schön ist namentlich dieser Raphael! Eine feine und schlanke Mannesgestalt steht er vor uns, malerisch und doch einfach drapirt, mit dem Barett auf dem Haupt, in edler, anmuthiger Haltung. Seine Gesichtszüge sind herzgewinnend seelenhaft. Vielleicht schritt der Künstler eben — darauf scheint die Stufenbasis zu deuten — von der Treppe des Vaticans herab; nun hält er seinen Schritt an, sein Blick wird unerwartet durch irgend etwas in der Nähe erregt und gefesselt. In diesem klaren heitern Beschauer liegt *Raphael's* ganze Seele, sein Adel und seine Reinheit, seine liebliche Heiterkeit und seine bezaubernde Anmuth" etc.

eingesetzten Medaillons enthält das über *Rafael* das Reliefbild des im leichten Flügelschwunge die dichterische und künstlerische Phantasie hebenden Rosses *Pegasus*, während das Medaillon über *Michel Angelo* das Bild der als Symbol alles Tiefgedachten und Räthselhaften geltenden thebanischen *Sphinx* umfasst. — In einer ähnlichen Beziehung zu dem künstlerischen Charakter der beiden, gleichsam die Brennpunkte des figürlichen Schmucks des Mittelbaues bildenden Künstler-Statuen *Rafael's* und *Michel Angelo's* stehen auch die am *Logenfenster* als Zwickelschmuck eingesetzten Hautreliefs des sanften Erzengels *Rafael* und des gewaltigen Erzengels *Michael*. —

Gehen wir ferner zur Parterre-Etage des Mittelbaues über, so begegnen uns als Zwickelreliefs des *Hauptportals*, den Erzengeln *Rafael* und *Michael* gewissermassen entsprechend, der *Genius des Friedens mit der Palme* und der *Genius des Ruhmes mit dem Lorbeerkranze*. Dagegen sind die Füllungen der beiden *Nebenpassagen* unter dem Gebälke mit zwei *Medaillons* geziert, wovon das rechts die *drei sitzenden Grazien*, in Beziehung auf *Rafael's* künstlerische Grazie, und links die gleichfalls sitzenden allegorischen weiblichen Figuren der *drei bildenden Künste*, durch *Schlägel*, *Winkelmaass*, sowie *Pinseln* und *Palette* charakterisirt, in Rücksicht auf *Michel Angelo's* alle drei Künste gleich grossartig umfassende Werkthätigkeit. — Nicht minder stehen die unter diesen Medaillons angebrachten, die beiden Seitenpassagen nach oben abschliessenden *Friese* mit bethätigten Knaben, welche zur Rechten das Atelier *Rafael's* und zur Linken die Kunstwerkstatt *Michel Angelo's* gleichsam scenisiren, in charakteristischer Beziehung zu den beiden Brennpunkten der Ornamentale des südlichen Mittelbaues. —

Den Beschluss der Bilderschrift dieser Entréeseite bilden die Zwickelfiguren der beiden Nebenpassagen, welche die vier der vorzüglichsten zwölf *Sibyllen* (Siobulen oder Diobulen) des Alterthums: 1) die *delphische Daphne*, 2) die *Erythräische* (welche den Griechen die Eroberung Trojas weissagte), 3) die *Cumäische Amalthea* oder *Herophile*, und 4) die *Tiburtinische Albunea*, als Vermittlerinnen zwischen den Göttern und Menschen, darstellen, sowie endlich die vier Hautreliefs der *Säulenstühle*, welche uns die beiden gefeierten Helden des Mosaismus, den *Simson im Kampfe mit dem Löwen* (den semitischen Hercules) und die *Judith mit dem Haupte des Holofernes*, sowie die beiden *Drachentödter*, den, jener das Asenthum mit der Volkslegende vermittelnden Zeit angehörenden *Siegfried*, mit dem besiegten Drachen, und den, den Kampf des Christenthums mit dem Heidenthume symbolisirenden *St. Georg*, im Kampfe mit der geflügelten Riesencidechse, dem sogenannten *Lindwurme*, bildlich*) vorführen.

Wir gehen jetzt zu den beiden letzten Serien der Bildwerke des südlichen Vorbaues über, welche als Sujets hauptsächlich die mittelalterliche Kunstphantasie belebten. Sie sind auf die Zwickel der sechszehn Fenster der ersten Etage vertheilt und stellen in zweiunddreissig überlebensgrossen Zwickelfiguren, in zwei Reihen getheilt, auf der linken Seite die vorzüglichsten Grössen der alttestamentlichen Geschichte, und auf der rechten Seite

---

*) *Hettner* bemerkt: „Je lebendiger wir uns in diese reiche Symbolik hineinschauen, desto mehr ergreift uns ihre Tiefe und Sinnigkeit. Nur in sehr vereinzelten Fällen erinnert sie uns an jene kalte Allegoristerei, die aus der Spitzfindigkeit des grübelnden Verstandes stammt; fast überall quillt sie aus der unbefangenen Schöpferkraft der frisch anschauenden Phantasie.

die *Koryphäen des neuen Testaments* und des *christlichen Märtyrerthums*, sowie die *Vertreter der höchsten geistlichen und weltlichen Macht* in der mittelalterlichen Geschichte des Christenthums dar.

Zur Linken des Mittelbaues beginnt die Reihenfolge dieser historisch verketteten Zwickelbilder mit dem Stammälternpaare *Adam* und *Eva*, ihnen folgt der mosaische Deucalion, *Noah* und *Abraham*, *Melchisedech* und *Jacob*, *Moses* und *Aaron*, *Josua* und *Samuel*, *David* und *Salomo*, *Jesaias* und *Jeremias*, *Daniel* und *Ezechiel*.*)

Zur rechten Seite des Mittelbaues beginnt dagegen die *Maria mit dem Christkinde* und der Vorläufer Christi, *Johannes der Täufer*, die Reihe der Koryphäen des christlichen Kirchenthums, welche sich die aus den Trümmern vorchristlicher Kunst sich selbständig empor arbeitende christliche Kunst zu ihrer hauptsächlichsten Aufgabe wählte. An sie schliessen sich, nämlich in chronologischer Folge, die Grundpfeiler christlicher Geschichte und Dogmatik, die Evangelisten *Matthäus* und *Markus*, *Lucas* und *Johannes*, und die Apostel *Petrus* und *Paulus*, an die sich der gesteinigte Erzmärtyrer, *Stephanus*, und der vielgefeierte Märtyrer *Laurentius* mit dem Roste, die heilige *Katharina* mit Rade und Schwerte und die heilige Orgelspielerin, *Cäcilie*, anreihen. Den Beschluss dieser Reihe machen der Begründer der Hierarchie und des sie för-

---

*) Dieser Reihe wird allerdings der Vorwurf gemacht, dass sie als Zwickelbilder weit weniger als die übrigen am ganzen Baue figuriren, weil die Mehrzahl derselben eine etwas zu steife Haltung zeige. Namentlich dürfte die Figur und Haltung der *Eva*, als das Ideal aller Weiblichkeit oder als die Stammmutter des schönen Geschlechts nicht gelten, und *Melchisedech* hätte doch unbedingt zum *Abraham* gehört.

dernden Cölibats, Papst *Gregor VII.*, und der gewaltige, mit Feuer und Schwerte bekehrende Beförderer des Chritenthums im Norden von Europa, *Karl der Grosse*, sowie endlich der Gegner der Hierarchie, Kaiser *Friedrich der Rothbart (Barbarossa)*, und die Spitze der Kreuzzüge, *Gottfried von Bouillon.*

Schlüsslich ist noch zu bemerken, dass noch einige Nischen ihrer Bestimmung, Bildsäulen aufzunehmen, entgegenharren.

Das Innere des Baues.

Ehe wir uns zu dem Innern des Baues selbst wenden, ist noch zu erwähnen, dass Viele, rücksichtlich der äussern Form und der Verhältnisse, an demselben Manches zu tadeln haben. Namentlich wird von der Mehrzahl*) die *Kuppel* als verfehlt angesehen, während Andere das *Verhältniss des Mittelbaues zu den Seitenflügeln* nicht gut heissen wollen, und endlich noch Andere die *Anlage der Treppe***) in anderer Weise gewünscht

---

*) *Hettner* meint: „Und nicht minder tadelnswerth ist es, dass hier der Portalbau nicht hoch genug gegipfelt. Die Kuppel erscheint von dieser Seite als gewaltsam und unvermittelt. *Semper* hat sich, wie man erzählt, hart darüber beklagt, dass dieser Kuppelbau aus äusseren Rücksichten nicht so grossartig ausgeführt sei, wie er von ihm entworfen und beabsichtigt. Schwerlich aber wäre, auch wenn man dem ursprünglichen Plane treu geblieben, dieser störende Eindruck des Gewaltsamen und Unvermittelten gehoben worden. — Was aber wollen diese kleinen Mängel gegen die grossartige Gesammtwirkung sagen?"

**) *Hettner* sagt: „Ein Bedenken können wir jedoch nicht unterdrücken. Einzelne Fenster des Obergeschosses werden unangenehm durchschnitten von den schrägen Linien, in denen

hätten. Doch welches Bauwerk findet nicht seine Tadeler, und welcher Bau hat auch nicht wirklich seine Mängel? — Der *Kostenpunkt* namentlich schmälerte schon manches treffliche Project, und die Dazwischenkunft nichtcompetenter, aber doch Geltung habender Urtheile, oder scheinbar den Zweck fördernder Abänderungen beeinträchtigten schon manchen schöneren Bauplan, was wir jedoch bei diesem Baue nicht gerade behaupten möchten. Auch ist hier keineswegs der Ort, uns darauf näher einlassen zu dürfen. —

Betreten wir die kuppelartige Mittelhalle des Parterre, welche die beiden Portale nach Norden und Süden und die vier Nebenpassagen vermittelt, so begegnen uns sowohl über dem runden Thürsturze zum Vestibul der Gemäldegallerie und des Kupferstichkabinets, als auch über dem gleichen Thürsturze zum Hauptsaale des Museums der Gypsabgüsse noch zwei Hautreliefs von *Rietschel*, welche allerdings eine bessere Beleuchtung, die aber leider hier nicht möglich war, beanspruchten. Auf der westlichen Seite ist *Amor und Psyche* und auf der Ostseite der *den gefesselten Prometheus befreiende Herakles*.

Das Vestibul*) zur Treppenhalle der Gemäldegallerie hat ein durch korinthische Säulen getragenes Kreuz-

---

im Innern des Hauses die Treppe aufsteigt. Warum legte der Künstler nicht eine Freitreppe an? Der Zwingerbau verbot diese Freitreppe nicht; er forderte vielmehr durch seine eigenen Freitreppen dazu auf. Und der Vortheil für die innere Einrichtung wäre unermesslich gewesen." —

*) Nach dem ursprünglichem Plane sollte die Architectur des Vestibuls mittelst Marmorincrustirung hergestellt und die Treppen

gewölbe, und ist zu beiden Seiten durch Nebenhallen begrenzt, welche in den Rundbögen ihrer Wölbungen, sowie die Portal- und Nebenpassagengewölbe des Mittelbaues, gefeldert mit rosettirten Knöpfen geziert sind. — Ausserdem bildet aber namentlich eine Zier dieser Nebenhallen des Vestibuls ein als Gurt umlaufender Fries von Gypsreliefs, welche in lebensvollen Gruppirungen die Hauptperioden der Geschichte der neuern Malerei darstellen. Rechts vom Eingange beginnt die Gruppirung von Reminiscenzen aus der Geschichte der *italienischen Schulen*, vom Bildhauer *Knauer* in Leipzig ausgeführt, während die linke Seite eine scenische Reihenfolge aus dem Leben der *deutschen* und *niederländischen* Maler, von *Hähnel* componirt und plastisch behandelt, vorführt. Ueberdies allegorisiren noch auf beiden Seiten je fünf über diesem Gurte der Hallen angebrachte Medaillons die verschiedenen Schulen. Rechts vom Eingange die vorchristliche und christliche Roma, Florenz (mit Schilde der Mediceer), Venedig etc. — Die korinthischen Säulen sind aus fein polirtem sächsichen Granit, und die Kapitelle, welche einfach in Bronze ausgeführt werden sollten, sind in Stucco gefertigt und mit Lackfarbe und Vergoldung reich staffirt. Die Tragsäulen der Treppe sind von schwarzem sächsischen Marmor, und die jonischen Kapitelle in schönem weissen Marmor ausgeführt. Die Fussböden sind dagegen von belgischen, weissen und schwarzen,

---

mit einer Marmorbalustrade versehen werden. Doch der bedeutendere Kostenaufwand gebot davon gänzlich abzusehen, und statt dessen die Ausführung in Sandstein zu wählen, welche auch auf eine so höchst ansprechende Weise geschah, dass man es keineswegs zu beklagen hat, dass das ursprüngliche Project aus angegebenen Ursachen nicht gedieh.

sächsischen Marmortafeln, während die Treppenstufen aus grauem, nicht polirten, sächsichen Granit bestehen.

Die malerische Decorirung*) der Kappen und Zwickel des Gewölbes im Vestibul und Treppenraume ist einfach Grau in Grau auf zum Theile gelblichem, zum Theile grünlichem Grunde arabescirt und mit in gleicher stuccaturartiger Farbe gehaltenen, von allegorischen Figuren und Gruppen erfüllten Feldern und Medaillons**) auf mattgoldenem Grunde vermittelt.

---

*) Vestibul und Treppenraum sind als die Verbindung aller Räume, in welchen verschiedene Zweige der bildenden Kunst ihre Aufstellung fanden, betrachtet, und Herr Maler *Rolle*, dessen ungemeine Gewandheit in der Reliefmalerei sich bei der Ausschmückung des Innern vielfach beurkundet, hat hier bei der Wahl des Stoffes für die Darstellung seiner Bilder in der architectonischen Decoration vor Allem auf das Allgemeine, sowohl in Rücksicht auf die Geschichte der Kunst, als auch auf die geistige, sowie die materielle Entwickelung derselben Rücksicht genommen, und dabei namentlich in Betracht gezogen, dass die in dieser Abtheilung des Museums versammelten Kunstwerke durchgehends ihren Ursprung der christlichen Zeit verdanken, welcher übrigens auch vorzugsweise die eigentliche Entwickelung der Malerei angehört.

**) Wir geben nach dem selbst entworfenen Programme des Künstlers *Rolle* den Verfolg der diesen Reliefbildern des Vestibuls zu Grunde liegenden Idee. In einem Medaillon über der Eingangsthüre erblickt man den *Genius der christlichen Kunst*, der sich aus den *Trümmern antiker Kunst als Malerei erhebt*. Hieran knüpfte dann der Künstler den historisch-genetischen Entwickelungsgang des Urchristenthums in Rücksicht auf Kunst. Das *Chrisma* oder *Monogramm Christi*, als die ursprüngliche Zier der den Christen heiligen Orte, bildet die Spitze, woran sich die Darstellungen fügen, die der vorchristlichen Zeit entnommen sind, deren Inhalt eine mehr oder minder deutliche Parallele zu

Wenden wir unsere Schritte zu dem in Harmonie mit dem Vestibul ornamentirten Treppenraume und gelangen wir auf den breiten Stufen der Eintrittspforte zur Gemäldegallerie näher, so begrüsst uns gleichsam ein Reliefgemälde im Giebelfelde über dem Thürgesimse. Es ist *der Genius der verschwenderisch ihre Blüthen streuenden Malerkunst, welche noch besonders durch Genien nach den*

---

den heiligen Geschichten und Anschauungen der Christen darboten. Hierher gehörte die in den Katacomben vorkommende Darstellung des *Orpheus*, die die Kraft des göttlichen Wortes den noch an vorchristliche Symbole gewöhnten Urchristen versinnbildlichte, und genau genommen die Macht des Christenthums zur Zügelung wilder Leidenschaften und zur rein sittlichen Hebung des Menschengeschlechts verherrlichen sollte. Ebenso fand *der aus dem Felsen Wasser schlagende Moses*, als Sinnbild der wunderbaren Geburt Christi, der nach der Deutung der Worte des Propheten „*als Heilsbrunnen, aus dem mit Freuden Wasser geschöpft wird*", bezeichnet ist, hier seinen Platz, während das rein christliche Symbol: „*der gute Hirt*" (nach Johannes 10.) sich unmittelbar daran anschliessen musste, da es einen Hauptgegenstand der ersten christlichen Kunst ausmachte. Nicht weniger passend reiht sich „*die Heilung des Blindgeborenen*", als vorzüglichstes Wunder Christi und zugleich als *das Symbol der Befreiung von geistiger Blindheit* dem Vorigen an. Als Quellen der christlichen Kunst folgen *die Bibel* und ihr gegenüber *die Legende* der Heiligen. Ferner allegorisirte der Künstler *die Lösung* der Kunst von den Fesseln der Geschichte, Sage und Symbolik, und namentlich den Moment, seit welchem sie ihre Thätigkeit auf Alles erstreckte und mit *allumfassender Liebe* nahm und gab, bis sie endlich in der Lösung monumentaler Aufgaben ihren höchsten *Triumph* feierte und den regsten *Wettkampf* unter ihren Jüngern hervorrief. Als Schluss dieser Allegorieen erscheint, dem Anfangspunkte gegenüber, *die im Bewusstsein allseitiger Entwickelung auf die Poesie des Gedankens gestützte und durch die Mittel der Technik gehobene Malerei.* —

einzelnen *Kunstrichtungen*, *der Portrait-*, *Genre-*, *Historien-*, *Landschafts-*, *Thier- und Stillleben-Malerei* characterisirt ist. Diesem in den hier sich öffnenden Hallen als herrschend sich kund gebenden Genius gegenüber erscheint dem zurückblickenden Auge im Giebel der Treppenwölbung *die Saxonia, indem sie auf Grund der Constitution ihren Schutz und ihre Pflege in gleicher Weise der Kunst wie der Wissenschaft und Industrie zu Theil werden lässt.* —

In den sechszehn Zwickeln der Wölbungen erblicken wir dagegen *die Tages-* und *Jahreszeiten* in Parallele mit den analogen *menschlichen Stimmungen* und *Zuständen*, als logische Fibel-Aufgaben künstlerischer Phantasie: *Unschuld — Heiterkeit;* = *Morgen — Frühling;* = *Kraft — Ueberfluss;* = *Mittag — Sommer;* = *Erschlaffung — Jagd;* = *Abend — Herbst;* = *Traurigkeit — Ruhe* (Erstarrung); = und *Nacht — Winter.* — Ausserdem finden wir in den Gurtbögen *Genien, welche die Sinne der Wahrnehmung* allegorisiren. — Diese Reliefbilder sind ebenfalls sämmtlich von *C. Rolle.*

Ehe wir jedoch in den Hallen der Gemäldegallerie selbst Eintritt nehmen, um hier die in einem Zeitraume von fast 300 Jahren, wie wir bereits wissen, nach und nach von den kunstsinnigen Fürsten Sachsens, albertinischer Linie, vereinten Kunstwerke der neuern und neuesten Malerei näher in's Auge zu fassen und die Blicke daran zu laben, müssen wir noch Einiges theils nachtragen, theils vorausschicken. —

Der Bau, welcher, wie bekannt, 1847 begann, war im Jahre 1854, trotz einiger Unterbrechungen, bis auf die innere Einrichtung zur Aufnahme der Gemäldegallerie vollendet. —

Die Ausführung der *Rahmenconstruction und Verglasung der Fenster* hat der Glasermeister *Sell* in Dresden nach eigener Erfindung allein besorgt und soll sich bewähren. — Das Bau- und Material-Rechnungswesen, sowie die Controle der Baugewerken und Lieferanten, auch die Specialaufsicht wegen der plangemässen Ausführung ward von dem Assistenten des Amtsbauverwalters *Beuchelt*, dem Architecten *Johne*, als Bauconducteur, thätigst und gewissenhaft besorgt. — Die Gesammtsumme des Baues beträgt etwa 420,000 Thlr.

Die schwierige Aufgabe des Transports, der Disposition, sowie der Aufstellung der 2200 Gemälde ward in der unbedingt sehr kurzen Zeit vom 31. Mai bis zum 25. Sept. 1855 gelöst. — Ebenso ist hervorzuheben, dass die Decoration und die Reliefbilder der Gewölbedecken und Friese der gesammten Räumlichkeit durchgängig so gehalten sind, dass sie nicht störend auf die Hauptsache der Gallerie, die Gemälde*), wirken. Die

---

*) *Hettner's* Ansicht: Das Treppenhaus macht einen äusserst würdigen Eindruck; durch seine ernste und doch stattliche Einfachheit hat es etwas feierlich Stimmendes, weihevoll Vorbereitendes. Wir haben uns bisher absichtlich aller Vergleiche mit dem neuen Berliner Museum entschlagen. Hier aber drängt sich uns dieser Vergleich unabweisbar entgegen; und der Vorzug der künstlerischen Reinheit ist, wie in jeder anderen Beziehung, so auch hier entschieden auf unserer Seite. Am Aussenbau kann ein Museum die reichste und prachtvollste Ornamentik verwenden; und unser Museum hat von dieser Befugniss und Lockung in eben so edler, als grossartiger Weise Gebrauch gemacht. Im Innern aber ist sie vom Uebel. Die bildnerische und malerische Verzierung muss nicht mit den Kunstwerken, zu deren Umschliessung und Aufbewahrung das Gebäude erbaut ist, wetteifern oder sie gar überbieten wollen; durch solche Aufdringlichkeit

Grundriss des Königl. M

I. Parterre.

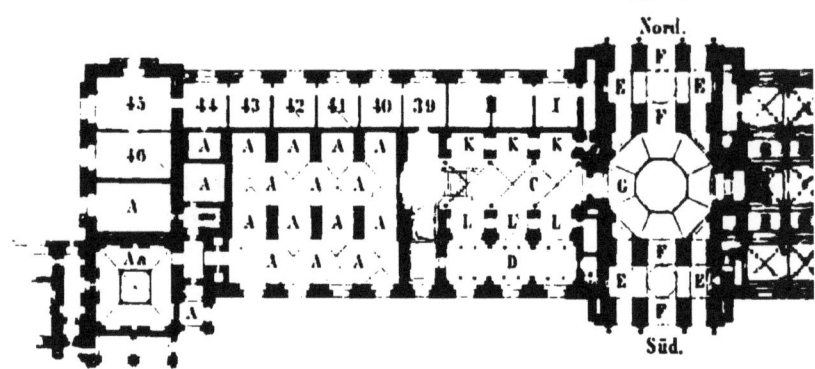

Zwinger.

II. Erste Etage.

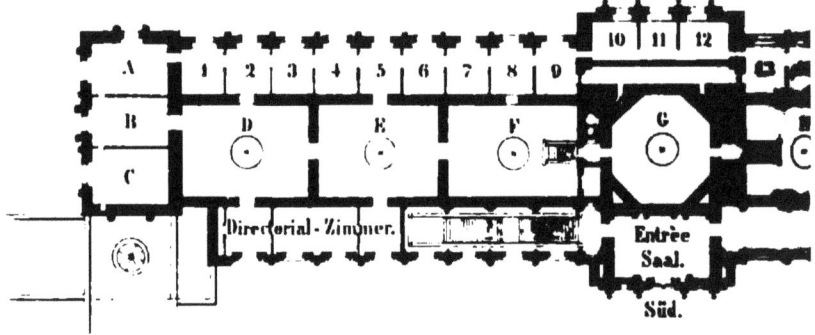

III. Zweite Etage.

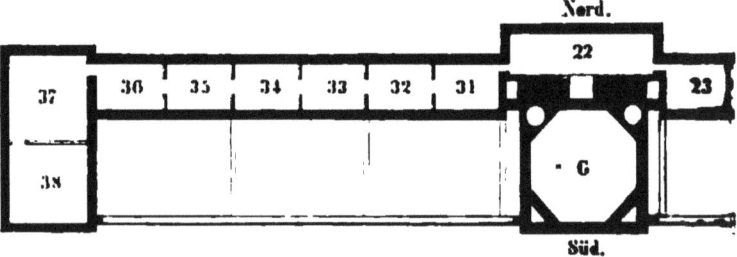

Bestimmung der Räume.

A. Kupferstich-Sammlung.
Au. Handzeichnungs-Saal.
B. Museum der Gypsabgüsse.
C. Vestibul.
D. Garderobe.
E. Passagen.
F. Durchfahrt.
G. Entrée z. Gallerie u. Kupferstichsamlg.
H. Restaurations-Zimmer.
I. Rentailir-Zimmer.
K. Italienische Kunstgeschichte
   in Reliefs von Knauer.
L. Niederl. u. deutsche Kunstgeschichte
   in Reliefs von Schilling.

39–46. Gemälde-Gallerie.
39. Vorzimmer. 40.41 Pastellkabinet.
42. Dietriche. 43–46 Canale und
   Canaletto.
☉ Oberlichter von D. E. F. G. H. I. K.

A–N. Gemälde-Gallerie 1–21.
A. Rafaels Madonna.
B.C.D. Corregio. E. Tizian. Veronese.
F. (Bologneser) ital. Schulen.
G. Kuppelsaal. Arazzi Rafaels pp.
H. Genues., Neapol., Span. Schule.
I. Niederländische Schule. (Seyders, Rembrandt)
K. Holländ. Niederl. Schule. (Rubens, van Dyk)
L.M. Altdeutsche Schule. (Cranach)
N. Madonna von Holbein.
1–6. Alte ital. Schulen. (Tiz. Zinsgroschen)
7. Französische Schule.
8–21. Holl. Niederl. Kleinmeister.

22–38. Kabinette mit Oberlicht d. II. Etage.
22. Neuer deutsche Schule.
31.32. Neueste deutsche Schule.
27.28. Alex. Thiele Prospecte.

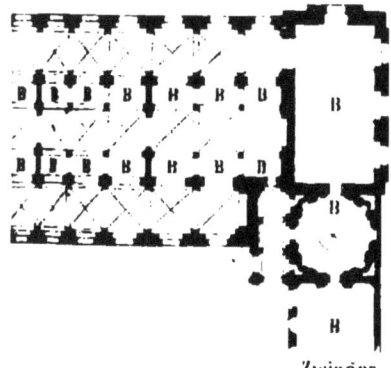

Zwinger.

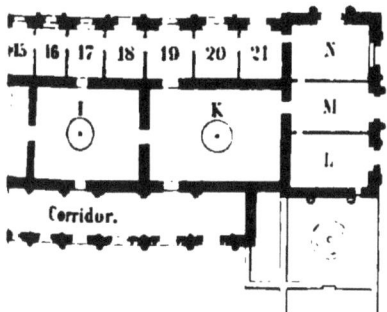

Corridor.

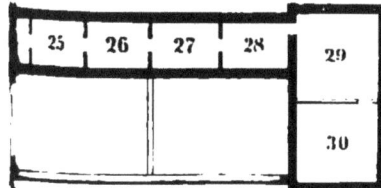

Reliefbilder der Decken und Friese sind von den Künstlern *Rolle*, *Schurig*, *Grosse* und *Kirchbach* ausgeführt. —

Die *Disposition der Gemälde* geschah durch den derzeitigen Gallerie-Director *Schnorr von Carolsfeld* unter Mitwirkung der *Gallerie-Commission*, zu der auch beim Beginn der Vorarbeiten *Herr von Quandt*, als *Nestor*, noch gehörte. — Nach dieser ist das Centrum, der *Kuppelsaal G.* für die *Arazzi*; dagegen sind die daran westlich stossenden Säle F. für die grösseren Gemälde der *Bolognesischen etc. Schule (Carracci, Caravaggio, Guercino, Guido Reni)*; E. für die *Venezianische Schule (Titian, Giorgione, Veronese)*; D. für die *Lombardische* und *Ferrarische Schule (Francia, Dosso Dossi, Garofolo, Correggio)*, und die westlichen Eckkabinets C., B. A., für die *römische Schule*, (so dass A. die „sistinische Madonna" *allein* und B. und C. *Guilio Romano, Sassoferrato, Carlo Dolce, Feti, Baroccio, Maratti etc.* enthält) bestimmt. Die östlich von der Rotunde G. gelegenen Säle enthalten: H. die grossen Gemälde der *Genuesischen*, *Neapolitanischen* und *Spanischen Schule* (namentlich *Murillo, Zurbaran, Ribera*); I. die der *Niederländischen* und *Spanischen Schule* (*Rubens, Jordaens, van Dyk, Velasquez*); K. die der *Niederländischen* und *Holländischen Schule (Rembrandt, Bol, Honthorst etc.)*, und die östlichen Eckkabinets L., M. und N. die vorhandenen Bilder der *Altdeutschen* und *Altniederländischen*

---

zerstreut und stört sie nur. Sie muss sich unbedingt unterordnen und, auf alle höhere Selbstständigkeit verzichtend, sich zu einer blos dienenden Stellung bescheiden. Im Sinne dieser weisen und geschmackvollen Mässigung sind aber nicht blos hier im Treppenhause, sondern auch in allen inneren Räumen die Decken- und Wandbilder behandelt. —

Schule (namentlich *Burgkmair, Mabuse, die Cranachs, Holbein, Quintin Messys, van Eyck, Rogier van der Weyden, Franck etc.).* —

Die 21 Kabinets der nördlich laufenden Gallerie sind eigentlich als Ergänzungen zu den grösseren sechs Sälen und drei nordwestlichen Eckkabinets zu betrachten. Kabinet 1. enthält kleinere Gemälde von Künstlern der älteren italienischen Schulen: Gemälde von *Sano di Pietro, Lorenzetti, Duccio di Buoninsegna, Pietro Perugino, Botticelli, Ercole Grandi, Fr. Bigio, Ubertini, Francia etc.*; Kab. 2: die Magdalena und den Arzt von *Correggio*, Gemälde von *Cima, Raffaelino del Garbo, Domenico Ghirlandajo, Fillippino Lippi, Lorenzo Credi, Domenichino, Francesco Furini, Vincenzo da San Ginignano etc.*; Kab. 3: von *Giorgione, Bembi, Tintoretto, Bassano, Varotari etc.*: Kab. 4: von *Guido Reni, Albano, Guercino, Morales etc.*; Kab. 5: von *Titian* (Zinsgroschen), *Torre, Palma Vecchio, Paolo Veronese etc.*; Kab. 6: von *Carracci, Spada, Carlo Cignani, Ridolfi, Mirandolese etc.*; Kab. 7: von *Claude Lorrain, Poussin, Watteau, Lancret, Pesne etc.*; Kab. 8: *du Vriendt, Mignon, Weenix, David de Heem, Beerestraten, Huysmans, Stork, Artois, Wouwermans etc.*; Kab. 9: *Berghem, Griffier, van der Meer, Wyck, Lingelbach, Vinkenbooms, Laar etc.*; Kab. 10: *Ruysdael, Berghem, du Jardin, Savery, van Son, Jean de Heem etc.*; Kab. 11: *Momper, Everdingen, van der Neer, Ruysdael;* Kab. 12: *Moucheron, Both, v. Bloemen, v. Stoop, Wouwermans etc.*; Kab. 13: *Verschuring, Floris, van Bock, Poelemburg, Achtschellings, Wynants, v. d. Velde, v. d. Helst etc.*; Kab. 14: *Teniers, Potter, Terburgh, Steenwyck, v. d. Moiron, v. d. Heyden, van Uden etc.*; Kab. 15: *Teniers, van der Meulen, Rutharts, Tol, Seghers, Berck-*

heyden, *Horemans etc.*; Kab. 16: *Rubens, van Dyk, Wouwermans etc.*; Kab. 17: *v. d. Werff, Ryckaert, v. Balen, Saftlewen, van Huysum etc.*; Kab. 18: *Mieris, Snayers, Oosterwyck, Stoome, Brouwer etc.*; Kab. 19: *Hals, Rembrandt, Schalken, Mierevelt, Tol, Duc, v. Steen, Ostade, Pauditz, Helst, G. Dow etc.*; Kab. 20: *Breughel (Sammet-), Boonen, C. Netscher, Wouwermans etc.*; Kab. 21: *Metzu, Paul Bril, van Grebber, Breughel etc.* —

In der zweiten Etage (in der man zum Theil eine Nachlese zur ersten Etage findet) enthält der *Treppenraum* (22) vornähmlich Gemälde früherer Hofmaler und Professoren der Kunstacademie, besonders von *Sylvestre, Grassi, Mengs, Graff, H. Schiebeling, Vogel, Bochmann, Friedrich, Klengel, Rösler, Matthäi*, sowie von *Lissmann, Angelica Kaufmann, Seybold, Denner, Möller, Heiss etc.*; die Kabinets rechts, 23 bis 26, Gemälde von *Screta, Roos, Schönfeld, Reiner, Fyt, Kern, Querfurth, Potasch, Witt, Kierings, v. Aelst, Dapper, Platzer, Agricola, Klomp, Molanus, Bril, Weenix, Marienhof, Kern, Cornelitz, Pauditz, Huchtenburg, Strudel, Honthorst, van Beyeren, van Meytens, von Artois, Boudewyns, von Bles, Bemmel, Savary, Pesne, Swanvelt, Claude-Gelée, Peter Breughel, Poussin, Bertin, J. Courtois, Faistenberger, Lairesse*; Kabinet 27 und 28: die bekannten Landschaften von *Alexander Thiele*; Kabinet 29 und 30: Gemälde von *Sylvestre, Nattier, Vouet* und *Gerard, Ph. Roos*, und endlich die Kabinets links der Treppe, 31: Bilder neuester, zum Theil lebender Künstler, aus der Lindenaustiftung etc., als von *Dahl, Vogel von Vogelstein, Richter, J. Hübner, Röting, Franz, Peschel, Schurig, Kummer, Jäger, Wagner, Elise Wagner, Bähr, Lispold, Wislicenus, Th. Grosse, Hauschild, Schönherr, von Oer; H. Müller*, sowie die Kabinets 32 (das noch einige der neuesten Gemälde z. B. von *Mühlig sen.* etc. erhielt) bis 33: Bilder als Nachlese von *Migliore, G. Marescalco, Spada, Vecchia, Varotari, Barbieri, Rotari, Chiari, Bembi, Pozzo, Nogari, Turchi, Piazetta, Castiglione, Crespi, Ricci, Fr. Albano, F. Vecellio, Annibale Carracci, Baroccio, Salvator Rosa, C. Caliari, Pittoni, Maratti, Carlevaris, C. Loth, Campagnola, Robusti, Zampieri, Tibaldi* etc.

Im *nördlichen Parterre* finden wir endlich im Kabinet 39, Vorzimmer, einige grössere Gemälde von *Dietrich*, in den Kabinets 40 und 41 die Pastellbilder von *Guido Reni, Raphael Mengs, Liotard, Rosalba Carriera, Felicitas Robert* etc.; Kabinet 42: Gemälde von *Dietrich*, der eine besondere Geschicklichkeit darin besass, die Manier der berühmtesten Meister aller Schulen gut nachzuahmen, und in den Kabinets 43 bis 46 die berühmten Vedutten von *Canale* und dessen Neffen *Canaletto*.

Erste, westliche Abtheilung

der

Königlichen Gemälde-Gallerie.

Enthält:

Entréesaal, Kuppelsaal G. mit den Arazzi, sowie Saal F., E. und D. und die Eckzimmer C., B. und A. mit der Madonna di S. Sisto von Raffael.

Wenn das Todte bildend zu beseelen,
Mit dem Stoff' sich zu vermählen
  Thatenvoll der Genius entbrennt,
Da, da spanne sich des Fleisses Nerve,
Und beharrlich ringend unterwerfe
  Der Gedanke sich das Element.

Schiller.

Entrée-Saal.

(Mit Oberlicht und einem Seitenlichte.)

Decoration des breiten Bogen-Frieses unterhalb des Oberlichtes rechts vom Eingange: Genius mit *Fasces* und *Waage*, Symbole der Gerechtigkeit; Engel mit *Tafel*, Symbol der Geschichte; Genius mit *Fackel* und *Spiegel*, Symbole der Wahrheitsliebe und Weisheit; — links vom Eingange: Genius mit *Schwert* und *Lorbeerzweigen*, Tapferkeitssymbol; Engel mit *Posaune* (die Fama); Genius mit *Helm*, die Liebe zur Pracht. — Giebel-Feld über dem Eingange: Ein von zwei Genien gehaltener volutirter Schild mit *Kurhut* und dem *Namenszuge* des Kurfürsten *August*, als des *Stifters aller Kunstsammlungen*. Die beiden *Schwert* und *Zepter* haltenden Genien erinnern durch ihre Nebenembleme, sowie die der kleinern Felderungen an des Kurfürsten *Constitutionen vom Jahre 1572*, und an dessen Verdienste um den Landbau, Flachsbau, um die Spinnerei und Bienenzucht, um die Einrichtung der Posten, und seine Vorliebe zur Chemie. Im gegenüberliegenden Giebel über dem Eingange zur Halle, als Pendant, zwei Genien als Schildhalter und auf dem volutirten Schilde mit *Krone* der Namenszug *Friedrich Augusts*, des letztverstorbenen Königs von Sachsen, als solcher der *Zweite* und als Regent dieses Namens aus der albertinischen Linie der *Vierte*, ein Pfleger der Künste und Wissenschaften in Sachsen, dessen Kunstsinn und Liebe zu den Künsten wir es namentlich verdanken, dass die Gemälde-Gallerie eine würdigere und angemessenere Aufstellung in dem Neuen Museum erhielt. Die Nebenembleme der Schildhalter mit Tafel, Buch und Merkurstab wie die Nebenfelder deuten zugleich die wichtigsten Schöpfungen an, die unter *Friedrich August IV.* Regierung im Staatsleben hervorgingen, namentlich die *Constitution von 1831*, Anschluss an den deutschen Zollverein, Eisenbahnen, sowie die Lieblingsneigungen dieses Regenten, Jagd, Botanik etc.

Entrée-Saal.

Dieser Raum war gleich ursprünglich zur Aufnahme von Bildern aus der Regentenfamilie bestimmt. Vorläufig haben nur 3 der eigentlichen Stifter der Gemäldegallerie, Friedrich Augusts I. und II., hier Platz gefunden.

Am Eingange rechts:

653. *Friedrich August I.*, Kurfürst zu Sachsen, als König von Polen *August II.*, im Kriegsharnische ohne Helm, zu Pferde, in Lebensgrösse, im Hintergrunde eine Schanze, aus der man die Feuerschlünde des Belagerungsgeschützes gegen eine Stadt (Zamoisk?) blitzen sieht; von *Louis de Sylvestre.*

Leinwand. 9 F. 6 Z. hoch, 7 F. 5 Z. breit.

Gegenüber am Eingange zur Halle:

654. *Friedrich August II.*, Kurfürst von Sachsen, als König von Polen *August III.*, Sohn Friedrich Augusts I., zu Pferde, als Kronprinz, in Generalstabsuniform ohne Hut, im Hintergrunde ein Theil der Mailbahn im Grossen Garten; 1849 durch eine Kugel verletzt; von *Sylvestre.*

Leinwand. 9 F. 6 Z. hoch, 7 F. 5 Z. breit.

Rechts vom Eintritte zur Halle:

652. Die Kaiserin *Amalie Wilhelmine*, Wittwe Kaiser Josephs I., empfängt am 24. Mai 1737 auf dem schönen gräflich Czerninschen Schlosse zu Neuhaus in Böhmen ihren Schwiegersohn, *Friedrich August II.*, nebst Gemahlin, *Maria Josephe*, und deren Kindern, dem Kurprinzen *Friedrich Christian*, den Prinzen *Xavier, Carl Christian*, und den Prinzessinnen, *Maria Amalie, Maria Anna, Maria Josephe, Maria Christina, Maria Elisabeth*, mit beiderseitigem Hofstaate, Dienerschaft, Schweizergarden etc.; von *Sylvestre.*

Dieses colossale, figurenreiche und mit grosser technischer Gewandtheit behandelte Gemälde auf Leinwand, von 17 F. 6 Z Höhe und 23 F. 9 Z. Breite, ward auf Befehl des Königs ausgeführt, und enthält durchgängig Portraits. Das stattliche, echt majestätische Paar wird herzlich von der Kaiserin-Wittwe empfangen und sie reicht eben dem Schwiegersohne herzlich die linke Hand dar, während Er sich seine Nachkommenschaft mit sichtbarem väterlichen Stolze präsentirt. Der Kurprinz *Friedrich Christian* war damals 15, *Xavier* 7. und *Carl Christian* 4 Jahre alt. Die Prinzen *Casimir* und *Clemens* waren noch nicht geboren. Als liebliche Erscheinungen führt uns der Künstler, trotz des Zwanges der damaligen Mode, die ältesten Prinzessinnen, *Amalia* und *Anna* (Erstere später Königin beider Sicilien und von Spanien, Letztere Kurfürstin von Baiern), vor, während er die jüngeren, *Maria Josephe* (nachmalige Dauphine von Frankreich, Mutter des unglücklichen Königs Ludwigs XVI.), sowie *Christine* (später Coadjutorin des Stifts Remiremont) und *Elisabeth* (Kunigunde war noch nicht geboren) in ihrem kindlichen Auftreten von der Mode wahrhaft gedrückt erscheinen lassen musste. In dem zahlreichen Gefolge befindet sich namentlich der würdige Kabinets-Minister, Graf *Sulkowsky*, und dessen schlauer Nebenbuhler, der Graf *von Brühl* im rothen Galakleide, beide mit dem im Jahre 1736 erhaltenen St. Andreaskreuze decorirt (Brühl ward überdies während seines Hierseins vom Kaiser zum Reichsgrafen erhoben). Zwischen dem Kronprinzen und Brühl steht der alte würdige Oberhofmeister, Graf *Wackerbath-Salmour* (mit den Weissen-Adler-, St. Mauritius- und St. Lazarus-Orden decorirt) Die Aga (Oberaufseherin) der königlichen Kinder, ist die verwittwete Freifrau *von Przichowiz*, geb. Gräfin von Werschowitz; der Oberhofmeister der Königin (in rothen Beinkleidern) ist der Graf *Wradislaw*, zugleich kaiserlicher Gesandter am sächsisch-polnischen Hofe. — Der unbefangene Kenner wird dieses Bild als beachtenswerth erkennen und nicht, wie manche eingebildete Künstler, verachten. — Es hatte bereits im Jahre 1760 durch Bombensplitter gelitten, ward später durch Renner rentoilirt und erhielt 1849 wiederholt bedeutende Kugelverletzungen. — (Vor 1830 waren diese Gemälde noch in der Doubletten-Gallerie.)

Eingetreten in die Halle für einstige Fresken (die einstweilen, um die Leere zu heben, durch Bilder aus dem Vorrathe ersetzt werden könnten) wendet man sich links auf Stufen zu der gleichfalls links sich öffnenden Rotunde des Kuppelsaals.

Kuppel-Saal.

Rotunde G.

(Mit Oberlicht.)

Decoration: Acht Medaillons in dem mit reichen Arabescirungen verzierten achteckigen Kuppelfriese über der an der Wandung mit Boiserie bekleideten Rotunde: die 4 *Tages*- und 4 *Jahreszeiten* in allegorischen Figuren darstellend. — Ueber dem östlichen Eingange beginnend: 1) Allegorie des *Winters*, dann nach links, 2) des *Morgens*, 3) *Frühlings*, und 4) *Mittags* (von Theodor Grosse), ferner die Allegorieen: 5) des *Sommers*, 6) *Abends*, 7) *Herbstes* und der 8) *Nacht* (von Prof. Karl Wilh. Schurig). — Ueber dem westlichen Eingange in einer am Sturze unter dem Gebälke der mit vieler Wirkung aus der Boiserie der Rotunde sich hervorhebenden Thürbekleidung angebrachten Lapidarfüllung die Inschrift: WILLKOMMEN, während in der gleichen Füllung über dem Sturze des östlichen Eingangs die Worte zu lesen sind: IM HEILIGTHUME DER KUNST.

Die zwölf Bildteppiche oder Arazzi.

Die in diesem Raume aufgespannten Tapeten oder Bildteppiche, oder, weil sie zu Arras in Flandern hauptsächlich schön gewebt wurden, von den Italienern „Arazzi" genannt, sind hier in zwei Reihenfolgen über einander angebracht. — Die untere Reihe enthält:

I. Vier ältere, nach Patronen altniederländischer Meister gewebte Arazzi.

Rechts vom östlichen Eingange erblicken wir:

A. Die *Kreuzigung Christi in den ersten Augenblicken nach dem Verscheiden*, nachdem das Volk, die Soldaten und Henker ihren Abzug genommen hatten. Die Freunde Christi sind um das Kreuz versammelt; *Magdalene* umfängt den Stamm desselben, während *Maria* trostlos von Frauen, die sie mitleids- und ehrfurchtsvoll betrachten, umgeben ist. *Joseph von Arimathia* und *Nikodemos* erblicken wir links vom Kreuze, während *Johannes*, *Jacobus* und *Simon von Kyrene* rechts hinter den Frauen stehen; sechs Engel mit buntem Gefieder umschweben das Haupt des Verschiedenen. Auch hat der Künstler die *heilige Veronika*, das Schweisstuch haltend, in die Gruppe als ein mehr selbstständiges Bild mit eingemischt.

Das Costüm der Figuren ist ein Gemisch von orientalischer weiter Gewandung und der Tracht des 15./16. Jahrhunderts. Die reiche Landschaft, mit Jerusalem in der Ferne, enthält noch einige Scenen aus der Leidensgeschichte, und Sonne und Mond erscheinen in ihrer Verfinsterung. Seltsam, doch nicht ungewöhnlich im Mittelalter, ist, dass der Künstler einem der schwebenden Engel Fittige von *Pfaufedern* gab. Die Inschrifttafel des

Kreuzes ist in verfehlter hebräischer, griechischer und lateinischer Schrift. Die Unkenntniss des Schreibers mit dem Griechischen geht aber namentlich daraus hervor, dass er statt BACIΛEVC — REX — wahrscheinlich an das lateinische REX denkend — geschrieben hat. Am Saume des Mantels der Maria liest man die Inschrift: MARIA. MATER. XPI. (Christi).

Dieses figurenreiche, effectvoll gewebte Bild ist in der Haltung etwas weicher als die drei folgenden. Die höchste Beleuchtung der Gewänder ist durch eingewirkte Goldfäden erzielt, was ein Frontlicht und nicht ein Oberlicht verlangte. Die Köpfe sind namentlich charakteristisch; Dornenkrone und Glorie Christi, sowie Bärte und Haupthaar der Figuren, wie auch die Aestung, der Baumschlag, die Gräser, Steine etc., ja selbst die Gesichter, besonders die Nasen, scheinen durch eine Art von Reliefwirkerei hervorgehoben zu sein. — Die schmale Randeinfassung besteht aus zierlich gewundenen Blumen mit eingefügten Früchten, und dazwischen sind abwechselnd Genien mit den Marterwerkzeugen angebracht. — 11 F. 10¼ Z. hoch, 11 F. 7½ Z. breit.

B. *Christus* auf dem Wege nach Golgatha das *Kreuz tragend*, im Augenblicke seines *Ermattens*, wo Simon von Kyrene das Kreuz erfasst. — Nach Lucä 23, 27 bis 34. — Ebenso hat der Künstler auch die *heilige Veronika* nicht vergessen.

Das Costüm ist ein Gemisch von orientalischer Gewandung und Trachten des 15./16. Jahrhunderts; namentlich sind die Waffen Hellebarden, Streitäxte und Hämmer, Drischeln, Pferdezäumung, sowie Pickelhauben aus dieser Zeit. Ebenfalls mit Goldfädeneinlage bei den Gewändern und scheinbarer Reliefweberei an Bärten und dem Haupthaare der Figuren etc. wie bei A.; Gewänder, Schmuck und Waffen mit vieler Pracht und Lebendigkeit, der Faltenwurf in etwas schärferer Contour; die Umrahmung besteht in einer abwechselnden Blumen- und Fruchtkante. — 12 F. 2 Z. hoch, 12 F. breit.

Links vom östlichen Eingange:

C. Die *Himmelfahrt Christi* in Bethania, in dem Augenblicke der Anbetung. — Nach Lucä 24, 44 bis 52. —

Der Hügel zeigt die Fussspur Christi. Auch Maria ist zugegen, und, ausser den 11 Jüngern, vieles Volk, welches wahrscheinlich die 70 Jünger andeuten soll. In der reichen Landschaft, mit Jerusalem in der Ferne, erblickt man im linken Mittelgrunde unter einem Baume ein Pärchen in vertraulicher Unterhaltung sitzen, welchem ein Hund Gesellschaft leistet. Costüm wie bei den vorigen beiden Bildwebereien. — Ebenfalls mit Goldfädeneinlage und scheinbarer Reliefweberei; von vieler Lebendigkeit und Ausdruck in Zeichnung und Farbe. Mit schmaler Blumen- und Fruchtkante. — 12 F. 2 Z. hoch, 11 F. 10 Z. breit. —

D. Die *heilige Nacht zu Bethlehem;* das Christkind von den durch die Verkündigung der Engel herbeigeführten Hirten besucht und angebetet. — Nach Lucä 2, 15 ff. —
Costüm der Hirten ländliche Tracht des 15./16. Jahrhunderts. Gefällige Gruppirung mit lebendiger Anordnung. Das Kind in einem Körbchen, das auf einem arabescirten Würfel einer Säulenbasis ruht. Die Hirten mit Schleuderstäben, und drei derselben auf Sackpfeifen und Zinken blasend. In der Ferne die den Hirten auf dem Felde gewordene Verkündigung durch Engel. — Eine ähnliche Berahmung. Gleichfalls mit Goldfädeneinlage und scheinbarer Reliefweberei. — 12 F. 2 Z. hoch, 11 F. 11 Z. breit. —

NB. Die Zeichnungen scheinen von 3 Künstlern, C und D. aber wohl von Einem zu sein. —
Aengstlichere Zeichnung ist in C. und D. als in A. und B. Besonders unterscheiden sich die Engel auf ersteren von denen auf letzteren. Das Landschaftliche könnte bei allen vieren von Einem sein; doch die Figuren sind in B., C. und D. nicht mit derselben Feinheit durchgeführt als in A., der Kreuzigung. — Uebrigens ist die Pracht der brocatirten Gewänder und Bordüren der Röcke und Mäntel, sowie die Zierlichkeit der Kopfbedeckungen, Wetzscher, Messertaschen etc. auf allen vieren gleich vorherrschend.

II. Zwei ähnliche, wahrscheinlich nach Patronen eines ältern italienischen Künstlers gewebte Arazzi.

Rechts vom westlichen Eingange:

A. Die Himmelfahrt Christi nach Evang. Lucä 24, 44 bis 52.

Von minderm Werthe hinsichtlich der Zeichnung als I. C. — 10 F. 5½ Z. hoch, 10 F. 3 Z. breit.

Links vom westlichen Eingange:

B. Christus mit den Jüngern in einer romanischen Säulenhalle beim Abendmahle. — Nach Johannis 16. —

Hat unbedingt mehr als die anderen in der Farbe gelitten. — 10 F. 10½ Z. hoch, 10 F. 1 Z. breit.

Beide Arazzi sind in der Weberei von I. A. B. C. und D. nur in soweit verschieden, dass sie neben der Goldfädeneinlage noch etwas mehr Reliefweberei enthalten. Die Zeichnung ist dagegen ganz abweichend und namentlich der Faltenwurf ein weit runderer. Auch verrathen die bei Weitem reicheren Einfassungskanten schon eine südliche Künstler-Phantasie, indem, nebst südlichen Früchten und Blumen, auch ein congruentes Geflügel, namentlich Papageien, kräftige Eulen und bunte Tagfalter dazwischen eingemischt sind. Unbedingt sind sie jünger als I. A. B. C. und D. und die Gewänder haben weder deutschen noch niederländischen Faltenwurf, sondern schon mehr die weichere Faltung des Südens aus dem zweiten Jahrzehent des 16. Jahrhunderts. —

NB. Diese 6 Arazzi sind schon ursprünglich auf ein Unterfutter fest geheftet und die scheinbar relief gewirkten Stellen, wie man noch an ähnlichen Wirkereien auf Antependien und Dorsalen älterer Caseln, sowie anderer Messbekleidungen sehen kann, waren vielleicht mittels einer Stopfung (weisser Kleien) gefüllt, so dass sie wirklich, z. B. an Falten, Haupthaaren, Bärten, Baumschlag, Aestung etc. erhöht erschienen. Recht deutlich sieht man dies noch am „*Abendmahle*" (II. B.), vorzüglich an dem Schwanze des links stehenden Hundes. Deshalb nun, dass diese 6 Arazzi höchst wahrscheinlich nicht mehr in ihrer alten Ausspannung und der dazu erforderlichen Füllung der scheinbaren Reliefstellen sich befinden, machen sie auch nicht mehr den richtigen Effect, den die Kunstweberei eigentlich in sie hineingelegt hatte. Ueberdies ist noch weit mehr der ganze Eindruck der Zeichnung und die ruhige Harmonie der Farben dadurch gestört worden, dass sie jetzt in die Runde gehen und noch ausserdem von Oben beleuchtet sind, was bei den folgenden 6 Arazzi keine oder doch nur wenig Störung macht, da diese ganz schlicht und ohne Goldfädeneinlage und scheinbare Reliefstellen gewebt sind, wiewohl nicht zu leugnen ist, dass ein Seitenlicht bei allen dergleichen Geweben besser wirken würde.

Geschichtliches.
In der Einleitung (S. 24 f.) haben wir dieser älteren Flandernschen, der Technik nach den römischen Rafaelsteppichen ähnlichen Bildwebereien als Tapeten bereits gedacht und die historisch gerechtfertigte Vermuthung ausgesprochen, dass sie wahrscheinlich durch den kunstliebenden Herzog *Georg* zu Anfange des 16. Jahrhunderts von Flandern, das er von Friesland aus öfter besuchte, nach Dresden gekommen, und anfänglich die Kapelle im alten Markgrafenschlosse und erst später (nach 1534) vielleicht das Georgenschloss selbst geziert haben möchten. Wahrscheinlich sind sie nach dem Brande des Schlosses, im Jahre 1701, wie die übrigen Kunstschätze, gerettet worden und dann beim Neubaue des Schlosses in den Vorräthen des Letzteren verblieben. Der Hausmarschall Freiherr *von Racknitz* hatte bereits dieselben nach seinem Berichte über die Rafaels-Tapeten (vom 7. Nov. 1790) wieder aufgefunden und gewürdigt; denn er sagt

in demselben: *„Zu diesen kostbaren Tapeten bin ich so glücklich gewesen, sechs Stück zu finden, deren Inhalt in der Passionsgeschichte unsers Heilandes enthalten und welche wahrscheinlich nach Zeichnungen des berühmten Lucas Cranach gefertigt sind."* — Zu Anfange der 40er Jahre dieses Jahrhunderts ward der damalige Secretär des K. S. Alterthums-Vereins bei einer Durchsuchung des Schlosses und Brühl'schen Palais nach Alterthümern wieder auf die nach 1790 abermals beseitigten Tapeten (da sie zur Zeit des dem Rococogeschmacke allein huldigenden *Marcolini's* sicherlich der Aufstellung nicht werth erachtet worden waren) aufmerksam; doch scheiterten seine Bemühungen, sie aus dem Garde-Meuble zur Aufstellung im Alterthums-Museum zu erlangen, an der Unzugänglichkeit des damaligen Chefs und der allbekannten Sonderbarkeit des grossmächtigen Secretärs des Hausmarschallamts. So blieb es dem Geheimhofrath Dr. Schulz vorbehalten, 1853, nach wiederholter Aufmerksammachung von Seiten des frühern Finders, dieselben aus ihrem letzten Verstecke im Brühl'schen Palais hervor an's Tageslicht ziehen zu dürfen, so dass sie in Folge der besondern Bewilligung *Sr. Majestät des Königs*, dem Neuen Museum zur geeigneten Aufstellung anvertraut werden konnten. — *Jul. Hübner* sagt: „Die *Kreuzigung* und *Kreuztragung*, die beiden vorzüglichsten, darf man mit vollem Rechte dem *Quintin Messys* zuschreiben, mit dessen Bildern sie unverkennbare Aehnlichkeit haben" etc. — Der Nestor der Kunstkenner, *von Quandt*, fühlt sich namentlich zu der *Geburt*, *Kreuztragung* und *Kreuzigung* hingezogen, und gesteht, dass wohl schwerlich ein anderer niederländischer Künstler, der gegen das Ende des 15. und im Anfange des 16. Jahrhunderts lebte, gefunden werden wird, dessen Werke an Seelenausdruck diese Bilder erreichten, als *Quintin Messys*, daher auch einige Kenner auf die Vermuthung kamen, dass von diesem Künstler die Patronenzeichnung zu diesen 3 Geweben sein möchte. Doch fügt *von Quandt* hinzu: „Allerdings könnte auch wohl *Johann von Schorel* genannt werden, der noch immer das zu seiner Zeit längst verlorene Paradies der Kunst, dieses innerliche Leben, diese Unschuld und Wahrheit im Ausdruck bewahrt hatte; allein er war als Zeichner denn doch sicherer, als dieser es ist, von dem die Entwürfe zu unseren Tapeten herrühren." Uebrigens ist *von Quandt* auch nicht geneigt, dem *Martin Schaffner* als den Meister zu diesen 3 fraglichen Patronen zu nennen, obgleich das Gesicht der ohnmächtigen Maria in der Kreuzigung mit einem Meisterwerke Schaffners (einer sterbenden Maria aus dem Kloster Wettenhausen, zur Zeit in der Münchner Pinakothek, freilich in ungünstigem Lichte) grosse Uebereinstimmung unverkennbar hat. — Endlich hat *von Quandt* sehr richtig bemerkt, dass bei diesen 3 Bildgeweben wohl Niemand, wer es auch sei, sich einer innigen Rührung erwehren kann.

Kuppel-Saal G.

III. Die sogenannten Rafael'schen Tapeten, oder Arazzi nach Rafael Sanzio's Patronen.

Ueber dem östlichen Eingange:

A. Nach Apostelgeschichte 14, v. 8—18. Der Apostel *Paulus* und sein Begleiter *Barnabas* zu *Lystra* in Lykaonien bei Iconium. Paulus heilt einen lahmgebornen Mann auf wunderbare Weise, worüber das Volk erstaunt und sich veranlasst fühlt, Beide für Götter in Menschengestalt zu halten, den Paulus für den Hermes und den Barnabas für den Zeus, so dass selbst der Priester des Zeus sich anschickt, ein Opfer zu bringen; bereits sind von den Priestern und Volke Opferstiere und Kränze herbeigeschafft. Darüber entsetzt sich namentlich Paulus und erklärt dem Volke, dass sie so gut wie sie Menschen wären und nur gekommen seien, ihnen das Evangelium zu predigen und sie zu bekehren vom falschen zum lebendigen Gotte. —

Lebhafte Gruppirung, schöne Fülle in der Gewanduug, so wie mächtiger Ausdruck und lebendige Haltung der Figuren, unter denen nächst den zum Opfer sich anschickenden Priestern, nebst dem den Opfer-Stier schlagenden Keerix, ein Knabe mit Räucherwerk und Geschenken in einem zierlichen Kästchen und ein *Tibizen* am geschmackvollen Opferaltare, sowie der einen Widder Herbeiführende, wie endlich ein Alter im Vordergrunde, der sich anschickt, vor Paulus niederzufallen und ihn anzubeten (wahrscheinlich der geheilte Lahme, der die Krücken von sich warf), besonders kräftig hervortreten. Paulus steht auf der Stufe links und wendet sich mit Abscheu von der Opferung ab, während Barnabas betend hinter ihm in der Halle erscheint. *Böttiger* ist mit *Quatremère* nicht einverstanden, dass dieser die Figur hinter den knieenden Priestern für einen Jüngling erklärt, der mit vorgestrekter Hand das Opfer hindern wolle. Wie käme auch dieser in die Gruppe? — Der gelehrte Archäolog erinnert bei dieser Figur an das „*manus supinas ad coelum tendere.*" Im Hintergrunde mit reicher Architectur erblickt man die Statue des Hermes. Zu beklagen ist, dass besonders die *Carnation* die schöne Harmonie der Färbung gewaltig verloren hat. — 15 F. hoch, 22 F. 7 Z. breit.

Rechts vom östlichen Eingange:

B. Nach Apostelgeschichte 19, v. 22—31. *Paulus in Athen*, wie er auf dem Hofe des *Areopag* vor versammelten Richtern und Volke, mit Bezugnahme auf den zu Athen errichteten Altar des *unbekannten Gottes*, über diesen ihnen *grossen Unbekannten* sie belehrt. —

Paulus erscheint auf einer 3 Stufen erhobenen Estrade vor dem ihm andächtigst zuhörenden Volke. Im Hintergrunde Säulengänge und tempelartige Gebäude, davor Statuen. Im Mittelgrunde die Bildsäule des Ares. — Gruppirung und Ausdruck der Figuren, namentlich charakteristische Lebendigkeit des durch die Predigt des Paulus belebten Mienenspiels. - 15 F. hoch, 18 F. 9 Z. breit.

Links vom östlichen Eingange:

C. Nach Apostelgeschichte 13, v. 6 bis 12. *Paulus* trifft auf der Insel *Paphos* mit dem Zauberer und falschen Propheten *Bar Jehu* oder *Elymas* vor dem Proconsul *Sergius Paulus* zusammen, der vom Barnabas und Paulus das Wort Gottes zu hören wünschte, aber vom Elymas davon abgewendet werden sollte, und ruft das Strafgericht Gottes, das diese mit Blindheit straft, gegen ihn zu Hilfe.

Die in Finsterniss tappende Gestalt des gräulichen Zauberers und neben ihm ein Mann mit ziemlich verdummter Miene, der das Wunder nicht zu begreifen scheint, vor dem in der *Sella curulis* sitzenden *Sergius*. Am Piedestal die Inschrift: SERGIVS. PAVLVS. ASIAE. PROCOS: CRISTIANAM. FIDEM. AMPLECTITVR. — SAVLI. PRAEDICATIONE. — Von diesem Arazzo soll nach vieler Behauptung die rechte Seite coupirt sein, welche, wie man allerdings auf den Stichen nach der noch vorhandenen Originalpatrone sehen kann, die Figuren des *Barnabas* und des sein Anathema über den Zauberer aussprechenden *Paulus* nebst noch einigen anderen Figuren enthält, was allerdings sehr zu beklagen wäre. Dass jedoch dem nicht so ist, werden wir später sehen. Das Maass dieses angeblichen Fragments ist nur 7 Fuss breit, aber ebenfalls 15 F. hoch. —

Ueber dem westlichen Eingange:

D. Nach Apostelgeschichte 3, v. 1 bis 11. *Johannes* und *Petrus* an der Pfortenhalle des *Tempels zu Jerusalem* heilen einen unweit der schönen Pforte sitzenden lahmgeborenen Bettler. —

Ein Bild reichen Stoffes zur Betrachtung. Petrus erscheint als glaubens- und willenskräftiger Retter des Lahmgeborenen, während die Blicke des Johannes in segensreicher Liebe, der Heilkraft sich bewusst, auf ihm ruhen. Der Künstler hat zwei Lahme, und zwar im starken Contraste ihrer äussern Erscheinung vorgeführt, obschon die Bibelstelle nur von Einem redet. In der von schönen, durchaus gewundenen Säulen — welche abwechselnd mit Cannellen und Reliefs von Genien und Traubengewinden geziert sind — gebildeten Halle harren Beide auf die Mildthätigkeit der Eintretenden. Einige Lampen beleuchten das Halbdunkel dieser nächsten Halle, während durch den entfernteren, lichtern Theil derselben Opferbringende, welche theilweise mit Früchten und Geflügel beladen sind, in den Tempel mit kalter Theilnahme vorüber eilen. — Der andere, mehr seitwärts knieende Lahme, bemerkt von *Quandt* geistreich, verräth in seinen Gesichtszügen stumpfsinnigen Zweifel, rohe Verachtung, gänzlichen Mangel an Vertrauen und offenbaren Unglauben, und in der That die Verschiedenheit der Schädelbildung beider Krüppel ist auffallend vom Künstler markirt: denn bei aller Rohheit der Gesichtsbildung des einen sich mühsam auf den Knieen wahrhaft heranschleppenden Lahmen, der bei den Aposteln das ihm segensreiche Erbarmen rege gemacht hat, ist die Stirn hochgewölbt, wodurch der Künstler das Raumfinden einer in ihm vorhandenen Ahnung von Etwas übernatürlichen angedeutet hat, während die Stirnbildung des Andern, körperlich weniger verunstalteten, mehr thierisch abgeflacht erscheint. Eine geistige Verdummung und sittliche Entartung liegt unverkennbar in seinen ganzen Zügen und in dem geistlosen Augenpaare ist nur ein gefühlloses Anstarren, aber kein Begreifen der geschehenen wunderbaren Heilung seines Leidensgefährten, an die er nicht einmal zu glauben sich gedrungen fühlt, bemerkbar, dem sich noch etwas Schelsucht beizumischen scheint. Obgleich des Geheilten Gesicht fast gleich hässlich ist, so ist diese Hässlichkeit doch mehr eine mit der in Folge von Noth und Leiden gestörten Ausbildung und dadurch herbeigeführten Verkrüppelung der Füsse, so zu sagen, nothgedrungen harmonirende. — Auch in den Mienen der entweder theilnahmsvollen oder neugierigen Zuschauer spricht sich theilweise eine Erwartung und ein Vertrauen, theilweise aber auch ein Zweifel, ja sogar ein Misstrauen gegen die Apostel aus; namentlich scheint ein Knabe seinen Grossvater, der sich dem Petrus nähert, aus zweideutiger Scheu vor den Wunderthätern am Gürtel des Gewandes ängstlich zurück zu halten. — Im Uebrigen scheint der feinfühlende Künstler den Beschauer wirklich für den abschreckenden Anblick zweier so furchtbar verkrüppelter Unglücklichen im Vordergrunde eine Art von Ersatz dadurch bieten zu wollen, dass er unter dem herzuströmenden Volke im Mittelgrunde mehre Frauen und namentlich Kinder von wahrhafter Anmuth und körperlicher Schönheit eingemischt hat. *Quatremère* sagt von der so gewaltig hervortretenden Tempelvorhalle: „*Il est dû à l'étonnante richesse de ces colonnes torses cannelées et ornées des rinceaux dorés, dont l'art de la tapissonne a produit la richesse et l'éclat avec une étonnante vérité*".

— Bemerkenswerth ist übrigens, dass *Rafael*, der grosse Kenner der Alterthümer Roms, bei dem Entwurfe dieser meisterhaften Halle eine noch jetzt am Hochaltare der Peterskirche befindliche Säule mit ihren *Weinranken und Genienspielen* sich als Modell nahm. Die gewöhnliche Sage lässt diese Säule durch Titus von Jerusalem nach Rom bringen. Allein dem widerspricht: dass dann gewiss nicht Genien, sondern Cherubs, als orientalische Thierhieroglyphe, an der Säule vorhanden sein müssten. — Uebrigens lässt sich auf keinem Teppiche mehr der *Mangel des Goldfädeneinschusses fühlen*, als an diesem, weil dadurch namentlich die Halle, wie man an dem römischen Exemplare sehen kann, noch weit mehr hervorgehoben wird. — 15 F. hoch, 22 F. 7 Z. breit.

Rechts vom westlichen Eingange:

E. Nach Evangelium Lucä 5, v. 1 bis 11. Christus auf der Höhe des Sees Genezareth im Schiffe des Fischers Simon, nachmals Petrus genannt, als dieser erstaunt über den auf Jesu Geheiss gethanen reichen Fischzug auf die Kniee gesunken ist und ausruft: „Herr, gehe von mir hinaus, ich bin ein sündiger Mensch!"

Der Künstler hat in seiner Composition mit weiter Ferne die Haupthandlung eigentlich nur auf 3 Figuren in einem Schiffchen auf hohem See beschränkt, und doch den ganzen grossen Raum des Bildes nicht unthätig und unbelebt gelassen. Christus in erhabener Ruhe mit *Simon Petrus* und *Jacobus* in dem einen mit Fischen überfüllten Kahne lenken die ersten Blicke auf sich; *Petrus* knieend und *Jacobus* in bittender, ehrfurchtsvollster Stellung, während *Johannes* und ein anderer Fischer mit dem Ausziehen der Netze in dem andern Fahrzeuge beschäftigt sind. Eigentlich ist wohl die Gestalt des *Petrus*, der im lebhaftesten Ausdrucke des ehrfurchtsvollsten Staunens, der Dankbarkeit und im Gefühle der Unwürdigkeit, den grossen Meister in seinem anspruchslosen Geschirre zu sehen, auf seine Kniee gesunken, der Brennpunkt der Composition. Doch der denkende Künstler hat auch noch andere Momente nicht unberücksichtigt gelassen, die das Leben des Ganzen erheben. Um nämlich die Ausserordentlichkeit des Fischzugs anzudeuten, hat er im Vordergrunde drei um ihren Raub bekümmerte Kraniche, auf einem Eilande sitzend und die Hälse schreiend erhebend, aufgestellt und ausserdem noch zwei beunruhigte Kraniche in der Luft und zwei unruhig dahinsteuernde Schwäne auf dem Wasserspiegel angebracht. Am Ufer des Sees in reicher Landschaft von *Tiberias*, mit bereits trefflicher Luftperspective, erblickt man das Volk, das *Christus* zuerst veranlasste, den Kahn des Fischers *Simon* zu besteigen, um es, ungestörter vom Zudrange, belehren zu können. — 15 F. hoch und 18 F. breit.

Kuppel-Saal G.

F. Nach Evangelium Johannis 21, v. 15 bis 24. *Christus* erscheint nach seiner Auferstehung zum dritten Male seinen Jüngern am See *Tiberias* oder Genezareth. Nach dem mit ihnen gehaltenen Mahle von Brot und Fischen fragt er den *Petrus* zu drei Malen: *„Simon Johanna hast du mich lieb?"* und nach dessen Bejahung: *„Weide meine Lämmer!" Weide meine Schaafe!"* —
Der Künstler hat die Gleichnissworte Jesu dadurch versinnbildlicht, dass er diesen auf eine hinter ihm *weidende Heerde von Schaafen* hinweisen lässt. *Johannes* tritt mit erhobenen, bittenden Händen zum Meister, während *Petrus* ehrfurchtsvoll vor ihm kniect. In die edele Figur des Auferstandenen hat der Künstler den Brennpunkt seiner Composition gelegt; in seinen Zügen liest man *Liebe* und *Vertrauen* zu seinen 11 Jüngern, deren stille *Wehmuth* wegen des vielleicht baldigen Scheidens von ihnen unverkennbar ist. Der am Ufer liegende Kahn mit Fischen deutet den erst vorhergegangenen Fischzug an. — 15 F. hoch, 21 F. 9 Z. breit. —

NB. Die Randeinfassungen von A. B. und D. E. F. sind in ziemlich gleicher Anordnung durchgeführt; Engel mit verschiedenen Attributen und Emblemen. — Die obere Mitte enthält einen volutirten Schild mit Blumenensembles, während in den oberen Ecken je zwei Apostel sitzend angebracht sind. Die kleinern Felderungen der beiden Seiten enthalten dagegen Scenen aus dem Leben, den Verfolgungen und Martern derselben in Reliefmalerei. Unbedingt sind die Einfassungen von weit späterer Composition, und wahrscheinlich erst aus dem Ende des 16. oder dem Anfange des 17. Jahrhunderts. Die Einfassungen zu den auf Befehl *Leo's X.* zu *Arras* gewebten Bildern nach den Cartons aus *Rafaels*, wie auch seiner besten Schüler Zeit, sind, wie selbst *Fernow* (Studien III. 204) sehr richtig bemerkt, ganz im Style des in der Branche der Verzierungen und Grotesken ausgezeichneten Schülers *Rafaels*, des *Giovanni da Udine*, und enthalten theils kleine Allegorieen, namentlich die Genien der 4 Jahreszeiten, die Parzen etc. theils Scenen aus der heiligen Geschichte, und in dem unterhalb laufenden Sockelfriese monochromatische Darstellungen aus dem Leben *Leo's X.*, wie auch aus dem alten und neuen Testamente in Broncefarbe. Am Besten sind diese Umrahmungen der römischen Rafaelsteppiche von *Pietro Santi Bartoli* gestochen und veröffentlicht worden. Auch *Quatremère de Quincy* hat darüber eine besondere Erläuterung geschrieben. *Roscoe* in seinem *Life and Pontificat of Leo Xth* (Vol. IV S, 239, der Londoner Ausg.) sagt darüber (aber nicht ganz genau): *„Each of the subject was ornamented at the bottom* with a frize or border, in chiaro scuro, representing the principal transactions in the life of Leo X." — Dass die Sockelfriese von Rafael selbst sind, ist gewiss, und man sieht nur zu klar, wenn man blos die Umrisse, welche *Landon* in seinen *Oeuvres de Rafael Tom. III und IV* gab, betrachtet, dass *Rafael* sich dabei die Trajanssäule zum Muster genommen hatte. Die letzteren sind möglichst im Charakter des classischen Alterthums mit gänzlicher Entfernung von dem Costüme der Zeit der Handlung ausgeführt: denn die Krieger sind in antiker Rüstung, der Arno und Tiber als Flussgötter personificirt und ausser der Roma als Göttin erscheinen sogar Oreaden und Dryaden. Auf den Sockeln sind zwischen den historischen Friesabtheilungen zwei Löwen, welche Oelzweige oder mediceische Embleme, unbedingt Anspielungen auf den Namen des Papstes, *Leo's X.*, und dessen Geschlecht, halten. Die Einfassungen unserer Arazzi haben, wie wir andeuteten, zwar auch breite Einfassungen mit Arabesken, Genien, Festons, Blumengewinden, Fruchtschnüren, und zwischen denselben Medaillons *en Camayen* (meist gelblich) mit Voluten etc., die theils Genienspiele, theils aber auch Scenen aus dem alten und neuen Testamente, oder dem Leben der Apostel zeigen; aber diese sind doch offenbar in dem Geschmacke der Zeit des trefflichen Grisaillenmalers *Taddeo Zucchero* und seines Bruders *Giovanni*, also 1546—1570 entworfen. Ueberhaupt ist anzunehmen, dass unsere gesammten Bildwebereien erst aus dieser Zeit nach den Patronen Rafael's gefertigt wurden, wenigstens unterscheiden sie sich von den *römischen* Arazzi nach Rafael's Patronen schon durch die grosse Einfachheit der Weberei: denn diese sind in Gold und Seide gewebt, und dieser Goldeinschuss hätte sie bald dem Untergange entgegengeführt, weil die Juden zur Zeit der französischen Occupation darnach lüstern waren. — Einer der sinnigsten Beschauer und Beurtheiler der Rafaelteppiche, *Quatremère de Quincy*, der während seines mehrjährigen Aufenthalts in Rom die Primagewebe mit Liebe und Kunstsinn betrachtete, spricht sich mit Begeisterung darüber aus. Er sagt unter anderen: „*Il est sensible, qu'aucun emploi des couleurs du peintre, ne pourait le disputer pour l'effet de l'illusion, dans tous ces objets, à l'emploi des fils métalliques d'or ou d'argent, qui y rend l'imitation, à proprement parler, identique. Aussi, encore aujourd'hui toutes ces parties des tapisseries ont elles conservé une force de ton et une puissance d'effet surprenante.*" (*Hist. de la vie et des ouvrages de Rafael, Paris 1824 S. 335.*) Freilich würde *Fernow* (römische Studien, III. Bd.) nicht ganz mit *Quatremère* einverstanden gewesen sein. Zur Schärfung des Kunsturtheils empfiehlt daher *Böttiger* (kleine Schriften Band III. S. 444) *Richardsons* freilich etwas breite Auseinandersetzung mit *Quatremère's* (a. a. O. S. 295—536) Kunsturtheile darüber zu vergleichen. — Besonders verräth die ungemein schöne und freie Anordnung

der Gewänder, mit Zierlichkeit in allen Details gepaart, den
grossen Meister und selbst der Zahn der Zeit und die unseren
Bildwebereien zuverlässig gewordene Nichtachtung vor dem Jahre
1790 vermochten nicht die ursprünglich treffliche Harmonie des
Colorits gänzlich zu benachtheiligen, wiewohl namentlich die
Carnation ziemlich verblichen ist.

Geschichtliches.

Bei genauerer Betrachtung und technisch gründlicherer Untersuchung unserer sogenannten Rafaels-Teppiche, über die bis jetzt keine genaue Spur vorhanden ist, wie sie eigentlich und zu welcher Zeit sie nach Dresden gekommen sind, dürfte sich doch wohl endlich soviel herausstellen, dass sie *wohl nicht* vor der Mitte des 16. oder (wie schon Einige gemuthmasst haben) wohl gar erst zu Anfange des 17. Jahrhunderts gewebt wurden, und vielleicht auch um diese Zeit nach Dresden gekommen sein könnten. Gewiss ist, dass unsere Bilder-Teppiche aus der Zeit sind, als die Fürsten mit einander wahrhaft wetteiferten, ihre Schlösser mit Erzeugnissen aus den Flandernschen Werkstätten zu zieren. Hat übrigens *Rubens* die Patronen, worauf wir nochmals zurückkommen müssen, für König *Karl I.* in *Brüssel* angekauft, so kann man mit einiger Gewissheit annehmen, dass unsere Exemplare vor 1625 gewebt worden sind. — Die Sage geht allerdings, wie wir auch bereits selbst in der Einleitung S. 24, 25 angedeutet, dass diese Arazzi durch Papst *Leo X.*, welcher dem von ihm vielfach beschäftigten *Rafael Sanzio* in den Jahren 15$\frac{17}{18}$ (nach Andern erst um's Jahr 1519) den Auftrag ertheilte, zu den für die *Sixtinische Kapelle* bestimmten Tapeten Cartons oder Patronen zu entwerfen und farbig auszuführen, als Geschenke an den Kurfürsten *Friedrich den Weisen* von Sachsen, der auch von diesem Papste die *goldene Rose* durch *Karl von Miltitz* (der sich aber bekanntlich nicht der besten Aufnahme zu erfreuen hatte) erhielt, nach *Torgau* (?) gekommen sein sollen. — So wahrscheinlich diese Sage klingt, so findet sie dennoch darin schon eine Widerlegung, dass die Dresdener Exemplare keineswegs mit den römischen ersten Geweben nach Rafaels Patronen in der materialen und technischen Ausführung übereinstimmen, weil die noch in Rom vorhandenen 21 Bildwebereien, wie schon angedeutet, gleichwie die 6 früher beschriebenen Arazzi, nach älteren niederländischen und italienischen Patronen, in *Seide und Wolle mit Goldeinschuss* gewebt sind, während man doch annehmen müsste, dass, wären auch die auf *Leo's X.* Bestellung für den Kurfürsten Sachsens, *Friedrich den Weisen* (an dessen Freundschaft doch bekanntlich dem Papste viel lag), gewebt worden, sie zuverlässig nicht einfacher (d. h. blos in Wolle und Seide), als die zu Rom gewebt worden wären.
— Bevor wir nicht aktenkundig erfahren, wie und wann diese werthvollen Bildtapezereien an den sächsischen Hof gekommen

sind, müssen wir uns damit begnügen, anzunehmen, dass sie jedenfalls erst auf Bestellung eines kunstsinnigen sächsischen Fürsten, vielleicht *Augusts* oder *Christians I.*, gewebt wurden. Wiewohl es auch nicht unmöglich wäre, dass sie bereits Kurfürst *Moritz* in den letzten Jahren seines Lebens (nach 1548) bestellt hätte, da es doch actenkundig ist (vgl. Einleitung S. 24), dass dieser Fürst um diese Zeit den sogenannten „*Türkenzug*" für sein neues selbsterbautes Dresdener Schloss weben liess. Wenigstens würde auch der Styl der Einfassungen dieser Zeit recht gut entsprechen, indem namentlich die volutirten Schildereien dieser Periode angehören. *Leo X.* hatte, wie es scheint, zu 12 Bildwebereien wenigstens die Cartons oder Patronen bei *Rafael* bestellt, was auch *Richardson* (*Traité de peinture III. 459*) behauptet. *Vasari* sagt (*Vite II. S. 128*) im Leben des Rafael über diese Bestellung: „*Similmente venne volendo al Papa di far panni d'arazzi ricchissimi d'oro e di seta in filaticci, perchè Raffaello fece in propria forma e grandezza tutti di sua mano i cartoni coloriti, i quali furono mandati, in Fiandra a tessersi e finiti i panni vennero a Roma*" etc. und hinsichtlich des Preises sagt er: „*Costò quest' opera settanta mila Scudi*", also 70,000 Scudi. — *Panvicini* jedoch, im Leben *Leo's X.*, schätzt sie auf 50,000 goldene Kronen (*Vite dei Pontefici II. 465.*). — Nach dem Berichte des Ceremonienmeisters *Leo's X., Paris de Grassis*, kostete jedes Stück dieser Bildwebereien 3400 Piaster nach heutiger Münze. — Diese Bilderteppiche wurden unter der Aufsicht zweier Schüler Rafaels, geborner Niederländer, des *Bernhard von Orlay* aus *Brüssel* und des *Michel Coxis* aus *Mecheln* in den Werkstätten zu *Arras* ausgeführt. — Eben so ungewiss, als man über die Zahl der Arazzi, die nach Cartons von Rafaels Hand selbst gewebt wurden, bis jetzt noch ist, ist man es auch darüber, wie viele derselben *Rafael* vollendet (vor seinem Tode 1520) noch gesehen hat. — Nach *Bunsen*, *Platner* und *Urlich* (Beschreib. Roms) bestehen die noch zu Rom vorhandenen Bildwebereien nach *Rafael* und dessen Schülern aus zwei Reihenfolgen. Die erste umfasst 10 Gewebe von gleicher Höhe, doch verschiedener Breite, welche *Leo X.* für die sixtinische Capelle anfertigen liess, deren Wände auch noch im vorigen Jahrhunderte bei den päpstlichen Functionen dieselben schmückten. Zu diesen 10 Geweben soll Rafael in den Jahren 1515/16 die Patronen in Wasserfarben selbst ausgeführt und dafür eine Belohnung von 434 Ducati (737 Scudi 80 Bajocchi) erhalten haben. — Die vortreffliche Arbeit dieser aus Wolle, Seide und Gold gewirkten Teppiche ist in ihrem jetzigen sehr beschädigten Zustande nur noch in einigen besser erhaltenen Theilen zu erkennen. Ihre ersten und bedeutendsten Beschädigungen erlitten sie zuverlässig wenige Jahre nach ihrer Entstehung bei der Plünderung Roms unter *Bourbon* und *Frondsberg* (1527), wo sie dem Heere *Karls V.* zur Beute fielen. Der Connetable *Anne*

Montmorency, der später, man weiss nicht wie, in ihren Besitz gelangte, gab sie, nachdem er sie hatte restauriren lassen, dem Papste *Julius III*. Im Jahre 1553 als ein päpstliches Eigenthum zurück. Damals war schon die untere Hälfte des Teppichs, welcher die *Bestrafung des Zauberers Elymas* darstellt, verloren gegangen, und man kann annehmen, dass diese Verstümmelung in der Gier nach dem darin eingewebten Golde ihren Grund gehabt habe. Auch die Seitenfriese, die jetzt an einigen Teppichen fehlen, dürften damals mit verloren gegangen sein. Nach *Duppa's* Berichte wurden sie erst bei der Plünderung Roms, im Jahre 1798, zerstückelt *(Life of Rafaello, p. 12, London 1802)*. Man soll sie nämlich damals an die Juden haben verkaufen wollen, welche sie auch des Goldes wegen annehmen wollten. Doch als sie ein Stück von dem Arazzo „*Strafe des Elymas*" genommen, probirt und nicht haltig genug gefunden hatten, waren sie gerettet. — Die zweite Reihenfolge der Bildgewebe, welche überdies grösser sind und auch colossalere Figuren enthalten, sind unbedingt aus späterer Zeit, und, da sie weder Abzeichen noch Wappen enthalten, die auf Kunstwerken, deren Anfertigung die Päpste veranlassten, selten fehlen, so scheint es fast, als ob sie gelegentlich angekauft oder als Geschenke in den päpstlichen Besitz gekommen wären. Sie sollen ursprünglich zur Bekleidung des bis auf *Paul V*. stehen gebliebenen Theils der alten Basilika des Vaticans gedient haben. In späteren Zeiten zierten sie die Vorhalle der jetzigen Peterskirche namentlich bei den Heiligsprechungen und wichtigsten Functionen des Papstes. Die Patronen zu denselben wurden höchst wahrscheinlich von den in Rafaels Schule gebildeten beiden Niederländern *van Orley* und *Michael Coxis* nach kleineren Entwürfen des Rafael ausgeführt: denn sie zeigen nicht des Meisters Umrisse, wie die 10 ersteren, sondern erscheinen eher als mehr oder minder geglückte Nachahmungen seines Styls und seiner grossartigen Composition; letztere ist jedoch nur in sehr wenigen von so ausgezeichneter Vortrefflichkeit als in den 10 ersteren. Uebrigens ist selbst die Technik der Weberei von verschiedener Fertigkeit, und namentlich in den Köpfen und der Carnation meist sehr verfehlt. Beide Serien von Bilderteppichen waren in der letzten Zeit eigentlich nur eine Decoration beim Frohnleichnamsfeste in der Gallerie des Petersplatzes vor der *Scala regia* aufgehängt. Zur Zeit der französichen Invasion 1798 geriethen auch sie in die Hände Beutegieriger, welche das Gold daraus gewinnen wollten und ein Teppich dieser zweiten Reihenfolge „*Christi Hinabsteigen in den Limbus*" fiel als Versuch des Ausbrennens. Da aber die Goldausbeute nicht den Erwartungen entsprach, so verkauften sie die übrigen nach Genua, von wo aus sie, für *Pius VII*. angekauft, im Jahre 1808 nach Rom zurückkamen. Im Jahre 1814 wurden sie an den Wänden der Zimmer *Pius's V*. aufgehangen und um 1840 kamen die meisten in die obere Gallerie des Belvedere. — *Fernow* in seiner Schrift über diese Teppiche (Studien III. S. 131 ff.) hat S. 201 unter Anderm die Anekdote bewahrt, dass ein französischer Commissarius aus Schlesien, mit Namen *Rössler*, dieselben in jener Katastrophe für seine Lieferungen für 30,000 Scudi angenommen habe: allein sie waren noch zeitig genug von einigen römischen Patrioten ruhig versteckt worden und so der Ausführung glücklich entgangen. (Vgl. auch Füssli, Rafael, S. 35.) — Ausser den 6 in unserer Gallerie vorhandenen Bildwebereien nach **Rafaels** Cartons besitzen die beiden römischen Garnituren in erster Serie noch: „*die Steinigung des Stephanus*"; „*Paulus im Gefängnisse zu Philippi*"; „*Bekehrung des Paulus*"; „*Tod des Ananias*"; sowie in zweiter Serie: „*Anbetung der Hirten*"; *Darstellung des Christkindes im Tempel*"; „*Anbetung der Könige*"; „*der Bethlehemitische Kindermord*" in drei Darstellungen; „*die Auferstehung Christi*"; „*Christus als Gärtner mit Magdalene*"; „*Christus zu Emaus*"; „*Himmelfahrt*"; „*Ausgiessung des heiligen Geistes*" (die beiden letzten Teppiche von verfehlter Arbeit). — Was die Patronen *Rafaels* betrifft, welche ungleich mehr Werth haben, als die Tapeten selbst, so blieben diese zum Theil in den Händen der Flandernschen Tapetenweber, deren Nachkommen nach *Richardson (Traité de peinture III. 459)* 7 Stück an den grossen, aber unglücklichen *Karl I.*, Königen von England (man sagt durch Vermittelung *Rubens*), um eine ziemlich ansehnliche Summe zu Brüssel verkauften. Während der ersten Stürme, die bald nachher in Grossbritannien wütheten, wurden diese kostbaren Cartons von *Rafaels* Meisterhand nebst anderen Schätzen des königlichen Kabinets versteigert. Allein *Cromwell* hatte noch so viel Sinn für Werke dieser seltenen Art, dass er, um sie wenigstens für England zu erhalten, Befehl ertheilte, sie ohne Weiteres zu erstehen. Indessen scheint man doch nachher nicht eben weiter auf sie sehr geachtet zu haben: denn bald nach *Wilhelms III.* Thronbesteigung fand man sie in sehr verstäubtem Zustande in einem alten Kasten, und zwar unverändert noch in Streifen geschnitten, sowie sie früher die Weber gebraucht hatten. Mehre Jahre waren die Patronen, nachdem man die Streifen zuvor schonend restaurirt und bestmöglichst zusammengefügt hatte, die Hauptzierde vom *Hamptoncourt* bei London, bis König *Georg III.* Befehl gab, sie zuerst nach Einigen nach *Buckingham-House* (?) und später nach *Windsor* zu bringen, wo *Georg Forster* sie zuerst sah und beschrieb. Doch haben sie seit etwa 40 Jahren in der *Carton-Galery* zu *Hamptoncourt* wieder ihre Aufstellung erhalten. Bei der letzten Aufstellung ist „*der Fischzug*" unten etwas abgeschnitten worden, weil man die dazu besonders erbaute Localität nicht der Höhe angemessen eingerichtet hatte. Man vergleiche noch: *Cartonensia or on historical and critical account of the tapestries in the Palace of the Vatican etc. by the Rev. W. Gunn*

London 1832. — (Ueber die 7 Patronen in Windsor vgl. man auch *Forsters* Ansichten Bd. 3 S. 92 und Rafaels Leben und Werke von *G. Chr. Braun*, Wiesbaden 1815 S. 165—173.) — *Richardson* hat in einer ausführlichen Abhandlung zu beweisen gesucht, dass diese Patronen die vollkommensten Arbeiten von Rafaels Hand sind und Alles übertreffen, was man im Vatican und in der Farnesina von ihm aufzuweisen hat. Auch *Lanzi (Storia pittorica I. 401)* ist damit einverstanden. Sie sind wiederholt in Kupfer gestochen worden und von den Sockelrändern, welche die Geschichte *Leo's X.* darstellen, hat *Peter Santi Bartoli* von *Perugia* eine Folge geliefert. Diese Sockelzeichnungen sind in der Patrone, sowie die übrigen 3 Patronen gänzlich verschwunden. An der Suite der 6 Arazzi in unserer Gallerie sind einfache cannellirte Sockel angenäht. Die 7 vorhandenen Patronen enthalten 1) *den Fischzug Petri;* 2) *Aufforderung Christi an Petrus: „Weide meine Schaafe";* 3) *Heilung des Lahmgebornen in der Vorhalle des Tempels;* 4) *den Tod des Ananias;* 5) *das Opfer zu Lystra;* 6) *Paulus predigt in Athen* und 7) *Bestrafung des Zauberers Elymas.* — Was diese letzte Patrone betrifft, so enthält diese auf der linken Seite neben dem Sessel des Sergius noch die grossartige Figur des Paulus mit Buche im Vordergrunde und 2 Lictoren nebst einigen anderen Figuren im Mittelgrunde, welche sämmtlich auf dem Exemplare fehlen, was unsere Gemäldegallerie besitzt. Man hat nun deshalb angenommen, dass dieses Gewebe sehr auf dieser Seite verletzt gewesen wäre, und dass man aus dieser Ursache es so weit verschnitten habe. Aber dem scheint doch unbedingt das zu widersprechen, dass erstlich die Säule, welche zum Theil in der Patrone der Kopf und das Beil des einen Lictoren deckt, auf unserm Exemplare ganz frei erscheint und auch zweitens die Randverzierung ganz passend, ja, sogar in dem Friese von den 5 übrigen etwas abweichend, nach Maassgabe der Breite des Bildes, gewebt ist, und überdies durchaus keine Spur von Verkürzung an sich trägt. Weit eher ist daher wohl anzunehmen, dass das Bild für einen bestimmten Raum bestellt ward, und dass man deshalb in ächter Handwerksmässigkeit auf Unkosten der Vollständigkeit der Handlung des Bildes diese absichtliche Verkürzung schon auf dem Webestuhle vorgenommen habe. — Die bekanntesten älteren Stiche der 7 trefflichen Patronen von Rafaels Hand sind von *Eq. Nicol. Dorigny (Gallus)* in Linienmanier, von *E. Kirkall* in Schabkunst, nach der Zeichnung von *Carolus Marrattus*, ferner von *Ioh. Simon* in Schabkunst nach der Zeichnung von *E. Cooper*, sämmtlich in Querfolio und endlich im Jahre 1707 in kleinem Formate, je 4 und 3 Bilder auf zwei Querfolioblättern von *Sim. Gribelin*. Die neuesten und vortrefflichsten Stiche lieferte dagegen *T. Holloway* unter der Adresse *T. Holloway. R. Slann & T. S. Webb.* seit dem Jahre 1806, wo die *Predigt Pauli zu Athen* erschien; 1810 erschien

„Christi Aufforderung an Petrus" etc., 1816 *„der Tod des Ananias"*, 1820 *„Bestrafung des Elymas"*, 1824 *„der Fischzug"*, 1828 *„das Opfer zu Lystra"* und 1839 erst *„die Heilung des Lahmgeborenen"*. Diese Blätter im gelungensten Stiche in Linienmanier sind im grössten Royal-Querfolio und ein Blatt kostet 60 und 100 Thlr. Die Fünf erstern sind nur von *Holloway*, der 1828 starb, selbst gestochen worden. Eine Ausgabe nach *Foggo's* Zeichnungen in Lithographie hat 1828 *Engelmann* in London begonnen. Die englischen Kunstkenner behaupten, dass nur diejenigen Patronen zu den Rafaelsteppichen vom Meister selbst ausgeführt worden wären, *deren Sujet aus der Apostelgeschichte genommen ist*, welche Ansicht allerdings wohl sehr gewagt sein dürfte. Von mehren Patronen, die sich *nicht in Hamptoncourt* befinden, besonders die vom *„Bethlehemitischen Kindermorde"*, sammelte der ältere *Richardson* viele einzelne Fragmente, und von zwei anderen Patronen spricht ein Reisender im 16. Jahrhunderte, dessen „Notizie" der Bibliothekar von St. Markus, *F. Morelli*, edirt und *Fernow* extrahirt hat. Sehr viel Wahrscheinlichkeit dürfte wohl *Bottari's* Annahme in den Anmerkungen zu *Vasari* haben, dass die Cartons zu 12 Teppichen von *Rafaels* Meisterhand selbst ausgeführt wurden, obschon eigentlich nur 10 der römischen beiden Garnituren nach Rafaels eigenen Cartons gewebt zu sein scheinen. — Ein der römischen ersten Serie hinsichtlich der Technik gleiches, ebenfalls mit Golddurchschuss gewebtes Exemplar der Rafaelteppiche befindet sich im Museum zu Berlin, während andere, denen zu Dresden fast gleichend, d. h. ohne Golddurchschuss, sich zu *Mantua*, Wien (5 Stück) etc. befinden. — Die Dresdener Suite war zu Ende vorigen Jahrhunderts zum Theil in Zimmern des Schlosses angebracht und sehr verstäubt, zum Theil in dem Garde-Meuble verborgen, und wir verdanken es allein dem kunstsinnigen Hausmarschalle, *Freiherrn von Racknitz*, dass sie an das Tageslicht hervorgezogen wurden. Dieser für Kunst ungemein enthusiasmirte Mann hatte nämlich durch die kunstgeschichtlichen Vorlesungen des Professor *Casanova* in Erfahrung gebracht, dass Papst *Leo X.* ein Exemplar der Tapeten an Kaiser *Karl V.*, ein anderes aber an den Kurfürsten *Friedrich den Weisen* geschenkt habe, und dass nach Kardinals *Albani* gegen ihn selbst ausgesprochener Vermuthung diese in *Dresden* sein müssten. Auf Grund dieser Erfahrung fand *von Racknitz* sich sofort zu *„sorgfältiger Durchsuchung aller mit Tapeten ausgeschlagenen Zimmer sowie aller Vorräthe"* bewogen, und so entdeckte er denn zuvörderst in den Zimmern der Kurprinzessin *Auguste* vier Stück derselben, die aber schon sehr gelitten hatten und endlich noch 2 andere im Garde-Meuble bei Seite gelegt. Auf Ansuchen des Hausmarschalls beim Kurfürsten *Friedrich August III.*, laut *von Racknitz's* Bericht vom 7. Nov. 1790, wurden die 4 aufgemachten Bilder-

teppiche abgenommen, sammt den im Garde-Meuble aufgefundenen 2 Stück von *Lechner*, Inspector der Porzellansammlung, welcher (nach Böttigers Versicherung) „ein wahrer Virtuos im Fleckausputzen", 5 Jahre damit zubrachte, gereinigt (wobei auch die damals mittels Oelfarbe mit einer Arabeske übermalte Inschrift am *Subsellium des Sergius* wieder zum Vorscheine kam) und dem Grafen *Marcolini*, damaligem Generaldirector der Academieen, zu passender Aufstellung übergeben, seit welcher Zeit sie im Parterre des japanischen Palais, in zwei Sälen des Porzellankabinets, aufgestellt wurden und erst nach 1825 in einem Saale des Brühlschen Palais, der allerdings nicht eben die günstigste Beleuchtung hatte, aufgestellt waren und an gewissen Tagen und Stunden der Woche den Kunstfreunden und Schülern der Academie zugänglich waren. Nach einer fast gleichzeitig gedruckten Notiz waren nur 2 der Tapeten in den Zimmern der Prinzessin *Auguste*, und, nachdem man sie abgenommen hatte, waren sie dem Aufwärter (wahrscheinlich dem Inspector) im japanischen Palais zur Reinigung übergeben worden, bei welcher Gelegenheit sie *Casanova* zufällig sah und nach den damals schon vorhandenen Kupferstichen erkannte, worauf Racknitz, von diesem darauf aufmerksam gemacht, die übrigen vier erst im Garde-Meuble unter altem Rummel auffand. Ja, einige Topographen Dresdens aus dem Anfange dieses Jahrhunderts wollen sogar wissen, dass man die vier letzteren öfter als Fussteppiche zum Schutze der Parquettirung beim Malen der Zimmer im Schlosse benutzt habe. — Dass der „*Tod des Ananias*" wirklich in Dresden je vorhanden gewesen ist, lässt sich eben so schwer behaupten, als dass die „*Bestrafung des Elymas*" wirklich abgeschnitten sei. Es wird bei genauerer Betrachtung uns immer unwahrscheinlicher, dass jemals mehr als *sechs* Bilderteppiche nach Dresden gekommen seien. Man hat zwar seit ihrer Wiederauffindung, im Jahre 1790, immer behauptet, dass noch ein *siebenter*, „*den Tod des Ananias*" darstellend, abhanden gekommen sein solle. Auch *von Racknitz* hoffte immer noch, den siebenten Arazzo aufzufinden. Doch man kann aus Gründen annehmen, dass (wie auch schon *Böttiger* will) nur *sechs*, die noch dazu auf eine bestimmte Localität berechnet, bestellt worden waren, gleich Anfangs vorhanden waren, dass diese Localität wahrscheinlich beim Brande des Schlosses, im Jahre 1701, zerstört, die Teppiche aber gerettet wurden, dass sie beim Neubaue des Schlosses vielleicht eine zerstreute Aufstellung erhielten und bei Umgestaltung des Schlosses, im Jahre 1738, theilweise wieder beseitigt worden sind. Dass übrigens die *sechste* Arazzi gleich anfänglich so breit bestellt war und nicht erst später verkürzt wurde, beweist namentlich der Umstand, dass sie alle mit einer mehr oder weniger breiten Seitenbordüre eingerahmt und dass diese mit Bildwerken und Schildereien so ausgefüllt sind, dass jede spätere Verkürzung sogleich ins Auge fallen müsste. Namentlich betrifft dies den Teppich mit der Darstellung der „*Blendung des Zauberers Elymas*", welchen man bis jetzt stets als verkürzt oder verschnitten betrachtete. Es klingt allerdings fabelhaft, dass dieser gleich Anfangs nur so breit gewebt worden sein sollte, ja, dass man, um einem gegebenen Raume zu genügen, nur die grössere Hälfte des Cartons, welche den Proconsul *Sergius* nebst dem in seiner Erblindung tappenden *Elymas* etc. enthält, ausgeführt, und namentlich die *Hauptfigur* der ganzen Composition, den *Paulus* nebst einigen Fernstehenden und natürlich auch die *hinter dem Sergius rechts stehenden Lictoren* weggelassen habe. — Und doch ist es leider so ganz nach Art des gemeinen Handwerkssinnes geschehen, der unbekümmert um die Verstümmelung einer Kunstcomposition allein nach der Bestellung der Breite arbeitete. Wer nämlich unsere Teppiche genau mit einem der 10 verschiedenen Stiche, welche von diesen in *Hamptoncourt* noch aufbewahrten Carton vorhanden sind, vergleicht, und wäre es auch nur mit dem Umrisse in *Landon's Oeuvres complets de Rafael (Tom I. Pl. 4.)*, muss unbedingt finden, dass in unserer gewirkten grossen Hälfte der *übergreifende Arm nebst Fascesbeil und der Kopf des einen Lictors* hier *absichtlich* wegblieb, und dass die eigentlich dadurch zum Theile im Carton bedeckte Säule *völlig frei hier erscheint*. Zweitens beweist aber auch die obere Einrahmung, welche mit den übrigen Arazzi nur das mittlere Volutenschild und die beiden Apostel in den Ecken gemein hat, dass diese der Breite völlig angepasst ward und dass an ihr durchaus keine Spur von Verkürzung ersichtlich ist. — Es dürfte aber auch noch ein anderer Umstand als Beleg dafür gelten, dass man wirklich gleich Anfangs nur 6 Teppichbilder für Dresden bestellte. — Jeder der 6 Arazzi enthält nämlich in den oberen Ecken, wo die Bordüren sich vereinigen sollten, wie schon erwähnt, das *Sitzbild Eines der 12 Apostel* (wobei man natürlich den *Paulus* als den 12ten angenommen hat) und darunter oder zur Seite derselben meist die *Werkzeuge ihres Martertodes* oder andere Attribute etc. Da nun jeder Teppich 2 Apostelbilder hat, so umfassen die sechs Teppiche zusammen den *ganzen Apostelcyclus*, was unbedingt bei der Bestellung mit zur Aufgabe gestellt worden sein dürfte. — Eine zweite den römischen hinsichtlich technischer und materialer Ausführung völlig gleiche und zum grössten Theile noch besser erhaltene Garnitur von 9 *Rafaelsteppichen* kam im Jahre 1824 zu London wieder zum Vorscheine In der Aula des Stadthauses *(the mansion house)*, in der sogenannten „*Egyptian hall*", waren diese Bildwebereien aufgestellt, und die Engländer, wie aus den Tagesblättern hervorgeht, waren darauf stolz, dass diese Kunstwebereien nach sonderbarem Schicksalswechsel ihrer Besitzer, seitdem sie von Rom aus nach England, als anerkennendes Geschenk des

Papstes, um's Jahr 1519 gekommen waren, endlich wieder aus weiter Ferne nach London zurückkehrten. Der ursprüngliche Empfänger dieses werthvollen päpstlichen Geschenks war unbedingt kein Anderer, als der vom Conclave auf Antrag des Papstes selbst am 12. October 1519 zum „*Schirmvoigte des Glaubens*" (*defensor fidei*) in Folge seiner Streitschrift für die sieben Sacramente (*Assertio septem sacramentorum, seu libellus regius adversus M. Lutherum haeresiarchum*, die Luther *libellus latinissimus* nennt), anerkannte und öffentlich erklärte König *Heinrich VIII*. — Uranfänglich mögen diese Bildgewebe im *Westminster* und nach Cardinal *Wolsey's* Sturze und dem Brande im *Westminster*, im Jahre 1529, in *Whitehall*, der neuen Residenz *Heinrichs*, aufgehangen gewesen sein, da selbst *Th. Vennant* in seiner gründlichen Nachricht über London erwähnt, dass *Whitehall* sich auch durch reiche Teppiche in Gold und Silber auszeichnete. *Heinrich* vererbte diese kostbaren Bilderteppiche, welche die längste Zeit in dem *Banquetting-Room* der königlichen Residenz *Whitehall* waren, an *Eduard VI.*, an *Maria*, *Elisabeth*, *Jacob I.* (*James the first*) und *Karl I.* Doch das tragische Ende dieses Königs brachte auch diese Kunstjuwelen mit dem übrigen königlichen Hausrathe unter den Hammer, und es ist nur zu verwundern, dass *Cromwell* sie nicht ebenfalls, sowie die 7 Cartons von *Rafael*, die für ihn allerdings von bei Weitem grösserm Werthe gewesen sein mögen als die gewebten Copieen, zurückstehen liess. Der damalige spanische Gesandte in London, *Don Alonso de Cardanas*, brachte sie in seinen Besitz; sie kamen mit ihm nach Spanien, und nach dieses Tode gelangten sie an das Haus *Alva (Medina Sidonia)*, wo sie in der herzoglichen Linie forterbten, bis der britische Consul, *Mr. Tupper*, in Spanien sie von dem vorigen Herzoge erkaufte. — Der Schwiegersohn des *Mr. Tupper*, der *Mr. Carter*, hatte sie wiederholt in London ausgestellt, um dazu einen Käufer zu finden und dann auf Zeit wieder verpackt, bis endlich der jetzige Director des königlichen Kupferstichkabinets, *L. Gruner*, den in London anwesenden *Bunsen* darauf aufmerksam machte und sie am 30. Juli 1844 aufstellen liess. — Die Unterhandlungen mit dem Berliner Kabinete begannen und der Kauf, für 3600 Pf. Sterling, ward am 30. Sept. abgeschlossen. *Gruner* brachte die Bilderteppiche selbst nach Berlin und der König leitete selbst die Aufstellung im Museum. Eine gründliche Restauration der vom Golde entblössten Stellen durch Aufsetzen von Muschelgold regenerirte die übrigens hinsichtlich der Farben trefflich erhaltenen Kunstwebereien. Durch diese Erwerbung erhielt das Berliner Neue Museum eigentlich wohl das zweite Exemplar der *Primagewebe nach Rafaels 10 selbst ausgeführten Patronen*, und es fehlt in dieser Garnitur nur noch die schmalste Tapete, die das „Erdbeben zu Damascus" genannt wird. Diese Teppiche, die sich jetzt im *Neuen Museum zu*

Berlin befinden, enthalten ausser den sieben Darstellungen der Cartons zu *Hamptoncourt* noch „*die Bekehrung Saul's*" und „*die Steinigung des Stephanus*". — Wenn nun der Papst, *Leo X.*, dem Könige *Heinrich VIII.* in so kostbarem Materiale diese Bilderteppiche zugehen liess, so ist es nicht glaublich, dass er dem Kurfürsten *Friedrich von Sachsen* nur einfach gewirkte Teppiche geschickt haben sollte; ja, noch unglaublicher dürfte es sein, dass der Kurfürst, der die *goldene Rose*, welche in dem Schreiben des Papstes „*sacratissima rosa chrismate sancto delita, odoriferoque musco inspersa*" genannt ist, so gleichgiltig aufnahm, von ihm diese Teppichbilder aufgenommen haben sollte.

Um einen nichtunterbrochenen Cursus durch die Räume zu beginnen, wenden wir uns zum westlichen Eingange der Rotunde und schreiten über den Treppenraum hinweg, mehre Stufen hinab, in den Saal *F.*, mit dem die *italienischen Schulen* den Anfang nehmen. Zuerst begegnen uns hier Gemälde der *Eklektiker.*

Saal F.

(Mit Oberlicht.)

Decoration des Frieses. Die vier Hauptbilder dieses reich, aber doch ohne Prunk arabescirten Frieses sind Grau in Grau auf mattem Goldgrunde vom Maler *C. Rolle* ausgeführt. Es ist namentlich auf den durch *L. Caracci*'s Dasein gerufenen *Eklekticismus* dabei Rücksicht genommen und im westlichen Friesbilde (nach Saal *E.* zu) *das Studium der Hilfswissenschaften* mit Andeutung des Namens der Schule — *Incamminati* —, welche sich vornehmlich die *Bekämpfung des wilden Naturalismus* zur Aufgabe machte, allegorisirt. Rechts von der Rotunde *G.* aus gesehen, stellt das Friesbild *die eifrigen und gewissenhaften Studien der Antike* mit besonderer Andeutung von *Guido Reni's Frauenköpfen (Niobe etc.)* dar, während das Friesbild links die *Studien der Natur im Allgemeinen, wie besonders im Actsaale* zeigt. Im 4. Friesbilde erblicken wir endlich *die Malerei, wie sie mehr mit verständigem Wollen als mit der unaufhaltsamen Begeisterung zu schaffen bemüht ist;* nebenbei ist auf die *verschiedene Technik* derselben, der *Oel- und Freskomalerei* hingedeutet. — Die kleinen Medaillonbildchen enthalten in den gemalten Statuetten der *Venus*, des *Hercules* etc., sowohl die Repräsentanten der durch die

Saal F.

Studien der Antike etc. erzielten Schönheit und Kraft der Formen, als auch die *Farbe* und die *Zeichnung*, als Mittel zu möglichster Erreichung der Naturwahrheit allegorisirt.

Seite von der Rotunde G.; rechts und links am Eingange:

451.* *Guido Reni.* Ninus, der Herrscher Assyriens, hat der zu seiner Gemahlin erhobenen Semiramis die Krone auf das bereits mit dem Diademe gezierte Haupt gesetzt; doch diese erhebt dieselbe im Gefühle, dass ihrem Gemahle allein die Krone gebühre, um diese ihm zurückzugeben, was er aber herzlich entschieden ablehnt.

Ganze Figuren über Lebensgrösse. Ungemeine Technik ist in dem Falle der prunkvollen Vorhänge des Thronhimmels entwickelt. Ueber die Erwerbung d. B. und die verschiedene Deutung desselben vgl. Einl. S. 70. 71. Von den vielen Fabeln und nicht verbürgten Lebensmomenten der Semiramis, die *Ktesias* u. A. erzählen, spricht keines für die Ansicht *Mosens*, der in der männlich schönen Gestalt des Herrschers im Purpurgewande „*einen Weichling, dessen Haupt- und Barthaar von Salben trieft etc.*" erkannte, und „*einen scharfen Blick*" und „*herben Mund*" an der edeln Weiblichkeit im Diadem gewahrte. Ebenso wenig wird Jemand den *Salomo und die Königin von Saba* darin erkennen, unter welchem Titel d. B. 1752 durch *Luigi Crespi* für 3000 Ducaten zur Gallerie kam. Einige wollen die Haltung und das Colorit des Bildes tadeln, ohne aber bedacht zu haben, dass es gelitten, die dunkelen Lasuren des Purpurmantels durch das giftige Roth verzehrt wurden, was auch mit den Lasuren der Carnation zum Theil der Fall ist. Demohngeachtet bewundert *von Quandt* als Kenner mit Recht, wie *Guido* „in die Haltung der Gestalten und in die Züge so edle hohe, und in den Ausdruck der Mienen so menschlich warme Liebe zu legen wusste, wie er Convention und Natur in Uebereinstimmung brachte, so dass er künstlerisch eine Aufgabe löste, welche practisch hochgestellten Personen selten gelingt." — Kupferstich von *J. Martin Preissler*. — Höhe 10 F. 4 Z., Breite 7 F. 8 Z. auf Leinwand. —

228. *Palma (Giacomo) d. Jüngere.* Ein an eine Mauer gebundener, entkleideter Mann, zur Seite ein Anderer mit turbanähnlicher Kopfbedeckung, der ein Paket aufhebt.

Man hat in dem Gefesselten (in Lebensgrösse) den *heiligen Sebastian* erkennen wollen; doch dazu gehörte wohl allerdings, dass bereits Pfeile in den Körper geschossen wären. Es liegt zwar ein Köcher mit Pfeilen vor ihm. Stich von *Corn. Galle* oder Einem der *Sadeler (?)*. *Algarotti* kaufte d. B. 1743 vom Grafen *Gioranelli* zu Venedig für 40 Duc. d'or. Leinw. 5 F. 10 Z. hoch, 4 F. 1 Z. breit.

433. *Caracci's Schule.* Der heilige Franciscus im Tode. Ein Engel streicht die Gambe.

Ganze, lebensgrosse Figur. Der Engel mit der Gambe ist das Sinnbild eines verklärten Dahinscheidens. Früher als „Entzückung des Franziskus". Aehnlich dem Blatte, das *Agostino Caracci* nach *Franc. Vanni* gestochen hat. Leinw., 6 F. 1½ Z. hoch, 4 F. 3 Z. breit.

338. *Trevisani (Francesco).* Die Rast der heiligen Familie auf der Flucht nach Aegypten.

Figuren unter Lebensgrösse. Anmuthige Landschaft. Maria mit ihrem, mit der aufgerollten Wickelschnure, die ein Engel hält, beschäftigten Kinde unter einem Baume, in dessen Zweigen Engel spielen und Früchte herabwerfen, welche Joseph im Gewande sammelt. Ein Engel führt den Esel zur Tränkung. Nach der bekannten Marienlegende. Leinw., 9 F. 10 Z. hoch, 8 F. 9 Z. breit.

489. *Barbieri (Franc.)* gen. *Guercino da Cento.* Scene aus dem berühmten Schäferspiele „*Pastor fido.*" des *Giov. Batt. Guarini* von 1585. Die durch Missgeschick tödtlich verwundete *Clorinde* sterbend in den Armen ihres Vaters *Linco*, der dem verzweifelten *Silvio*, welcher den unglücklichen Schuss gethan, die Wunde zeigt, während der Unglückliche, seine Brust entblössend, Jenem Bogen und Pfeil zitternd darreicht, damit er seinem jammervollen Dasein durch einen sichern Schuss ein Ende mache. *Clorinde* (gesegnet?) allein ist beruhigt und versöhnt.

Die Ausführung ist, sowie namentlich auch No. 481, 482, 483 und 490 in der weichen Manier B.'s. Eine genaue Beobachtung der Natur, die sogar an dem sich erhebenden *Linco* die Eindrücke am Knice nicht übersah. Ward 1774 als *Correggio* zu Madrid durch *Louis Talon* für die Gallerie angekauft (vrgl. Einl. S. 80.). Stiche von *Uhlemann* und *Louis Sim. L'empereur.* Leinw., 6 F. 3 Z. hoch, 7 F. 11 Z. breit.

Linke Langseite; von der Linken zur Rechten:

426. *Annibale Carracci.* Der heilige *Rochus*, auf dem Piedestal einer Säule des Porticus seines Pallastes zu Montpellier stehend, vertheilt aus einem Beutel das

für seine Güter gelöste Geld als Almosen unter die Armen und Krüppel. *(L'Aumone de St. Roch.)*
Ganze Figuren über Lebensgrösse. Schon wegen der Grösse und des Figuren-Reichthums in seltener Ausführung, wodurch die Hauptfigur der Composition allerdings etwas in den Hintergrund tritt, verdient d. B. unsere Bewunderung, und der breite und leichte Vortrag bekundet die Meisterschaft *C.'s*. *C.* malte es für die Brüderschaft des heil. *Rochus* zu *Reggio* und begründete durch dieses eklektische Gemälde seinen Ruf. In Italien war es als: „*Opera dell' Elemosina*" bekannt. *Mr. Fouquet (Surintendant des Finances en France)* hatte dafür schon eine hohe Summe geboten; doch der Herzog von Modena kam ihm zuvor, aus dessen Gallerie es 1746 mit nach Dresden kam. *Bellori* hat eine genaue Beschreibung des Bildes geliefert. (Vgl Einl. S. 54 ff.). Stich von *Jos. Camerata* im Gall.-W.; auch von *Guido Reni, Addr. Stephanie,* gr. Fol. — Leinw., 11 F. 8 Z. hoch, 7 F. 1 Z. breit.

425.* *Derselbe.* Madonna mit dem Kinde, in einem Buche lesend, auf schön gegliederter und reich verzierter Thronbasis, während zwei Engel die Vorhänge des Thronhimmels zurückschlagen. Zur Rechten steht der Evangelist *Matthäus*, als scheinbare Hauptfigur, mit Feder und Dintenfasse, eine Tafel haltend, auf der „*Hannibal Carraccius Bon (oniensis). F(ecit). MDLXXXIII.*" zu lesen. Diesem zu Füssen sitzt sein Attribut, der *Engel*, eine Papierrolle entfaltend, während zur linken Seite *Johannes* der Täufer nach dem Christkinde bedeutungsvoll hinweist und der heil.*Franciscus* verehrungsvoll dessen Füsschen küsst.
Figuren über Lebensgrösse. Das B. ist als „*heil. Matthäus des Carrcari*" bekannt. Mehre Figuren, besonders der Engel, erinnern an *C.'s* Wetteifer mit *Correggio* in heiterer Natürlichkeit. — Die Figur des Johannes ist zwar nicht ganz edel, aber ein meistervoll aufgefasstes Modell. *Mosen* bemerkt, dass diese Bilder *C.'s* „das in äusserliches Prunken übergegangene kirchliche Element" darthäten, und man darin gewahre, dass die Wirkung nicht mehr aus der Gestaltung des Gemüthslebens hervorgehe, sondern nur auf scenischem Effect beruhe. Dagegen bemerkt *von Quandt*, dass *C.* in diesem Meisterwerke seine ganze Kunst entfaltete, namentlich Correctheit der Zeichnung und natürliches Colorit in einer Composition, in welcher die Massen sich im Gleichgewichte erhalten, beurkundete. Die Madonna erinnere an die Pracht der Venetianer, *Franciscus* an *Correggio's* effectvollen Ausdruck. — Die Innung der Zeughändler zu *Reg-*

gio bestellte 1588 dieses Bild bei *C.* für die St. Prosperkirche, und bestimmte den heil. *Matthäus*, als ihren Schutzpatron, zur Hauptfigur. — Aus Modena 1746. Leinw., 11 F. 7 Z. hoch, 9 F. 1 Z. breit.

417. *Procaccini (Camillo).* Der heilige Pilger *Rochus* steht den Pestkranken zu Aquapendente bei und heilt sie durch des Kreuzes Zeichen.

Gleichsam Pendant zu No. 426. Figuren über Lebensgrösse. Der Heilige erscheint im Mittelgrunde und heilt einen vor ihn gebrachten pestkranken Jüngling durch den Segensspruch, während ein vor ihm knieender Mann seine Hilfe flehendlich begehrt. Der Künstler zeigt sich hier als geübter Maler und gewandter Zeichner, doch, wie *von Quandt* richtig bemerkt, sein eitles Streben, starke Wirkungen hervorzubringen, welche durch Gegensätze noch gesteigert werden sollen, haben ihn zu dieser Composition, welche Bewunderung, doch auch Bedauern erregen muss, vermocht: denn Leichen und Genesene, Ueppigkeit und Grauen contrastiren hier mit einander, indem er eine von einem Manne getragene reizende Todte, sowie eine sterbende Mutter mit dem im Todeskampfe liegenden Kinde und neben ihnen den jammernden Vater in den Vordergrund brachte, die doch, als Repoussoirs betrachtet, zu stark beleuchtet sind. Die eigentliche Weihe zu einem Heiligenbilde giebt allein der über *Rochus* schwebende, vom Glanzlichte umflossene Engel mit der Lanze. — Das *Abrégé* sagt: „Ce tableau, que le Duc de Modene a mis en concurrence avec un autre S. Roch, qui fait l'aumône, peint par Annibal Carrache, fera toujours connoître la grande capacité de Camille Procaccini, c'est toujours un des plus beaux ouvrages, qui soit sorti de son pinceau." — Aus Modena 1746. — Restaurirt durch *Schirmer.* Leinw., 11 F. 9 Z. hoch und 10 F. 10 Z. breit.

522. *Strozzi (Bernardo),* gen. *il Prete Genovese.* Rebecca reicht dem an sie als Brautwerber abgesendeten ältesten Knecht Abraham's am Brunnen Wasser zum Trunke aus ihrem Kruge, woran er sie erkennt. (1. Moses 24, 46.)

St. hat als Naturalist, bei aller Schönheit des Colorits, aber doch die Abnormitäten seiner Modelle nicht vermieden, was wir namentlich an dem Fusse des Knechtes finden können, der, trotz der Sandale, durch Schuhwerk verkrüppelte Zehen zeigt. — Costüm gemischt. Lithogr. von *Hanfstängl.* — Kam durch *Leplat* 1725 zur Gallerie. — Leinw., 6 F. 6 Z. hoch, 5 F 1 Z. breit. —

256. *da Ponte (Francesco),* gen. *Bassano.* Die Himmelfahrt der Maria, welche von Engeln in einer Glorie ge-

Saal F. 29

tragen wird, während die Apostel die geöffnete Tumba in Staunen und Anbetung umstehen.

Das *Abrégé* schreibt d. B. dem *Leandro da Ponte (?)* zu. Figuren in ½ Lebensgrösse. Leinw., 5 F. 2 Z. hoch, 4 F. 2 Z. breit. —

523. *Strozzi (Bernardo).* Esther erscheint im Schlosse zu Susan vor ihrem königlichen Gemahle, Arthastasa von Persien und Medien, genannt „*Ahasverus*" (d. h. der Majestätische), und ist im Begriffe, ihm die böse Absicht Haman's gegen die Juden zu entdecken. (Esther C. 7.)

Kniestück mit lebensgrossen Figuren. Der altersschwache (gegen die Geschichte?) König mit den Reichs-Insignien, der Turbankrone etc., neben sich, unterhalb in goldbrocatenem Teppich gehüllt, eine seiner Frauen reicht ihm die Trinkschaale mit dem von ihm sehr geliebten Weine, während Esther mit bekümmertem Ausdrucke vor ihn tritt, neigt er sich würdevoll herzlich zu ihr und hört sie mit einiger Ueberraschung. Costum gemischt. Lithogr. von *Hanfstängl.* — Mit No. 522 erworben. Leinw., 6 F. 8 Z. hoch, 5 F. breit.

525. *Derselbe.* David nach dem ungleichen Kampfe mit dem riesigen Philister Goliath.

Kniestück, lebensgrosse Figur. David das colossale Schwert des Gefällten über die Schulter und das abgeschlagene, durch den Steinwurf verletzte Haupt des Riesen am Gürtel tragend. Die Figur nach einem Modelle aus dem niedern Volke und David's unwürdig. Stich von *Pietro Monaco.* — Aus dem Palaste Sagredo zu Venedig für 58 Ducaten durch *Algarotti* 1743. Leinw., 4 F. 8½ Z. hoch, 3 F. 6¼ Z. breit.

158.* *Amerighi (Michelangelo),* gen. *da Caravaggio.* Der junge überlistete Kriegsmann in einer Spielgauner-Spelunke beim Faraospiele.

Kniestück im spanischen Costum des 16. Jahrh. Dieses in jeder Beziehung ausgezeichnete Bild des vorzüglichsten Naturalisten ist unbedingt eine Frucht seiner eigenen Abenteuer in Neapel, oder auf Malta und Sicilien. A. stellte einen jungen, einfältigen Kriegsmann als abschreckendes Beispiel dar, der wahrscheinlich auch seinen ersten Feldzug mit dem Buche der vier Könige antrat. Die grelle Beleuchtung der Figuren mehr von Oben in einem übrigens kellerartigem Raume zeigt bei tiefen Schatten ihn als Meister des Helldunkels. Der Unerfahrene hat einen sichtbar ausgeprägten Gauner als Gegner und einen alten verkappten Schuft, als Spion, im Rücken, der mit Ersterem gemeinschaftliche Sache macht: denn während der Erstere nach den auf dem Tische liegenden Goldstücken gierend, eine der Karten mit der rechten Hand zu beseitigen und eine andere dafür hervorzuziehen bemüht ist, signalisirt der Andere, eine wahre mephistophelische Erscheinung, mit der aus dem Mantel hervorragenden Hand, über der ein bübisches Augenpaar lugt, die Zahl des von dem vertieften und arglos nachsinnenden Jünglinge gezogenen Blattes. Ein fast gleiches Bild *A.*'s befindet sich im Palaste *Barberini* zu Rom, welches *A.* für den Cardinal *del Monte* malte. Doch soll das unserige von grösserer charakteristischer Feinheit sein. Das *Abrégé* sagt: „*D'ailleurs notre tableau a tout l'agrément, dont un sujet si pauvre a été susceptible et l'Artiste l'a exécuté par un coloris vigoureux et par un clair-obscur frapant.*" — Stich von *Pierre Tanjè* und *W. Witthöft.* Lithogr. von *Hanfstängl.* Aus der k. Gall. zu Prag 1748. (Einl. S. 67 f.). — Leinw., 3 F. 3 Z. hoch, 4 F. 10 Z. breit.

419. *Procaccini (Giulio Cesare).* Die heilige Familie. Maria mit dem von ihr gehaltenen Jesusknaben, dessen Rechte nach dem von einem der beiden abseits stehenden Engel getragenen Fruchtkorbe langt, während links Joseph in stiller Betrachtung steht.

Figuren in Lebensgrösse. „Unter den Eklektikern verdient *Camile Procaccini* eine Ehrenstelle", sagt *von Quandt* bei diesem Bilde, „denn er versuchte ernste Schönheit mit der Heiterkeit und Naivität des *Correggio* zu verschmelzen etc.", wonach es dieser Kenner also nicht dem *Guilio Cesare P.* zuschreibt. Aeltere Kunsthistoriker dagegen sind darin einverstanden, dass d. B. das Hauptstück des *G. Ces. P.* sei, sowohl in Hinsicht der lieblichen Composition als des kräftigen Colorits, wie auch der herrlichen Harmonie und seltenen Grazie von Mutter und Kind, und sie sind ebenfalls versucht, es den besten Arbeiten *Correggio's* an die Seite zu stellen. Andere erblicken in der Haltung des Kindes etwas Eigensinn. — Stich von *Jos. Camerata.* Aus d. Samml. *Belgiojoso* zu Mailand 1728 durch *J. Perodi.* — Holz, 5 F. 8½ Z. hoch, 3 F. 10 Z. breit.

538. *Biscaino (Bartolo.).* Christi Urtheilspruch über die von den Pharisäern ihm vorgeführte Ehebrecherin, in dem Augenblicke, als er sich niederbeugt, um auf die Erde zu schreiben. (Nach Evang. Johannis 8, 3 bis 11.)

Kniestück, Figuren in Lebensgrösse. Der in Zeichnung und Färbung sehr geschätzte Künstler hat mit vielem Feuer diese Composition durchgeführt. Niedergesenkten Blicks erwartet, von zwei Kriegsknechten bewacht, die im Ehebruche Ergriffene auch von Christus das Urtheil: „Steiniget sie!" — während Christi Antwort: „Wer unter Euch ohne Sünde ist, werfe den ersten Stein auf sie!" ihre Ankläger in Verlegenheit setzt. — Das *Abrégé* sagt: „*La composition de ce tableau est aussi riche qu'elle est pittoresque, il y regne une chaleur qui promet dans la peinture, des teintes extrêmement lumineuses, & pas moins brillantes que celles de Valerio Castelli, dont notre artiste fut le meilleur disciple.*" Stich von *Jos. Camerata*. — Leinw., 5 F. 3 Z. hoch, 7 F. breit.

424.* Carracci *(Annibale)*. Allegorie *des Ruhmes und der Ehre;* ein geflügelter empor schwebender Genius mit Lorbeer um das gehobene Haupt, während mehre Siegeskrönungen den linken aufstrebenden, nach einer Krone fassenden Arm umschlingen, und der rechte, von purpurrothem Gewande umflatterte Arm einen Wurfspiess führt. Kleinere Genien, die ihn von allen Seiten umgeben, scheinen das Schwindelnde seines Beginnens zu bewundern und zu befürchten.

Figuren in Lebensgrösse. Stich von *C. D. Jardinier*. Unter der Firma „*il Valore*" aus der Modenaer Gall. — Leinw., 6 F. 2 Z. hoch, 4 F. breit.

Rechte Langseite; von der Linken zur Rechten:

448.* Reni *(Guido).* Der *auferstandene Christus* erscheint der ihn anstaunenden und vor ihm in heiliger Scheu in die Knice gesunkenen *Maria,* indem inmitten Beider ein Engel die mit dem Kreuze bezeichnete Siegesfahne aufpflanzt. Während Engel in einer Glorie anbetend schweben, erblickt man zur Rechten den heiligen *Carolus Borromaeus,* in anbetender Stellung, und links *Adam* und *Eva*.

Figuren in Lebensgrösse. *Borromaeus* ist hier unbedingt als Schutzpatron vom Besteller des Gemäldes zu betrachten, während Adam und Eva als Allegorie der *Erbsünde* im Contraste zum auferstandenen Erlöser der Menschheit figuriren, (im *Abrégé*: Il (Christ) *mène à sa suite nos premiers pères Adam et Ève, qu'il a arrachés aux bras de la mort.*"), während der Engel mit der Kreuzesfahne den Sieg über den Tod feiert, was auch die Palmen tragenden Engel in der Himmelsglorie andeuten. Einige wollen die allerdings eigenthümliche Composition nicht gelungen nennen. Stich von *Jac. Tardieu*. Aus der Gallerie zu Modena. — Leinw., 11 F. 6 Z. hoch, 7 F. 1 Z. breit.

482. Barbieri *(Francesco),* gen. *Guercino*. Die in den nach ihr benannten Baum verwandelte *Myrrha* (oder

Smyrna) gebiert den von ihrem hintergangenen Vater, *Thrias*, Könige von Assyrien, empfangenen schönen Knaben *Adonis*, wobei ihr Artemis (Diana), als *Juno Lucina*, mit deren Nymphen Beistand leistet.

Figuren in Lebensgrösse. *Franceschini* hat (No. 506. Kab. 6) namentlich den gebärenden Baum mehr in der Form der Metamorphose aufgefasst, während wir hier nur einen gespaltenen Baum erblicken, der aber dem Geschlechte der Mimosen keineswegs ähnlich ist. *B.* dachte vielleicht an die Variante des Mythos, dass der wuthentbrannte Vater den Baum mit einer Axt spaltete. — Leinw., 7 F. 5 Z. hoch, 9 F. 6 Z. breit.

429. *Carracci (Annibale).* Die Verklärung der *Maria;* die in einer Glorie Emporschwebende wird von zwei musicirenden Engeln am geöffneten Himmel begrüsst, während um deren verlassene Grabtumba, inmitten mehrer Säulenfragmente etc. (wie auf einem Begräbnissplatze), die *Apostel*, in begeistertes Staunen versetzt, ihr anbetend nachblicken.

Lebensgrosse Figuren. Man war lange Zeit der Meinung, dass *Annibale* das Gemälde nicht allein ausgeführt habe, sondern dass die drei *Carracci* zu gleicher Zeit daran gemalt hätten. Als Andeutung, dass Maria, als Mutter des Erlösers von der Knechtschaft der Erbsünde, ebenfalls Theil an der Erlösung des Menschengeschlechts habe, hat der Künstler an der Zarche der Tumba den Sündenfall und die Bestrafung des ersten Elternpaares als Relief angebracht. Das B. ward ebenfalls auf Bestellung der Brüderschaft des heil. Rochus für ihre Capelle zu Reggio, und zwar nach der „*Opera dell' Elemosina*" (No. 426), gemalt. Als der Herzog von Este-Modena erfuhr, dass beide B. in Gefahr schwebten, abhanden zu kommen, liess er Copieen davon anfertigen und schmückte mit den Originalen seine Gallerie, aus der sie 1746 mit nach Dresden kamen. — Stich von *Jos. Camerata* nach *Hutin's* Zeichnung. — Leinw., 13 F. 6 Z. h., 8 Z. br.

481. *Barbieri (Franc.)* gen. *Guercino.* Venus eilt mit Amor bestürzt herbei, und findet ihren geliebten, jagdlustigen *Adonis* in Folge der von einem, ihm durch seinen Nebenbuhler *Mars* in die Bahn gesendeten Eber erhaltenen Wunde bereits verschieden.

Figuren in Lebensgrösse. Der Künstler, der auch dieses Bild in seiner weichern Manier ausführte, hat die Zerstörung, welche der gewaltsame Tod sogar auf die schönsten Gesichtszüge ausübt, trefflich dargestellt, ohne jedoch dabei die Spuren der lebenden Schönheit des Adonis zu vernichten. Leinw., 7 F. 5 Z. hoch, 9 F. 6 Z. breit. —

454. *Reni (Guido).* Madonna auf einem Throne sitzend, indem das *Christkind* auf ihren Knieen steht und mit liebevoller Geberde nach dem unter ihnen stehenden heil. *Crispus* und dem das Knie beugenden *Crispinian*, den Schutzpatronen der Schuster, herabblickt, während im Vordergrunde der heil. *Hieronymus* sitzt und in einem auf dem Schoosse liegenden Buche liest. Ueber der ganzen Gruppe schweben zwei Engel, die aus Körbchen Blumen herabstreuen.

Figuren über Lebensgrösse. Schon die neben den beiden ersteren Heiligen liegenden *Schuhmacherwerkzeuge* (Leisten und Zuschneidemesser) verrathen ihr ehemaliges Gewerbe und zugleich die ihnen zugemuthete Patronschaft. R. hat das B. für den Altar der Schusterinnung in der Kirche St. Prosper zu Reggio gemalt und der Herzog von Este-Modena acquirirte dasselbe gelegentlich für seine Gallerie, aus der es 1746 mit nach Dresden kam. Das *Abrégé* sagt: „*Le Guide seul, né avec un génie heureux et facile, et maître des graces, a pû former d'un sujet si simple une composition qui, par sa sagesse et par sa magnificence, égale tout ce que la peinture a jamais fait de plus accompli, & force tous les suffrages à se réunir en sa faveur.*" — Stich von *P. L. Surugue*, dem Sohne. — Leinw., 11 F. 4 Z. hoch, 7 F. 7 Z. breit. —

490. *Barbieri (Franc.)* gen. *Guercino.* Der (nach 1. Moses 19.) aus *Sodom* entflohene Neffe Abrahams, *Loth*, vor der Höhle bei *Engaddi*, zwischen seinen beiden Töchtern sitzend, während beide Weingefässe halten und die Eine mit bedeutsamen Blicken den Vater betrachtet, indem die Andere ihm Wein in die von ihm gehaltene Schale giesst. Im Mittelgrunde seine zur *Salzsäule* gewordene Frau, *Hedith*, und im Hintergrunde das brennende *Sodom*.

Figuren in Lebensgrösse. Dieses ebenfalls in seiner weichern Manier, im vorgerückten Alter, gemalte Bild stellt uns den alten, aber lebenskräftigen Witwer *Loth* schon als etwas vom Weine erhitzt dar, und die lüsternen Blicke seiner Töchter verrathen uns, dass sie die durch einen Rausch geförderte Schwäche ihres Vaters zu benutzen gedenken. Denn in der genannten Höhle soll er sich den widernatürlichen Trieben derselben Preis gegeben haben. — Ward aus der Sammlung des *Mr. Polignac* in

Paris, der es mit 14,000 Liv. in Rom bezahlt, 1744 durch Rigaud für 4500 Liv. zur Gall. gekauft. Leinw., 6 F. 3 Z. hoch, 7 F. 11 Z. breit. —

505. *Franceschini (Marco Antonio).* Der erste Akt der Busse der heiligen *Magdalene*, welche zum Theil ihre Kleider von sich geworfen und in völliger Ermattung, noch die Geissel in der Hand, in die Arme Einer aus ihrer herbeigeeilten Umgebung gesunken ist, während neben ihr eine Andere es herzlich versucht, sie zu trösten und auf die Gnade des Himmels zu verweisen. Am Fussboden liegen die Zeichen ihrer frühern Hofart, ein zertrümmerter Spiegel und zerrissener Perlenschmuck, welchen ein Negerknabe aufzuheben bemüht ist.

Figuren in Lebensgrösse. Während andere Künstler vor *F.*, namentlich *Correggio, Battoni, Cessi, van der Werff* etc., wahrhaft mit einander wetteiferten, die *Maria von Magdala*, gen. Magdalene, als *büssende Einsiedlerin* in der verschiedensten Situation darzustellen, versuchte *F.*, den Anfang der Legende, deren Uebergang von der Hofart zur Reue und Busse, uns vorzuführen. Und es ist ihm gelungen. Als Nachahmer des *Guido Reni* hat *F.* mit vielem Gefühle und künstlerischer Auffassung die in einen Thränenstrom der Reue ihrem gepressten Herzen Luft machende und von der ersten Selbstzüchtigung ermattete Magdalene dargestellt, und namentlich den Ausdruck der Resignation zur Busse, wie nicht minder die heldenmüthige Festigkeit, mit welcher sie die Geissel hält, ausgeprägt. Eben so gelungen ist die herzliche Besorgniss ihrer Angehörigen, die sich sorglich, wie um eine Kranke, zu ihr geschaart haben, um die in völliger Auflösung ihres frühern Sinnens und Trachtens Dahinsinkende zu unterstützen, während er den zu allen Verhältnissen des Lebens sich schlau gesellenden *Eigennutz* in der Person des jungen Negersclaven, der nur Sinn für den Glanz der Perlen zeigt, als Contrast mit einzuführen nicht vergass. *Mosen* bemerkt dabei: „Psychologische Aerzte und Novalis mögen uns belehren, wie, in der Fäulniss geistiger und leiblicher Zustände, die Pein der einzige Stachel der Wollust sei." — Eine geistreiche Würdigung dieses Bildes hat die Schlegel'sche „Europa" gegeben. — Die aus der Stelle des *Lucas* 7, 36 bis 50 mit Vergleichung der Stellen *Lucas* 8, 2 und *Johannes* 20, 1 gefolgerte Legende ward von der Kirche autorisirt, und die Kunst hat in ihren Magdalenenbildern wohl eigentlich 2 Frauengestalten vermischt, in welchen die Reue und die Erhebung gefallener Sünderinnen verherrlicht sind. Die Umwandlung der im Uebermaasse sinnlicher Liebe und Coquetterie Strauchelnde zu einer Bussfertigen und Heiligen ergriff die Andacht und mit ihr erfasste die religiöse Poesie und Kunst

Saal F. 35

den aus ihrer Bekehrung und den Lebensumständen jener mit derselben verwechselten *Maria von Magdala* verschmolzenen wenigen Stoff, um sich das heilige Magdalenenbild zu schaffen, das zu den anziehendsten Gegenständen der bildenden Künste stets gehörte, und uns daher vielfältig ausgeprägt begegnet, weil es am Besten geeignet war, die Frommen zu rühren, besonders aber die gefallenen, bussfertigen Frauen und Mädchen zu trösten, wodurch auch im 12. Jahrh. der Frauenorden der *Büsserinnen* oder *Magdalenotten* seine Entstehung hatte. — Durch *Giovannini* 1756 für 400 Duc. aus der Sammlung des Marchese *Bobi* angekauft. Leinw., 8 F. 7 Z. hoch, 6 F. 1 Z. breit.

157. *Amerighi (Michelangelo)*, gen. *da Caravaggio.* Petrus erfüllt die Voraussage Christi. In dem Vorhofe des Palastes steht er in der Nähe eines Leuchtfeuers und um ihn mehre Kriegsknechte, während die Magd des Oberpriesters ihn als einen der Anhänger Christi bezeichnet, was er jedoch standhaft leugnet (nach Lucas 22, 55 ff. — Matth. 26, 58 ff. und Marcus 14, 54 ff.).

Kniestück, lebensgrosse Figuren. Höchst charakteristische Gruppe; besonders gut ist die Verlegenheit des Petrus dargestellt, und die eigentlich mehr als Repoussoirs behandelten Kriegsknechte heben die Gestalt der den Petrus angehenden Magd hervor, während *A.* als Contrast in dem jungen schlafenden Krieger den in allen Lebensmomenten nicht fehlenden Indifferentismus personificirte. Ebenfalls ein Bild, das *A*'s treffliche Beobachtungsgabe und tiefes Studium menschlicher Charaktere beurkundet. — Aus der Modenaer Gall. 1746. — Leinw., 4 F. 6 Z. hoch, 5 F. 2½ Z. breit.

156. *Derselbe.* Der heilige Sebastian an einen Baumstamm gebunden und mit der heldenmüthigen Fassung eines Märtyrers die durch in ihn geschossene Pfeile erzeugte Schmerzenspein erduldend.

Lebensgrosses Kniestück. Unbedingt gehört dieses Bild, womit auch *von Quandt* völlig einverstanden, zu *A.'s* vorzüglichsten Schöpfungen. Er liess sich dabei keineswegs den Fehler mehrer Naturalisten zu Schulden kommen, bei genauester Auffassung des Modells die Tendenz und künstlerische Behandlung seines Sujets zu vernachlässigen, auch hat er, der der Erste war, welcher tiefste Schatten neben grellste Lichtpunkte nach Auffassung dieser Erscheinung in der Natur zu stellen wagte, dabei eine weise Mässigung von Licht und Schatten im Auge gehabt, was nicht in allen seinen Gemälden der Fall ist, wo er oft, um Wirkungen zu erzielen, beide zu den schroffsten Gegensätzen steigerte. — Aus Modena 1746. — Leinw., 4 F. 5½ Z. hoch, 3 F. 6 Z. breit.

504. *Gennari (Benedetto).* Eine weibliche Gestalt sitzt mit Pinseln und Palette vor der Staffelei, auf der ein *schlafender* Amor als halbvollendetes Oelbild steht. Seitwärts sitzt an einem Tische ein Mann im vorgeschrittenen Alter mit vollem Barte, nach dem sie sich umwendet, während dieser die Stiftzeichnung ihres Bildes aufmerksam betrachtet.

Lebensgrosse Figuren in griechischer Tracht des 17. Jahrhunderts. Wird von *J. Hübner* als „*allegorisches Bild*" — „die Malerei" — nach dem Vorgange des *Abrégé* (S. 182) bezeichnet. Doch als Allegorie hat es zu wenig weihevolles, sondern die ganze Behandlung verräth mehr denn zu sehr das Genrebild, oder lässt höchstens darin ein Famlienbild errathen. Betrachten wir endlich genauer die Köpfe, so finden wir gewisser Maassen Reminiscenzen aus Quercino, dem Onkel und Meister des *Gennari*, weshalb auch in den Catalogen von Riedel und Demiani d. B. als „*Guercino da Cento (3ter Manier)*" verzeichnet. *Mosen* nennt es „*die Dilettantin der Malerei*". — Leinw., 8 F. 8 Z. h., 6 F. 5 Z. br.

* **160.** *Amerighi (Michelangelo)*, gen. *da Caravaggio*. Ein Wachtposten in einer Art von Halle, an einem mit antikem Relief versehenen Postamente sitzen und stehen ältere und jüngere Kriegsleute von höherm Range und dahinter einige *Serventi d'arme* oder Kriegsknechte, sowie ein saracenischer Bewohner Malta's. Einige spielen Karte, während Andere um Goldstücke würfeln.

Kniestück, lebensgrosse Figuren. Ist zuverlässig eine Frucht seines Aufenthaltes auf Malta. Die tiefen Schatten im Contrast zu den hohen Lichtern auf den mehr oberhalb beleuchteten, höchst charakteristischen Figuren, deren Physiognomieen die verschiedenen Regungen, welche das Spiel erzeugt, ausdrücken, machen d. B. zu einem höchst effectvollen, und lassen uns dasselbe als die Schöpfung eines mit der Technik vertrauten Naturalisten wohlgefällig betrachten. Der saracenische Malteser beobachtet den Einen der rechts sitzenden Spieler, der mit Verlegenheit seine Karte prüft, während sein geübter Gegner ruhig den Ausgang erwartet. Die links Stehenden erregen die Aufmerksamkeit der mittleren Spieler, indem der alte gehärnischte Krieger einen guten Wurf gethan hat und sein Gegner, ein junger schöner Mann, in einiges Staunen darüber versetzt ist. Die Spuren des Löhnungstages harren dem Umsatze entgegen. — Der Titel: „*Römische Soldaten in der Wachtstube*" dürfte wohl gefehlt sein. — Lithographie von *Hanfstängl.* — Leinw., 6 F. hoch, 8 F. 4 Z. breit.

Saal F.

Seite des Einganges zum Saale E.

484. *Barbieri (Franc.),* gen. *Guercino.* Kephalus im grenzenlosesten Jammer über das Missgeschick, einen unwillkührlichen Mord an seiner geliebten Gattin, *Prokris,* begangen zu haben. Prokris liegt entseelt mit dem Pfeile in der Brust. Amor schwebt weinend über der Schmerz erregenden Gruppe. (Der *Hundsstern* und die *Naturkraft.)*

Figuren in Lebensgrösse. Schauplatz im attischen Demos *Thorikon.* Die alten Mythologen kennen *zwei Kephalus;* der Eine, Sohn des *Hermes* und der *Herse* oder (nach Hygin) *Kreusa,* ward durch *Aurora* von dem *Hymettus* nach Syrien entführt und sie zeugte mit ihm den *Phaëthon* (ein cyprischer Mythos), während der Andere, der oft mit dem Erstern verwechselt worden, Sohn des phocischen Königs *Deion* und des Xuthus Tochter *Diomede* war. Er war mit Erechteus Tochter, der *Prokris,* verbunden. Ihre Liebe war unverbrüchlich bis *Pteleon* um ihre Gunst heimlich warb und sie mittels Versprechung einer goldenen Krone verführte. Als *Kephalus* die Untreue entdeckte, floh *Prokris* nach Kreta, warf sich dem *Minos* in die Arme, heilte diesen von einer schweren Krankheit, erhielt dafür den „niefehlenden Spiess" und den „alleserreichenden Hund", und kehrte, vor den Nachstellungen der *Pasiphae* unsicher, nach *Thorikon* zurück, wo ihr *Kephalus* verzieh und sie wieder aufnahm. Die Eifersucht gegen *K.* verlockte aber *P.,* ihren Gatten auf allen Wegen nachzuschleichen. So wollte es das Missgeschick, dass *K.'s* Geschoss, indem dieser ein Wild in einem Busche vermuthete, das Herz seiner *P.* traf. Der Areopag sprach die Landesverweisung über ihn aus und er ging nach Theben. — Des *Abrégé* Urtheil ist: *„La composition de ce tableau est certainement poëtique bien prononcée et exécutée avec entendement."* Das B. ward 1644 auf Bestellung des Marquis *Corneille Bentivoglio,* Neffen des Cardinals *B.,* für die Königin von Frankreich, *Anna von Oesterreich,* gemalt, welche es jedoch an den kunstliebenden Cardinal *Mazarin* schenkte; es kam nach dessen Tode in die Gall. des Prinzen *Carignan,* und ward nach dessen Ableben durch *Rigaud* 1744 zu Paris mit No. 483 für 4000 Livres für Dresden angekauft. — Stich von *Louis Sim. L'empreur,* sowie *Michael Keyl.* — Leinw., 7 F. 4 Z. hoch, 8 F. 10 Z. breit.

563. *Langetti (Giovanni Battista).* Des *Marsyas,* Erfinders der Doppelflöte, grausame Bestrafung für seine Vermessenheit, mit *Apollo* einen musikalischen Wettstreit gewagt zu haben. Verkehrt an einen Baum gebunden, wird ihm lebendig die Haut abgezogen, während mehre

Faunen und Satyren in Mitleid und Entsetzen umher stehen. —

Lebensgrosse Figuren. Dieser altphrygische Natur-Mythos, der, ein Auswuchs der Mythen der Kybele, des Dionysos, Silen und Pan, mit griechischen Elementen gemischt, ist, hat vielfache Darstellungen bei den bildenden Künstlern gefunden, unter denen die älteste bekannte von dem ersten als Naturalisten gerühmten griechischen Maler *Polygnotus* ist (vgl. *Pausanias X. 29. 30*, *Winckelmann Mon. ant. 42.* und *Böttiger's Amalthea III., 368 ff.*). Das Bild, das 1731 durch *Leplat* zur Gall. kam, hat gute Zeichnung und gefälliges Colorit, wodurch das Gransenhafte der Scene etwas verliert. — Leinw., 8 F. 4 Z. hoch, 7 F. 8 Z. breit.

483. *Barbieri (Franc.)*, gen. *Guercino*. Venus wirft sich verzweiflungsvoll über den Leichnam ihres geliebten *Adonis*, während im Hintergrunde *Amor* den Mörder desselben, den vom Ares entsendeten Eber, beim Ohre gefangen hält und heranzuziehen scheint.

Lebensgrosse Figuren. Dieser von den Phöniziern zu den Griechen übergegangene Mythos vom Sonnengotte *Adonis* (d. i. der Brennende, bei den Phöniziern *Thammus*, der zu *Byblos* seinen Haupttempel hatte) war stets ein sehr beliebtes Sujet der Kunst, und diese Darstellung B.'s ist eigentlich eine Folge von No. 481, und zwar ebenfalls in der weichern Manier des Künstlers gemalt. Stich von *Louis Simon L'empreur*. — Leinw., 7 F. 4 Z. hoch, 8 F. 10 Z. breit.

252.* *da Ponte (Giacomo)*, gen. *Bassano (il Bassano vecchio)*. Die Geburt des Christkindes wird durch einen Engel den bethlehemitischen Hirten verkündet.

Besonders naiv ist das etwas sehr active Staunen der Thiere bei der Stimme von Oben ausgedrückt, was an die Legende erinnert, dass in der Christnacht alle Thiere die Fähigkeit zu sprechen erhielten und sich mit einander unterhalten hätten. — Ueberhaupt verwendete *B.* auch den meisten Fleiss auf die Darstellung der Thiere. — Durch *Vent. Rossi* aus der Casa Grimani Calergi zu Venedig 1744 erworben. Stiche von *Corn. Galle* und *Joh. Sadeler*. — Leinw., 2 F. 5 Z. hoch, 3 F. 11 Z. breit.

339.** *Trevisani (Francesco)*. Maria lüftet den über die Wiege gedeckten Schleier, um den in holden Schlummer gewiegten Sohn dem kleinen Johannes, welcher mit dem Agnus-Dei-Fähnchen behutsam dem holden Schläfer mit gefalteten Händchen sich nahet, zu zeigen, während

Saal F.

auf dem daneben stehenden Tischchen eine Vase mit den Symbolen des in Unschuld aufblühenden Lebens, Rosen und Lilien, steht.

Knieestück. Die Ausführung ist mit derselben zarten Auffassung wie in No, 338. Dieses beliebte Sujet fand auch in *Maratti* (No. 101) etc. seinen Meister. Durch *Rigaud* in Paris für 1500 Liv. 1743 erworben. — Leinw., 3 F. 6 Z. hoch, 2 F. 7 Z. breit.

430. ** *Carracci (Annibale).* Maria, ein Buch haltend, steht vor einem Tische, auf dem das Christkind, sich an sie schmiegend und eine Frucht an das Kinn haltend, sitzt, während der kleine Johannes eine auf seiner linken Hand sitzende Schwalbe, mittels eines Fadens haltend, sich der Maria nähert.

Halbe Figuren in Lebensgrösse. Aus der Gall. zu Modena. Leinw., 3 F. 7 Z. hoch, 3 F. 3 Z. breit.

457. *Zampieri (Domenico),* gen. *il Domenichino.* In einer Landschaft ruht unter einem Baume ein junges kraftvolles Weib, das einen Zwilling an der rechten Brust säugt, während der andere in ihrem Schoose entschlummert ist, und ein dritter älterer Knabe hastig herbei springt, um eine ihm dargereichte Frucht zu empfangen.

Lebensgrosse Figuren von vieler Lebendigkeit im Colorit und Ausdrucke. — Man hat d. B. „*Charitas*" getauft, welche Benennung allerdings die in dem ausdrucksvollen Augenpaare der jungen Mutter ausgeprägte Liebe zu den Kleinen gut bezeichnet. Es scheint aber doch, als ob das Bild wohl mehr als eine Allegorie darstellte. Es erinnert uns nämlich unwillkührlich an die *Acca Larentia*, Frau des *Faustulus*, Oberhirten des Königs von Alba, *Amulius*, und an die auf dessen Befehl ausgesetzten Zwillinge seiner Nichte, der *Rhea Sylvia*, den *Romulus* und *Remus*, welche von der *Acca Larentia* an Kindesstatt angenommen wurden. Das dritte, wahrscheinlich eigene Kind scheint nicht ganz mit der Theilung der Mutterliebe einverstanden zu sein. Von den Erben des Galleriedirectors Matthäi 1845 für 600 Thlr. erworben. — Leinw., 4 F. 3 Z. hoch, 7 F. breit.

492. *Barbieri (Franc.),* gen. *Guercino.* Eine Königin, im Begriff, sich von einer Dienerin das reich unter der Krone hervorwallende Haar in Ordnung bringen zu lassen, während ein Bote mit einer sie höchst unangenehm berührenden Nachricht zu ihr herantritt.

40 Saal F.

Kniestück, lebensgrosse Figuren. Dieses Bild, das ebenfalls aus der Zeit B.'s ist, wo er mit *Guido Reni* in der sanften Anmuth zu wetteifern begann, ist ebenso verschieden gedeutet worden, als *Reni's* Gemälde No. 451. Einige betiteln dasselbe: *„Königin Semiramis, als sie bei ihrer Toilette die Nachricht von dem in Babylon ausgebrochenen Aufruhre erhält"*, während Andere in der schönen Fürstin, in deren Augen mehr als Frauensinn sich kund giebt, die Massageten-Königin *Tomyris* oder *Tamyris* erkennen wollen, welche, nachdem sie dem *Cyrus* den Korb gegeben, deshalb mit diesem Perserkönige in Krieg verwickelt ward, in dem Augenblicke, als sie durch einen Boten ihres Sohnes von der gegen *Cyrus* verlorenen zweiten Schlacht und von jenes Gefangenschaft benachrichtigt wird, wie uns namentlich Herodot (I, 201) und Diodor berichten. — Die Königin erinnert uns zwar an *Guido's* angebliche Semiramis (451), und da diese unbedingt eine in der Kunst stets gefeiertere Persönlichkeit war, als die *Tomyris*, so könnten wir fast dem ersteren Titel Beifall geben. Dieses Gemälde, das ursprünglich im holländischen Kabinet *Reynst* war, ist von *Jeremias Falk* gestochen und von *Hanfstängl* lithographirt. — „Die Schönheit der Königin" sagt *von Quandt*, „wird durch den edeln Ausdruck beleidigter Würde und Geistesstärke erhöht und man muss Guercino hier wirklich bewundern, der diesen Gegenstand als meisterhafter Maler und denkender Künstler dargestellt hat." — Das Costum ist spanisch-italienisch aus der Mitte des 16. Jahrhunderts. Aus der Gall. zu Modena 1746 erworben. — Leinw., 4 F. 6½ Z. hoch, 3 F. 8 Z. breit.

491. *Derselbe*. *Diana*, einen Jagdspiess haltend und ein kräftiges Windspiel an einem Bande führend.

Kniestück, lebensgrosse Figur; scheinbar ein Portrait. Durch V. Rossi 1738 angekauft. — Leinw. 3 F. 6½ Z. h., 4 F. 8 Z. br.

162. *Lanfranco (il Cavaliere Giovanni di Stefano)*. Die Reue des Petrus wegen der aus Feigheit geschenen Verleugnung seines Meisters.

Figur in Lebensgrösse. Petrus liegt in wahrhaft zerschmetterter Haltung auf seinen Knieen, er scheint von einem Himmelslichte geblendet, während das Geschrei des hinter einem Säulenstumpfe sich bemerklich machenden Hahns sein Inneres durchschreckt. Der Künstler hat dazu unbedingt einen *Giudeo* aus dem *Ghetto* als Modell gehabt. — Nach Einiger Ansicht sollen die Bilder dieses geistreichen Schülers des *Carracci* doch im Einzelnen an *Berrettini* erinnern. Das *Abrégé* sagt über d. B.: „*Tableau d'une grande hardiesse, d'une expression et d'une art parfait. Il faut être né un grand compositeur pour trouver, avec si peu de secours, assez de quoi couvrir une grande toile, et cap-*

tire l'attention du spectateur." — Stich von *J. Daullé*. — Leinw., 5 F. 6 Z. hoch, 4 F. 1 Z. breit.

450. *Reni (Guido).* Venus in der völlig unbedeckten Fülle ihrer schönen Formen, auf einem Ruhebette in halbliegender, mit dem rechten Arme gestützter Stellung. Amor tritt leichten Schritts hinter ihr seitwärts heran und reicht ihr fragend einen Pfeil, dessen Spitze, gegen das Licht haltend, sie prüft.

Lebensgrosse Figuren. Dieses B. ist durch *Palmaroli's* Restauration seit zwanzig Jahren erst ein recht geniessbares geworden. Auch der greise *von Quandt* gesteht aufrichtig: „Folgt das Auge den geschmeidigen Contouren dieser schönen Gestalt und gleitet vom Haupte zu den Füssen, und das Fliessende der Lage, in welcher die Göttin dahin gestreckt ist, gleicht einer sanften Melodie. Eine Empfindung von wonnigem Behagen und Lebenslust durchströmt das ganze Dasein, leuchtet aus dem mild freundlichen Blick und scheint sich magnetisch in den grad ausgestreckten Zehen zu entladen. Es ist in diesem Bilde so alles ungesucht und wahr, wie die Natur immer mit einer Nothwendigkeit alle Glieder völlig übereinstimmend gestaltet, dass wir uns nicht denken können, es wäre anders möglich, als es ist etc." Trotz der für den Künstler gewagten weissen Unterlage heben die Formen des Körpers sich trefflich hervor. — Es ist zu verwundern, dass sich an dieses Gemälde von wahrhaft plastischer Rundung, das unbedingt eines der vorzüglichsten *R.'s* ist, früher noch kein Nachahmer in Kupferstich gefunden hat. Mosen, der in Hinsicht *Guido's* weltlichen Bildern von „abgeblassten, wenn auch zarten Empfindungen etc." redet, wusste dieses Bild freilich nicht zu würdigen. — Nach *J. Hübner* reicht *Venus dem Amor einen Pfeil.* (?) Lithographirt von *Fr. Hanfstängl.* — Leinw., 5 F. 4 Z. hoch, 6 F. 8 Z. breit.

Saal E.

(Mit Oberlichte.)

Decoration. Diese hat im Hinblicke auf die in diesem Saale vorherrschenden Gemälde der venetianischen Schule auch in ihren Friesbildern darauf Rücksicht genommen, und daher an der südlichen Seite, wo eine Thüre nach dem Directorialzimmer führt, *die Venetia, welche der Madonna und dem St. Markus die* *bildenden Künste zur Huldigung vorführt*, so wie auf der nördlichen Seite des Frieses die *Vermählung des Dogen von Venedig mit dem Meere*, in dem Augenblicke als er in den Bucentoro steigt, beide Friesbilder von *Theodor Grosse*, sowie im östlichen Friese nach Saal *F.* die *dem Meere entsteigende Venus*, und endlich im westlichen, nach Cabinet 5 der nördlichen Gallerie, *die Schmückung der Venus*, beide Friesbilder von Prof. *C. W. Schurig*, als Sujet gewählt, und ausserdem in den Medaillons, ebenfalls in Berücksichtigung der Verhältnisse Venedigs im Mittelalter, die Statuetten des Mars, Merkur, der Venus und des Neptun angebracht. —

Seite von Saal F., links begonnen:

248.* *da Ponte (Giacomo)*, gen. *Bassano*. Der junge *Tobias*, vom Engel Raphael geleitet, sammt seinem Weibe, seiner Habe und Heerde, in seines Vaters Haus zu Ninive zurückkehrend.

Dieses von der Kunst vielfach beliebäugelte Thema hat *B.* nach seiner Weise, um namentlich seine Liebhaberei, allerlei Thiere dabei aufzuführen, zeigen zu können, componirt. Der Rückzug des jungen Tobias von *Rages* in Medien, wohin ihn sein alter, blind und arm gewordener Vater, der gewesene Hofjude des Sancheris in Ninive, gesandt hatte, um daselbst eine niedergelegte Geldsumme bei Gabel einzukassiren, ist allerdings ganz nach den noch im 16. Jahrhunderte gewohnten Ansichten des Reisens in Caravanen entworfen, und hat, sowie überhaupt das ganze Buch des Tobias, viel Unwahrscheinliches. Der getreue Hund ist dabei nicht vergessen. Das B. ward 1747 aus der *Casa Grimani dei Serri* zu Venedig durch den alten Zanetti und Guarienti für d. Gall. erworben. Costum des 16. Jahrhunderts. — Leinw., 6 F. 4 Z. hoch, 9 F. 9 Z. breit.

267.* *Robusti (Giacomo)*, gen. *Tintoretto*. Allegorie auf die Instrumentalmusik; nackte weibliche Gestalten mit Geige, Flöte, Kniegambe, Zither, Spinet und Positiv.

Figuren ziemlich lebensgross. Die älteren Cataloge und das *Abrégé* bezeichnen es „*das Concert der Musen*" (*un concert des Muses*). Dieses durch *Palmaroli* 1827 restaurirte Bild ward durch Graf *Villio* in Venedig angekauft, und *Guarini's* Catal. nennt es einen *Rottenhammer*. — Leinw., 5 F. 1 Z. hoch, 7 F. 6 Z. br.

249. *da Ponte (Giacomo)*, gen. *Bassano vecchio*. Eine Rast bei dem Auszuge der *Israeliten* aus Aegypten; an ihrer Spitze *Aaron* und *Moses*.

Pendant zu No. 249; abermals ein Bild, das *B.* mehr wegen der Thiere gemalt und auch in etwas kleinerem Maassstabe (vgl.

Saal E. 43

No. 246, Saal *D.*) selbst (?) wiederholt hat. Trotz der A-B-C-Buchmässigen Anordnung hat d. B. viele gute Einzelnheiten und sogenannte Curiosa, wozu namentlich die vielen Fässer, Kessel und Geschirre und ein defectes Beinkleid gehören. Costum des 16. Jahrhunderts. — Leinw., 6 F. 5 Z. hoch, 9 F. 10 Z. breit.

285. *Caliari (Paolo),* gen. *Veronese.* Eine historische Landschaft, Waldgegend mit Durchsicht. *Der barmherzige Samariter* trägt für einen am Wege gefundenen Verwundeten Sorge.

Eines der hundert Bilder aus der Gallerie zu Modena, 1746 erworben. Dieses B., sowie No. 284, sind Belege dafür, dass *C.* auch Freude an der Natur hatte und auch diese mit vorzüglicher Farbenfrische zu malen verstand. Costum aus der Zeit des Malers. — Leinw., 5 F. 11 Z. hoch, 8 F. 4 Z. breit.

207. *Tiziano Vecelli da Codore.* Portrait einer Patrizierin in Trauer mit Rosenkranze und im enthüllenden Schleier.

Kniestück in Lebensgrösse. Imposantes Bild, das von *Palmaroli* 1827 eine geschickte Restauration erhielt. Stich von *F. Basan:* „*Portrait d'un Veuve*". Aus der Gall. zu Modena 1746. — Leinw., 3 F. 8 Z. hoch, 3 F. 1 Z. breit.

209.* *Derselbe.* Das berühmte Venusbild. Die auf weissem, oberhalb von rothem Vorhange umschatteten Ruhebette liegende, den Oberkörper auf den linken Arm gestützte und mit dem rechten Oberarme an einer Balustrade ruhende *Venus,* welche nachlässig ein *Flauto dolce* zwischen dem zweiten und dritten Finger ihrer reizenden Hand hält, zeigt sich in einer die Sinnlichkeit neckenden Enthüllung ihrer Reize, während der schelmische Amor mit einem Amaranthenkranze das mit Perlen durchflochtene blonde Lockenhaar der „Acidalia" ziert. An der hintern Seite des Bettes sitzt zu ihren Füssen, mit dem Rücken ihr zugekehrt, doch mit halb zugewendetem Haupte, eine männliche Gestalt im spanischen Costume, die Tenorzither nach dem vor ihm liegenden Notenbuche spielend. Im Hintergrunde der offenen Gallerie eine südliche, durch einen Hirten und eine Heerde belebte Landschaft mit Heerstrasse, im Hochlichte des Mittags und mit den tiefsten Schatten der Baumgruppen.

44 Saal E.

Dieses unvergleichliche Gemälde, das zu den älteren Kunstschätzen des Dresdener Hofes gehörte (vgl. Einl. S. 29 f.), indem es ursprünglich in der Kunstkammer war, und von da auf Antrag des ersten Gallerie-Directors, *Le Plat*, 1731 zur Gem.-Gall. kam, ist im ältern Inventar (1722) „*Tizian Cop. Phillippus II., König von Spanien, und Signora Laura*" genannt. Der Catalog von 1812 sagt daher sehr naiv: „Lächerlich würde der bei ihr sitzende Lautenspieler erscheinen, wenn nicht bekannt wäre, dass der junge Mann *Philipp II.* und die blonde Schöne seine Geliebte sei." — Zu dieser allerdings höchst romantisch klingenden Bezeichnung mag zuverlässig das in der Gallerie zu *Cambridge* befindliche Gemälde *Tizian's* Veranlassung gegeben haben, auf dem die Prinzessin *Eboli* als *Venus* und neben ihr der König *Philipp II.*, die Laute spielend, dargestellt sind. Doch blieb bis jetzt, wer die angebliche Signora *Laura* sei, unsers Wissens noch unerklärt; zuverlässig darf man aber bei diesem Bilde nicht daran denken, dass der Künstler die „*Erscheinung der Laura des Petrarca*" (wie Jemand meinte) habe darstellen wollen. König *Philipp's II.* Leben zählt so viele galante Abenteuer, und wie sollte er nicht auf die Idee gerathen sein, eine seiner interessantesten Liaisons durch den Meisterpinsel *T.'s* verherrlichen zu lassen, zumal *T.*, der beliebteste Portraitmaler seiner Zeit, so oft am Hofe dessen Vaters, Kaiser *Karl's V.*, verweilte, um Aufträge daselbst auszuführen, und auch *Philipp II.* (Gall. zu Madrid) wiederholt selbst gemalt hat. Dem ganzen Naturell dieser angeblichen *Venus* nach zu urtheilen, mag eine Andalusierin vandalischer Abkunft, mit blondem Haar und schwarzem glänzenden Augenpaare, in der reizendsten Fülle ihrer weiblichen Formen, dem *T.* dabei als Modell gedient haben. Auch stimmen wir *v. Quandt* gern bei, dass *T.* wohl eigentlich *keine wahre Venus* habe malen wollen, da die Formen in der That *nicht ideal* sind. Er sagt: „*Tizian* zeigt uns hier eine übermüthige Schönheit, die sich stolz ihrer Reize bewusst und deren Sieg gewiss ist. Ein Troubadour, das ritterliche Schwert an der Seite und die Laute im Arm, sitzt auf dem Rande des Bettes, seine Geliebte zu besingen. Ob er im Tacte bleibt, ist, wie es sich versteht, aus dem Bilde nicht zu sehen." Auch erinnert uns *von Quandt* an das Nichtungewöhnliche bei spanischen und italienischen Dichtern, lebende Schönheiten oft sehr detaillirt zu schildern, wie z. B. im Lobgedichte der Schönheit *Johanna's von Arragonien*. Auch *E. Förster* redet mit grossem Enthusiasmus von dem B.; er sagt unter Anderm: „Dies ist die Schönheit der Erde in menschlicher Form, menschliche Schönheit in der Zone äusserer Natur, Vereinigung des Menschlichen und Göttlichmenschlichen etc." *Mosen*, der d. B. „*die Verklärung des Fleisches*" sehr sinnig nennt, erinnert uns bei demselben an das Verweilen *des ritterlichen Sängers Tannhäuser* im *Venusberge*, und sagt: „Hier hat die Schönheit des menschlichen Leibes, wie eine Blume, nur sich selbst zur Bedeutung." — Wir sehen in der That hier den Moment vom Künstler festgehalten, wo die zauberische Gestalt, von der Musik überwältigt, auf das Lager zurücksank, wo ihr rosiger Ellenbogen den weissen Flaum des Kissens niedergedrückt, so dass sich in zarten Contouren die rechte Seite unterhalb des schwellenden Busens einsenkt, während sich die Schenkel nach den rundlichen Knieen hinab harmonisch an einander schmiegen, und die volle Hüfte desto reizvoller sich hervorhebt, während der rechte Vorderarm längs dieser schönen Partie bis zum zartgeformten Knie mit der zierlichen Hand und den willenlosen Fingern mit rosigen Grübchen sich hinlagert. — Der Catalog von 1806 sagt: „Fast über alle Grenzen der Malerkunst ist sie beinahe ohne allen Schatten und doch ganz erhaben lebhaft und im natürlichsten Fleischtone dargestellt", und das *Abrégé*: *Il faut admirer dans ce tableau la beauté du coloris avec l'expression la plus énergique.* — Nach einer artistischen Bemerkung v. *Quandt's* ist die Pinselführung bei dieser seltenen malerischen Schöpfung *T.'s* eine ganz von seiner gewohnten verschiedene. Bei der Ausführung dieses B. mischte er auf der Leinwand selbst die Farben zu den reizendsten Tinten, und nicht auf der Palette. „Bei diesem Gemälde", sagt ferner v. *Quandt*, „sieht man deutlich, dass der Maler den Pinsel so führte, wie der Zeichner den Griffel, welcher mit den Strichlagen sich nach den Formen richtet, und wenn diese rund erscheinen sollen, sein Instrument im Bogen führt." — Daher hat auch Prof. *Wach* sich zu glauben veranlasst gefühlt, dass diese Venus ein Werk eines Meisters *aus der Schule der Carracci* sein könnte, und da vom *Agostino Carracci* (als grosser Colorist und Kupferstecher berühmt) ein sehr ähnliches Gemälde in Oxford sich befindet, das früher in der Gall. d'Orleans gewesen, so möchte man gern Diesem das Bild zuschreiben. Wenn wir jedoch an die noch in der Gall. zu Madrid befindliche „*Danae*" uns erinnern, über die *Michel Angelo* selbst das Urtheil fällte: „Man könne nicht besser coloriren, als die Venetianer; nur wäre zu bedauern, dass sie so übel zeichneten", und überdies bedenken, dass anfänglich *T.* seine Gemälde mit der grössten Sorgfalt ausführte und selbst seine kühnsten Striche dadurch zu verbergen verstand, welche Manier er jedoch in der Folge verliess, so dürfte es uns immer wahrscheinlicher werden, dass das Bild doch aus *T.'s* Pinsel hervorgegangen sein könnte, wozu uns noch überdies die mit vieler Wärme ausgeführte Landschaft des Hintergrunds in ihrer ausserordentlichen Wirkung der Beleuchtung und Ferne, bestimmen dürfte. *Tizian's Venus*, in der Tribune der florentinischen Gallerie, mit Blumen in der Rechten und dem Hündchen zu den Füssen, soll auch *die Favorite eines Mediceers* vorstellen. Lithogr. von *Franz Hanfstängl*. — Leinw., 5 F. 1 Z. hoch, 7 F. 3 Z. breit.

197. *Barbarelli (Giorgio),* gen. *Giorgione da Castello Franco.* — *Rahel* von *Jacob* begrüsst, der ihr die Hand herzlich drückt und sie innig küsst, während daneben einige Knechte an einer Cisterne mit dem Abheben der Steine beschäftigt sind, um für die im Thale umherweidenden Heerden Wasser zu schöpfen.

Figuren unter Lebensgrösse. 1. Moses 29, 1 bis 11 gab den Stoff zu dieser Composition. Dieses aus der *Casa Malipiero* zu Venedig stammende B., welches das *Abrégé*: „*L'Alliance de Jacob et Rahel*" nennt, und durch *Palmaroli* 1827 rentoilirt ward, zeigt eine sehr naive Auffassung, wozu das Costum der Friauler des 15. zum 16. Jahrhundert Vieles beiträgt: denn man erblickt hier eine sonntäglich angekleidete Schöne in ihrem Blüthenreize, die in die Arme eines idyllischen friauler Nobile sinkt. Bei dem Anblicke Rahels, sagt v. *Quandt*, wird sich Jacob bewusst, dass sie es ist, nach der sein namenloses Sehnen strebte, und Rahel fühlt, dass nach ihm ihr Herz so ahnungsvoll schlug, und bei dem Kusse der Liebenden schweben auf den Lippen die Seelen zu einander zu verehren. *B.* ist schon deshalb zu verehren, weil er der Erste war, „der entschieden die Gegenstände für die Kunst aus ganzer Fülle des wirklichen Lebens herbeiführte und das Symmetrische der Gestalten etc. in freie Bewegung auflöste." Oelbilder von *B.* gehören zu den Seltenheiten, da er mehr in Fresco malte. — Die Specialitäten sind gut bedacht; Messer und Hirtenflöten am Gürtel des Jacob nicht vergessen; die bunt durch einander weidende Heerde von Rindern und Schaafen trefflich und lebendig gruppirt, während inmitten zwei eifersüchtige Widder das Gegentheil von Jacob und Rahel thun und sich mit den Hörnern begrüssen. Die Landschaft ist reizender Thalgrund, aus dem ein Weg nach einer hinter Lindenbäumen gelegenen Ortschaft emporführt. Lithographie von *Fr. Hanfstängl*. — Leinw., 5 F. 1 Z. hoch, 8 F. 8 Z. breit.

245. *Moroni (Giovanni Battista).* Portrait eines Unbekannten.

Dieses B. eines würdevollen Mannes, unbedeckten Hauptes, mit kurz verschnittenen Haare und wenigem Bart, hat einiges Interesse. Die linke Hand stemmt er in die Seite, während die Rechte sich auf einen Tisch stützt. Kniestück. Mit kurzärmlichem Rocke über einem weisslichen Wamms. Von *Palmaroli* 1827 restaurirt. — Leinw., 3 F. 11 Z. hoch, 2 F. 9 Z. breit.

208. *Tiziano Vecelli.* — Porträt des bekannten und berüchtigten toscanischen Comödien-Schreibers, Sonetten-Dichters und bittern Satyrikers *Pietro Aretino* (aus Arezzo, geb. 1492, † 1566 zu Venedig), vom Jahre 1561.

Saal E. 47

Kniestück in Lebensgrösse. Das *Abrégé* erinnert: „*Vasari prétend que ce portrait n'étoit pas aussi beau qu'un autre de la main du Titien, que l'Aretin envoya en présent à Cosme de Medicis.*" Links unterhalb steht die Inschrift: „*MDLXI Inm. Petrus Aretinus aetatis suae XXXXVI — Titianus Pictor et Aeques Caesaris*" (Tizian erhielt von Karl V. den St. Jacobsorden), deren Echtheit von *Quandt* bezweifelt. Der in den Händen des wegen seiner sittenlosen Dialogo und Sonnete sogar verfolgten Dichters ruhende Palmenzweig ist ebenso von ihm selbst bestellt, als die auf ihn geschlagene Denkmünze, deren Revers ihn auf dem Throne sitzend und Geschenke von Fürsten und Gesandten empfangend darstellt, welche überdies noch die Inschrift hat: „*I Principi tributati da Populi, tributano il Servidor loro*", und harmonirt ganz zu dem sich selbst beigelegten Namen „*il Divo Aretino*". — Dieses aus der *Casa Marcello* zu Venedig acquirirte B. ist mehre Male gestochen worden, namentlich von *Caraglia*, *Wenzel Hollar*, mit der Unterschrift: „*Questo è Pietro Aretino Poeta Tosc.*", von *D. Berger*, sowie von *Cornelis van Dalen*, ohne Künstlernamen, doch mit „*Arentyn*" bezeichnet. — Leinw., 4 F. 10 Z. hoch, 3 F. 2 Z. breit.

211. *Derselbe.* Portrait einer jugendlichen Venetianerin, unbedeckten Hauptes, einen Perlenschmuck mit Claie-fermoir um den entblössten Hals, und um den Leib einen von goldenen Schellen gefügten Gürtel tragend, während sie in der Hand einen im 16. Jahrhunderte modischen Federfächel führt, der an einer Kette hängt. Grünes genesteltes Stoffoberkleid.

Kniestück in Lebensgrösse. Die Aufschrift auf der Wand dieses aus der moden. Gall. 1746 erhaltenen und von *Palmaroli* 1826 restaurirten Bs. bezeichnet sie als *Lavinia*, eine der Töchter *Tizian's*. Das *Abrégé* bemerkt: „*C'est aussi un de ses plus parfaits ouvrages. Ce grand peintre, s'accordant aux façons de s'habiller et de s'ajuster de son tems, avoit l'art de faire des portraits si riches et si agréables, que les changemens arrivés dans les modes n'ont pu le faire vieillir*". Stich von *F. Basan.* — Leinw., 3 F. 8 Z. hoch, 3 F. 1 Z. breit.

Linke Langseite, mit der Thüre des Directorialzimmers:

290. *Caliari (Paolo)* od. *Cagliari*, gen. *Veronese.* Das Jesuskind wird von seinem Elternpaare nach dem Gesetze in den Tempel gebracht. (Evang. Lucä 2, 22 bis 32.)

Ganze Figuren in Lebensgrösse. Ein B. mit reicher Architectur und noch reicherer Staffage. Auf einem mit Mauerwerk und Säulen dorischer Ordnung umschlossenen Platze, einem der Vorhöfe des Tempels zu Jerusalem, den aber die Phantasie *C.*'s schuf, erblicken wir allerlei Volk, wie auf dem St. Markusplatze zu Venedig, verstreut; Kinder, theils mit Frauen, theils mit einem Hunde spielend (den C. auf seinen Bildern nicht vermissen lässt), sowie selbst Bettler und Krüppel mengen sich durch einander, und Viehhändler bieten ihre Waaren den Opferlustigen dar. In der Mitte erhebt sich auf einer Stufe ein von Genien getragener Marmor-Altar; Schriftgelehrte sind in die Thora oder Propheten vertieft, während einer von ihnen auf eine Stelle zeigt. Doch das bunte Leben ist ein zerrissenes und mehr ein alltägliches Volksgewühl, als dass es ein ausserordentliches Ereigniss in den Hallen des Tempels andeuten sollte. Es konnte allerdings für die nicht in die Zukunft blickende Menge auch etwas Ausserordentliches nicht sein; aber dennoch musste der Künstler das Ganze idealer auffassen. — Nur Wenige scheinen auf die Gruppe am Altare zu achten, an dem wir Maria mit dem Jesuskinde knieend und hinter ihr Joseph erblicken, welche in der That mit grosser Aufmerksamkeit der Hohepriester empfängt. Dieses B. ist allerdings immer noch von weit ernsterer Wirkung, als mehre andere Gemälde dieses Meisters, die meistens nur venetianische Genrebilder mit Einmischung der heiligen Geschichte sind, und wobei die Genrecomposition, bei einer zwar geschickten Einreihung der heiligen Personen, das Vorherrschende ist. Wir wollen übrigens auch gern zugeben, dass es im Tempel zu Jerusalem, namentlich in den Vorhöfen, ebenfalls oft nicht feierlicher, wie in den Synagogen der italienischen Ghetti oder in den deutschen Judenschulen zugegangen, weil wir selbst von Christo wissen, dass er sich genöthigt sah, Wechsler etc. auszutreiben. Trotzdem aber hat der Künstler doch offenbar Mutter und Kind etwas in den Schatten gestellt und den Hauptmoment bei dieser Darstellung des Neugeborenen, den Ausbruch der Gefühle des Simeon, ganz aus dem Auge gelassen, wenn nicht etwa der hinter dem Altare hervorragende Kopf dem Simeon angehören soll. Uebrigens hat C. bei der Ausführung dieses Bildes mehr der römischen Schule, besonders in der grösseren Ausführung der Gewänder und idealern Zeichnung der Figuren genähert; auch hat er weniger grosse und starke Schattenmassen, die ihm sonst eigen sind, darin gehäuft, woher es auch gekommen ist, dass man es bezweifeln wollte, dass C. diese von seiner gewohnten Weise abweichende Composition entworfen und technisch ausgeführt habe. Nach *Guarienti* soll es nämlich von dem Sohne, *Carletto Caliari*, mit dessen Arbeiten es jedoch wohl keine Aehnlichkeit hat, und nach *Rumohr* vom *Paolo Farinati* gemalt sein. — Stich von *Valentin Lefebure*, und für das Dresdener Gall.-Werk 1750 von *Marcello Bacciarelli* gezeichnet, aber nicht gestochen (im k. Kupferstich-Kab.). Uebrigens sind noch zwei alte italienische Radirungen vorhanden, deren eine von *Caliari* selbst sein soll, wahrscheinlich aber von *Rossi* ist, die aber sehr selten sind. Das B. war bis 1747 in der *Casa Bonfadini* zu Venedig und ward von *Vent. Rossi* für die Gall. angekauft. — Leinw., 6 F. 7 Z hoch, 14 F. 8 Z. breit.

265. *Robusti* (*Giacomo*), gen. *Tintoretto.* Die Versammlung der *neun Musen* und *drei Grazien* auf der Höhe des *Parnassus.* Ueber ihnen schwebt *Apollo* als *Musagetes* mit einer Gambe. *Hermes*, der Götterbote, beeilt seinen Flug und der *Pegassus* scheint zu den Sterblichen zu enteilen. Eine liebliche Landschaft mit weiter Ferne bildet den Hintergrund.

Dieses ursprünglich für den in Prag residirenden Kaiser *Rudolph II.* gemalte, durch Kurfürst *Johann Georg I.* aber von dort um 1632 nach Dresden gebrachte und zur Kunstkammer abgegebene Bild kam bereits 1725 auf *Leplat's* Antrag in die wenige Jahre vorher gebildete Bildergallerie. Ein B. von vielen schönen Einzelnheiten ohne wesentlichen Zusammenhang. — *Tintoretto* hatte sich zwar als Schüler *Tizian's* das Axiom: „*Il disengo di Michel Angelo, e'l colorito di Tiziano*" gestellt und es an die Wände seines Atelier geschrieben. Wohl besass er auch hinlängliches Talent dazu, um es ausführen zu können. Doch die Eile, mit der er meist seine Gemälde componirte, ja, selbst modellirte und endlich noch flüchtiger malte, brachte leider nicht immer die correktesten Schöpfungen zu Tage, und seine Sucht, jeden Raum seiner Bilder möglichst zu benutzen, erzeugte oft eine unnütze Ueberfüllung der ursprünglich klaren Composition. Es ist ihm in den Einzelnheiten gewöhnlich das Meiste gelungen, doch die Ruhe und Einheit der Handlung mangelt. — Das B. ist im leichtesten Farbentone, welcher R. sonst eben nicht eigen, ausgeführt, und es dürfte das von *Tobias Beutel*, in seinem „chursächsischen Cedernwalde", durch ein Verslein gefeierte (vgl. Einl. S. 28.) sein.

320.* *Liberi* (*Pietro*). Die über den, von der Eris unter die Hochzeitsgäste des *Peleus* geworfenen, Apfel mit der Inschrift: „*der Schönsten*", in Zwist gerathenen olympischen Göttinnen *Juno* (Here), *Minerva* (Pallas) und *Venus* (Aphrodite) — nach Homer's Ilias 24. 25 ff. — erscheinen, auf Anrathen des *Jupiter* (Zeus), vom *Merkur* (Hermes) geführt, vor dem unter dem Namen *Alexander* als Hirt erzogenen troischen Königssohne *Paris*, der auf dem Gebirge Ida seine Heerde weidet.

Fast lebensgrosse Figuren. Der Maler hat, wie die Mehrzahl der Künstler seit den Zeiten des *Propertius*, die Göttinnen, wie

Wieland sagt, „bis auf die Seele entkleidet" dargestellt. *Juno* vermag nichts über den *Paris*, trotz ihrer Liebkosungen. Das ihm von der *Venus*, der aber der mythische Zaubergürtel fehlt, gegebene Versprechen, in den Besitz des schönsten Weibes zu gelangen, wenn er ihr den Vorzug zugestände, entschied. Für ihn hatten die ihm von *Juno* in Aussicht gestellte irdische Macht und Hoheit und die ihm dagegen von *Minerva* versprochene Kunst und Weisheit keinen Werth; die Hoffnung, die reizendste aller Frauen der Erde zu erlangen, ging ihm über Alles. Die drei Göttinnen mit ihren ätherischen Gestalten lauschen gespannt auf sein Endurtheil, während *Cupido* mit dem *Amor*, der dem *Paris* einen Liebespfeil zugedacht zu haben scheint, tändelnd liebkost. Schon im 14. u. 15. Jahrh. war das „*Urtheil des Paris*" ein beliebtes Sujet für die Kunst, ja, man beliebte, es sogar öffentlich in Scene zu setzen, z. B. zu *Lille* im Jahre 1468, wo die Personen so wie im vorliegenden Bilde auf der Bühne erschienen. — Das Bild gehörte bereits zum ältesten Galleriebestande, und man erkannte es, laut der alten Cataloge und des *Abrégé*, früher nur für ein Schulbild. Von *L.'s* Gemälden, welche die Gallerie besitzt und besass, ist wohl nur das beseitigte B. „*der trunkene Loth mit seinen Töchtern*" von *Pietro Monaco* gestochen. — Leinw., 6 F. 11 Z. hoch, 5 F. 11 Z. breit.

361. *Molinari* (*Giovanni Battista*). Der angeblich zweite Stammvater des Menschengeschlechts, *Noah*, liegt, von dem ausgepressten Safte der Frucht des von ihm zuerst angepflanzten Weinstocks berauscht in voller Blösse vor uns, während sein jüngster Sohn, *Ham*, über seine Entblössung spottet, weshalb dieser seiner älteren Brüder, *Sem's* und *Japhet's*, Missbilligung erfährt. (1. Moses 9, 21.)

Lebensgrosse Figuren. Nach der Schrift war jedoch *Noah* in jenem den Arabern eigenen Rock, *Hycks*, gekleidet, und dieser hatte sich bei der Unruhe seines Schlafes nur etwas verschoben. N's. Rausch ist ein sehr beliebter Stoff der bildenden Künste seit Jahrhunderten gewesen, und sowohl dieser, als der im Rausche sich schwach zeigende *Loth* ist häufig genug, selbst an Altären der Christen (z. B. in der Stadtkirche zu Schneeberg), im Mittelalter angebracht worden. Auch in älteren lutherischen Katechismen figurirt *Noah* in dieser Situation als *Holzschnitt beim vierten Gebote*. Ja selbst die Schauspielkunst verschmähte dieses Sujet zur Ergötzlichkeit des Volkes nicht: denn (nach *Jean de Troyes chronique scandaleuse* und *Bourdigni histoire d'Anjou*) erschien 1516 zu *Angers* der trunkene *Noah* mit aufgedeckter Scham auf der Bühne, wobei Zotenverse die Handlung begleiteten. — Das B. ist 1741 durch *Vent. Rossi* zu Venedig angekauft. — Leinw., 7 F. 2 Z. hoch, 8 F. 5 Z. breit.

299. *Fasolo (Giovanni Antonio).* Portrait einer fürstlichen Frau in weissem Kleide von goldbracatirtem Stoffe, mit reichem Perlen- und Brillantenschmucke, emporstehendem Spitzenkragen und hornartiger Coiffure.

Kniestück in Lebensgrösse. Nach den Katalogen von 1801 an ist dieses Portrait unter dem Namen „*Maria von Medicis*", zweiter Gemahlin *Heinrichs IV.*, aufgeführt, wozu doch eine Veranlassung da gewesen sein mag. Vergleiche mit anderen noch vorhandenen, gleichzeitigen Portraits von dieser für Frankreich nicht eben segensreichen und von verdientem Missgeschicke betroffenen Königin erweisen allerdings eine Aehnlichkeit, sogar bis auf das Costum; namentlich bestärkt uns ein Kupferstich vom Jahre 1600 und zwei Abbildungen in den *Costumes français par A. Mifliez* (Paris 1838, Bd. 3. Taf. 57 u. 58) von dieser Königin in dem Glauben an diese Annahme. Oelbilder von diesem Meister, der ein fleissiger Nachahmer *P. Veronese's* war, sind selten, da er meist in Fresco malte, wobei er auch im Jahre 1572 durch einen Sturz vom Gerüste seinen Tod fand. Daher muss es uns entweder zweifelhaft erscheinen, dass dies Bild wirklich von *F.* sei, da Maria von Medicis erst 1573 zu Florenz geboren ward. Da dieselbe Mode bereits in der Mitte des 16 Jahrh. da war, und auch Gesichtsähnlichkeit vorhanden, so könnte es auch *Eleonore von Oesterreich*, Charles IX. Gemahlin, darstellen. — Dieses B. kam aus der *Casa Grimani Calergi* 1743 durch *Vent. Rossi* zur Gall. und *Palmaroli* hat es 1827 restaurirt. Lithogr. von *Fr. Hanfstängl.* — Leinw., 4 F. 6 Z. hoch, 3 F. 11 Z. breit.

224.* *Palma (Giacomo)*, gen. *il Vecchio.* Eine völlig entkleidete weibliche Gestalt in trefflicher Fülle des von der Natur vollkommen gebildeten Gliederbaues, in liegender Stellung im Vordergrunde einer romantischen Landschaft, unter einem Felsen mit Bäumen. In der Ferne burgähnliche Bauten.

Figur in Lebensgrösse. Man hat dieses Bild „*die Venus des Palma*" getauft, ohne einen andern Grund dafür zu haben, als dass die mit einer Perlenschnur im aufgepufften Haare, auf dem grünen Rasen ruhende Schöne *eine in den Venusbildern übliche Lage angenommen hat.* Der Amor, der doch bei allen Venusgemälden nicht zu fehlen pflegt, wird allerdings in diesem Bilde vermisst, und man könnte daher dasselbe ebenso gut „*eine ruhende Here*" nennen, für welche die gedrungenern Formen dieser blonden Schönen mit dunklem Augenpaare noch passender wären. Wie die Sage geht, soll die Mittelste auf dem *Dreischwesterbilde* des *P.* (No. 223) zur Zeit ihrer höchsten Blüthe als Modell dem Vater gedient haben. Im Katalog von 1765, sowie im *Ab-*

régé von 1782 ist das B. entweder übersehen, oder es war vor 1806 noch nicht der Gall. einverleibt. Erst im Catal. von 1806 erscheint es unter *Alessandro Varotari* mit der Bezeichnung: „*Ein ganz entblösstes Frauenzimmer liegt auf grünem Rasen in einer anmuthigen Landschaft mit einigen Gebäuden*", wie es auch der Catal. von 1812 hat, während im Catal. von 1817 und folgenden es als „*Venus liegt auf einem Ruhebette*", aber ebenfalls unter *Varotari* aufgeführt wird. Erst die Matthiäschen Catal. verzeichnen es unter „*Palma*", und *Hirt* soll der Erste gewesen sein, der es (nach *v. Quandt*) als ein Werk des Meisters der „*Barbara*" in der Kirche *Maria formosa* Venedigs erkannte. Auch bemerkt *v. Quandt*, dass *P.* hierin das Bild seiner eigenen Tochter, *Violanta*, deren Schönheit selbst die Bewunderung *(Liebe?)* und das Studium *Tizian's* war, gemalt, und dass man in diesem Bilde namentlich sehe „wie ein Meister älterer Zeit die Natur so auffasste, wie der Spiegel einen wirklichen Gegenstand". — In den „dunkelglühenden Augen" der hier in „*dolce far niente*" ruhenden Venetianerin las *Mosen* die Legende von der *Undine*, „welche in der Liebe des Mannes eine unsterbliche Seele sucht". Dieses ausgezeichnete B. kam bereits 1728 für 2000 Taleri durch den Kunsthändler *Kindermann* zur Gallerie. — Leinw., 4 F. 6 Z. hoch, 6 F. 6 Z. breit.

288.** *Caliari (Paolo)*, gen. *Veronese*. Christus entschwebt als Sieger über Tod und Grab in einer Glorie dem geöffneten Sarkophage, während Staunen und Schrecken die Wächter erfasst.

Beachtenswerth ist besonders dieses B. wegen der technischen Ausführung, sowie der Frische und Lebendigkeit, obschon es eigentlich in der Composition etwas inäqual zu sein scheint. Nach Art der alten Maler brachte *V.* die heiligen Frauen im Hintergrunde bei dem von einem Engel bewachten Grabe an. — Der Gall.-Inspector *Riedel* kaufte es für 1000 Tblr. im J. 1743. — Leinw., 4 F. 9¼ Z. hoch, 3 F. 7¼ Z. breit. Octangulum.

232.* *Rigillo (Giovanni Antonio)*, gen. *Licinio da Pordenone*. Brustbild einer hochgestellten Frau in Trauerkleidung.

Im *Abrégé* (ziemlich wörtlich übereinstimmend mit d. Catal. v. 1765): „*Buste d'une jeune Dame, dont les cheveux sont noués sur le sommet de la tête, et couverte d'un crêpe noir.*" Während nun der Catag. von 1801 noch dem von 1765 folgt, hat der von 1806 und folgende: „*Die letzte Königin von Cypern, Cornara, in Trauer*", wozu doch unbedingt eine Recherche die Veranlassung gegeben haben mag. Die Trauer zeigt namentlich die die Stirn zum Theil bedeckende *Schleier-Schneppe* an. Diese letzte Königin von Cypern, *Catharina*, war die Tochter des venetianischen Nobile *Marco Cornaro*, nach dessen Tode sie vom Senate als „*Tochter der Republik Venedig*" erklärt ward. Sie vermählte sich mit dem natürlichen Sohne des vorletzten Königs *Jacob* von Cypern, der nur eine Tochter *Charlotte*, vermählt mit dem Herzoge von Savoyen, besass, weshalb der Bastard die Regierung an sich riss. Als der nach dessen Tode (1475) geborene Prinz zwei Jahre alt starb, vermachte *Catharina*, als Witwe, der Republik, trotz aller Einsprüche *Charlottens*, das Königreich. — Leinw., 2 F. 2 Z. hoch, 1 F. 11 Z. breit.

273.** *Medola (Andrea): Schiavone.* Maria mit dem den kleinen Johannes küssenden Jesuskinde auf dem Schoosse. *Maria Magdalena* mit dem Salbengefässe und der Evangelist *Johannes* mit dem Schlangenbecher nahen sich ehrfurchtsvoll, während sich im Vordergrunde in halber Figur der ein Buch haltende *Joseph* zeigt, und das Lamm Gottes auf der Erde ruht.

Ein liebliches Bild, das allerdings an Anachronismus leidet, welche Licenz in der kirchlichen Kunst jedoch nicht ungewöhnlich ist. Der Künstler anticipirte nämlich durch den Evangelisten *Johannes* und die *Magdalena* die Zeit nach dreissig Jahren. Das B. ward durch Graf *Algarotti* 1743 von der Procuratesse *Cornara della Cà grande* zu Venedig für 28 Duc. für die Gall. erworben. — Leinw., 3 F. 7 Z. hoch, 2 F. 4 Z. breit.

204.* *Tiziano Vecelli.* Herzog *Alphons I.* von *Ferrara* erscheint mit seiner Gemahlin, *Lucrezia Borgia*, und seinem Söhnlein, *Hercules II.*, vor der heiligen Familie, um sich ihrem Schutze anheim zu geben.

Kniestück, Figuren unter Lebensgrösse. *Maria* mit dem *Jesuskinde* auf dem Schoosse scheint in einem Buche zu lesen, während ihr *Joseph* zur Rechten steht. *Lucrezia* nähert sich mit bittender, doch ihren Stolz nicht völlig bergender Haltung; dicht hinter ihr steht der Gemahl *Alphons* in ehrerbietiger, nur halb vertrauensvoller Stellung, die Linke auf den Arm seiner Gemahlin gelegt. Das Jesuskind birgt ein Vöglein ängstlich an der rechten Schulter. und blickt, in kindlicher Furcht an die Mutter sich anschmiegend, scheu und nur halbverwendet nach dem bittenden Söhnchen der Herzogin. *Maria* scheint das Herantreten der herzoglichen Familie kaum zu beachten, während *Joseph* nicht zu verbergen vermag, dass er in der That bei dem Erscheinen derselben unangenehm berührt wird und anscheinbar verwundert ist. — Wir können uns in der That fragen, zu welchem Zwecke und auf wessen Bestellung *T.* dieses

B. gemalt hat, ob es ein durch Etwas hervorgerufener Ausbruch der bittersten Satyre des Meisters auf die zu jener Zeit verrufene *Lucrezia* und ihren schwachen Mann schuf, oder ob es als Votivbild zu betrachten ist, das *Alphons I.* selbst bestellt und in welches der Künstler schlau diesen dem Bittsteller selbst vielleicht unverständlichen Ausdruck legte. Der Werth des B. ist in jeder Beziehung gross, und v. *Quandt* sagt: „der physiognomische Blick in Auffassung der Charaktere und die Zartheit u. Kraft in den Schatten und Lichtern des Gemäldes lassen uns schon den weiten Zauberkreis der Kunst des *Tizian* erkennen, auf welchen er jedoch nicht gebannt war, denn sein Geist vermochte sich in Momenten der Inspiration noch in höhere Regionen emporzuschwingen etc." — Das B. kam von Modena 1746 in die Gall., und *Palmaroli* hat es 1827 rentoilirt. Stiche sind von *Jac. Folkema* und *E. Fessard*; Lithogr. von *Fr. Hanfstängl*. — Leinw., 4 F. 1 Z. hoch, 5 F. 9 Z. breit.

216. Angeblich *Sassoferrato* nach *Tizian*. Venus auf grünem Rasen schlafend, über dem ein linnen Tuch und Kissen gelegt ist, indem sie den rechten Arm über das seitwärts geneigte Haupt gelegt, während ihr die linke Hand als Feigenblatt dient. Landschaft mit Gebäuden und blauer Ferne.

Figur in Lebensgrösse. Dieses vom Kunsth. *Kindermann* als Original *Tizian's* erkaufte, zum ältern Inventar der Gall. gehörende B. ist auf der linken Seite wegen starker Beschädigungen etwas übermalt, wobei der ursprünglich zu Venus zu Füssen sitzende *Amor*, von dem nur äusserst wenig noch zu erkennen war, verloren ging. Von *Quandt* bezeichnet es als eine „Replica", d. h. eine in freier Auffassung geschaffene und dabei vortreffliche Nachahmung der berühmten tizianischen *Venus in der Tribune zu Florenz*. Die Zeichnung und das Colorit sind *Tizian's* würdig, und „dennoch ist", sagt v. *Quandt*, „in beiden eine Strenge, welche die *Tizianische* Weichheit und den Reiz seiner Gemälde uns entbehren lässt". Dieses werthvolle Bild, welches überdies v. *Quandt* dem *Paris Bordone* zuschreiben möchte, befand sich lange in sehr beschädigtem Zustande völlig unbeachtet unter den Vorräthen der Gall., bis der Gall.-Director *Matthäi* es aus seinem Verstecke hervorzog, worauf es von *Schirmer* restaurirt ward. Nach Dir. *Schnorr von Carolsfeld* befindet sich im *Deelwich College* zu London ein diesem gleiches Bild *als Original von Tizian*, und bei dieser Venus befindet sich ein Amor, der zu unschicklicher Deutung Veranlassung giebt, was gerechten Zweifel gegen die Echtheit erregt, da *Tizian* wohl stets sehr rein sich zeigte. Ob nun der aus diesem Bilde verschwundene Amor ebenfalls zweideutig sich darstellte, ist nicht

Saal E.

zu sagen, wohl aber zu bemerken, dass die Lage der linken Hand der zarten Venus *nicht eben decent* ist, und bereits zu zweideutigen Bemerkungen Veranlassung gab. Dass unter dem im *Abrégé* beim *Tizian* bezeichneten Bilde No. 322 der inneren Gall.: „*Venus couchée. Le fond représente une paysâge, avec fabriques, sur le somme d'une montagne*, 6 F. 6 Z. breit, 4 F. ¼ Z. hoch, dieses Bild gemeint sei, ist möglich. — Es soll ein Stich von *Valentin Lefebure* vorhanden sein. — Leinw., 3 F. 9 Z. hoch, 6 F. 1½ Z. breit.

199.* *Barbarelli (Giorgio)*, gen. *Giorgione* (?). Ein Mann, scheinbar ein Krieger mittlerer Classe, in dessen Armen ein Weib zweideutigen Aussehens ruht.

Drittel-Figuren in Lebensgrösse. Dieses Bild ward früher dem *Palma Vecchio* zugeschrieben, und *v. Quandt* erkannte es als „*eine Venezianerin mit in Wonne schwimmenden Augen, die in die Arme eines Nobile gesunken ist.*" — So gern wir sonst in Allem diesem Nestor der Kunstkenner beistimmen, so müssen wir doch diese Bildeserklärung anzweifeln. Denn in der Figur des Mannes spricht sich *nicht der Nobile* aus, vielmehr liegt in seinem ganzen Wesen eine gemeine Natur, die sich unverkennbar in seinem wüsten Gesicht ausprägt, womit auch der etwas unscheinbare Anzug und der *defecte Handschuh* der linken auf der Schulter seiner Geliebten ruhenden Hand, aus welchem nicht eben *feine Finger* hervorblicken, harmoniren. Das gehackte Barett mit Netzhaube als Untersatz zeigt vielmehr einen *deutschen Lanzenknecht* oder *spanischen Söldner* vom vereinigten Heere Kaiser *Maximilian's* I., König *Ferdinand's* und Papst *Julius III.*, von der sogenannten *Liga sancta* (1510), an, der eine der damals den Heeren in militärisch geregelten Massen folgenden Trossdirnen umarmt hält: denn aus dem Gesichte des Weibes spricht unbedingt die schnödeste Wollust einer feilen Dirne. — Sehr richtig bemerkt übrigens *v. Quandt*, dass dies Gemälde zu *Giorgione's* frühesten gehöre: denn der Farbenauftrag ist noch sehr dünn und die Venetianer bedienten sich bekanntlich erst später der pastösen Farbe. Kam aus Modena 1746 zur Gall. — Leinw., 1 F. 10 Z. hoch, 2 F. 5 Z. breit. (Wohl absichtliches Fragment?)

331.* *Ferrabosco (Girolamo)*. Eine entblösste junge weibliche Halbgestalt von üppigen Formen, deren dunkellockiges Haar mit Rosen geschmückt, ist bemüht, der sie erfassenden Knochenhand des Todes sich zu entwinden.

Dieses B., das in Farbe, Form und Ausdruck ganz vortrefflich ist, ist vielleicht das Fragment der Gruppe eines Todtentanzes oder *Macabre*. Es dürfte vielleicht gar dasselbe, sowie unbedingt das B. *Giorgione's* (No. 199), deshalb verkürzt worden sein, weil es, wie dieses, einige Lascivitäten enthielt. — In d. Gall. zu Modena, woher es 1746 zur Dresd. Gall. kam, galt es als ein B. des *Guido Cagnacci*. Man hat es die „*Vergänglichkeit der Zeit*" taufen wollen, doch dürfte die Bezeichnung: „*die vom Tode ereilte Wollust*", geeigneter erscheinen, da die Formen des Weibes wohl eher für letztere entscheiden. Bei diesem B. erinnern wir an des *Joh. Rudolph Schellenbergs* aus Winterthur Gemälde, auf welchen die nur sichtbare Knochenhand einen betenden Greis den Himmel zeigt, aus dem ein Strahl auf den Beter herabgeht. Leinw., 2 F. 7¼ Z. hoch, 2 F. 1 Z. breit. —

279. *Caliari (Paolo)* gen. *Veronese.* Christus sein Kreuz nach Golgatha tragend, im Augenblicke der Ermattung, als er, unter des Kreuzes Last niedersinkend, von den rohen Kriegsknechten und Henkern zur Fortsetzung seines letzten Leidensganges mit Zwangsmitteln angetrieben und gemisshandelt wird, während Simon von Kyrene das Kreuz erfasst. Maria, vom Schmerze überwältigt, wird liebevoll vom Johannes aufrecht erhalten, während Veronika, die sich Christus mit dem Schweisstuche genahet hatte, von den Schergen zurückgestossen wird.

Figuren unter Lebensgrösse. *Veronese*, welcher bekanntlich weit mehr Exvoto's für die Hauskapellen der venetianer Patrizier und die Klöster, als Bilder für den kirchlichen Gebrauch malte, kleidete daher auch die heilige Geschichte in das Gewand Venedigs oft gewaltsam ein, was er auch hier nicht vermied. Er hat sich jedoch in diesem Gemälde bis auf einige etwas unnatürliche Stellungen der Henker und Kriegsknechte wohl als Künstler, aber nicht als umsichtiger Componist gezeigt. Daher rügt *von Quandt* mit Recht „*die Zerrissenheit der Gruppirung und ungeschickten Stellungen der Schergen*" und in dem greisen Kunstkenner ward deswegen sowohl, als namentlich auch wegen des „*zwar bunten, aber stumpfen Tons des Colorits*" der Zweifel rege, dass dieses Bild nicht von *V.* sei. — So unentschieden aber auch *von Quandt* darüber ist, welchem Maler er das B. eigentlich zuschreiben solle, ob vielleicht dem Venetianer *Bonifacio* (nach Andern aus Verona), welcher zwar älter war und daher nicht gut als Nachahmer *V.'s* gedacht werden kann, oder dem *V.*, so scheint ihm doch die herrliche Erscheinung der *Veronika* und des göttlich duldenden *Christus* wieder für Letzteren zu stimmen. Q. setzt es daher in die Jugendzeit *Paolo's* und gesteht, dass, wer auch der Meister sein mag, wir ihn doch als einen der grössten verehren müssen: denn die edeln, leidensvollen und milden Züge Christi bewähren einen Künstler, welcher der tiefsten Gefühle und der höchsten Begeisterung fähig war. — Es sind aber auch noch andere Gründe vorhanden, die das B. dem *V.* versichern möchten. — Vor Allem ist es die Gestalt des *Johannes*, in der uns *Paolo* selbst noch als jugendlicher Mann entgegentritt, und noch mehre andere physiognomische Kennzeichen, welche uns auch in anderen Gemälden dieses Meisters wieder begegnen. Darunter gehört aber auch namentlich das am Wege in linker Ecke *sitzende Weib mit dem Kinde*, welche in Nr. 278 fast dieselbe Stelle einnimmt und wieder als Wirthin in No. 287 etc. erscheint. *Mosen*, der Dichter der *Ahasveriade*, wittert übrigens in dem Hartherzigen, der dem vom Kreuze niedergedrückten *Christus* nicht die kurze Ruhe gönnt und mit der einen Hand die *Veronika* zurückdrängt, während er mit der andern einen der Henkersknechte, der an einem Stricke das Kreuz vorwärts zieht, zur Eile antreibt, den *Ahasver*, wogegen nur das einzuwenden wäre, dass der Zug in diesem B. schon ausserhalb der Stadt sich befindet, und der bekannte *hierosolimitanische Schuster*, nach der Legende, den ermatteten Christus mit dem Fusse von seiner Thüre hinwegstiess. Auch in diesem B. zeigt sich der Figurenreichthum, welchen *V.* so sehr liebte: denn ausser dem Pilatus und Hohenpriester etc. zu Pferde sehen wir einen *Cornicen* und *Signifer* mit einer Fahne, worauf die römische Vexillardevise *S. P. Q. R.* steht, sowie Söldner im Costüm des 16. Jahrhunderts nebeneinander bergeinwärts ziehen, während im Vortrappe sich die beiden zum Kreuzestode Mitverurtheilten befinden. Stich von *Joh. Martin Preissler*; Lithographie von *Fr. Hanfstängl*. Das Bild kam 1746 aus der Gall. zu Modena. Leinw., 5 F. 9 Z. hoch, 14 F. 6 Z. breit. —

210.* *Tizian Vecelli.* Portrait einer jungen Dame mit blondem, schlichten Haare, in einem hohen, weissen Stoffkleide mit tiefer Schneppentaille, in der Rechten einen Fahnenfächer (bei den Italienern *Piccolo di ventaglio* und bei den Franzosen *éventail-enseigne*), während sie mit der Linken das lange Kleid etwas aufhebt.

Kniestück. Dieses Portrait, das unbedingt grosse physiognomische Aehnlichkeit mit No. 211 und 205 hat, soll die *Geliebte des Tizian* vorstellen. *Mosen* findet diese Dame „*mit einem rothangeglühten sammetweichen Pfirsich*" vergleichbar. Unser von *Quandt* hält sie für eine „*Andalusierin*", da in Spanien die blonden Haare wegen der Einmischung der *Celten* und *Gothen* nicht so selten, als in Italien wären, und die Fähnchenfächer noch heut zu Tage in *Andalusien* im Gebrauche seien. Dem müssen wir bescheiden entgegenhalten, dass die Venetianerinnen zur Zeit Tizians ihre Haare mit einer Lauge wuschen oder mit

Aschensalbe einrieben, um sie hellblond zu erhalten. Schon Martial (14, 26) kennt die *Spuma caustica*, womit die Römer das Haar *hell* färbten. Der Fähnchenfächer war übrigens damals sogar Mode und auch später noch nichts ungewöhnliches in Italien. — Einige wollen ihn für ein Prärogative der Frauen und Töchter der venetianischen Senatoren ausgeben. Das kunstvollste an diesem Bilde ist unbedingt, dass es im vollen Lichte fast ohne Schatten gemalt ist, aber dennoch *nicht flach*, sondern in allen Formen *wirklich rund* erscheint, und ebenfalls der sanften Mischung der Farben auf dem Bilde selbst seine Wirkung verdankt, die Tizian namentlich auch bei der „*Venus*" (No. 209) so meisterhaft vollendete. Daher dürfte wohl auch dieses wie jenes B., zumal es *Tizians* Jugendliebe darstellen soll, seiner frühern Zeit angehören. — Darüber, dass das B. für *Alphons I.* gemalt sei, spricht sich das *Abrégé* aus: „*Alphonse I. Duc de Ferrara, ayant demandé au Titien un portrait de sa main, et lui en ayant laissé le choix, ce grand peintre lui présenta celui de sa maitresse, accompagnant le Tableau d'une lettre fort galante. L'aimable objet qu'il peignit, échauffa son imagination si vivement, qu'il produisit la plus gracieuse peinture. Il faut convenir que ce portrait est supérieur à tous les autres du même maître. La haute estime, dans laquelle il a toujours été, en a multiplié les copies à l'infini.*" — Aus der Gall. zu Modena 1746 herübergekommen, ward es, vom Zahn der Zeit sehr berührt, 1827 durch *Palmaroli* rentoilirt. Stich von *F. Basan*. Leinw., 3 F. 8 Z. hoch, 3 F. 1 Z. breit.

205. *Derselbe.* Eine aufblühende Jungfrau im häuslichen Costüm, mit einer sogenannten grün beschlauften, kurzärmlichen *Sopravvesta* von Chamoisstoffe bekleidet, eine Granatblüthe am sittig verhüllten Busen und eine Vase, aus der ein schwärzlicher Strahl aufsteigt, in den von Goldspangen begrenzten Händen tragend, das blonde mit Perlen durchflochtene Haar deckt theilweise ein Netz, von dem noch ein leichter Schleier auf den entblössten Nacken herabwallt. —

Kniestück. Das Portrait hat grosse physiognomische Aehnlichkeit mit dem vorigen. *Mosen* hält diese Frauenknospe für die Tochter eines „*venetianischen Handelsaristokraten*"; sie scheint jedoch das Pendant zu No. 210 zu sein, und vielleicht die Schwester der Dame mit dem *Piccolo di ventaglio.* — Dieses B., das 1731 durch *Leplat* zur Gall. kam, ward von *Felice Polonzano* gestochen; lithographirt von *Fr. Hanfstängl*, nachdem es 1827 von *Palmaroli* restaurirt war. Leinw., 3 F. 6 Z. hoch, 3 F. 1 Z. breit. —

278.* *Caliari (Paolo)* gen. *Veronese.* Die Madonna mit dem auf dem Schoosse stehenden Christkinde auf einem durch Stufen erhöhten Throne, der rechts in einer Säulenhalle errichtet und mit einem Teppiche umkleidet ist. Zu den Füssen Beider der heilige *Hieronymus* mit einem Buche und *Johannes der Täufer* sitzend. In der linken, sich nach dem grossen Canale (?) Venedigs öffnenden Marmorhalle erscheint von einer jugendlichen Frauengestalt, in weissem Gewande, mit dem Kelche in der Rechten, gleichsam geführt eine zahlreiche Familie, während ein anscheinend junges Weib auf der linken Seite hervorragt, deren Aufmerksamkeit jedoch mehr nach den Palästen im Hintergrunde der Durchsicht und den daselbst in die Gondeln Einsteigenden gerichtet zu sein scheint. —

Figuren in Lebensgrösse. Dieses B. kam 1746 aus Modena, unter der Bezeichnung „*Familie des Paolo Veronese*", zur Gall., welche Bezeichnung zuverlässig Glauben verdient, da doch unbedingt die Caliarische Familie, die sogar zu allen Gemälden des Meisters die Mehrzahl der Modelle geliefert hat, hier in Gesammtheit erscheint. Erst im Catal. von 1765 findet sich „*La famille d'une Noble Vénetien (Coccina) conduite par les Vertus Chrétiennes aux pieds de la St. Vierge etc.*", welche Erläuterung die späteren Catal. und das *Abrégé* beibehielten. Der Catal. von 1817 änderte nur den Namen in „*Concina*" ab, wahrscheinlich deshalb, weil es eine Familie *Coccina* nicht gab. Woher aber diese Bezeichnung entstanden sein mag, ist unbekannt und weil es *unter den nobelen Familien Venedigs weder eine Coccina noch Concina gab*, so ist wenigstens ein Zweifel dagegen zu erheben, besonders da die Handlung in Venedig selbst zu sein scheint. Die Familie *Concina* war aber in *Friaul* besonders im 17. Jahrh. zu Clauzet begütert und aus ihr stammt der grosse Jesuitenfeind, der Dominicaner *Daniel C.*, der ein Liebling Benedicts XIV. war und als theologischer, namentlich polemischer Schriftsteller seit 1738 sehr berühmt war. Ein Zweig dieser Familie war schon im 16. Jahrh. in Tyrol und ward dann 1607 in Oesterreich in den Freiherrenstand erhoben. Eine andere Familie *Concino Concini* war in Florenz angesehen und aus ihr stammt der berühmte *C. C. Maréchall d'Ancre*, welcher im J. 1600 mit der *Maria von Medicis* an den französischen Hof kam. Dessen Vater war Senator und dessen Grossvater grossherzoglicher Staatssecretär zu Florenz, während dessen Vater „*Connétable der Republik Florenz*" gewesen, welcher in seiner Jugend ein so wüstes Leben geführt, dass er den Schuldthurm frequentirte und zuletzt aus Florenz verbannt wurde, doch endlich begnadigt dahin zurückgekehrt war. — Wir wollen nun zwar nicht in Abrede stellen, dass auch einmal ein Zweig der Familie *Concina* (so zu sagen) eine Gastrolle in Venedig gegeben hat, können uns aber keineswegs mit dem von *Mosen* leicht erfundenen Geschichtchen vereinen, dass der ältere Sohn, welcher in der Reihe der Knieenden zuletzt gesehen wird, ein „Convertit", und mit seiner zweiten Frau und seinen Kindern nach Venedig zur Aussöhnung mit der Kirche und der ältern Familie gekommen sei, sowie dass man die Gondeln vor dem älterlichen Hause im Kanale liegen sehe etc. Das dichterisch ausgeschmückte Mährchen klingt gar wohl, hat aber, was auch *Mosen* gleichgiltig war, keinen historischen Anhalt. Wie leicht es *Mosen* dabei nahm, sieht man auch daraus, dass er den *heil. Hieronymus* wegen des hinter ihm stehenden Engels zum *Evang. Matthäus* machen konnte. — Welche Familie hier erscheint muss uns überdiess am Ende gleichgiltig sein, wenn nur das Bild den Anforderungen der Kunst entspricht, und dies können wir in der That von ihm behaupten. Schon das *Abrégé* sagt: „*Ce Tableau est une piece excellente et il est presque impossible de traiter un pareil sujet avec plus de richesse et de noblesse.*" — Es ist unbedingt ein *Votivbild* und die vor der *Madonna in trono* erscheinenden Familienglieder sind die *Donatori*. Die *Madonna* ist freilich nur venetianisch-nobel aufgefasst, und die auf den Thronesstufen sitzenden heiligen, *Johannes* der Täufer, mit seinem Attribute, dem Lämmchen, und *Hieronymus* erscheinen mehr als Cäremonienmeister und Canzler der nach Venedig herabgestiegenen und aller himmlischen Hoheit entkleideten, nur in einer gemüthlichen Beziehung zur Menschheit getretenen *Himmelskönigin*. Beide scheinen über eine Stelle des auf dem Schoosse des Letztern aufgeschlagenen Buchs verschiedener Ansicht zu sein, während Andere der Ansicht sind, dass *Johannes* die Familie zum Throne heranzutreten veranlasst und *Hieronymus* das Christkind auf seine schriftstellerischen Verdienste aufmerksam mache (?). Die sich dem Throne der Maria nahende und vom Christkinde sichtlich begrüsste Familie ist dagegen durchgängig charakteristisch aufgefasst, besonders spricht sich auf dem schönen, aber etwas verstörten Gesichte des angeblichen Convertiten eine *scheue Demuth* aus, der von Seiten der zwei ihm zunächst stehenden Frauen (der scheinbaren Mutter, und einer allegorischen Gestalt) eine Aufmunterung zu Glaube, Liebe und Hoffnung zu erhalten scheint. Nicht minder charakteristisch hat der Künstler den etwa sechsjährigen Knaben, der sich in seinem kindlichen Indifferentismus an eine Säule so wie etwa an seine Mutter geschmiegt hat, während ein anderer kleinerer Knabe sich an die kniende Mutter anschmiegt, sowie ein noch kleinerer ebenso unbekümmerter um den Vorgang und dessen hohe Bedeutung noch andere Allotria in der Nähe eines Hündchens treibt, und zwei dem Jünglingsalter nahe stehende, schlanke Knaben, die ihre Aufmerksamkeit auf den Knieenden richten, aufgefasst. Diese aus dem Bilde harmlos herausschauenden Kinder sind aber Zeichen der nie ruhenden heitern Laune des Künstlers, und wir finden dieselben Kinder in der sogenannten „*Hochzeit zu Kana*" (No. 277) wieder. Besonders verdient auch die Frau, „welcher", wie *von Quandt* sagt, „würdevolle Haltung zur andern Natur geworden, und die sich mit stolzem Anstande, der zur Verstärkung der Demuth wird, auf die Kniee niederlässt", sowie der edle, lebenserfahrene, zur Maria klar aufblickende, knieende Mann *(Benedetto C.?)* nebst den zwischen Beiden andächtigst knieenden ältern Knaben und Mädchen unsere Aufmerksamkeit. An die knieende, anstandsvolle Frau schmiegt sich, Alles übrige nicht beachtend, ein Knäblein und im Schatten der hintern Säule blickt erwartungsvoll ein ernster Mann *(Paolo C.?)* hervor. Ja, bei allen Charakteren, die der Künstler hier darstellte, leuchtet (wie *von Quandt* scharfsinnig bemerkt) Alles von Innen heraus während das, was durch Erziehung und Verhältnisse äusserlich angeflogen, durch tief innen wohnende Gesinnungen durchdrungen und modificirt ist. Die Gesichtszüge der Männer zeigen grosse Aehnlichkeit mit einander und man hält sie mit Recht für den Vater *Paolo C.*, dessen Bruder *Benedetto* und die Söhne *Carletto*, *Gabriele* etc. Da die ganze Composition wahrscheinlich eine Allegorie des *Marienkultus* zu sein scheint und die Familie nur das innige *Vertrauen* personifizirt, was die römische Kirche in die *Fürbitte der Madonna und der Heiligen, sowie das Messopfer* setzt, so ist es sehr erklärlich, dass die *den Kelch haltende allegorische Person der Kirche* nicht in der Composition fehlen und als blosse „*Cortege*" der zur Maria ihre Zuflucht Nehmenden angesehen werden darf. Doch eine Frage blieb noch unerörtert, nämlich die: Wie ist *das Weib mit dem Kinde, die links übrigens theilnahmlos hervorragt*, zu erklären; soll sie blos als müssiges, jedoch dem Caliari beliebtes Portrait im Bilde figuriren und etwa den leeren Raum füllen, oder hat sie irgend eine andere Beziehung? Wir sahen Dieselbe bereits in der „Kreuztragung". — *Carletto C.* starb im 24. Jahre, könnte es nicht für ihn das Exvoto sein? — Das B. ist 1827 durch *Palmoroli's* Restauration wieder verjüngt worden. Gestochen von *Ph. A. Kilian* und *G. Levy*; lithogr. von *Fr. Hanfstängl* (der Text dazu von *Peters* bemerkt, dass, wenn die Gebäude des Hintergrundes am grossen Canale liegen, der Ort der Handlung die Halle und Terrasse der schönen Kirche „*Maria della salute*" sei). Leinw., 6F. h., 14F. 9Z. br.

Lange Seite, rechts von F., mit der Thüre nach Kabinet 5:

345. *Trevisani (Francesco).* Das vom Herodes bei der Verfolgung des Christkindes zu *Bethlehem* angeordnete

Saal E.

Morden der Kinder, welche 2 Jahre und darunter alt waren. —

Lebensgrosse Figuren. Dieses colossale Bild führt uns in gewaltiger Composition den sogenannten vom *Matthäus* (2, 16 ff.) erwähnten, aber vom *Josephus*, der doch alle Grausamkeiten des Herodes aufzählt, verschwiegenen *bethlehemitischen Kindermord* vor. Doch der Künstler stellt den Grauen erregenden Hergang dieses Mordens der schuldlosen Opfer tyrannischer Furcht vor dem verheissenen Messias in einer Weise dar, dass wir annehmen müssen, er habe sich *Bethlehem*, die *kleinste* unter den Städten in Juda, als eine mit Prachtgebäuden erfüllte Stadt oder wohl gar als die *Residenz des Herodes* gedacht. Oder hat der Künstler vielleicht dabei die Erzählung des *Josephus* von der letzten Gräuelthat des Herodes, der wie manche andere Fürsten mit Unrecht den Beinamen „*der Grosse*" trug, im Auge gehabt, nach der dieser Wütherich noch sterbend befahl, die vornehmsten Juden in einem Amphitheater zu versammeln, sie einzuschliessen und, sobald er gestorben sein würde, sie hinzurichten, und sich hierbei ebenfalls gedacht, dass Herodes die betreffenden Mütter mit ihren Kindlein unter irgend einem Vorwande in dem Palasthofe versammelt habe, um desto ungestörter durch seine ihm ergebene gallische und germanische Leibwache die Schlächterei vornehmen lassen zu können. Die Umgebung ist wenigstens einem fürstlichen Palaste ähnlich, auch sieht man blos mit Soldaten und Henkern sich herumwürgende Frauen, und das Gemetzel hat sich sogar bis zu der breiten Treppe des Palastes hinauferstreckt. Einen Commandeur in voller Rüstung des 16. Jahrh., sowie dagegen einen gallischen Tubabläser zu Pferde sieht man in dem Wirrwarr der von Wuth schäumenden, oder ohnmächtigen und mit Blut bespritzten Frauen und hingeschlachteten Knäblein, während sogar Hunde die blutigen Wunden lecken. Das Costüm ist durchaus ein Gemisch alter und neuer Trachten. Es ist zu beklagen, dass *Tr.* seine Kunst auf ein so grauenhaftes Sujet verwendete; doch das Verlangen nach dergleichen nicht erhebenden Compositionen hat auch viele andere der vorzüglichsten Künstler dazu vermocht. Das B. ward 1745 durch Graf *Algarotti* als ein Gemälde des *Luca Giordano* für die Gall. angekauft. Leinw., 8 F. 5 Z. hoch, 16 F. 6 Z. breit. —

332. *Celesti (Andrea).* Eine etwas unklare Darstellung nach 2. Moses 32, 3 ff., wonach die *Israeliten in der Wüste* zur Anfertigung des von Aaron gegossenen (?) *Apisbildes* (Kalb?) die goldenen Ohrringe ihrer Frauen und Töchter herbeibringen. —

Figuren in Lebensgrösse. Wenn man im Hintergrunde nicht das Schmelzfeuer sähe, so würde man nicht die in der Bibelstelle erzählte Thatsache aus dem B. herauslesen, da sich der Künstler erlaubt hat, den Israeliten auch Gefässe, Ketten und andere Gegenstände von Goldwerth herbeibringen zu lassen. Das B. ward durch *Leplat* 1725 angekauft. Leinw., 5 F. 3 Z. hoch, 7 F. 1 Z. breit. —

334.* *Derselbe.* Das von *Herodes* anbefohlene Morden der unschuldigen Kindlein zu Bethlehem.

Figuren in Lebengrösse. Dieses eben so colossale B. als No. 269 mit gleichem Sujet hat die Schauder der vom *Herodes* veranlassten Gräuelthat wieder auf eine etwas andere, dem Stoffe entsprechende und eben so grauenhafte Weise componirt, und es gilt von dieser Composition dasselbe, was bereits unter No. 269 gesagt ward. Das Costüm der zu Henkersknechten herabgewürdigten Krieger ist etwas mehr der Zeit angepasst, aber dagegen sind die übrigen Costüme desto gemischter, besonders muss uns ein emporgehobenes Kind auffallen, das bunte gestrickte Höschen mit Strümpfen zeigt. — Vom Kunsthändler *Kindermann* um 1722 angekauft. Leinw., 10 F. 4 Z. hoch, 15 F. 4 Z. breit. —

277.* *Caliari (Paolo),* gen. *Veronese.* Die allbekannte *Hochzeit zu Kana in Galiläa,* als Christus, von seiner Mutter aufmerksam gemacht, dem durch die Anzahl der Gäste herbeigeführten Mangel an Weine dadurch abhilft, dass er das in 6 Krüge gefüllte Wasser in Wein verwandelt.

Lebensgrosse Figuren, sämmtlich ausser Christus, der am gedeckten Tische sitzt und sich durch die Glorie um das Haupt von den übrigen Hochzeitsgästen auszeichnet, in venetianischem Costüme zur Zeit des Künstlers, dessen Familienportraits auch hier wiederkehren. Es gehört dieses figurenreiche B., von dem er noch eine andere bei Weitem grössere Ausführung, mit 130 Figuren und mit noch mehr Pomp, für den *Speisesaal der Georginer zu Venedig* malte, zu seinen vorzüglichern Schöpfungen. Ueberhaupt gehören dazu noch 2 zu Venedig vorhandene, von *V.* gemalte *Gastmahlsscenen,* die im Hause des *aussätzigen Simon,* in dem Augenblicke, als *Magdalene* mit ihren Haaren die Füsse Jesu trocknet, 1570 für die St. Sebastianskirche gemalt, sowie die im Hause des *Zöllners Levi* (Matthäus), welches Sujet er auch 1573 in etwas verschiedener Composition ausführte. Eine zweite Wiederholung desselben Gastmahls mit ausserordentlicher Pracht und grossartigerer Anordnung malte *Veronese* für den Speisesaal der Serviten; im Jahre 1665 schenkte jedoch dieses Gemälde der Senat der Republik Venedig dem Könige *Ludwig XIV.,* und es kam damals nach *Versailles.* — Auch in dem vorliegenden B. hat *C.*, im mächtigen Drange seiner künstlerischen Phantasie, die Handlung auf Venedigs Prachtbereich versetzt und die zuverlässig *sehr bescheidene Hochzeit eines Einwohners des armen Fleckens Kana in Galiläa*, zu welcher Jesus ausser seiner Mutter noch mit 5 Jüngern geladen erschien, zu der Hochzeit eines reichen Venetianer Nobile gestaltet. Es kontrastirt aber hierbei vor Allem gewaltig, dass da, wo so viel Pracht und Hoheit zu Hause, wo Confituren und Pastetenbäckereien aller Art auf Tragen sogar zur Tafel gefördert werden, da, wo man nur aus breiten Trinkschalen den Wein zu schlürfen gewöhnt, man anzunehmen gezwungen wird, dass, wie eigentlich der *Evangelist Johannes* (C. 2) erzählt, „*es an Weine gebrach*" oder auch der Wein in dem — nach den Palastbauten zu urtheilen — gewiss geräumigen Keller ausgegangen sein sollte. Genug er muss ausgegangen gewesen sein: denn der im Evangelium ausdrücklich erwähnte *Speisemeister* hat aus einem der mit Wasser gefüllt gewesenen Weinkrüge eingeschenkt und macht die Probe, auf die Alle, namentlich der wahrscheinliche *Hochzeitvater*, der sich im Lehnstuhle wendet, gespannt sind, und sich im Genusse des aufgesetzten Nachtisches stören lassen. Das Gesicht des Speisemeisters verräth übrigens, dass aus dem Wasser ein trefflicher Dessertwein, den „*lacrymae Christi*" gleich, aus dem Kruge in seine Trinkschale geflossen. *Christus*, heitern Angesichts, drückt in seinen ganzen Zügen darüber eine stille Zufriedenheit mit sich selbst aus, dass sein erstes Wunder so guten Eindruck auf die Anwesenden macht. Die Jünger *Andreas*, *Johannes*, *Petrus*, *Philippus* und *Nathanael* haben zum Theile neben dem Tische im Centrum des Bildes Platz erhalten und thun sich gütlich im Wunderweine. Auch *Maria* scheint die Abfertigung *Jesu* vergessen zu haben. Die Braut ist wahrscheinlich durch die Blondine vertreten, und der Bräutigam der junge Mann mit der bundartigen Kopfbedeckung. Bekanntlich sollen *Johannes* (der Evangelist) und die *Maria von Magdala* bei dieser Hochzeit das Brautpaar gewesen sein. Wie bei jedem Gastmahle machen auch hier die Dienerschaft und Spielleute Unterschleif, und zur Belebung des Ganzen, um seine beliebtesten Familienmodelle dabei zu bethätigen, erscheinen Kinder mit Wachtel- und Windhunden, sowie auch mit *Paolo's* Hauskatze. Auch die schöne Blondine, welcher wir auf allen Bildern *C.'s* begegnen und die der Sohn *Carletto* sogar als *Leda* malte, fehlt nicht, selbst die räthselhafte Frau auf No. 278, 279 und 287 erscheint hier als Maria neben ihrem Sohne, zu dem *C. Caliari* als Modell diente. — Das Gemälde zu Paris gleichen Stoffes soll zwar nach *von Quandt* an Pracht dieses B. übertreffen, doch dieses an Heiterkeit jenes. Es liesse sich, wie *Mosen* in oft kecker Phantasie gethan, noch Vieles über die einzelnen Personen bemerken, wenn wir nicht dem Leser dabei noch Einiges zu denken übrig lassen müssten. Wir verdanken dieses B. dem Ankaufe der 100 B. aus der Gallerie zu Modena, im J. 1746 (vgl. Einl. S. 54 – 64); ward durch *Palmaroli* 1827 rentoilirt. Gestochen von *Louis Jaques de Lisieux*, *W. Witthöft* und *L. Jacob*; lithographirt von *Franz Hanfstängl*. — Leinw., 7. F. 5 Z. hoch, 16. F. breit. —

276.* *Derselbe.* Die *heiligen drei Könige* aus dem Morgenlande, *Kaspar, Melchior* und *Balthasar*, zollen dem *Christkinde* ihre Verehrung und bringen werthvolle Geschenke, Gold, Weihrauch und Myrrhen.

Lebensgrosse Figuren. *Maria* unter dem in eine schöne Ruine eingebauten Stalle mit dem Christkinde auf dem Schoosse, daneben *Joseph*, sich bemerklich machend, an einen Viehstand gelehnt; dahinter ein Hirt mit von einem Hunde molestirten Schaafen. Der sechzigjährige König *Kaspar* knieend und das Füsschen des Jesulein küssend, *Melchior* stehend, beide von Pagen begleitet, während der Mohrenkönig, *Balthasar*, eben erst vom Pferde gestiegen zu sein scheint, in seiner Begleitung ist ein Mann von priesterlichem Aussehen. Dienerschaft mit Rossen, Kameelen und Maulthieren füllen die rechte Seite des Bildes. Der angeblich vierzig Jahre alte Nubierkönig *Melchior* mit dem *Weihrauch-Pokale* ist ein schöner stattlicher Mann, ein Venetianer Nobile aus dem Senate (vielleicht *Paolo's* Gönner *Grimani*). Seine nächsten Nachbaren sind die sich ebenfalls unter die hohe Gesellschaft gern mischenden Gefährten der heiligen Familie, der Ochse und der Esel, die nach dem Ausspruche eines alten Kirchenlieds: „*sich über's Jesulein freuen.*" Der Maler giebt in diesem Gemälde uns eigentlich ein ungefähres Bild von dem Leben und Treiben auf dem St. Marcusplatze und an dem Hafen zu Venedig, und *von Quandt* bemerkt: „Um uns die Schätze, welche der Orient über Venedig ausschüttete, die Unterwürfigkeit der semitischen Völker, den Ernst des Arabers, das Phantastische des Mohren und so viele fremde wunderbare Gegenstände zu zeigen, diente ihm die Anbetung des Christkindes durch die drei weisen Könige aus dem Morgenlande zur Gelegenheit, denn bei den Malern ist nicht immer der geschichtliche Stoff die Aufgabe, welche sie sich stellen, wie es hier des *Paolo* eigentlicher Zweck war, die Macht und Herrlichkeit des Staats zu veranschaulichen, der sich alljährlich feierlich mit dem Meere vermählte und so müssen wir das B. aus einem weltlichen Standpunkte auffassen." — „Maria ist schön, aber wir können sie eher für eine allegorische Figur der Republik halten" etc. Dem *V.* ist allerdings der Vorwurf gemacht worden, dass er bei der pittoresken Auffassung seiner Sujets nicht lieber Stoffe aus der venetianischen Geschichte selbst gleich wählte, wobei er doch gewiss etwas Ausserordentliches geschaffen haben würde. Er scheint es aber in Rücksicht auf die aristokratischen Reibungen wegen des *far broglio* zwischen den Patriziergeschlechtern und daher aus Furcht vor den Bleikammern umgangen zu haben. Dafür nahm er lieber seine Stoffe aus der heiligen Geschichte und kleidete diese an und für sich schlichten Sujets in die Pracht und Hoheit der Republik Venedig ein, bei welchem künstlerischen Bestreben er sich nur Ruhm und Reichthum erwarb, aber keine Rancune zuzog. Wer übrigens dem *V.* einen Vorwurf deshalb machen will, dass er die ganze Handlung zu sehr modernsirte, und von der evangelischen Geschichte völlig abgewichen sei, mag bedenken, dass die Geschichte *der drei Weisen aus dem Morgenlande* nach Matthäus 2, 1 bis 12, schon frühzeitig ausgeschmückt und zum Volksmärchen geworden war, das jeder nach seiner Weise erzählte und man sogar mimisch vorführte. Die Geschichte *der heiligen drei Könige*, die später sogar christliche Bischöfe geworden sein sollen, ist unbedingt erst durch *Leo den Grossen*, im 5. Jahrh. nach Christus, entstanden, und die Kirchenhistoriker sind selbst über die Namen dieser rein der Legende angehörenden Könige uneins, indem Einige sie *Apellius*, *Amerus* und *Damascus*, Andere *Magalach*, *Galgalath* und *Saracin*, und noch Andere sie sogar *Ator*, *Sator* und *Peratonas* nennen, und als ihr Vaterland bald *Arabien*, *Persien*, *Chaldäa*, *Mesopotamien*, *Indien* oder *Calecut* angeben. — Die ursprünglich evangelische Geschichte der *drei Weisen* war der Kunst *nicht grandios* genug, daher sie lieber die *drei Könige* sich wählte, die auch das Volk weit besser kannte, weshalb selbst *Benedict XIV.* (*de festis* 27) gesteht, „*dass es der Klugheit nicht gemäss sei, wenn man den Magiern vor öffentlicher Versammlung die königliche Würde abspreche, weil sie das Volk schon von langer Zeit her für Könige gehalten habe.*" Wegen des Glanzes der Farben des *P. V.* nannte man ihn „*il miniatore.*" Uebrigens ist von *V.* selbst eine Radirung vorhanden, die die „Anbetung der Könige" darstellt. — Stiche von *Ph. And. Kilian*, *W. Witthöft*; lithogr. von *Hanfstängl*. — Das B. ist gleichfalls aus der Gall. zu Modena, und ward 1837 durch *Schirmer* restaurirt. — Leinw., 7 F. 3 Z. hoch, 16 F. breit.

Seite nach Saal D.

269.* *Robusti (Giacomo)*, gen. *Tintoretto*. Das *mit der Sonne bekleidete und auf dem Monde stehende Weib* — nach *Offenbarung 12* — wird von dem, sie mit ihrem, unter unablässiger Nachstellung gebornen Kinde fort und fort feindselig verfolgenden *Drachen* durch den *Erzengel Michael* befreit.

Figuren in Lebensgrösse. Bisher galt dieses B. als „*der Sturz der gefallenen Engel*", wobei der *Drache* gar nicht, und der *Erzengel Michael* nur oberflächlich beobachtet worden war. Das nach des siebenten Engels Posaunenschalle am Himmel als grösses Zeichen erschienene *namenlose Sonnenweib* mit ihrem Kinde sah man aus Unkunde mit der Bibel für die *Madonna* an. Mehre der älteren Holzschnitte zu dieser Stelle der Offenbarung haben grosse Aehnlichkeit mit dieser Composition. Das B. war früher in der Kunstkammer, ward 1838 durch *Renner* rentoilirt und restaurirt. Darnach hat *Lesueu* eine Zeichnung zu einem Holzschnitte für *Crozat's* Werk besorgt. — Leinw., 13 F. 3 Z. hoch, 7 F. 10 Z. breit.

268.** *Derselbe.* Das im Ehebruche ergriffene und von den Pharisäern in den Tempel vor Christus geführte junge Weib erwartet von diesem ihr Urtheil, das für sie tröstlich lautet und ihre Ankläger zum Schweigen, zur Beschämung und zur Selbsterkenntniss zwingt; nach Johannes 8, 3—11. (Vgl. Saal F. No. 538.)

Figuren in Lebensgrösse. Christus erscheint als sitzend auf der Estrade einer Säulen-Stufe, während vor ihm die Pharisäer in der lebhaftesten Verhandlung mit der in ihrer Mitte stehenden Angeklagten sich befinden. Auf dem Fussboden steht das von Christus geschriebene Urtheil, während zum Theil die Zuschauer ihre Aufmerksamkeit auf die zu erwartete letzte Entscheidung Jesu gerichtet haben. Der Künstler war mit dem für eine charakteristische Darstellung an und für sich allein schon reichen Stoffe nicht zufrieden; er führte in seine Composition noch ein Weib ein, die ihren gichtbrüchigen Mann vor Christus bringt, um für ihn dessen Hilfe anzuflehen. — Dieser für denkende Künstler eben so gewaltige Stoff zu physiognomischer Ausführung, als die Entscheidung Christi bei dem dargereichten Zinsgroschen, ward fast von allen bedeutenden Künstlern aufgefasst, so z. B. von *Tizian*, *Paolo Veronese*, *Alessandro Varotari* (Gall. von Wien), von *Lic. da Pordenone* und *Bonifacio* (Venedig, Berlin und Orleans), von *Federigo Zucchari* (zu Orvieto), *Julio Romano*, *Ann. Carracci*, *Bronzino*, *Luca Giordano*, *Rembrandt*, *van Dyk*, *Rubens*, *Gaudenzio Ferrari* etc. — Stich von *Phil. Andr. Kilian*. Dieses B. gehörte zu den 69 Gemälden, die 1748 aus der Gall. zu Prag angekauft wurden (vgl. Einl. S. 67 u. f.). — Leinw., 6 F. 6 Z. hoch, 12 F. 6 Z. breit.

418.* *Procaccini (Camillo).* Der Troer Königssohn, *Paris*, an der Insel *Kythära* gelandet, raubt nach einem Kampfe mit den Einwohnern die daselbst der *Aphrodite-Urania* opfernde *Helena*.

Figuren in Lebensgrösse. *Paris* trägt die *Helena*, welche sich sträubt, auf seiner rechten Hüfte, während er ihre zarte weibliche Gestalt mit dem linken Arme umschlungen hält, und, mit dem Schwerte in der rechten Hand die Verfolger abwehrend, nach dem von einem seiner Gefährten an der Kette gehaltenem Bote zu, über einen niedergestreckten und am Kopfe und Halse Verwundeten hinwegschreitet. Die Mutter des *Theseus*, ihres ersten Entführers, *Aethra*, welche ihr bei ihrer Befreiung durch die *Dioskuren*, ihre Brüder, folgte und sie nicht wieder verliess, erwartet sie mit ängstlicher Geberde im Bote. Auf der hohen See liegt das Schiff des Paris. Dieses B. kam 1746 aus der Gall. zu Modena unter dem Titel: „*il ratto di Elena*" von *Cav. Liberi* (?). Der Catal. von 1765 bezeichnet es *Jules César Pr.*: „*Une femme enlevé par un homme tout nud, aux pieds duquel un autre est couchée et blessé*", dem auch das *Abrégé* und der deutsche Catal. von 1801 gefolgt sind. Dagegen haben die Catal. von 1806 u. 1812, von *Riedel*: „*Der Raub der Helena. Paris nackend hält die Helena hoch empor und hat in seiner Rechten einen Dolch etc.*", während die Catal. von 1817, 1822 ff. von *Demiani* und *Matthäi*: *Ein junger ganz entblössier Mann, mit einem Schwerte in seiner Hand, trägt ein jugendliches Weib etc.*" es wieder aufführen. Auch *J. Hübner* wagt keine Deutung. — Leinw., 9 F. 4 Z. h., 8 F. 2 Z. br.

260.* *da Ponte (Leandro)*, gen. *Bassano.* Brustbild des sein Kreuz tragenden Christus.

Lebensgross. Durch *Vent. Rossi* für 100 Thlr. zu Venedig angekauft. — Leinw., 2 F. 10½ Z. hoch, 2 F. 4½ Z. breit.

255.** *da Ponte (Francesco)*, gen. *Bassano.* Maria lüftet das linnene Tuch, unter welchem das sanft schlafende Christkind gebettet, um es den eingetretenen Hirten, die vor ihm anbetend niedergesunken sind, zu zeigen.

Ganze Figuren. Dieses ansprechende B., das *Pierre Chenû* für d. 2. Bd. d. Gall. W. gestochen, ward 1744 von *Vent. Rossi* aus der *Casa Grimani Calergi* zu Venedig angekauft. — Leinw., 2 F. 5 Z. hoch, 3 F. 11 Z. breit.

270.* *Robusti (Giacomo)*, gen. *Tintoretto.* Vor der Maria mit dem Christkinde, zu deren Seite die heilige Katharina steht, erscheint ein Mann in betender Haltung.

Halbfiguren unter Lebensgrösse. Der auf diesem erst 1853 aus dem Vorrathe entnommenen und durch *Schirmer* restaurirten B. zu den Füssen der heiligen Mutter Betende wird von *J. Hübner* als „*ein Admiral der Republik Venedig*" bezeichnet. Der Hintergrund bietet entweder die Aussicht nach dem Festlande jenseits der Lagunen oder auf eine von den Venetianern belagerte Insel und auf eine im Meere zur Cernirung davor gelegte Flotille von Galeeren dar; möglich daher, dass die Wahl des Hintergrundes eine Beziehung zu dem frommen Anbeter hat. Um historische

Conjecturen zu wagen, so könnte entweder in diesem B. der unglückliche, aber tapfere Vertheidiger von Famagosta auf Cypern (1571), *Marco Antonio Bragadim*, oder der 1560 gestorbene General-Capitain zur See, *Vincentio Capello*, dem die Venetianer eine Reiterstatue errichteten, oder der Seeheld *Bartolomeo Coglioni*, oder der bekannte Türkenfeind *Antonio Grimani*, der aber endlich noch den Undank Venedigs erfuhr, oder der berühmte Land- und Seeheld *Giacomo di Malatesta*, oder der seit 1558 zum Generalissimus ernannte *Melchiore Micheli*, oder der von *Mustapha Passa* nach der Eroberung Cyperns strangulirte tapfere *Laurentio Tiepoli*, oder endlich auch der 1577 zum Dogen erwählte General-Capitano der Flotte gegen die Türken, *Sabast. Venieri*, dargestellt sein. Ein in Kupferstich aufgefundenes ähnliches Portrait würde entscheidend sein. Unbedingt ist das Bild ein *Ex voto*. — Leinw., 3 F. 7 Z. hoch, 5 F. 5¼ Z. breit.

203*. *Tiziano Vecelli da Cadore.* Mutter *Maria* mit dem auf ihrem rechten Knie stehenden *Jesuskindlein*, während ihr zur Rechten *Johannes der Täufer* steht. Vor der *Maria in trono* erscheint eine jugendliche Frau mit in Bescheidenheit niedergesenkten Blicken, die für das unter ihrem Herzen tragende Kindlein den mächtigen Schutz und für sich den Beistand der heiligen Mutter sucht. Hinter ihr steht der heilige Hieronymus, das Crucifix emporhaltend, und ihr zur rechten Seite der Apostel Paulus, als Fürsprecher.

Kniestück. Figuren in Lebensgrösse. Dieses wohl früher etwas angegriffene, aber demungeachtet noch vortreffliche Bild, das man genau genommen als eine die Grundidee des Künstlers beurkundende Skizze, oder vielmehr als ein genial-künstlerisches Concept T.'s zu betrachten, ist nach *v. Quandt's* Ansicht eines der Schöpfungen des Meisters, die er in seiner schönsten Blüthenzeit auf die Leinwand zauberte, um nach dergleichen geistvollen Untermalungen später andere Gemälde mit Veränderung der Nebensachen bei Gelegenheit auszuführen. Es ist überdies auch bekannt, dass T. dergleichen Conceptionen in der urkräftigen Phantasie seines Jugend- und Mannesalters im spätern Alter zu überarbeiten unternahm, wobei dieselben aber nur selten gewannen, sondern meistens recht entstellt wurden. Seine Schüler sahen diesem kindischen Treiben des alterschwachen Meisters nicht ruhig zu, und mischten daher Olivenöl unter seine Farben, damit die von T. übermalten Stellen nicht völlig austrockneten und später mit leichter Mühe als blosse Oelhaut ohne Schaden für die meisterhafte Untermalung wieder hinweggenommen werden konnten. Auch dieses B. hält *v. Quandt* (wohl mit Recht) für eine solche von *Tizian* in späteren Lebensjahren retouchirte Meisterskizze, da „noch eine solche weiche Oelhaut sich vor 35 Jahren auf dem Johannes befand." Auch hält v. *Quandt* dafür, dass das vortreffliche Madonnenbild in der kaiserlichen Gall. im Belvedere zu Wien (in kleinerem Formate, mit Hinweglassung der Neben-Figuren) nach diesem Vorbilde von *T.* bewundernswürdig ausgeführt worden ist. Daher erklärt auch v. *Quandt*, dass gerade dieses Bild für die Künstler von grosser Bedeutung sei, indem „*das Wichtigste und Wesentlichste durch einen Zauberschlag hervorgebracht, selbst die Farbenwirkung da, wenn auch die Nebenfiguren nur als Massen angelegt und, selbst mehr als billig, blos flüchtig angedeutet sind.*" — Trotz dem, dass die Nebenfiguren eigentlich nur angelegt sind, bleibt das B. doch eine treffliche Composition, aus deren Brennpunkte das von südlichen Reizen erfüllte Angesicht der sich zu der „Gesegneten" hinneigenden *Madonna* mit ihrem herrlichen Christknäblein hervorleuchtet, während die übrigen beschatteten Personen mehr dazu dienen, die bescheidene, leutselige Himmelskönigin hervorzuheben. Rechts erscheint der das auf dem Schoose seiner Mutter holdseligen Blickes vorwärts schreitende Christuskind gängelnde *Johannes der Täufer*, in die *Diphthera* gekleidet, mehr als Repoussoir dienend. Links dagegen die junge schöne Frau im weissen Blousenkleide mit Bauschärmeln von schwerem Stoffe, mit leichtem Oberbesatze, und im grünen, togaähnlichen Ueberwurfe, deren griechisches, sittig von der Mutterhoffnung verklärtes Profil sich durch die etwas dunkel gehaltene Gestalt des *Paulus*, mit reichem Barte und Haupthaare, hervorhebt und durch die Fülle ihres, in mit rosafarbenen Bändern durchzogenen und geschlungen Flechten auf den Nacken herabfallenden, blonden Haares eine Abgrenzung nach Oben erhält. Der hinter ihr stehende *Hieronymus* scheint dagegen mehr in dem Bilde etwas müssige Stelle des Hauspatrons einzunehmen, zumal er das von vielen Künstlern bei Präsentationen vor *der Madonna mit dem Christkinde* und bei sogenannten „*heiligen Familien*" (vgl. No. 237, Saal D) anachronistisch und unpassend angebrachte *Crucifix* erhebt. — In diesem B. nimmt übrigens die *Madonna* die Stelle der von dem Christenthume verdrängten *Juno Lucina* ein, welche ihr auf Votivbildern nicht selten eingeräumt worden ist, und uns auch nicht Wunder nehmen darf, da man selbst zu Rom auf die Ruinen des *Lucinatempels* die *Basilica* der *Santa Maria Maggiore*, wo auch die „*heilige Wiege*" aufgestellt ward, erbaute, wie überhaupt die „*jungfräuliche Mutter Maria*", die man sich bald *schwarz*, bald *braun*, bald *weiss* dachte, die meisten Functionen der verscheuchten Olympierinnen, wofür der überwiegende Mariencultus spricht, im Christenthume übernehmen musste. — Das B. ward 1747 durch den alten *Zanetti* und *Guarienti* in der *Casa Grimani dei Servi* zu Venedig für die Gall. angekauft und im Jahre 1839 von

Renner restaurirt. Stich von *Jacob Folkema*. Lithogr. von *Hanfstängl*. — Holz, 5 F. hoch, 6 F. 10 Z. breit.

206. *Tiziano Vecelli da Cadore.* Portrait einer jungen vornehmen Dame in der reichen Tracht der Venetianerinnen der zweiten Hälfte des 16. Jahrhunderts.

Kniestück in Lebensgrösse. Ein B. von edler Auffassung des Lebens und schönem Colorit zeigt uns eine Dame von sanften, einen Anflug von Schwärmerei verrathenden Zügen in krapprothem Stoffkleide, mit tiefer Taillen-Schneppe und genestelten, abgeschnürten engen Aermeln, welche für das Portrait der „*Tochter der Republik von Venedig*", *Catharina Cornaro*, später Königin Cyperns, gehalten worden, und angeblich in No. 232 und nach dem *Abrégé* auch in No. 207 in tiefer Trauer, als Witwe dargestellt sein soll. Nach *v. Quandt* (artistisch. Notizenblatt 1827 No. 4.), in Berufung auf *Ridolfi (la Maraviglia dell' arte*, S. 137) ist das Bild No. 207 das der *Cornaro*, und ihm wird von Letzterem das höchste Lob ertheilt; doch scheint *v. Quandt* die Originalität etwas anzuzweifeln, weil *Ridolfi* sagt, dass von diesem B. viele Copieen vorhanden seien. Bemerkenswerth ist der zierliche, mittels prachtvoll aus Gold gearbeiteter Schellen zusammengesetzte Gürtel, sowie das aus Rosetten und Tropfen von grossen und kleinen Perlen gefertigte Halsband und die aus Goldfiligran gearbeitete, mit Diamanten besetzte Kopfspange. Räthselhaft bleibt jedoch der an einem goldenen Marderkopfe gefügte Marderpelz, den sie in der rechten Hand führt, welchen Einige für einen Fliegenwedel, Andere sogar für eine *Caccia dei pulci* angeblich haben. Das *Abrégé* bezeichnet dieses doch unbedingt zum Schmucke gehörige Modestück: „*une manche fournée et pendante*", während es spätere Catal. „*einen schwarzen Flor*" (?) nennen. — Lithogr. von *F. Hanfstängl*. Aus der Gall. zu Modena und 1826 durch *Palmaroli* restaurirt. — Leinw., 4 F. 11 Z. hoch, 3 F. 4 Z. breit.

289.** *Caliari (Paolo)*, gen. *Veronese.* Porträt des Venetianischen Nobile *Danielo Barbaro*, Patriarchens von Aquileja.

Kniestück in Lebensgrösse. Dieses ausdrucksvolle Bild ward von *V.* für den aquilejischen Patriarchen *Grimani*, zu dessen Coadjutor *Danielo*, als Venetianischer Ambassadeur in England, vom Papste ernannt worden war, gemalt. Auf dem Concil zu Trident war er besonders gegen die Ertheilung der *Communio sub utraque*. Er war ein tüchtiger Mathematiker und verehrte leidenschaftlich Aristoteles. Er starb 1569, 41 Jahre alt. Uebrigens darf er nicht mit einem seiner Vorfahren und Gross-Onkel, dem *Hermolao Barbaro*, verwechselt werden, der gegen den Willen der Republik Venedig, als deren Gesandter er am päpstlichen Hofe fungirte, um 1492 vom Papste zum *Patriarchen von Aquileja* ernannt worden war, weshalb die Republik aber so erzürnte, dass sie sogar seinen Vater aller Aemter und Würden entsetzen und auch dessen Güter confisciren wollte. *Danielo* erscheint in einem schwarzen, mit Pelz gefüttertem und Hermelin ausgeschlagenen Talar, seiner Amtskleidung. Das B. ward durch *Vent. Rossi* aus der *Casa Grimani Calergi* in Venedig für d. Gall. angekauft und durch *Palmaroli* 1827 restaurirt. Als „*D. Barbarigo*" gestochen von *Jacob Houbraken*. — Leinw., 4 F. 9 Z. hoch, 3 F. 7 Z. breit.

281.*** *Derselbe.* Christus am Kreuze verschieden, zwischen den beiden Missethätern.

Der Künstler hat hierbei den Moment erfasst, als Maria und die Frauen in der Nähe des Kreuzes in Ohnmacht gesunken waren, während Maria Magdalena das Kreuz umfängt, und das beim Tode erfolgte Erdbeben den mit den Seinigen als Wache auf dem Richtplatze zurückgebliebenen *Hauptmann*, nach Matthäus 27, 54. und Marcus 15, 39., zu dem Ausrufe veranlasste: „Wahrlich, dieser ist Gottes Sohn gewesen!" — Zum Ueberflusse hat *V.* noch einen Galgen in der Nähe der drei Kreuze angebracht. Der Hauptmann ist vom Pferde gestiegen und knieet betend nieder. Das B. ward durch den Gall.-Insp. *Riedel* für 1000 Thaler zu Prag angekauft. Lithogr. von *F. Hanfstängl*. — Leinw., 3 F. 6 Z. hoch, 2 F. 9 Z. breit.

302.** *Porta (Giuseppe), gen. del Salviati.* Der Leichnam Christi, in den Armen eines Engels auf dem Rande der Sarkophagzarge, während ein zweiter Engel die linke Hand der Leiche mit Innigkeit und Rührung küsst, und ein dritter hinter der trauervollen Gruppe mit zum Himmel gewendeten Blicken steht. *(Ein „Richiamar alla vita.)*

Das Bild dieses, vornehmlich durch das Triumphbild des Papstthums, „den Fusskuss Kaiser Friedrich's I.", das er für Papst Pius IV. malte, bekannten Malers, der, obgleich Schüler des *Franc. Salviati*, doch weniger der florentinischen, als der römischen und venetianischen Schule anhing, ward von *P. Tanje* gestochen. Da *P.* den Venetianern nachstrebte und auch *Paolo Veronese* ähnlich den Gegenstand auffasste (Berlin, No. 295), so hatte man dieses B. ebenfalls früher für ein Werk diess Meisters angesehen, unter welcher Firma es auch 1743 aus der *Casa Grimani Calergi* durch *Vent. Rossi* für 300 Thlr. angekauft wurde. Ward 1626 durch *Palmaroli* restaurirt. Lithogr. von *Fr. Hanfstängl*. — Leinw., 3 F. 11 Z. hoch, 3 F. 1 Z. breit.

Saal D.

(Mit Oberlichte.)

Decoration. Diese hat, in Berücksichtigung, dass man diesen Saal nach dem Maler-Fürsten *Correggio*, als dem vorherrschenden Meister in demselben, nach schon im Voraus geschehener Disposition zu taufen beliebte, vornehmlich in den Friesbildern darauf Rücksicht genommen, dieses künstlerische Vorbild vieler seiner Zeitgenossen nach der Erscheinung seiner Hauptschöpfungen zu charakterisiren. Das *erste* Friesbild zeigt das *naive, kindliche Gemüth Correggio's*, wie es sich namentlich in dessen Malereien im Kloster *San Paolo zu Parma*, besonders *in der Diana und den Jagdnymphen kundgiebt*, während das *zweite links* die *Auffassung Allegri's hinsichtlich seiner Kirchenbilder* charakterisirt, wobei Reminiscenzen aus den Hauptbildern dieses Meisters vorgeführt sind. Die kleinen Medaillonbildchen deuten dagegen Oertlichkeiten an, z. B. die Kuppel des Doms Santa Maria und der Kirche St. Giovanni zu *Parma*, wo C.'s vorzüglichste Thätigkeit sich kund gab. Das *dritte* Friesbild *rechts* zeigt *C.s entfesselte Kunstrichtung in Rücksicht auf Freude und Sinnenlust*, und die Medaillons von ihm gelöste Aufgaben seiner Kunst, in welchen diese Gefühle, z. B. in den *Madonnen*, in der *Io* dieses Meisters, ihren Culminationspunkt erreichten. — Das *vierte* Friesbild *(Seite von E.)* endlich symbolisirt das glänzende *Colorit* und den unvergleichlichen *Lichteffekt* des Meisters, durch den *lichtstrahlenden Helios, umgeben von Blumen streuenden Zephyren*. Ausgeführt von *C. Rolle.*

Seite von Saal E.; von oben links.

144.* *Mazzuoli (Francesco)*, gen. *Parmesano* oder *Parmegianino* (auch *Mazzolino*). Die *Himmelskönigin* auf Wolken in Mitten einer Glorie dahinschreitend. In dem durch eine Balustrade begrenzten Vordergrunde links der Erzmärtyrer *Stephanus* mit Steine und Palmenzweige, und rechts *Johannes der Täufer* mit dem grünenden Stabe, beide sitzend, während in der untern linken Ecke an die Kniee des Erstern sich ein Mann in betender Stellung anschmiegt.

Vordere Figuren in Lebensgrösse. Dieses B. ist eines der geschätzteren Compositionen *M.'s*, jedoch, wie überhaupt dieser

74   **Saal D.**

Künstler stets ein Nachahmer *Rafael's* und *Correggio's* war, mehr Nachahmung des Letztern. Besonders lobt man die Haltung und das Halbdunkel in demselben. *Der grünende Stab des Johannes* bezieht sich auf Jesaias 11, 1. und deutet die daselbst als *Symbol des Messias* erwähnte *Ruthe Isai* an. Die neben *Stephanus* hervorragende Figur ist wahrscheinlich der Besteller oder *Donatore* des B.'s, der in dem Original-Cataloge der Gall. zu Modena, woher das B. 1746 kam, als das *Portrait des Malers* genannt ist. — Holz, 8 F. 10 Z. hoch, 5 F. 9 Z. breit.

75.* *Unbekannter Meister.* Die heil. *Margarita* oder *Margaretha von Antiochien* knieend im Kerker, den Beistand ihres Heilands anrufend, und neben ihr der Drache, als Symbol des von ihr standhaft bekämpften Heidenthums.

Lebensgrosse Figur. Ihr Vater, *Artesios*, war ein Priester, der sie wegen ihrer frühen Neigung zur Religion der Christen streng erzog und sie endlich sogar auf das Land schickte, um daselbst Schweine zu hüten. Hier lernte sie *Olibrius*, der Feldherr Kaisers Aurelianus, kennen, fand sie schön und wendete alle sanften und strengen Mittel auf, sie für sich und den Götzendienst zu gewinnen. Doch sie blieb standhafte Christin selbst unter allen Martern, ward aber endlich noch 275 n. Chr. hingerichtet. Ihr Cultus ist seit 1099 besonders in Frankreich. Gewöhnlich stellt man sie sitzend auf dem Drachen dar. — Leinw., 6 F. 2 Z. hoch, 4 F. 2 Z. breit.

153.** *Scarsella (Ippolito),* gen. *Lo Scarsellino da Ferrara.* Das *Christkind* auf dem Schoosse der *Madonna,* der *heil. Barbara* einen Blumenzweig darreichend, während vor ihnen der *heil. Borromäus* andächtig kniet und im Hintergrunde ein Engel und *Joseph* stehen.

Ganze Figuren unter Lebensgrösse. Schon das *Abrégé* nennt statt der in den Catal. von *Demiani*, *Matthäi* und *J. Hübner* angegebenen *Catharina,* die *St. Barbara*, doch statt des *Borromäus*, den „*St. Charles*", dem auch die Catal. *Riedel's* gefolgt sind; erst die Catal. *Demian's, Matthäi's* etc. haben *Borromäus*. — Stich von *Etienne Fessard*. — Leinw., 8 F. 11 Z. hoch, 7 F. 8 Z. breit.

149.** *Mazzuoli (Girolamo).* Allegorie. Die von der *Vorsicht* gewarnte, doch diese nicht beachtende *Tollkühnheit.*

Figuren unter Lebensgrösse. Der Künstler stellt uns in einem mit luftigem Gewande umflatterten Jünglinge mit geflügelten Füssen, der in der Rechten eine Art von Messer hält, die auf einer dem Abgrunde zurollenden Kugel nur mit den Zehen stehende *Tollkühnheit* dar; im Rücken des Unaufhaltsamen steht ein fast verhülltes weibliches Wesen, sein Beginnen beobachtend und den Abgrund fürchtend, während der Wind mit ihrem sorglich zusammen gehaltenen Mantel und den Locken spielt. In der Tiefe des Hintergrundes zeigt sich eine reich bebaute Landschaft mit See. — Das *Abrégé*, nach dem Catal. des *Guarenti*, hat: „*La Fortune sur un globe, & à côté une femme paroissent effrayée.*" Dagegen hat der Catal. von 1801 seltsam genug: „*Die Verkündigung Mariens allegorisch dargestellt. Gabriel mit den Spitzen seiner Füsse noch die Weltkugel berührend, ist im Begriff sich aufwärts zu schwingen und Marien zu verlassen, welche zur Seite in vorwärts gebeugter Stellung befindlich ist etc.*" Erst der Catal. von *Demiani* 1817 bezeichnet es als eine *Allegorie auf das Glück und die verwegene Kühnheit.* — Aus der Moden. Gall. — Holz, 7 F. 6 Z. hoch, 4 F. breit.

63. *Pipi (Giul.)*, gen. *Giulo Romano*. Der arkadische Hirtengott *Pan* lehrt einen jungen Hirten auf der von ihm erfundenen *Syrinx* blasen, der die Schwierigkeit des Instrumentes zu fühlen scheint. Im Vordergrunde weidet ein Schaaf.

Figuren über Lebensgrösse. Es ist kein B. der Gallerie so verschieden gedeutet worden, als dieses. Der Catal. von 1765 hat: „*Pan, inventeur de la Flûte, en montre l'usage à un jeune Berger*", dem auch das *Abrégé* und der Catal. von 1801 gefolgt sind. Nach d. Catal. von 1806 u. 1812 unterrichtet *Pan* „*den in Gestalt eines Hirten neben ihm sitzenden Apollo*", wozu noch bemerkt ist: „*Bey dieser Vorstellung ist der Meister ganz treu bey der in Rom befindlichen antiken Gruppe geblieben, und hat selbige in einem guten Fleisch-Tone wieder gegeben.*" Davon weichen die Catal. von 1817, 1822 und 1844 seltsam ab: „*Pan, Erfinder der Rohrflöte, welche er in der Hand hält; er sitzt in der Gestalt eines jungen Hirten auf einem Erdkloss, neben ihm ein Satyr. Der Gott scheint mit schmerzlicher Theilnahme der geliebten Syrinx zu gedenken etc.*", während der letzte Catal. *Matthäi's* d. B. durch: „*Marsyas will Apollo, welcher die Heerde des Admet weidet, im Gebrauche der Rohrpfeife belehren*" erklärt. *J. Hübner* schreibt endlich: „*Pan und der jugendliche Olympos*", (worunter doch wahrscheinlich nur der *Marsyas* zu verstehen?). — Eine von allem Diesem völlig verschiedene neue Deutung giebt dagegen unser *von Quandt*, welcher, obgleich er sonst nicht eben sehr die historische oder mythologische Erklärung eines Bildes beachtet, in einer wirklich gewandten mythologischen Deduction die beiden Figuren des Bildes als „*Pan und Hermes*" bezeichnet. Ohne durch eine Gegendeduction den Beweis zu versuchen, dass es wohl *Hermes*, der ausser dem, dass ihm einige Mythologen zum Vater des *Pan* (d. h. *Aegipan?*) machen, nicht in weiterm mythischen Zusammenhang mit *Pan* erscheint, nicht gut sein könne, wohl aber weit eher *Apollo*, der sogar in einem musikalischen Wettstreite mit *Pan* siegte, wobei Mydas, der als Flötenvirtuos *für Pan* entschied, sich die Eselsohren verdiente. *Marsyas* aber erscheint entweder als *Faun* oder als *Satyr* in den alten Kunstgebilden, und, wenn der Künstler etwa in dem hohen lockigen Haupthaare die *Hornansätze und gespitzten Ohren*, die selbst im Alterthume oft sehr unmerklich an den Satyr- und Faunenstatuen sind (wofür das K. Antikenkabinet mehre Belege hat), versteckt hätte, so könnte es allerdings *Marsyas* sein, der aber Virtuos auf der Doppelflöte war; man müsste denn annehmen, dass er sich (doch wohl gegen den Mythos) ebenfalls auf der *siebenröhrigen Syrinx* hätte unter Anleitung des *Pan* versuchen wollen. — Uebrigens scheinen nach der vergleichenden Mythologie *Pan* und *Marsyas* ursprünglich ein Mythos gewesen zu sein, und sie sind nur localverschieden ausgebildete mythische Personen. Das aber *G. R.* bei dieser Composition wohl eher an *Apollo*, den Hirten, gedacht haben mag, als an *Hermes* oder *Marsyas*, dürfte man fast vermuthen. Die grosse Unsicherheit in der Feststellung dieser Mythen sowohl, als namentlich über die wahren Gestalten der *Faunen*, *Satyren* etc., die sich sogar durch alle Zeiten der Ausbildung der Mythen zeigt, und die *R.* vielleicht noch weniger genau kannte, als viele der jetzigen Künstler, hat vielleicht auch die unbestimmte mythologische Composition erzeugt. — Uebrigens gesteht *von Quandt*, dass die Gestalt des Hirten, *als Hermes*, nicht „*ideal genug*" ist, sondern der schönsten Natur, die der Künstler als Modell aufzufinden vermochte, nachgeahmt, „und dies zwar mit einer Meisterschaft, dass wir fast getäuscht werden, und einen wirklich Raum einnehmenden Körper zu sehen glauben." Auch glaubt v. *Quandt*, dass viele Künstler, die es aber nicht besser machen werden, als *R.*, der vorzüglichste Schüler *Rafael's*, das an dem Bilde tadeln werden, dass *R.* den *Pan* nur mit Lasurfarben, dagegen aber den (angeblichen) *Hermes* pastös gemalt hat." Aber gerade dies ist ja das kluge Verständniss *R.*'s in Anwendung der ihm zu Gebote gestandenen technischen Mittel, dass er durch den dunkel gehaltenen, fast rein in Lasurfarben ausgeführten hässlichen *Pan*, die jugendliche, schönkräftige Gestalt des Hirten noch mehr, als er durch die pastöse Farbe erreichen konnte, hervorzuheben unternahm. Wie nützlich sich *R.* dem *Rafael*, als dessen rechte Hand, gemacht, ist bekannt, und seine Selbstständigkeit beginnt daher erst nach 1520, nach welcher Zeit das B. auch erst gemalt sein kann. Es stammt unbedingt erst aus der Zeit, wo er zu *Mantua* sein Antikenkabinet angelegt hatte, in welcher Annahme wir dadurch noch bestärkt werden, dass

Saal D. 77

das Bild früher in der Gall. zu *Mantua* war, von wo es nach London kam, und dort 1732 durch den König *August* von Mr. *Zamboni* (als Original des *Michel Angelo*) für 300 Louisd'or gekauft worden. Man hat dem Bilde früher den Vorwurf gemacht, dass es etwas zu sehr das Extreme in Schatten und Licht (wovon auch *v. Quandt* einige Beispiele aufgeführt) verfolgte, und namentlich zuviel sich zum „*Lingam*"- oder *Phallusdienste* hinzuneigen schien, was aber nur die befleckte Phantasie eines überbildeten Zeitalters, das, weil es auf dem Standpunkte der Reflexionen sich befindet, der Bildersprache ohnehin nicht bedarf, behaupten konnte. Der *Pan*, *Marsyas*, *Hermes etc.* gehörten zu dem Phallusdienste; daher durfte selbst die lautgewordene Phantasie nicht zur maassgebenden Ansicht werden, auf deren Veranlassung auch nur der vom Künstler richtig angedeutete Reichthum der Naturproduction früher verhangen und endlich gar verblättelt werden musste. — Holz, 8 F. 10 Z. hoch, 6 F. 6 Z. br.

246. *da Ponte* (*Giacomo*), gen. *Bassano*. Rast bei dem Auszuge der Kinder Israels aus Egypten.
Dieses Bild ist eine etwas kleinere Wiederholung (?) von No. 249 (Saal E.). — Leinw., 4 F. 6 Z. hoch, 6 F. 3 Z. breit.

118.* *Dosso Dossi*. Die jüdische Heroïn *Judith*, Witwe des Manasse, aus dem Stamme Ruben, mit dem Haupte des von ihr zur Errettung ihres von den Assyrern belagerten Wohnorts, *Bethulia*, getödteten Feldherrn *Holofernis*. (Judith 13.)
Kniestück in Lebensgrösse. Dieses dem bekannten jüdischen Heldenromane entnommene Sujet sprach zuerst das Mittelalter an. *Judith* sitzend, mit dem schaurigen Haupte des *Holofernis* zur Seite; in der Ferne Aussicht auf das Lager. Ja, gerade dieses, das Christenthum in keiner Weise berührende Sujet ward von der christlichen Kunst gar sehr beliebt. — Das B. kam unter der Firma: „*Parmegianino*" aus der Gall. zu Modena. — Leinw., 5 F. 2 Z. hoch, 3 F. 1 Z. breit.

284.*** *Caliari* (*Paolo*), gen. *Veronese*. Die keusche Frau des Jojakim, *Susanna*, wird von den beiden geilen Aeltesten im Garten belauscht. (Historie von der Susanna.)
Der Künstler ist von der gewöhnlichen Darstellung dieser Scene aus der bekannten jüdischen Novelle in soweit abgewichen, dass er die Susanne, eine recht anziehende Erscheinung, nicht bereits entkleidet im Bade vorgeführt hat, sondern sie noch bekleidet, obschon etwas am obern Theile der Kleidung gelöst, sich blos die Füsse waschend, darstellte. Auch hat er, wie man öfter auf Oelbildern, biblischen Holzschnitten etc. von dieser „*Surprise par les Vieillards*" sieht, uns die Verlegenheit erspart,

78 Saal D.

dieses schöne und tugendhafte weibliche Wesen nicht von den alten *jüdischen Satyren*, die hier nur hinter einer Balustrade mit trocknem Gaumen lauschen, unmittelbar wollüstig behelligt zu sehen. — Dass d. B., wie von *V.* zu erwarten steht, viel Künstlerisch-Schönes enthält, wird wohl jeder Beschauer zugestehen. — Der Maler *Rigaud* kaufte dasselbe zu Paris aus der Sammlung *Carignan* für 4500 Livres. — Lithogr. von *F. Hanfstängl.* — Leinw., 4 F. 5 Z. hoch, 3 Fuss 8 Z. breit.

247.** *da Ponte (Giacomo)*, gen. *Bassano.* Der semitische Deucalion, *Noah*, folgt dem Befehle Gottes und füllt seine vollendete Arche mit allen Arten des Thierreichs.

Dieses B. bietet abermals einen Beleg für B.'s Leidenschaft, nur solche historische Stoffe zu wählen, bei deren Composition er allerlei Thiergattungen anbringen konnte. Und dieser Beleg ist unstreitig wohl ein gelungener zu nennen: denn die verschiedenartigsten Gruppen von Haus- und Waldthieren der südlichen und nördlichen Zonen sind mit grosser Liebe durchgeführt. Der leviathan-ähnliche Bau der Arche des grossen Schiffsbaumeisters *Noah* liegt im Hintergrunde noch auf dem Trockenen und harrt auf das flüssige Element für das sie der Meister auf Befehl Gottes erschuf. Eine Bockbrücke führt zu der Oeffnung des überbauten Decks und ein Löwenpaar eröffnet den Zug, der theilweise noch im bunten Gemische, besonders im Mittelgrunde, sich der Errettung aus der kommenden Sündfluth erfreut, während mitten unter ihnen *Noah* das Arrangement trifft. Allerlei Koffer, Kisten und Kästen, Truhen, Kessel, Pfannen, Geschirre etc. stehen umher und ein Esel trägt zwei nette Weinkuffen, wahrscheinlich die Mutterfässchen des *Noah*, auf seinem Saumsattel, während eine Frau im nächsten Vordergrunde Eier sortirt, die zerbrochenen beseitigt, und die guten für die postdiluvianische Zeit in einen Korb verpackt, sowie ein junges Frauenzimmer ihre Baarschaft durchzuzählen scheint. Namentlich ragen mehre stolze Rosse aus der Menge der von allen Weltgegenden her versammelten auserwählten Abgeordneten antediluvianischer Thierwelt hervor, und ein Baum trägt die Deputirten der Vögel. — Costum der Figuren aus dem 16. Jahrhunderte. — Dieses wirklich beachtenswerthe B. kaufte *Vent. Rossi* aus der Sammlung des *Abbate Ricci*, und kam dem Grafen *Algarotti* zuvor. — Leinw., 4 F. 4 Z. hoch, 6 F. 4 Z. breit.

240.** *Bembi (Bonifacio).* Maria mit dem Jesuskindlein, das sich nach der vor ihm knieenden Katharina hinneigt, während der heilige Eremit Antonius, mit Kreuzstabe und Glocke, sowie Petrus, mit dem Buche und den Schlüsseln zu den Füssen, die Gruppe erfüllen.

Saal D. 79

Figuren unter Lebensgrösse. Dieses B. ward als *Giorgone* 1741 durch *Vent. Rossi* für 300 Thlr. angekauft. Im *Abrégé* wird es sonderbar genug sowohl S. 56 als *Marescalco*, als auch S. 50 unter derselben No. 650 als *Bonifacio* genannt, während dagegen die Catal. von 1817 an das Bild unter *Francesco Bonifacio* aufgeführt haben. — Leinw., 3 F. 10 Z. hoch, 5 F. 7 Z. breit.

192.* *Buonconsiglio (Giovanni)*, gen. *Marescalco*. In Mitten mehrer Heiligen, Johannes des Täufers, des Franciscus von Assisi und der Catharina sitzt Maria mit dem Kinde auf dem Schoosse, neben ihnen Joseph, während St. Georg im Hintergrunde sich befindet.

Dieses B. ward 1741 durch den für die Gall. so thätigen *Vent. Rossi* als ein Bild des *Gierolamo Rumanini da Brescia* für 300 Thlr. zu Venedig angekauft. Fehlt im *Abrégé*, wo das vorige B. ebenfalls unter *M.* aufgeführt ist. Auch in den übrigen Catal. vor 1834 scheint das Bild zu fehlen, da unter *B.* nur das B.: „Herodes bei der Tafel etc." mit der Inschrift: „*Petrus Marischal P. 1576.*" sich verzeichnet findet. — Leinw., 3 F. 7 Z. hoch, 4 F. 12 Z. breit.

191.* *Catena (Vincenzo)*. Die *Madonna* in einer weiten Landschaft mit einer Stadt an der Meeresküste im Hintergrunde, das Christkind auf dem Schoosse und von vier Heiligen umgeben.

Ziemlich lebensgrosses Kniestück. Rechts steht der *St. Nicolaus* von *Bari*, entblössten Hauptes, in den Pontificalien, und, sein gewöhnliches Attribut, die drei Goldkugeln, in der Rechten, sowie links *St. Antonius*, als Abt mit dem Hirtenstabe, und zwischen Ersterem und der Madonna blickt die *heilige Margaretha* mit dem *Kreuzesstabe*, wie auch zwischen Letzterem und der Maria die *heil. Catharina* mit dem *Rade* hervor. Bemerkenswerth ist das *Pallium* des *St. Nicolaus*, auf dem eine Inschrift von scheinbar alten *tangutanischen* oder *calmuckischen (?)* Characteren sich befindet. Die rechte Seite enthält folgende, von der Schulter herab nachgezeichnete Charaktere:

während die linke Seite, welche durch den erhobenen Arm unterhalb gedeckt ist, folgende wenige Charaktere zeigt:

Sehr richtig wird von *von Quandt* bemerkt, dass wir in diesem, mehr im alten Kirchenstyle der Kunst gehaltenen B. „noch die architectonische, symmetrische Anordnung älterer Kirchenbilder erkennen, allein der Ausdruck der Gesichtszüge und die Weichheit der malerischen Behandlung verräth das kraftlose Streben nach Anmuth und Beifall; jedoch gehört dies Bild noch immer zu den gehaltvollen Werken, welche auf Frömmigkeit Anspruch machen." — Das B. kam 1725 durch den Gall.-Dir. *Leplat* als „*Sebastiano del Piombo*" zur Gall.; *Palmaroli* und *Renner* haben die Restauration desselben ausgeführt. — Holz, 3 F. 3 Z. hoch, 4 F. 10 Z. breit.

237.* *Bordone (Paris).* Mutter *Maria* zur Rechten auf einem Felsenstücke unter einem Baume sitzend mit dem Christkinde, das, holdselig lachend, nach dem Gewande des hinter ihnen stehenden *Joseph* langt, worüber *Maria*, in stillfreudiger Betrachtung den *Joseph* anblickend, über die Zuneigung ihres Kindes zu seinem Pflegevater ihr Wohlgefallen zu haben scheint, während in der Mitte der *kleine Johannes*, über das Lamm hinweggebeugt, steht, sowie links Grossmutter *Anna*, auf ein Buch gestützt, sitzt, und dieser zu Füssen der heil. *Hieronymus*, auf seinem rothen Mantel halb liegend, sich mit ihr unterhält; neben ihm liegt ein Buch und Kreuz.

Dieses B., das in allen Catal. dem B. unbedingt zugeschrieben wird, hat *Jul. Hübner* durch „angeblich" bezeichnet; es ward durch *Guarienti* 1741 aus der *Casa Pisani di. S. Stefano* zu Venedig für d. Gall. acquirirt. — Leinw., 4 F. 1 Z. hoch, 5 F. 5 Z. breit.

Linke Langseite, von der Linken zur Rechten.

89. *Berretini (Pietro),* gen. *Pietro da Cortona.* Nach Virgil's Aeneis (Buch IV. 249 ff.), der Moment, in dem *Merkur*, im Auftrage des Jupiter aus dem Olymp nach Carthago hinabgeeilt, den *Aeneas* zur schleunigen Abreise ermahnt.

Lebensgrosse Figuren. Der anfänglich kein Talent zum Malen zeigende und deshalb von seinen Mitschülern „*Testa d'asino*" (Eselskopf) genannte, aber doch baldigst sehr beliebte Künstler, von dem *Mengs* sagt, dass er schöne Gruppirungen, aber keine consequente Verfolgung seines Sujets in seinen Bildern zeige, hat hier mehre auf einander folgende Momente in seiner Composition zusammengefasst, indem er theils den Augenblick, als, nach Vers 261, *Merkur*, über *Aeneas* schwebend, diesem die Botschaft des *Zeus* überbringt, und *Aeneas*, nach Vers 275 ff, darüber erschreckend verstummte, und doch nicht wusste, ob er bleiben oder dem Gebote der Götter zum Absegeln Gehör geben sollte, als auch die Folge der Botschaft, wo *Aeneas* den *Mnesteus, Sergestus etc.* zu sich berufen hat und ihnen Befehl ertheilt, in der Stille die Flotte zu rüsten, und endlich die Zurüstung selbst dargestellt hat. Denn es wird flott auf den vor Anker liegenden Schiffen gearbeitet, die Segel werden aufgezogen und man ist am Ufer beschäftigt, Gefässe, Geldkästen, Koffer etc. zu den Schiffen zu bringen. Dieses colossale B. wird im *Abrégé* als *Original*, in dem Catal. von 1801 dagegen als blosses „*Schulbild*", ferner sogar in den Catal. von 1806 und 1812 „*als nicht ausgeführtes Bild*" und endlich von 1817 ab wieder als „*Original*" bezeichnet. Es ward 1738 durch *Vent. Rossi* für d. Gall. acquirirt. — Leinw., 9 F. 14 Z. hoch, 14 F. 9 Z. breit.

116. *Dosso Dossi* (oder Gebrüder *Dossi da Ferrara*). Papst *Gregorius der Grosse* in den höchsten Pontificalien, mit der Tiara auf dem Haupte, nachdenkend und auf der mit der Linken gehaltenen Tafel schreibend, worauf ein Blatt mit einer begonnenen Schrift liegt. Er sitzt und stemmt seinen rechten Fuss auf zwei in Sammet gebundene und mit silbernen Beschlägen, Eckbuckeln und Clausuren, versehene Bücher, während hinter ihm die nach Oben blickenden heil. Bischöfe, *Ambrosius (?)* und *Augustinus (?)*, in gleicher Weise beschäftigt stehen. Links sitzt, den Fuss auf einen Todtenkopf gestellt, der heil. *Hieronymus*, welcher den ihm zunächst stehenden heil. *Ambrosius* auf den Vorgang am geöffneten Himmel aufmerksam zu machen scheint. Er blickt staunend nach oben, wo *Gottvater* mit einem Stabe (Ruthe Jesai) in einer von Engeln umgebenen Glorie mit △, dem Zeichen der Dreieinigkeit, auf einer Weltkugel sitzend, segnend die Rechte auf das Haupt der heiligen Jungfrau legt, welche in Demuth vor ihm knieet. Eine fünfte, hinter *Hieronymus* stehende Figur, im Ordenskleide, mit dem strahlenden Monogramm I. H. S. *(In hoc Salus.* †*)* nebst darauf gesetztem Kreuze (in Gold) auf der Brust, ist entweder der heilige *Bernhard von Siena*, oder der heilige *Heinrich Suso* (?), der hier wohl nur als Schutzpatron des Bild-Bestellers fungirt. Hintergrund felsige Landschaft mit burgenähnlichen Bauten.

Figuren fast über Lebensgrösse. Die früheren Catalogbearbeiter wollen sogar wissen, weshalb diese heiligen Kirchenväter hier versammelt sind, was sie doch nur aus der Handlung in der Himmelsglorie geschlossen haben mögen. Denn schon der Catal. von 1765 sagt: „*Les quatre Docteurs de l'Eglise en meditation sur la Conception immaculée de la S. Vierge, ayant avec eux S. Bernard de Siene*". So hat auch das *Abrégé* noch Folgendes zur Kunstgeschichte des Bildes bemerkt: „*Ce beau tableau confond ce que Vasari dit sur le sujet des Dosses, qu'ils n'étoient que des paysagistes. Les ouvrages de ces deux frères ont occupé une place distinguée dans la Galerie de Modene, & sont également admirés ici. Préférablement le présent donne une grande idée des tableaux supérieurs de celui qui l'a exécuté. L'ordonnance en est riche & bien conçue & le ton de couleur le dispute à celui du Tizien; ce tableau a été fait pour un Autel. Les ouvrages des Dosses sont rares hors d'Italie*" — Dieses B. wird nach dem Vorgange der älteren Galleriebücher, welche nur eine „*Meditation*" oder ein „*Nachdenken*" der genannten geistlichen Herren „über das Geheimniss der unbefleckten Empfängniss der Maria" (doch zuverlässig *activ* und nicht *passiv* genommen) darin sahen, und von welchem der Papst *Gregor der Grosse* jedoch unbedingt ausgeschlossen gedacht werden muss, da er einige Jahrhunderte später lebte, endlich als ein wirklicher „*Streit der vier Kirchenväter*" bezeichnet. Es wird übrigens von *von Quandt* als eine Schöpfung des *Dosso Dossi* angezweifelt. Er gesteht jedoch, dass, wenn dieses Bild wirklich von *D. D.* sei, er in der That das Lob verdiene, welches *Ariost* ihm gezollt. *Fiorillo*, der die „genaue Zeichnung, verbunden mit einer Kraft des Colorits, die ganz im Style *Titian's* sei", an diesem B. rühmt, bemerkt, dass *Dosso Dossi* ein vorzüglicher Maler gewesen, während sein Bruder *Giovanni Battista* mehr Zierrathen gemalt und dieser, nebst dem Vetter *Giovanni Evangelista D.*, meist dem Erstern als Gehilfen gedient hätten. Auch ist er mit *Vasari's* Urtheile über *D. D.* unzufrieden und meint, dass *V.* nichts von diesem gesehen haben müsse, wenn er behaupten wolle, „dass dessen grösstes Verdienst darin bestanden habe, dass er ein Zeitgenosse des *Ariost* gewesen, und dass die Feder des Meisters *Lodovico (Orlando fur. Cant. XXIII. St. 2.)* dem Namen *Dosso* einen grössern Ruhm verschafft, als alle Pinsel und Farben, die er in seinem Leben verbraucht, nicht hätten thun können." Auch *Aloys Hirt* (Kunstbemerkungen auf einer Reise nach Dresden und Prag) mag dem *D. D.* das B. nicht zutrauen und ist der Ansicht, dass man in diesem Werke einen *Garofalo* in höherer Potenz sehe, worüber wir nicht entscheiden möchten. Da nun aber, wie *von Quandt* selbst bemerkt, die Werke des *Tisio* „einen veredelnden Einfluss auf *D. D.* ausübten, so wäre doch wohl nicht gänzlich abzuleugnen, dass *D. D.* ein solches Bild zu schaffen nicht unfähig gewesen. Auch bemerkt *von Quandt*, dass „der würdevolle Eindruck durch die Pracht der Gewänder" (deren Ausschmückung von *Giovanni Batista D.* herrühren könnte) „und die malerische Wirkung unterstützt wird". Endlich ist sogar bekannt, dass D. D. für den Herzog von Ferrara gemeinschaftlich mit *Tizian* gemalt, während er wiederum in anderen Bildern den *Correggio*, sowie den *Rafael* sich zum Vorbilde genommen, woraus sich die Verschiedenheit der malerischen Behandlung der ihm zugeschriebenen Gemälde erklären lässt. — Da der Künstler *Gregor den Grossen*, den *Stifter des Messcanons*, gleichsam als *Hauptfigur* betrachtet zu haben scheint, so mag er (wie viele Kirchenhistoriker) ihn auch als den *Verleger des Festes Mariae Verkündigung* vom 25. März auf den 18. December angesehen haben, da sonst dieser heilige Papst Nichts weiter mit dem *Officium marianum*, noch weniger aber mit dem dogmatischen Streite über die *unbefleckte Empfängniss Christi durch die Maria*, und am Allerwenigsten mit den erst mehre Jahrhunderte später ausgebrochenen Parteikämpfen über die *unbefleckte Empfängniss der Maria durch ihre Mutter Anna*, über welches Dogma namentlich die *Franziscaner* und *Dominicaner* so lange zu Ausgange des Mittelalters in offener Fehde lagen, zu thun gehabt hat. Eben so wenig sind unseres Wissens die anderen genannten Kirchenväter in diese Streitigkeit mit verwickelt gewesen, wie wohl *Augustin* und *Ambrosius* mit dem Dogma „*von der Erbsünde*" mehrfach zu thun gehabt haben. Da nun aber *Bernhard von Siena*, der seit 1404 dem Franziscanerorden angehörte, mit in die Composition gerathen ist, so mag der Maler wahrscheinlich nach der *Vorschrift* des entweder mit der Dogmengeschichte völlig unbekannten oder absichtlich dieselbe verfälschenden Bestellers des Bildes die Wahl der Heiligen getroffen haben, was bei den Erzeugnissen der kirchlichen Kunst nichts Seltenes zu sein pflegte. Bemerkenswerth und für unsere zuletzt ausgesprochene Vermuthung, dass zuverlässig die Wahl der Heiligen eine vorgeschriebene sei, günstig, ist das kleinere, früher dem *Garofalo* zugeschriebene Bild No. 119, auf der Seite nach Saal B., auf dem derselbe Gegenstand behandelt zu sein scheint, und zwar nur mit dem Unterschiede, dass statt *Gregor des Grossen* ein heiliger Bischof angebracht ist. — Ein Bild in ähnlicher Anordnung mit *Gregor dem Grossen* befindet sich überdies in der Gemälde-Gallerie zu Berlin, und der *Waagen'sche* Catalog hat es unter *Dosso Dossi* aufgeführt, mit der Erklärung: „Unterhaltung der Kirchenväter über die unbefleckte Empfängniss Mariä. Rechts *Hieronymus*, neben ihm *Ambrosius*, links *Augustinus* und *Gregorius der Grosse*, Hintergrund Landschaft; der obere Theil des Gemäldes, die *Maria* in der Herrlichkeit vorstellend, fehlt. — 6 F. h., 5 F. 8 Z. br." (aus der *Solly'schen* Sammlung). — *Mosen* hat unser in jeder Beziehung, sowohl in Anordnung, als in charakteristischer

Ausführung der Köpfe, sowie Bewegung der Figuren und deren Gewänder, *nicht* zu würdigen verstanden, sondern hat es *en bloc* behandelt. — 1745 kam d. B. als Original *D. D.'s* aus Modena zur Gall.; ob es das bekannte Monogramm *D.* mit einem durchgesteckten Knochen (*osso*) hat, ist noch zu untersuchen. — Gestochen von *Ph. Kilian*; lithogr. von *Fr. Hanfstängl.* — Holz, 12 F. 8 Z. hoch, 7 F. 3 Z. breit.

126.* *Tisio (Benvenuto),* gen. *Garofalo (Garofolo).* In der Mitte des Vordergrundes einer Landschaft sitzt der heil. *Bruno* (Stifter des Karthäuserordens), in ein Buch schreibend, während ihm zur Rechten *St. Petrus,* mit den Schlüsseln, und zur Linken *St. Georg,* in voller Rüstung, mit einem Fusse auf den erlegten Lindwurm tretend, stehen. *Bruno* wendet seine Blicke nach Oben, wo, von Wolken getragen, die *Himmelskönigin* mit dem göttlichen Söhnlein, inmitten singender und auf verschiedenen Instrumenten, Harfen etc. musicirender Engel sitzend, auf den *Bruno* segnend sich herabneigt.

Die Heiligen fast in Lebensgrösse. Dieses B., das unbestritten zu den vorzüglichsten Gemälden *G.'s* gehört, in der *tiefen Gluth der Farbe den Ferraresen bekundet,* und auch von ihm ganz gegen seine Gewohnheit mit „*Benvenuto Tisio*" gezeichnet ist, ward nach *Vasari* für die Kirche *San Spirito* zu *Ferrara* gemalt und kam 1749 durch *Siegmund Striebel* (vgl. Einl. S. 49.) aus Rom. zur Gall. Es ward bereits 1826 durch *Palmaroli* restaurirt, doch da die Holztafel so bedeutend von den Würmern durchritten war, dass dem Gemälde selbst Gefahr drohte, indem bereits in den einzelnen Partieen die Malerei sehr verletzt erschien, sah man sich genöthigt, dieselbe von dem zerstörten Holze zu nehmen und auf Leinwand überzutragen, welches schwierige Unternehmen der vorsichtige Inspector *Renner* 1838 glücklichst ausführte; *v. Quandt* bemerkt dabei in seiner trefflichen Laune, dass in die Holzwürmer, welche dies Bild zernagten, vielleicht die Seelen von Kunstkennern gefahren, und dass es ein Glück sei, dass sie nach ihrer Art an Nebendinge gehalten und hauptsächlich die Draperieen der unteren Gruppen sehr zerfressen hatten. — Lithogr. von *Fr. Hanfstängl.* — Holz, 9 F. 10 Z. hoch, 5 F. 1 Z. breit.

521. *Cesari (Giuseppe),* gen. *Cavaliere Giuseppino d'Arpino (d'Arpinas).* Ein Schlachtgewühl zwischen Römern und scheinbar Galliern. In der Luft der Kampf zwischen einem Storche oder einem Kraniche und einer Schlange, die er im Schnabel hält.

Dieses an Figuren und Rossen überreiche Bild ist ganz in der bekannten und beliebten Weise *C.'s*, der vom Farbenreiber zum Künstler sich aufgeschwungen hatte, gemalt. Es ist, sowie alle seine Darstellungen, aus der römischen Geschichte, von grösster tumultuarischer Lebendigkeit, mit zum Theil fehlerhafter Zeichnung und etwas mattem Colorit durchgeführt; doch die Kühnheit der Composition und sein der Antike entnommenes Costum deckt diese Vergehen gegen Natur, Gewandfall etc. Der Kampf des Storchs mit der Schlange ist als ein *Prodigium* zu betrachten, das während der Schlacht sich ereignete, wie wir mehre dergleichen Zeichen in der Geschichte erwähnt finden. Die aus dem Gewühle hervorragenden Legionzeichen, Manipeln, Vexillen etc. deuten auf eine von den *Römern* gelieferte Schlacht, sowie die *Braccae* (Beinkleider) mehrer Krieger auf *Gallier*. Das B. kam 1738 durch *Vent. Rossi* zur Gall. — Leinw., 9 F. 2 Z. hoch, 14 F. 11 Z. breit.

410. *Raibolini (Franzesco), gen. il Francia.* Die durch Johannes im Jordan an Jesu verrichtete Taufe. — (Matthäus 3, 13 bis 17. — Joh. 1, 15.).

Figuren fast Lebensgrösse. Jesus, den der Künstler allerdings *zu jung* aufgefasst hat, steht mit wahrer Gottinnigkeit auf dem ruhigen Wasserspiegel des *Jordans*, während die Sendung des heiligen Geistes auf sein in Demuth vor seinem himmlischen Vater gebeugtes Haupt durch eine *in einer Glorie herabschwebende Taube* ausgedrückt ist. *Johannes*, in die Diphthera gekleidet, mit einer irdenen Schaale in der Hand, nähert sich zur Rechten kniend, während im nächsten Mittelgrunde zwei Engeljünglinge, der Eine mit einem Buche, ebenfalls kniend, als Taufzeugen erscheinen. Unterwärts vom *Johannes*, auf einem Ufervorsprunge, liest man in sehr kleiner, goldener Versalschrift: FRANCIA . AVRIFEX . BON (oniensis) . F (ecit) . M . V . VIIII . (1509). *Fr.* war nämlich von Profession ein *Goldschmied (aurifex)*, zeichnete sich aber als *Stempelschneider* selbst (in welcher Beziehung er mit *Caradossa* gewetteifert haben soll), wie auch als *Nielloarbeiter*, sowie als *Bildtreiber* aus. Er war *Münzmeister zu Bologna* und erfreute sich der Hochachtung und Freundschaft *Rafael's*, der mit ihm in vertrautem Briefwechsel stand. Von ihm sagt *von Quandt*: „Bei einem Meister, der im Anfange des 16. Jahrh. lebte, ist die Seelenschönheit an der Zeit; allein das Ebenmaass der Gestalt des Heilandes ist zu bewundern und *Fr.* zeigt eine Kenntniss der Natur, in der er andere Künstler übertraf." — Das B., welches zu *F.'s* grösseren Werken gehört und auf dass er selbst einen besondern Werth gelegt haben muss, da er es gezeichnet hat, befand sich früher, nach *Vasari's* Angabe, zu Modena, ist aber nicht unter den 100 Bildern, die 1746 von dort zur Gall. kamen, mit verzeichnet. Beim Bombardement der Preussen 1760 (vgl. Einl. S. 95) ward es durch Splitter einer von der Kuppel der Frauenkirche abprallenden Bombe verletzt. Lithogr. von *Fr. Hanfstängl.* — Holz, 7 F. 5 Z. hoch, 6 F. br.

28. *Vannucchi (Andrea),* gen. *del Sarto.* Abraham, im Begriff, seinen Sohn, Isaak, dem Jehovah zu opfern. (1. Moses 22, 10.)

Ganze Figuren in Lebensgrösse. *Isaak* knieet mit dem linken Beine auf einem steinernen Opferaltare, und *Abraham* erhebt das Opfermesser, um seinen einzigen Sohn, aus Gehorsam gegen Jehova, dem Opfertode zu weihen, während ein kleiner Engel ihn einzuhalten erinnert und auf den weidenden jungen Widder, als dafür bestimmtes Opferthier, zeigt. Im Mittelgrunde einer gebirgigen Landschaft erblickt man in einem Hohlwege einen der beiden, dem Abraham gefolgten Knechte entschlummert und dabei den Esel, der die Opferbedürfnisse zu der von Jehova bezeichneten Stelle trug. Auch ist das B. bezeichnet, denn auf der linken Seite des Vordergrundes ist auf einem Steine *A* und *V* in einander verschränkt angebracht. Unstreitig ist dieses Bild eines der berühmtesten Gemälde *V*.'*s*, auf dessen Besitz die Dresdener Gall. stolz sein darf. Denn es war nicht allein ein Lieblingsbild *V*.'*s*, das er selbst (nach *Vasari*) in kleinerm Verhältnisse wiederholt hat, sondern das auch von anderen Künstlern mit dem Streben, die Schönheit desselben zu erreichen, copirt oder replicirt ward. Eine dieser Wiederholungen von *V*.'*s* Hand (im kleinern Formate) befindet sich in der königl. Gall. zu *Madrid*, während eine der bekanntesten Repliken im Dome zu Siena vorhanden ist, welche überdies als ein perspectives Kunststück der Malerei zugleich angesehen wird, weil der Künstler, *Pacchiarotto,* die Figuren aus einem andern Augenpunkte auffasste. Die Copie, welche sich früher in der Gall. zu *Lyon* befand, unterscheidet sich, nach *von Quandt,* vom Originale „*durch dunkelglühende Farben*". Eigentlich ist unser B. von *V.* nur deshalb ausgeführt worden, um damit *Franz I.*, König von Frankreich, mit sich auszusöhnen, der mit *V*.'*s* rücksichtslosem Benehmen, welches das alte Sprichwort: „*leichtes Blut, Schneiderblut*" bewährte, unzufrieden zu sein, allerdings volle Ursache hatte. *V.* war nämlich 1518 mit einem ansehnlichen Jahrgehalte und unter ehrenvoller Stellung dem Rufe *Franz I.* nach Paris gefolgt Allein die leidenschaftliche Liebe zur *Lucrezia de Fede,* der Frau eines *Barettmachers zu Florenz,* die erst später seine Frau ward (nach Anderen war sie schon damals ihm angetraut), brachte ihm Heimweh. Er nahm zwar mit dem festen Vorsatze, zum Könige baldigst zurückzukehren, Urlaub. Er erhielt ihn auch, und noch ausserdem den Auftrag des Königs, ausgezeichnete Gemälde in Italien für ihn anzukaufen, wozu ihm sogar eine bedeutende Summe anvertraut ward: denn *V.* hatte durch sein angenehmes Aeussere und durch seine Tournure des französischen Hofes Gunst und Vertrauen im vollsten Maasse sich erworben. Er schied mit dem heiligsten Versprechen, baldigst wiederzukehren, vom Könige; doch in *Florenz* angelangt, vergass er nur zu bald im Rausche der Liebe und Lust, *König und Aufträge*, verprasste überdies noch die erhaltenen Verlagsgelder und erinnerte sich erst zu spät an seine Verpflichtungen als Ehrenmann, nachdem der König bereits Kenntniss von *V*.'s lockerm Leben genommen hatte. *V.* hoffte nun zwar durch den gewaltigen Minister *J. de Baune* die Sache wieder vermitteln zu können und Verzeihung zu erlangen; doch vergebens. Ob jetzt schon das Bild gemalt oder erst später, ist ungewiss. In der unglücklichen Katastrophe der Bürgerkriege etc. von Florenz versuchte es *V.*, nach *Vasari*, von Neuem durch *Giovanni Battista della Palla* sich dem beleidigten Könige zu nähern. Er malte nämlich wahrscheinlich erst jetzt auf dessen Anrathen das *Opfer Abraham's*, was dieser *Franz I.* zu übersenden auch zusagte. Doch, als das Bild vollendet und an *P.* übergeben und vielleicht auch schon nach Paris abgesendet war, nahmen die Mediceer-Herzoge von *Florenz* wieder Besitz. *Palla* ward bekanntlich verhaftet und starb im Gefängnisse, und bald darauf *del Sarto* an der Pest. Nach dem Tode des Künstlers, der so leichtsinnig sein Lebensglück verscherzt hatte, erhielt das B. dessen Witwe zurück, von welcher es *Filippo Strozzi* kaufte, der es aber dem *Marchese del Vasto* schenkte, durch den es auf die Insel *Ischia* kam, von wo aus es, nach *Baldinucci*, wieder nach Florenz und zwar in die grossherzogliche Gall. gekommen sein soll. Später soll es als Gegengeschenk (vgl. *Lanzi* a. a. O. II. S. 305) in die herzogl. Gall. zu *Modena* gelangt, aus der es 1746 mit nach Dresden übersiedelt ward. — Dass unser Bild wirklich das auch von *Vasari* genau beschriebene ist, leidet keinen Zweifel, und das Vorgeben *Terhoven's*, (in den *Mémoires généalogiques de la maison de Médicis. L. XV. S. 164*), dass das Original wieder aus der Dresdener Gall. in die Prinzen Statthalters übergegangen sei, ist lächerlich. Man vgl. auch *Fiorillo*, Geschichte der zeichnenden Künste, Bd. I. S. 322 Nota, wo selbst die Stelle aus *Terhoven* abgedruckt ist. Eine von *Fiorillo* an der angeführten Stelle geschehene Aufforderung, von Seiten der Dresdener Gall.-Direction *Terhoven* zu widerlegen, ist in den Catal. von 1810 bis 1834 befolgt worden. Das *Abrégé*, welches auch theilweise die Geschichte dieses B. berührt, würdigt übrigens dasselbe mit folgenden Worten: „*L'idée du tableau est grande, la disposition ingénieuse, les figures excellentes, & d'une expression spirituelle. Abraham vêtu & Isaac à nud, font voir une étude recherchée de la belle nature. On découvre dans ce tableau un très-beau paysage & à une certaine distance l'animal destiné à être la victime, avec l'âne, portant le bois, quelques pâtres, avec leurs troupeaux, dans un arrangement, que le tout fait un ensemble très-beau du plus parfait des ouvrages de ce peintre etc.*" Die Catal. von 1806 und 1812 bemerken noch: „Der schöne jugendliche Körperbau des Isaak gleicht in Vielem dem jüngern Sohne des *Laocoon.*" — Stich von *Surugue père.* — Holz, 7 F. 7 Z. hoch, 5 F. 8 Z. breit.

287. *Caliari (Paolo),* gen. *Veronese.* Der auferstandene Christus sitzt in der Herberge des Fleckens *Emahus* mit zweien seiner Schüler, namentlich dem *Simon,* zu Tische, bricht das Brod und wird von ihnen daran erkannt.

Figuren etwas unter Lebensgrösse. Dieses Bild ist ebenso, wie das im *Louvre* zu *Paris,* mehr ein venetianisches Familienbild zu nennen, und der als Christus portraitirte *Carletto Caliari,* den wir namentlich auf No 278 Saal E. als angeblichen Convertiten sahen, unterscheidet sich von seinen Reisegefährten, in venetianischen Reiseblousen, während deren Hüte, Stäbe u. Flaschen aufgehangen sind, blos durch einen *unbedeutenden Heiligenschein* (wie das Volk zu sagen pflegt). Auch sitzt *Paolo's Hauskatze* bescheiden unter dem gedeckten Tische, und die Wirthin, welche uns auf No. 277, als die *Maria,* und in No. 278 u. 279, als das *räthselhafte Weib mit dem Kinde,* begegnete, steht, dem Gespräche zuhörend, am Schänkschreine neben dem Tellerbrete. Selbst der in den meisten Bildern C.'s vorkommende Mulattenknabe fehlt nicht, und das kleine niedliche Mädchen auf No. 277 ist hier ebenfalls mit einem Wachtelhunde beschäftigt. Ueber das pariser B. bemerkt *Lepizius,* was auch von den hiesigen gelten kann: „Aber dieser Fehler wider das Costum erzeugt viel Schönheit in Rücksicht auf Ordnung und Ausführung, dass es kaum möglich ist, deshalb mit diesem grossen Künstler zu zürnen." — Das B. kam 1745 aus der Gall. zu Modena; ward 1827 von *Palmaroli* restaurirt. — Leinw., 4 F. 3 Z. hoch, 6 F. 5 Z. breit.

283. *Derselbe.* Der von seiner Mutter, *Jochebed,* nach 2. Moses 2, 3 ff., als drei Monate alter Säugling in einem von Papyrusrohre geflochtenen *Theba* oder Schiffchen am Nilstrome ausgesetzte *Moses* wird durch die Frauen der *Tochter Pharao's* aufgefunden.

Figuren etwas unter Lebensgrösse. Die Tochter des letzten ägyptischen Pharao oder Königs aus der XVII. Dynastie, welche uns *Josephus* (Antiquit. II. 9, 6) *Termuthis* nennt, und zu der dem *Paolo* die in vielen seiner Bilder wiederkehrende nette Blondine, welche auch *Carletto C.* als *Leda* malte, zum Modelle gedient hat, steht in der reichen Tracht einer Venetianerin von hohem Stande, aus der zweiten Hälfte des 16. Jahrh., wohl frisirt und in goldbrocatirtem Seidendamast gekleidet, sowie mit geschürzter Schleppe,

Saal D.   89

auf eine ihrer Zofen zutraulich gestützt, am hohen Ufer eines Stromes, über dem eine Brücke mit weit gespannten Bögen nach einer mit Palästen erfüllten Stadt in einer oberitalischen Landschaft führt. Die Prinzessin ist eben aus einem mit Isabellen von italischer Gebirgsrace bespannten und einem Phaeton ähnlichen *Carricello da caccia* gestiegen, während ein Mulattenzwerg, ein wahrer kleiner *Mephistopheles*, mit rothem Stutzbarette nebst Hahnenfeder, ihre beiden gekoppelten Leib-Solofänger edler Race an der Leine führt und dahinter eine Mohrin ein Schoosbündchen trägt. Eine Dienerin zeigt ihr knieend das in dem seitwärts stehenden geflochtenen, von einer der Frauen gehaltenem Rohrkorbe mit Deckel gefundenen kräftigen Findling. Zwei Hellebardiers in der um die zweite Hälfte des 16. Jahrh. gewöhnlichen Hof-Uniform der *Schweizer Guardaportoni*, mit Pluderhosen, scheinen als Ehrenwache der Prinzessin zu dienen, und mögen den Korb herbeigeschafft haben. Im Mittelgrunde sieht man ein Mädchen eilenden Fusses, wahrscheinlich die jungfräuliche Schwester der Moses. — Als Geschichtliches ist hier nachzutragen, dass die Pharaostochter nach *Jablonsky*: *Muto* (also mit dem ägyptischen Artikel beim *Josephus* Θερ-μουτις) und nach den *Rabbinen* (Jalkut Chadash 69) *Bitahh* (בתה) hiess (also ähnlich dem Namen der *Buto*, welche den *Horus* gegen die Verfolgungen des *Typhon* schützte = *Isis*, weshalb der Name *Moses* für ägyptisch, und eigentlich für *Μύ-σης*, d. h. Sohn der Isis, gehalten wird). *Pseudo-Jonathan* nennt die Mutter *Pua* und die Schwester *Schipfra*. — *Mosen* (eigentlich auch *Moses*) denkt hierbei an „die Spazierfahrt einer Prinzessin an der *Etsch*, unfern *Verona*." Er hält ferner die Aeltere in der Begleitung der Prinzessin, welche das über Moses gedeckte Tuch auseinander geschlagen, für die Amme derselben. Seine Phantasie lässt ihn Manches sehen; so sagt er unter Anderen, dass die Prinzessin die Augen fast schwermüthig niederschlägt und ein schmerzlicher Zug um den schönen stolzen Mund spielt. Der Referent im Conversations-Lexicon der bildenden Kunst tadelt, dass in der Scene keine Spur von ernster Beziehung auf den künftigen Propheten zu finden sei, der hier gerettet ist; vielmehr sei der Vorgang als Ereigniss des täglichen Lebens aufgefasst und durchaus scherzhaft behandelt. Auch wird das etwas zu gemessene Benehmen der Prinzessin bekritelt, während, genau genommen, *Veronese* uns eine echte Prinzessin dargestellt hat, die ihre inneren Regungen nach der vorgeschriebenen Hofetiquette nie baar geben darf, sondern höchstens ihr Wohlgefallen oder ihre Zuneigung durch einen gnädig lächelnden Zug um den schweigsamen Mund kund geben soll. *Peters*, im Texte zu *Hanfstängl's* Galleriewerke, würdigt dagegen die schmerzliche Theilnahme, mit welcher sie das liebliche Kind betrachtet, und der

Krone, die auf ihren reichen Haarflechten ruht, sowie der fürstlichen Pracht ihrer Kleidung zur grössten Zierde gereichte. Wenn nun auch geradezu *V.'s* Gemälde „*keine Findung des Moses am Nil*" repräsentirt, so ist es doch unbedingt ein *nettes venetianisches Genrebild*, für welchen Genuss wir *V.* aufrichtigen Dank zollen müssen. — Einige haben das B. für ein Gemälde des *Carletto C.*, das *Paolo* nur retouchirt habe, ansehen wollen, zu welcher Ansicht der wahre Kenner sich wohl nicht hingeneigt fühlen wird. Doch erinnert man sich vornehmlich bei diesem B. an den Tadel des *Lepizius*, welcher den *Paolo* namentlich eine unglückliche Sparsamkeit im Ankaufe seiner Farben vorwirft, eine Sparsamkeit, welche ihn namentlich das *Ultramarin* zu schonen veranlasste, und (was sich auch hören lässt) die Ursache sein soll, dass der Himmel auf *V.'s* Gemälden meist schwärzlich erscheint, ein Umstand, welcher freilich die Harmonie des Ganzen etwas stört. — Das B., welches *V.* ursprünglich für den Herzog *Guglielmo* zu Mantua gemalt hat, war später in der *Casa Grimani dei Servi* zu Venedig, und ward 1747 unter Vermittelung des alten *Zanetti* durch *Guarienti* für die Gall. angekauft, sowie durch Prof. *Pietro Palmaroli* 1827 restaurirt. Radirt von *Terwesten*; Lithographie von *Franz Hanfstängl.* — Leinw., 6 F. 3 Z. hoch, 9 F. 9 Z. br.

282. *Derselbe.* Nach Matthäus 8, 5 ff. erscheint vor *Jesus*, beim Eintritte in Kapernaum, ein *Hauptmann*, und bittet ihn, einen seiner Knechte, welcher hart krank darnieder liegt, genesen zu lassen.

Figuren etwas unter Lebensgrösse. Christus erscheint in Begleitung von acht Jüngern unter dem Austritte eines Hauses (wahrscheinlich das des *Simon Petrus* und dessen Bruders *Andreas*; worin *Jesus* die längste Zeit wohnte), in dem selbst nach der Geschichte prächtig gebauten *Kapernaum*, bei den Juden *Cafar-Nahum*, d. h. *Schöndorf*, genannt. Auch unter ihnen begegnen uns wieder die uns bereits aus der *Hochzeit zu Kana* etc. vorgekommenen Modelle *V.'s*, und ihre Bekleidung ist, ausser der von *Christus*, die der Venetianer zu *V.'s* Zeit. In dem angeblichen *Hauptmanne von Kapernaum* hat der Künstler den Meister *Titian*, wahrscheinlich aus Dankbarkeit gegen ihn, verherrlicht, weil er ihm, als Richter in der vom Senate Venedigs ausgeschriebenen Preisaufgabe, den Preis zuertheilt hatte. — Zwei venetianische Hellebardiers sind in dessen Begleitung, und ein Krieger mit Schilde hält das Ross des Hauptmanns, während ein Mulattenknabe einen Hund führt, den *V.* nicht gern auf seinen Bildern vermissen lässt. Auch an diesem Bilde ist die Luft sehr nachgedunkelt und hat fast einen schwarzgrünlichen Schein angenommen, wobei wir abermals an die von *Lepizius* getadelte Sparsamkeit des Meisters in Rücksicht auf das *Ultramarin* erinnert werden. Nach Lucas 7, 1 ff. erschien der Hauptmann nicht selbst vor Christus, sondern sendete die Aeltesten der Juden an ihn ab. Das Convers.-Lexicon für bildende Kunst ist der Ansicht, dass in diesem „übrigens als Malerei trefflichen Bilde dem sonst so gelaunten *Veronese* gar nichts Erhebliches eingefallen", dem wir doch nicht ganz beistimmen möchten, da gerade dieses Bild, der Würde des Gegenstandes angemessen, mit grösserm Ernste behandelt ist, und *Titian*, *als Modell zum Hauptmanne*, doch schon erheblich genug ist. — Das B. ist ebenfalls für den Herzog *Guglielmo* von Mantua gemalt und aus der *Casa Grimoni dei Servi* durch *Guarienti* unter *Zanetti's* Vermittelung für die Gall. 1747 erworben. — Leinw. 6 F. 3 Z. hoch, 9 F. 9 Z. breit.

Langseite rechts; links von oben.

61.** *Penni (Giovanni Francesco)*, gen. *il Fattore* (angeblich?). Der Erzengel Michael hat den Satan niedergekämpft, während dieser, bereits im Flammenpfuhle sich wälzend, noch in den letzten Kraftanstrengungen den infernalischen Dreizack gegen seinen Sieger erhebt.

Figuren in Lebensgrösse. Dieses Bild kam als *Dosso Dossi* aus der Gall. zu Modena 1746 nach Dresden. Das *Abrégé*, sowie der Catal. v. 1765, haben es schon als *Penni* bezeichnet, was nach ihnen auch die späteren Catal. thaten. Die Demianischen Catal. von 1817 ff. wollen es wieder in Vergleichung von No. 112 und 115 dem *Dosso Dossi* zuschreiben, und *Matthäi* sagt nur, dass es wahrscheinlich nicht von P.'s Hand sei. Auch *von Quandt* wird bei Betrachtung dieses Bildes an die Werke des *Dosso* aus dessen späterer Zeit erinnert, in der *Garafalo* einen günstigen Einfluss auf ihn ausübte. — Von *Palmaroli* restaurirt. Lithogr. von *Fr. Hanfstängl.* — Leinw., 7 F. 4 Z. hoch, 4 F. 4 Z. breit.

62.*** *Derselbe.* (angeblich?). Der heilige *Georg* (der christliche Perseus), auf seinem Streitrosse in vollständiger Rüstung, im Kampfe mit dem sogenannten Lindwurme; seine Lanze ist bereits zersplittert; während in einiger Entfernung die lydische Königstochter *Cleodelinde*, als die demselben bestimmte Beute, kniet.

Figuren unter Lebensgrösse. Das B. kam 1746 als *Garofalo* aus der Gall. zu Modena, ward später von *Guarienti* als echter *Rafael* erklärt, als welchen ihn auch die ältesten Catal. und das *Abrégé* aufführen. Die Catal. von *Riedel* seit 1806 bis 1812 bemerken, dass das B. von *P.* nach der gemalten Skizze des *Rafael* gemalt und der Kopf des *St. Georg* sogar von *Rafael* selbst retouchirt sei, während die von *Demiani* und *Matthäi* diese

Bemerkung nicht adoptirt haben. Nach *von Quandt* ist dieses B. dem vorigen vorzuziehen, es hat „einen Schimmer von Rafael'scher Einwirkung, der sich in der Huld des mimischen Ausdrucks zu erkennen giebt. Welchen unpassenden Aufwand würden Schüler anderer Meister von Affect im Gesicht des Ritters gemacht und in die Züge der Prinzessin *Cleodolinde*, die durch ihn befreit wird, den heftigsten Ausdruck von Angst gelegt haben. *St. Georg* ist fast noch im Knabenalter und sich seines Berufes, wie des himmlischen Beistandes bewusst, weshalb wir denn auch in seinen Mienen keinen Zug von Verwegenheit, Stolz und Zorn finden. und *Cleodolinde* ist ohne Furcht, da sie gläubig um Rettung betet." Diese Auffassung ist in der That von *Quandt's* würdig. — Von *Palmaroli* restaurirt. Lithogr. von *Fr. Hanfstängl.* — Leinw., 7 F. 4 Z. hoch, 4 F. 4 Z. breit.

124. *Tisio da Ferrara (Benvenuto)*, gen. *Garofalo.* *Poseidon* (Neptun) auf einem Felsblocke sitzend, den rechten Fuss auf den Delphin gestellt und mit der Rechten den Dreizack (Tridens) abwärts stemmend. Neben ihm steht *Pallas*, blos in das *Egkyklon* gekleidet, auf den am Boden liegenden Helm den rechten Fuss setzend und in der Rechten einen gegen die Erde gekehrten, oberhalb gefiederten Wurfspiess haltend. Der Schild liegt hinter ihr.

Figuren in Lebensgrösse. Eine vielleicht beauftragte, aber doch unbefugte Hand hatte (wahrscheinlich schon vor 1746, wo das B. aus Modena kam) die Pallas, welche hier als *Ergane* oder πολύβουλος Ἀθήνη (die *Pallah Adonnah* des Orients) dargestellt ist, in die allegorische Figur der *Religion* dadurch umgestaltet, dass sie ihr einen *Heiligenschein* gemalt und den gefiederten Wurfspiess in einen *Kreuzstab* umgewandelt hatte. Man hat jedoch diese Verballhornung in neuester Zeit wieder hinweggenommen. Die älteren Cataloge und das *Abrégé*, welche übrigens das B. als ein Gemälde des *Raibolini (Francia)* bezeichnen, halten es für eine *Allegorie*, und letzteres sagt: „*Sujet emblématique au sujet du Prince Doria, où ce Prince est vû assis sous la figure de Neptune, armé du Trident & ayant à ses côtés la Réligion, personnifiée par une femme debout, qui tient une croix.*" — Auch die späteren deutschen Catal. von *Riedel*, *Demiani* und *Matthäi* erklären den *Neptun* für den „Prinzen (?) Doria" und die weibliche Gestalt als „*Religion*". Wir wollen nicht in Abrede stellen (da man dergleichen Sagen nicht ganz verwerfen darf), dass der *Neptun* ein Portrait, und zwar das des (1524) Admirals und nachmaligen Dogen *Andrea Doria*, sei, und die weibliche Gestalt vielleicht die durch ihn zur Freiheit, Selbsständigkeit und zum Frieden gelangte Republik *Genua*, welche ihm den ehrenvollen Namen: „*Vater und Befreier des Vaterlandes*" gab, vorstelle,

Saal D.

zumal eine spätere Umgestaltung der weiblichen Figur vielleicht auf Antrag eines geistlichen Herrn (wahrscheinlich des Cardinals *Doria*) gemacht worden sein könnte, dem die Bedeutung der vom Künstler gewählten weiblichen allegorischen Person *zu profan* erschienen war, oder welcher die das Glück der Völker schaffende vorchristliche *Ergane* für unpassend hielt und der *Religionsallegorie* die Prärogative einräumen zu müssen glaubte. Da übrigens G. für den Palast *Doria* zu Rom die berühmte „Heimsuchung" und „Anbetung" malte, so könnte er auch leicht den Auftrag zur Verherrlichung des *Andrea Doria* erhalten haben. Doch wir wollen hier *von Quandt* beistimmen, wenn er sagt: „Das Bild wurde in seinen frühern Zustand gesetzt, allein dadurch nichts für die Auslegung der allegorischen Bedeutung gewonnen. Mögen sich die Kenner darüber ihre Köpfe zerbrechen, wir unsererseits — bewundern die zarte, jugendliche Form des höchst graziös ausgestreckten, in die Ferne (wohl auf das Haupt des angeblichen *Doria*) zeigenden Armes, der halb entblössten Brust, der Füsse und des zarten Kniees der Abtrünnigen, welche wieder zur Heidin geworden ist. Das Colorit dieser weiblichen Figur, die ein Portrait zu sein scheint, hat zugleich die frische und sanfte Wärme eines schönen Frühlingstages. Die Gestalt des Meergottes berechtigt zu glauben, dass der Künstler die Schönheit der Natur aus dem Studium der Antike erkennen lernte, wodurch in diesen Formen sich Idealität und Individualität mit einander vereinen" etc. Für den jedoch, welcher durchaus bei der Anschauung dieses ausgezeichneten Bildes eines Namens bedarf, um namentlich bei der schönen weiblichen Gestalt sich einen bestimmten Gegenstand zu denken, hat *von Quandt* dieselbe „Kirke" genannt, „*bei welcher Poseidon den Odysseus verklagt, weil er Polyphem blendete, und ihr befiehlt, Odysseus und seine Gefährten zu verzaubern*". Lieber wäre es uns gewesen, diese Conjectur wäre nicht gewagt worden, weil wir uns dann nicht so sehr abgemüht haben würden, beim *Homer* und anderwärts diese Stelle zu suchen, *wo Kirke vom Poseidon mit diesem Auftrage behelligt wird*. Es dürfte uns weit eher dieses Bild an den *Streit zwischen Poseidon und Athene um Attika* erinnern, als an eine den Mythologen wohl noch unbekannte Zusammenkunft *Poseidon's* mit der Zauberin (oder vielmehr personificirten „Irrfahrt" der damals noch nicht mit dem Compass versehenen Seeleute) *Kirke*, die sich doch gerade dem *Odysseus* sehr gnädig zeigte. *Ernst Förster* (Uebersetz. d. *Vasari*, II b. S. 348, Nota 38) schreibt d. B. (mit d Jahrz. 1512) dem *Francesco Francia* zu, und rechnet es zu den bedeutendsten dieses Meisters. — Leinw., 7 F. 7 Z. h., 4 F. 11 Z. br.

150.* *dell' Abbate* (Nicolo). Die Enthauptung des Apostels *Paulus*; knieend vor seinem Scharfrichter erwartet er, den betenden Blick nach Oben gerichtet, den *zweiten* Streich, der seinen Kopf vom Rumpfe trennen soll, während zwei Henkersknechte den *Petrus*, vor dem die Schlüssel liegen, herbeischleppen wollen, der aber betend auf seine Knie gesunken ist. Ueber der blutigen Scene erscheint in den von Engeln getragenen Wolken, umgeben von einer zum Theil von verklärten Engelsköpfen gebildeten Himmelsglorie die *Madonna mit ihrem Kinde*, welches zwei Engeln die *Palmenzweige* für die beiden Märtyrer des Glaubens darreicht. Der Hintergrund bietet die Aussicht auf eine bedeutende Stadt.

Figuren in Lebensgrösse. Dieses Bild, das Einige für das beste Oelbild des Künstlers betrachten, wird, da *A.*, welcher in der bologneser Schule ausgebildet, mehr *Fresco* malte und als Frescomaler auch dem *Primaticcio*, spätern Abtes zu St. Martin (daher auch der Name *dell' Abbate*), folgte, der von *Franz I.* nach Frankreich berufen ward, um das Lustschloss Fontainebleau auszuschmücken, als etwas Seltenes bezeichnet, weil *A.* nur höchst selten Staffeleigemälde ausgeführt hat. Aus dieser Ursache hält *von Quandt* auch nur dasselbe beachtenswerth. An einem andern Orte hat übrigens *v. Q.* erklärt, dass er es in der Composition überladen, in der Zeichnung unrichtig, im Style manirirt und im Colorit grau findet, daher es freilich nicht den Ruhm *A.*'s zu erhöhen vermag. — Das *Abrégé* sagt: *Ce tableau, dont le Comte de Malvasia parle avec bien des éloges, est sans contredit un des plus beaux de cet habile peintre. On y admire préférablement le soldat, qui tranche les têtes aux deux Apôtres. La gloire d'ange est d'une invention riche et rendue avec courage et connoissance.* — Kam aus Modena 1746 zur Gall.; ward von *Jac. Folkema* gestochen. — Holz, 12 F. hoch, 7 F. breit.

58. *Mengs (Anton Raphael). Copie nach Rafael Sanzio.* Der Prophet Jesaias mit einer Schriftrolle. Hinter ihm zwei Genien, eine antike Inschrifttafel emporhaltend.

Figur über Lebensgrösse. Diese schöne Copie ist nach dem in der Kirche *S. Agostino* zu Rom, am 3. Pfeiler linker Hand, in Fresko gemalten Bilde *Rafael's* copirt. Der Gedanke zu diesem Gemälde *Rafael's*, wie überhaupt zu den 3 anderen Propheten (von denen 2 *(Jonas* und *Elias)* als Bildsäulen von *Lorenzetto* für die Kirche *del Popolo* ausgeführt wurden, sowie ein Oelbild, das jetzt in Paris, und wohl von einem seiner Schüler herrühren dürfte) ward unbedingt durch *Michel Angelo* angeregt, und *R.* fand als Nachahmer sogar bei diesem Anerkennung (?). *Vasari* erzählt, dass *M. A.* in der päpstlichen Capelle Spektakel gemacht und den heiligen Vater in Schrecken gesetzt, weshalb er nach Florenz ent-

Saal D. 95

fliehen müssen (?). Unterdessen hatte *Bramante* die Schlüssel zu der Capelle und liess seinen Freund *Rafael* hinein, um aus der Verfahrungsart *M. A.'s* Nutzen ziehen zu können (?). Vornehmlich ward der *Jesaias* (1512) nach der Beschauung der Werke *M. A.'s* in der Sixtin'schen Capelle im ersten künstlerischen Feuer der Nacheiferung entworfen. Die Zeichnung ist (wie *Braun* bemerkt) fest und kühn, die Stellung freilich etwas gewaltsam, aber durchaus gross, besonders der Ausdruck des Kopfes. Vorzüglich rühmt man die Zeichnung des einen Knies, dessen Farbe aber beim Original am meisten durch's Waschen desselben gelitten hat. Einen Stich davon findet man in dem Blatte der Propheten von *Chateau*, sowie in „*Istorie del vecchio et nuovo testam. nelle Loggie et intagliate in aqua forte da Orazio Borgiani*, 53 Blatt 4°." Auf der Inschrifttafel über dem Haupte des *Jesaias*, welcher in einem Chorstuhle sitzt, während hinter ihm zwei Genien stehen und sowohl diese, als auch eine von Limonen und anderen Früchten gewundene Guirlande um die Schultern des Propheten halten, steht die griechische Inschrift: *ANNH. ΠΑΡΘΕΝΟΤΟΚΩ.* — *ΠΑΡΘΕΝΙΚΗ. ΘΕΟΤΟΚΩ.* — *K' ΛΥΤΡΩΤΗ. ΧΡΙΣΤΩ* — *ΙΩ. ΚΟΡ.* — d. h. *Anna der Jungfraugebärerin* — *der jungfräulichen Gottgebärerin* — *und dem Erlöser Christus* — *Jesu dem Herrn* (die letzten Worte geben wir nur als Conjectur). Auf der mit der Rechten entfalteten Schriftrolle liesst man dagegen in hebräischer Schrift (im Charakter der Thorarollen) die Stelle Jesaias 26, 2. 3 bis zu dem Worte חֹצֶר geschrieben:

פִּתְחוּ שְׁעָרִים וְיָבֹא גוֹי־צַדִּיק שֹׁמֵר אֱמֻנִים׃
יֵצֶר סָמוּךְ תִּצֹּר שָׁלוֹם שָׁלוֹם כִּי בְךָ בָּטוּחַ׃

d. h. *Thuet auf die Thore, damit hereinkomme das gerechte Volk, das die Treue bewahrt. Der Entschluss steht fest: Du wirst erhalten den Frieden, ja, den Frieden: denn man verlässt sich auf Dich.* Die Restauration des *Danielo da Volterra* könnte auch dem Originalbilde geschadet haben. — Leinw., 8 F. 9 Z. hoch, 5 F. 6 Z. breit.

115.* *Dosso Dossi da Ferrara.* Allegorie des beglückenden *Friedens.*

Lebensgrosse weibliche Gestalt mit dem Füllhorne in dem linken Arme und der gegen den Boden gestürzten Fackel der Zwietracht in der Rechten, während ihr zu Füssen der ausgezogene Kriegs-Harnisch und Waffen, sowie daneben das Lamm der Geduld ruht. Ein in der Bekleidung und in den Tinten beachtenswerthes Bild, dessen Originalität jedoch angezweifelt wird, und das 1746 aus Modena zur Gallerie kam. — Leinw., 7 F. 6 Z. hoch, 3 F. 10 Z. breit.

Saal D.

112.* *Derselbe.* Allegorie der unbestechlichen, erwägenden und strafenden *Gerechtigkeit.*

Eine lebensgrosse weibliche Figur von hoher, ernster Haltung, die in ihrem rechten Arme die *Fasces* mit dem Beile, als Zeichen der obrigkeitlichen Gewalt, trägt, während ihre Linke die Waage hält. Ihr zu Füssen liegen umgestürzte Gefässe mit Goldstücken, als Zeichen der grössten Unbestechlichkeit. Auch dieses besonders in den Specialitäten gut und kräftig durchgeführte Bild kam aus Modena zur Gall. i .J. 1746. Es sind ebenfalls Zweifel gegen die Originalität desselben aufgetaucht.(?) — Leinw., 6 F. 6 Z. hoch, 3 F. 10 Z. breit.

242. *Bembo (Bonifazio).* Christus, als *„Salvator mundi"* *(Weltheiland),* mit der Weltkugel und segnend erhobener Hand.

Lebensgrosses Brustbild. Von lebhaftem Colorit und guter Gewandung, wie überhaupt alle Bilder dieses den *Giorgione* und *Tizian* nachstrebenden, aber, nach der Ansicht Mehrer, wohl weniger mit geistiger Auffassung begabten Meisters. Die früheren Cataloge führen das Bild nicht auf. — Leinw., 2 F. 9 Z. hoch, 2 F. 4 Z. breit.

190.* *Bellini (Giovanni).* Der Doge *Leonardo Loredano* in seinem Ornate, im hohen Alter.

Brustbild im Profil. Auf der Rückseite steht: „*Leonardo Loredano Doze MDII. Giovan Bellin lo depinse*". Das *Abrégé* sagt von der Fernsicht des Bildes: „*On voit par l'ouverture de la fenêtre la perspective de l'isle de St. Georg majeur*". Dieser Doge, der 1501 gewählt ward, hatte eine sehr schwierige Stellung, indem sich damals fast alle europäischen Mächte gegen die Republik verbunden hatten. — Holz, 2 F. 6 Z. hoch, 2 F. breit.

132. ** *Allegri* (eigentlich *Antonio Lieto),* gen. *Correggio. Madonna del San Francesco.* — In einer offenen Säulenhalle Mutter Maria, mit dem Christkinde im Schoosse, auf einem erhöhten Subsellium sitzend, an dessen Fusse zur Rechten der *heil. Franciscus von Assisi* mit ehrfurchtsvoll gebeugten Knieen steht, und seine demuthsvollen Blicke zu der anspruchslosen Himmelskönigin erhebt, während deren Blick auf ihn wohlwollend ruht und sie vorgebeugt ihre Rechte segnend gegen ihn, als ihren innigsten Verehrer, ausstreckt. Hinter diesem steht in aufrechter Stellung, doch in heiliger Scheu, dem Beschauer mehr zugekehrt, der *heil. Antonius von Padua* mit einem Buche und einem Lilienstengel, während auf der linken Seite

Johannes der Täufer, auf das Christkind hindeutend, ganz dem Beschauer zugekehrt ist, um sich als Vorläufer des Messias zu beurkunden. Hinter diesem, dem Subsellium zugekehrt, steht die *heil. Katharina,* welche ihre irdische Krone am Sockel niedergelegt hat, mit der Märtyrerpalme in der Hand, die auf dem gegen die Brust gedrückten Schwerte ruht, während ihr linker Fuss auf die hohe Nabe des Marterrades gestellt ist, auf dem man: *ANTONIVS DE ALLEGRIS. P. (pictor)* liesst. An der Füllung der Basis des Subselliums sieht man noch die Spuren eines scheinbar überstrichenen Basreliefs, die Erschaffung des Uraelternpaares, deren Sündenfall und Verstossung aus dem Paradiese, sowie in der länglich runden Füllung des Cubus vom Subsellium ein Basrelief, Moses mit den Gesetztafeln darstellend.

Figuren etwas unter Lebensgrösse. Die Catal. von 1806 und 1812 bezeichnen dieses Bild als „ein Hauptstück in Rafael'scher Manier (?), von der ersten Manier des Meisters", und ausserdem charakterisiren sie dasselbe mit folgenden naiven Worten: „Edle Simplicität, vereinigt mit grosser Seelenruhe, leuchtet aus jedem Antlitz der dargestellten Heiligen hervor, und die schönen Formen in Händen und Füssen, sowie der grosse Schwung im Faltenwurfe verkündigen die zukünftige Grösse des Meisters. Mehrere Engel schwingen sich lieblich in den Lüften herum, ohne geflügelt zu sein. Das Piedestal selbst, auf welchem *Maria* sitzt, wird von zwei Engeln als Caryatiden getragen. Im Mittel desselben ist *Moses* mit der Gesetztafel als Basrelief sehr gut angebracht und vereinigt als Gegenstück zu der Hauptgruppe das Andenken des Alten mit dem des Neuen Bundes. Dieses Gemälde zeichnet sich auch noch durch Vergoldung der Scheine an den Köpfen der Heiligen aus" etc. — Das *Abrégé* bemerkt: *„C'est un des premiers tableaux du* Corrège. *Si l'on doit ajouter foi à une tradition, qui subsiste encore actuellement en Italie, c'est André Mantegna, qui lui a mis le pinceau dans la main et ce tableau semble confirmer cette opinion."* *Fiorillo* (Gesch. d. zeichnenden Künste, Bd. 2, S. 254) sagt ferner: „*Mengs* glaubt einen Styl (an dem B) wahrzunehmen, der das Mittel zwischen dem *Perugino* und *da Vinci* halte. Ich finde in diesem Bilde, das ich lieber bloss eine seiner früheren Arbeiten nennen möchte, eine Spur von der Weise des *Mantegna.* Es scheint, dass alle Schriftsteller darüber einig sind, selbiges für eines der ersten Werke des *Correggio* zu halten, und zwar wegen einer gewissen Trockenheit, die es denen des *Mantegna* ähnlich macht. Auch die Verfasser der Beschreibung, welche die Kupferstichsammlung der Dresdener Gallerie begleitet, sind dieser Meinung. Allein das Bild von der heil. Cäcilie, zu Rom, in der Gallerie *Borghese* befindlich, ist noch schneidender in den Falten und trägt das ganze Gepräge des *Mantegna* an sich, wiewohl es ohne Zweifel eine Arbeit des *Correggio* ist." — Dagegen erkennt *von Quandt* in dem zärtlichen Lächeln der *Madonna* jene Charakterähnlichkeit mit *Leonardo da Vinci*, und ungeachtet, dass dieses B. im ältern Kirchenstyle symmetrisch angeordnet ist, so stehen doch die einzelnen Persönlichkeiten in lebendiger Beziehung, sowohl zu einander, als zur Handlung. Besonders lebendig ist die heil. *Katharina*, welche gleichsam *in Anblicke der Madonna schwelgt*. Ferner hält *von Quandt* dafür, dass das „unter dem Throne von *rosso antico* angebrachte Relief" von der Erschaffung, dem Sündenfalle etc., welches verlöscht erscheint, *wohl mit Absicht vom Künstler geschehen, der dadurch die Erlösung von der Erbsünde andeuten wollte*. Einige vermuthen, dass das Bild von *C.* 1517 gemalt worden sei; allein *von Quandt* hält dagegen ein, dass, da *C.* 1518 im Nonnenkloster *San Paolo* zu Parma an der Decke eines Gartensaales die „Rückkehr der Diana von der Jagd" darstellte, dieses B. wohl einer frühern Zeit angehöre, was *v. Q.* um so wahrscheinlicher ist, da C. es für die Kirche der Franciscaner seines Geburtsorts, Correggio, malte. Ein Correggio'sches Altarblatt bei den Minoriten zu Correggio war nach *Fiorillo* im J. 1638 durch eine Copie ersetzt worden, was bei den Bewohnern grosse Bestürzung hervorbrachte, und es soll nach einer Urkunde des Gemeinde-Archivs zu Correggio im J. 1514 dem *C.* mit 100 Zechinen bezahlt worden sein, wie *Tiraboschi* berichtet. Doch auf diesem Altarblatte war eine „Ruhe auf der Flucht", die Madonna nebst *Joseph* und dem heiligen *Franciscus* dargestellt (Vgl. auch *Lanzi*, Gesch. d. Malerei in Ital., Ausgabe *von Quandt's*. II. S. 305 f.). — Nach Anderen soll es für die Franciscaner zu *Campi* (?) gemalt sein, was wohl nur ein Missverständniss sein dürfte. Nach *Tiraboschi* befand sich nämlich ein Altarblatt von derselben Composition in der Nicolauskirche der Minoriten von der strengen Observanz zu *Carpi*, das *T.* für unser Bild hält, da es auch die Unterschrift „*Antonius de Allegris P.*" hatte, welches aber *Bottari* (bei *Vasari* II. S. 62) dem *Fra Bartolomèo di S. Marco* zuschrieb, auf welchen Fehlgriff ihn jedoch *Mariette* brieflich aufmerksam machte, und in Mantua befindet sich nach *Fiorillo* eine vom *Aretusi* gefertigte Copie des Bildes zu *Carpi*. — Das *Conversations-Lexikon der bild. Kunst* will S. 89 behaupten, dass *C.* das Bild „nach zurückgelegtem achtzehnten Jahre gemalt", während es S. 90 das Jahr 1514 und „im 20. Lebensjahre" angiebt. Dr. *Ernst Förster* bemerkt (in seinen Briefen über Malerei) in Bezug auf dieses Bild, und zwar in seiner gewöhnlichen heitern Weise: „Seh' ich eine *Maria* mit dem Kinde auf dem Schoosse, und Heilige umher, so kann ich wohl zu der Frage kommen:

seit wie lange sind diese schon beisammen, wie lange werden sie es bleiben, und wird ihnen die abstracte Stellung nicht lästig, die feierliche Miene nicht auf die Dauer unmöglich werden? Mit diesem die Basis kirchlich religiöser Anschauung untergrabenden Gedanken beginnt *Correggio;* er löst den rituellen Zauber, der die Heiligen fesselt, und lässt dieselben ihrer Herzensneigung nachgehen und unter sich in Verbindung treten; er dringt keinem mehr die alten geheiligten Bewegungen auf, sondern lässt einen Jeden sich äussern, wie's ihm beliebt. Da nun aber alle diese Vorgänge in seiner Seele sich spiegeln, in dieser Fantasie voll Heiterkeit und Sinnenlust, so werden sie keine andere Farbe annehmen können, als eben die der Heiterkeit und Sinnenlust. So erscheint uns die *Madonna in trono* mit dem heil. *Franziskus:* lichter Sonnenglanz im Hintergrunde, helle Freude und Seligkeit im Vordergrunde. Die lang aushaltende Andacht des heil. *Franz* zur Madonna spielt endlich in eine persönliche Theilnahme hinüber, und Madonna neigt sich mit ausschlüsslichem Segen, mit mild streichelnder Handbewegung nach ihm herab; der sonst so ernste Busssprediger *Johannes* schaut mit einer Freudigkeit zu uns heraus, als habe er nichts zu verkündigen gehabt, als die Erscheinung des Kindes, den Beginn der glücklichen Zeit; der *heil. Antonius* wendet sich ab, und es zieht räthselhaftes, fast ironisches Lächeln um seine Lippen (?); nur die heil. *Katharine* bleibt in ungestörter, religiöser Hingebung dem Kinde zugewendet, das auch noch in angestammter, hier scheinbar angelernter Feier verharrt. In seligem Entzücken, keiner Schwingen als der Freude bedürftig, schwimmen oben in der Luft zwei Engelknaben, lieblichen Gesichts, geringelten Haupthaars, und selbst in die aus Marmor geformten Knaben, welche die Altarplatte tragen, ist der Geist gefahren; die Bezauberung ist auch von ihnen genommen, Blut durchströmt das starre Gestein, und ob sie dem *alten* Bunde angehören, wie jene oben dem *neuen*, es kümmert sie wenig, denn leicht und lachend tragen sie ihre Last, wohl wissend, dass die ganze Scene bald vorbei ist, und sie hingehen können, wohin die Lust sie führt. Dieser durchaus neue Einfall, karyatidische Figuren durch Farbe zu wirklichen zu machen, charakterisirt scharf den neuen Genius, dem es unerträglich war, irgend etwas, das menschliche Form trug, unbelebt zu sehen. Doch ganz losreissen vom Alten konnte sich *Correggio* nicht mit einem Male; so wie er das Christkind in besagtem Bilde noch nicht in die neue Bewegung gezogen, so folgte er auch noch in vielen anderen künstlerischen Dingen seinen Vorgängern; er behielt im Allgemeinen die Anordnung bei, seine Zeichnung hält sich an strenger Contour, die Gewänder brechen sich in grossen Massen und festen Falten, die Färbung ist tiefkräftig und die Stimmung noch immer feierlich, wie Morgenanbruch." — Nach *von Quandt's* Reise nach Schweden befindet sich das Studium zu diesem B. in der Handzeichnungssammlung zu *Stockholm*. Bemerkenswerth ist übrigens, dass C., um *alles Blutige* zu vermeiden, selbst am *heil. Franciscus* nur die Stigmatisation vernarbt angedeutet hat. *Mosen*, welcher namentlich auch das strenge Entsprechen der Haltung der Figuren zu beiden Seiten, bei dennoch freier selbständiger Bewegung in der Composition, bemerkt, sagt schlüsslich: „So leicht und gefällig rundet sich diese Composition ab, wie eine Kirchenmusik, welche mit dem strengen Fugenstyle die heiterste Weltlichkeit verbindet." — Der erste Stich für das dresdner Galleriewerk, Bd. 1, Blatt 1, ist von *Claude Mattieu Fessard*; doch 1827 erhielt der münchener Kupferstecher *Peter Lutz* von *Ernst Arnold* in Dresden den Auftrag, es zu stechen, welchen Stich *L.* nach einer Copie von *Kühne* in München 1829 begann und 1833 im Angesichte des Originals zu Dresden voll endete. Dieses Blatt, das 1834 erschien, machte Epoche in der Geschichte der Kupferstecherkunst und ist dem Prinz-Mitregenten *Friedrich August* dedicirt. Seit *Müller's* sixtinischer Madonna war kein Blatt von dieser Grösse (32¼ Z. hoch und 24¼ Z. breit) und solchem Gehalte erschienen. — Das B. kam 1746 aus Modena, wohin es wahrscheinlich durch *Don Siro*, den letzten Fürsten von Correggio, gekommen war, welcher bekanntlich mehre Gemälde *C.'s* aus den Kirchen seiner Hauptstadt hatte entführen lassen, zur dresd. Gall.; verjüngt ist es endlich durch *Pietro Palmaroli's* Restauration, im J. 1827. Lithographie von *Fr. Hanfstängl*. — Holz, 10 F. 4 Z. hoch, 8 F. 6 Z. breit.

133.** *Allegri* (eigentlich *Antonio Lieto*), gen. *Correggio. Madonna del San Sebastiano.* — Der heilige *Sebastian* an einen Baumstamm gebunden, über ihm die *Madonna mit dem Kinde*, in einer Glorie, von Engeln umgeben, auf Wolken thronend, während im Vordergrunde der heil. *Geminianus* knieend mit der Hand auf die *Madonna* hinweist. Links zu seinen Füssen sitzt ein holdlächelnder Genius, das Kirchenmodell haltend, und rechts in fast liegender Stellung der heilige *Rochus*, in dem alle Leiden lösenden Todesschlummer.

Figuren etwas unter Lebensgrösse. Dieses B., das nach den Catal. von *Riedel* (1806 ff.) „in der dritten Manier des Meisters" gemalt, ist unter dem Namen „*San Sebastiano*", da dieser Heilige die Hauptfigur im B. ist, bekannt und ward zuerst von *P A. Kilian* für das dresd. Gall.-Werk gestochen. Es ist nach *Fiorillo* im Auftrage der Brüderschaft des *heil. Sebastian zu Modena* gemalt und nicht, wie *Mengs* glaubte, als Exvoto-Bild *wegen der glücklich überstandenen Pest* zu betrachten. Nach *Vasari* ist die älteste Copie dieses B. von *Carpi* gefertigt worden, der überhaupt die meisten Bilder *C.'s* sehr trefflich copirt hat. *Vasari* nennt das

Bild klein; doch bemerkt er, dass es der Brüderschaft des St. Sebastian gehörte. Unter dem Herzog *Alfonso IV.* kam es zur herzoglichen Gallerie und eine Copie von *Boulanger* vertrat nun an die Stelle des Originals. Solche Kirchenräubereien gestatteten sich die italienischen Herzöge und Fürsten, um ihre Gallerieen mit werthvollen Originalen zu bereichern; kein Wunder, wenn endlich auch Ausländer diese Wege einschlugen, sobald sie bestechliche und goldgierige Kirchenvorstände vor sich hatten. — In diesem herrlichen Bilde entwickelt sich recht eigentlich *C.'s* künstlerisches Bestreben. „Die Freudigkeit seines Gemüthes", sagt *von Quandt*, „leuchtet aus allen Augen, lacht uns aus allen Zügen einer Bilder an, und wo ein Schmerz sich kund giebt, besiegt ihn unendliche Liebe." Ueber den zum Opfer seiner Menschenliebe gewordenen *St. Rochus*, so liegend, wie man ihn in einem Winkel eines Hauses entschlummert auffand, sehen wir einen heitern Genius auf einer Wolke, wie auf einem Wiegenpferde, sich schaukeln, weshalb schon in früheren Zeiten das Bild „*die Reitbahn*" genannt wurde, und der dem Beschauer zugekehrte Genius (nach Einigen ein Mädchen) mit dem Kirchenmodelle scheint sich über dasselbe wie über ein Christgeschenk zu freuen. Man hat *C.* freilich deshalb, dass er von der ersten kirchlichen Etiquette abging und Alles, wo möglich, in Lebensfreudigkeit darzustellen versuchte, auch „*den grossen Heiden unter den Kirchenmalern*" gescholten; aber gerade dieses verketzerte Bestreben *C.'s* hat wohl eher einen erhebenden Effect für seine Gemälde erzielt, als die steife Puppenhaftigkeit anderer, wie nach der Gliederpuppe gemalter Kirchenbilder vor ihm und nach ihm. Das steife Benehmen erwirbt auch keine Liebe und fördert noch weniger Zutrauen, was doch die Kirchenbilder für die *Madonna* und die *fürsprechenden Heiligen* wecken sollen; solch ein starrer und etiquettevoller Hofstaat der Himmelskönigin musste eher die Gläubigen von ihr zurückscheuchen. Die *Madonna C.'s* in diesem B ist von einer Heiterkeit, sowie von einem Glanze und einem Lichte umflossen, welche die himmlische Jungfrau am Schönsten zu charakterisiren vermögen; sie ist gleich theilnahmsvoll für den Märtyrer *Sebastian*, der ohne alle Beimischung des Schmerzes, sein Antlitz, im Vorgefühle der himmlischen Seligkeit entzückt, und in stiller Freudigkeit des Glaubens zur Gebenedeyeten erhebt. Nichts Blutiges ist an der Gestalt des schönen Jünglings zu gewahren; denn alle Wunden sind ihm, als Lohn seiner Duldung, beim Anblicke der Herrlichen geheilt. Eben so gleicht das Verscheiden des heiligen *Pestkrankenpflegers*, wie v. *Quandt* treffend bemerkt, „*dem heitern Entschlummern eines Müden*". Von den Engeln des B. gilt der Ausspruch *Annibale's* (vgl. *Lanzi* a. a. O. S. 313): „Vor allem sind seine jugendlichen und Kinderköpfe lobenswerth, welche mit einer Natürlichkeit und Einfalt lächeln, die man lieb gewinnt, so dass man mit ihnen lachen muss." — Mehre der älteren Catal. rühmen besonders die Beleuchtung und sagen: „Dieses von der brillantesten Wirkung der geöffneten Glorie und durch grosse Massen von Licht und Schatten majestätisch beleuchtete Hauptstück ist sicherlich eine der letzten Arbeiten des grossen Meisters." — Das *Conversations-Lexikon der bildenden Kunst* (Bd. 3. S. 90) referirt nach *Ernst Förster* (dem freilich oft etwas zu sehr launigen und *zu scharf* musternden Kunstkritiker) über dieses B.: „wieder eine (hier auf Wolken) thronende Himmelsjungfrau mit Heiligen umher. In diesem durch *Palmaroli's* Restauration sehr beschädigten Bilde (?) entwickelt sich *Correggio's* Eigenthümlichkeit schon freier, und greller treten seine Neuerungen hervor. Ein neues Element erscheint; das Element der Freude: das Licht bricht an. War in der Madonna mit dem heil. *Franz* der Sonnenglanz noch in der Ferne des Himmels und der Landschaft, und traf nur der Widerschein die Seligen vor uns, so strahlt nun auf dem zweiten Bilde Madonna selbst in der Glorie des Himmelslichtes, ja, sie erscheint selbst als Sonne, in deren Glanzstrahlen sich die wölkchenhaften Engelsköpfchen um sie baden, während die Strahlen selber zu Regenbogenfarben in den Engeln und Heiligen umher sich brechen. Wie lacht dieser neue Himmel uns an mit seiner heitern Königin, die mit ihrem herrlichen Knaben wie eine Titania auf den Wolken daherfliegt! Wie lachend tanzen die Engel umher, und reiten auf Wolken und stürzen sich wie Schaumwellen des Wasserfalls in die Tiefe! Wie haben die heiligen *Rochus* und *Sebastian* so ganz alle Schmerzen brennender Wunden vergessen, dass sie lächelnd stimmen in diesen Tumult der Lust! Und hat man in diesem nur Zeit, nach Zusammenhang, Anmuth, Vollendung der Linien zu fragen? Und thut man's, wird es die Kraft des Bildes schwächen, wenn wir die Verbindung der Linien häufig verloren sehen, wenn wir Engel mit einem Beine, das oft noch einmal durchschnitten ist, und überhaupt wachsende Formlosigkeit wahrnehmen? Nein, alles dies gehört zu *Correggio* und kann nur erst bis zum Extrem getrieben oder nachgeahmt die entgegengesetzte Wirkung haben." (?) — Das *Abrégé* sagt endlich: „*On admire préférablement dans ce tableau la figure de St. Géminien.*" Die meisten Bilderklärer sagen, dass von dem heitern Genius neben dem *St. Geminian* gehaltene Kirchenmodell, als dieses Schutzheiligen von Modena vorzügliches Attribut, das *Nachbild von der Kirche sei, welche dieser Heilige zu Ehren der Mutter Gottes in Modena erbauen liess.* Wir haben vergeblich nach einem ältern chronikalischen Belege für diese hingestellte Behauptung geforscht. *Geminian* soll zwar *Bischof zu Modena* gewesen sein, doch nach der Legende schon zur Zeit des Kaisers *Augustus* (?), dessen Tochter er Teufel ausgetrieben haben soll, weshalb er auch öfter mit einem *Teufel* neben sich abgebildet wird. Der Spiegel übrigens, mit dem *Geminian*, meist ihn vor die Brust haltend, während das Bild der Madonna darin erscheint, dargestellt wird, bezieht sich auf seinen bewiesenen Eifer für den Mariendienst. Nach der Legende baute der Heilige den Flecken *San Geminiano* im Florentinischen, die Zeit aber, wann er lebte, ist unsers Wissens noch ungewiss. Er kommt blos als Schutzheiliger der *Modeneser* in den Legendarien vor, welche deshalb auch in dem bekannten Kampfe mit den *Bolognesern* (oder Petronianern) um den geraubten *Wassereimer unter dem Dome zu Modena* die „*Geminianer*" genannt wurden. Ueberdies darf *St. G.* keineswegs mit dem antiochienischen Kirchenlehrer *Geminianus* (im 3. Jahrh.) und den bekannten Dominicaner *Giovanni di San Geminiano* (15. Jahrh.) verwechselt werden. — Der Altarbau in der unter dem Chore des Doms zu Modena befindlichen grossen Capelle des heiligen *Geminian* (wo auch die Gebeine desselben beigesetzt sind) war 1525 vollendet und die Brüderschaft des heil. *Sebastian* (eigentliche Schützengilde) bestellte das B. bei *Correggio*. Doch hatte das Bild in dieser Crypta baldigst so sehr von der Feuchtigkeit gelitten, dass sich der Vorstand der Brüderschaft, *Phil. Jac. Castelli*, 1611 dazu veranlasst sah, auf die Erhaltung des Bildes bedacht zu sein. Er beauftragte daher den Maler *Ercole Abbate* (Neffen des berühmten *Niccolo A.*), das B. herzustellen. Doch hatte *E. A.* dasselbe in die Sonne gestellt, weil er glaubte, dass durch die Wärme die feuchte Tafel blos trocknen würde und die Farben sich wieder ausebnen sollten, wodurch sie sich aber noch weit mehr hoben, die Tafel völlig zerspringen und somit das Gemälde fast seinem Untergange entgegenreifen musste. Von Einigen wird jedoch überhaupt dieser schlechte Zustand des Bildes angezweifelt (vgl. *Memorie istoriche di Antonio Allegri detto il Correggio Vol. II. S. 193 f.*). Später liess Herzog *Alfons IV.* dasselbe durch den Copisten des „Zinsgroschen", *Flanuminio Torre*, (nach *Malvasia, Felsina pittrice S. 450*) restauriren. Wäre nun durch *Abbate* das B. wirklich so sehr verdorben gewesen, so hätte es unbedingt der Herzog nicht erst der Restauration werth erachtet. Nachdem es 1746 aus der Gall. zu Modena mit nach Dresden gekommen war, kam es unter die Hände *Dietrich's*, dem man nachsagte, dass er (mit grossem Geschicke) öfter Uebermalungen sich zu Schulden kommen liess, was er auch an diesem Bilde gethan, da er ohne Weiteres die beschädigten Stellen durch eine Wolke verdeckte. Wir verdanken nun aber dem mehrfach, aber mit Unrecht, angefeindeten Prof. *Pietro Palmaroli* die Rettung dieses schönen Gemäldes. Als durch dessen Kunst die Wolke verschwand, erschienen dafür liebliche Engel, von deren Vorhandensein man allerdings keine Ahnung gehabt hatte. Stich von *Ph. A. Kilian* und von *A. Lefèvre* (Addr. *Ernst Arnold* in Dresden); lithogr. von *Franz Hanfstängl*. Holz, 9 F. 6 Z. hoch, 5 F. 7 Z. breit.

195.** *Cima (Giovanni Battista)*, gen. *Giambattista da Conegliano*. Christus vor seinem Einzuge in Jerusalem, als isolirte Figur, mit segnend erhobener Rechten, während die Linke ein Buch hält. Im Hintergrunde gebirgige Landschaft, und auf dem Wege (von dem Gebirgsflecken Bethphage her) bringen zwei Jünger die Eselin getrieben (Matthäus 21, 1—9.).

Figur etwas unter-Lebensgrösse. Der Umstand, dass am untern äussersten Rande dieses B. von einer allerdings spätern Hand durch die Worte: „IOANNIS BELLINI OPERA" bezeichnet ist, hat bis auf die neueste Zeit dasselbe als ein Gemälde des *Giovanni Bellini* betrachten lassen. Das *Abrégé* sagt: „*Le plus grand mérite des tableaux de Bellin consiste d'avoir transmis aux peintres les primices de la peinture à l'huile. Il y a d'ailleurs de la correction et de la verité dans le dessein, quoique le goût du dessein soit absolument gothique.*" Also nur für gothische Verzierung wurden die Inschriften in den Säumen des Gewandes angesehen. Auch v. *Racknitz* (in seiner 1811 erschienenen Beurtheilung einiger Gemälde der Gall., S. 12) sagt: „Die Details, z. B. die gestickten Kanten des Ober- und Unterkleides, sowie der Aermel, sind mit einer ausserordentlichen, fast überflüssigen Sorgfältigkeit behandelt. Am Saume des Unterkleides hat der Künstler seinen Namen angebracht." — Von welchem wir jedoch keine Spur vorfinden. — Auch hält v. R. das B. für dasselbe, das *Ridolfi* in dem Leben des *Bellini* aufführt, und das damals bei den Augustinern zu St. Stephan in *Venedig* sich befand. — Auch die Catal. von *Riedel* und *Demiani* bleiben dabei, dass an dem Saume des Unterkleides der Name des Künstlers stehe (?). Eben so blieb man bei der Bezeichnung „*Giov. Bellini.*" — Zuerst von Allen bemerkte *von Quandt* (in den Noten zu *Lanzi*, a. a. O. S. 42, Note 37), dass der *St. Georg* in dem Gemälde des *Cima* in der Gall. der *Akademie zu Venedig*, das sich vorher in der Kirche *della Carità* befand, und eine *Madonna in trono*, sowie mehre Heiligen darstellt, eine grosse Aehnlichkeit mit dem *Christus* in dem Bilde der Dresdener Gall. habe, so dass man glauben möchte, dasselbe Modell habe zu beiden Gesichtern gedient, und der *Christus* sei ebenfalls von Cima gemalt, obwohl der Name *Bellinus* darunter geschrieben steht. Auch *Lanzi* erinnert, dass die Kunstkenner oft *Cima* mit *Bellini* verwechseln „so fleissig, anmuthig, lebhaft in den Gebärden und in der Farbengebung ist *Conegliano*, wiewohl minder weich und mürbe." — Ebenso hat das Christusportrait No. 19, das bei *Jul. Hübner* der *mailändischen Schule* (?) zugeschrieben wird, grosse Aehnlichkeit mit No. 195. — Der Ausdruck im Gesichte des Heilands auf beiden B. hat zwar nicht das Sanftanziehende; es herrscht aber ein männlicher, kraftvoller und mit erhabener Würde verbundener Ernst in demselben. Kopf, Hände und Füsse sind schön und richtig gezeichnet, die Stellung der Figur ist ganz im alten Kirchenstyle und der Auftritt der Füsse so, als ob die Figur auf einem Piedestal aufgestellt wäre. So sorgfältig auch die Haare behandelt sind, so haben denn doch die des Hauptes keine malerische Freiheit und Leichtigkeit, wohingegen die des Bartes weit malerischer behandelt sind. Das Kolorit ist lebhaft und bestimmt, ausgenommen die Carnation, welche zu braun abgetönt ist oder auch wohl nur nachgedunkelt sein könnte. Im Hintergrunde des B. ist eine Landschaft, in der *Cima's* Geburtsort, *Conegliano*, in der Trevisaner Mark, den Mittelpunkt bildet. *C.* hatte fast auf allen seinen Gemälden, wo Landschaft nöthig war, die ungemein gebirgige Umgegend *Conegliano's* bald von dieser, bald von jener Seite gleichsam als sein „*Merkzeichen*" gewählt. *C.* war übrigens *Bellini's* Schüler, und *Vasari* bemerkt, dass, wäre er nicht so jung gestorben (1517), er seinen Lehrer erreicht haben würde. Uebrigens hatte *C.* einen Sohn *Carlo*, dessen Gemälde öfter für die des Vaters angesehen wurden. Betrachten wir noch etwas näher die Gewandung, deren Draperie, vorzüglich die des Oberkleides, viel Schönes enthält, während die Unterpartie, obgleich sie im Ganzen sich kräftig hebt, dennoch etwas zu steif ist und uns an die mittelalterlichen, mit Farben staffirten Holzfiguren der Flügelaltäre erinnert; die Haltung ist nämlich zu einförmig und parallel laufend. Der mit Stickerei verbremte Saum des weiten Talars ist aber, sowohl um die Aermel, als um den Sturz, mit einer *kufischen Inschrift* verziert, welche man bis jetzt entweder nur als gothische Verzierung, oder höchstens für eine mit verzierter gothischer Minuskel ausgeführte Schrift hielt, aus der Einige den Namen des Künstlers, nämlich *Bellini's*, herauslesen wollten. Die *kufische Inschrift*, welche zuverlässig vom *Cima* nach einem Modelle ausgeführt ward, die er aber, da er ihre Bedeutung nicht kannte, nach Gefallen manirirt copirte, ist ganz im Charakter der auf den älteren *Teraz-Gewändern* des Orients angebrachten Schriftsätze, von welchen wir ein Exemplar in dem Museum des K. S. Alterthums-Vereins finden, das aus der Stadtkirche zu Penig stammt, und über dessen Bedeutung der *Lord Munster* im 2. Hefte der Mittheilungen des Vereins (S. 33 bis 45) eine Abhandlung (übersetzt von *Schier*) schrieb. Fragen wir aber, wie *Cima* zu dieser Inschrift kam, so dürfen wir uns nur daran erinnern, dass seines Meisters, *Bellini*, Bruder, *Gentile*, bekanntlich eine Zeitlang in Constantinopel lebte, wohin ihn auf den Wunsch *Mohammeds II.*, der jedoch den *Giovanni* gewünscht, der Senat der Republik Venedig abgesendet hatte, und dass er dort wahrscheinlich in den Besitz eines solchen Gewandes (vielleicht gar als Ehrengeschenk des Sultans) gekommen sein dürfte, nach dem *C.* möglicherweise diese Inschrift copirt haben könnte.

Wir theilen hier eine möglichst genaue Nachzeichnung der Inschrift mit, die sich zwar am untern Saume des Kleides, wie der Aermel, öfter wiederholt, aber auch durch die Falten mehre Male unterbrochen ist, was durch Striche hier angedeutet ward.

Nach einer von dem bekannten Orientalisten *Schier* in Dresden gegebenen Erläuterung dieser unbedingt von dem Maler *nicht völlig treu* wiedergegebenen Inschrift lautet sie in der *arabischen Cursivschrift*:

انا المز العالى الوقف الالهى

(Innama 'lmizzu 'lali 'lmanfiku 'lilahijju), d. h. *nur hohe Vortrefflichkeit ist der göttliche Standpunkt*. — Die vortreffliche Lithographie dieses B. von *Fr. Hanfstängl* hat die Inschrift ziemlich genau wiedergegeben und es ist zu verwundern, dass sie nicht schon früher als eine *kufische* erkannt worden ist. Ueber das B. selbst bemerkt endlich *von Quandt* (im Begleiter): „ein Meisterwerk des C. da Conegliano, woraus wir uns einen Begriff des friedlichen Styls der frühern durch Neugriechen gegründeten Schule machen können, ungeachtet C. bis 1517 lebte. eine Zeit, in welcher die Beherrscher des Meeres durch ihre Verbindung mit dem Orient und unermesslichen Reichthum nach alles verdunkelnder Pracht und überschwänglichem Lebensgenuss strebten." — Das Bild diente übrigens 1814 in der auf der Brühlschen Terrasse für die russische Garnison eingerichteten griechischen Capelle als *Altarbild*. Es ward 1837 durch *Schirmers* geschickte Hand restaurirt. Stiche von *Folkema*, sowie *G. Planer* (Addr. *Ernst Arnold* in Dresden). Holz, 5 F. 5 Z. hoch, 2 F. 9 Z. breit. —

123. *** *Tisio (Benevenuto)*, gen. *Garofalo* oder *Garofolo da Ferrara*. Ein jugendlicher, nach Art des 16. Jahrhunderts Geharnischter, der jedoch einige Stücke des Harnisches, sowie den Helm zur Bequemlichkeit abgelegt und dafür nur eine mit einer Reiherfeder geschmückte Netzgugel auf dem Kopfe hat, sitzt, sich nachlässig auf seine Lanze stützend, unter einem schein-

bar verfallenem Mauerwerke. Vor ihm zur Linken steht mit ziemlich enthüllten Reizen *Venus*, welche auf das in der Ferne bei den Mauern einer Stadt sichtbare Schlachtgewühl oder auf den bei Seite geschobenen Kampfwagen, dessen Rosse ausgespannt grasen, hinzeigt, während *Amor* den Helm aufzusetzen versucht.

Figuren in Dreiviertellebensgrösse. Das *Abrégé* erläutert dieses B. durch: „*Mars assis, couvert d'un bonnet, garni d'une aigrette, près duquel Venus debout, accompagnée de Cupidon, qui s'est emparée du casque de Mars et fait des efforts pour le mettre sur sa tête.*" Dieser Erklärung folgten auch die späteren Catal. von *Riedel* etc. Betrachten wir aber den angeblichen *Mars* genau, so finden wir, dass diese Figur erstlich unbedingt ein Portrait ist, weil sonst *G.* sich gewiss ein kräftig schöneres Modell dazu ausersehen und nicht einen erst den Flaumbart zeigenden Jüngling gewählt haben würde. Es muss uns aber auch auffallen, dass *G.*, der in Rom war und in der nächsten Umgebung *Rafaels* eine Zeit lang verkehrte, auch *Michel Angelo's* Werke studirte, und gewiss antike Bildsäulen des Mars daselbst sah, auf die Idee gekommen sein sollte, demselben einen *Mailänder Harnisch* anzulegen. Weit eher erinnert uns diese Composition an die Errettung des jugendlichen *Aeneas* durch seine Mutter, *Venus*, aus dem Kampfe, der ihm Gefahr drohte, wofür das in der Ferne gesehene Schlachtgewühl sogar zu sprechen scheint (Ilias V. 297 ff.). Das B. kam 1746 aus *Modena* zu Gall. Leinw., 4 F. 9 Z. hoch, 6 Z. breit.

140. ** *Mazzola* oder *Mazzuoli (Francesco)*, gen. *il Parmegianino*. Amor steht auf einem geschlossenen Schweinslederbande, der auf einem aufgeschlagenen Buche liegt. und schnitzt sich einen Bogen. Hinter ihm sieht man zwei Amoretten, von denen einer den andern so fest an sich drückt, dass er Schmerzenslaute von sich zu geben scheint.

Figuren in Lebensgrösse. Dieses wirklich interessante B., das wir in den älteren Catal. und im *Abrégé* vergeblich suchten, ward zuerst in den Catal. *Matthäis*, welchen auch *Jul. Hübner* gefolgt ist, als „*alte Copie nach Antonio Allegri*, gen. *Correggio*" aufgeführt. Es soll bereits vor 1722 durch den *Grossherzog von Florenz* an den Dresdener Hof gekommen sein. Wir folgen gern in Angabe des Meisters unserm *von Quandt*, da, nach *Vasari*, *Mazzuoli* für seinen vertrauten Freund, den Ritter *Baiardo*, einen Edelmann zu Parma, ein Bild gemalt hat, welches, wie *V.* genau angiebt, den *Cupido* vorstellt, der sich selbst einen Bogen fertigt, und zu dessen Füssen zwei Kinder sitzen, davon eines das andere am Arme fasst und es lachend reitzt, den *Cupido* mit dem

Finger zu berühren, worüber dasjenige, das ihn nicht berühren will, weint, so dass man sieht, dass es Furcht hat, sich am Feuer der Liebe zu verbrennen. Auch bemerkt *Vasari*, dass dieses Gemälde, reizend im Colorit, sinnreich in der Erfindung und anmuthig durch die eigenthümliche Manier *Francesco's*, welche von Künstlern und Kunstdilettanten stets nachgeahmt worden, sich noch zu seiner Zeit im Studirzimmer des *Marcantonio Caralca*, Erben des Ritters *Baiardo*, befand. Auch widerspricht es unserm Gefühle, das B. als Copie bezeichnet zu wissen. In der Uebersetzung des *Vasari* von *Ernst Förster* (III. 2. S. 162, Nota 28) ist zwar bemerkt, dass dieses ungemein liebliche Bild sich in der Gall. des *Belvedere zu Wien* befände, dass man aber mehre treffliche, von tüchtigen Meistern gearbeitete Copieen habe, die sämmtlich für Doubletten des *Parmegianino* oder für Originale des *Correggio* ausgegeben würden, und dass endlich sowohl von dem Wiener B., als von anderen angeblichen Originalen Stiche von *Bartolozzi* etc. erschienen. Auch *Fiorillo* redet von unzähligen Copieen; das Bild im Belvedere sei aber von *Correggio* auf Holz gemalt, und *von Mechel* (Beschreibung der K. K. Gall., Wien 1783 S. 60) schreibt, dass sich daselbst noch eine sehr unvollkommene Copie dieses *Cupido* von *Joseph Heinz* befindet. Ebenso befand sich, nach *Fiorillo*, ein den Bogen schnitzender Amor von *Correggio* in dem Besitze der *Königin von Schweden* (?), welches B in die Gall. des *Herzogs von Orleans* kam, das aber die Herausgeber der Gemälde dieser Gall. als ein B. *Mazzuoli's* anerkannten. Ein anders auf Leinw. war in der Gall. zu *Sanssouci*, zu dem *M. Oesterreich* (ohne Autorität) bemerkt, dass *Correggio* drei Mal dieses Bild gemalt, welche Wiederholungen man die „*Repetitions*" nannte. Ferner waren eins in der Gall. *Barberini* und ein anderes im Besitze des Kaufmanns *Benucci* zu Rom. Das vorzüglichste jedoch von allen, dessen auch von *Quandt* gedenkt, war im Besitze des Obristen der herzoglich toscanischen Leibgarde, *Celio Cerretani*, das früher zu *Siena* in Verborgenheit sich befand. Eine kleine, treffliche Skizze dieser Composition besass der Maler *Mortin* zu Paris. In Folge der Notiz des *Vasari* bezweifelten auch *Ratti* und Pater *Affo*, dass das Bild des schnitzenden Amors, von dem so viele Copieen vorhanden, von *Correggio* sei, wogegen jedoch *Fiorillo* einwendet, dass, bei näherer Betrachtung des Wiener B., der Amor, sowie die beiden Kinder eher an *Correggio*, namentlich an das Bild der *Madonna mit dem St. Georg* in Dresden erinnere. — Ausserdem aber erzählt *Alessandro Tassoni (Pensieri diversi, Venezia 1676 4. S. 331)*, dass der *Cupido* des *Parmegianino* in Spanien von einem Barone für 100 gold. Scudi gekauft und die genaue Bildbeschreibung passt allerdings, so zu sagen, bis auf's *Haar*, nämlich das des Amor (eines Knaben von 14 bis 15 Jahren), sowie die *Augen* desselben, auf unser Bild. Amor „blickt", sagt er von dem B. in Spanien,

„den Betrachter lächelnd an, und die Anmuth dieses Lächelns scheint den schönen Mund mit einem lebendigen Hauche zu beseelen." — „Seine Glieder halten auf die zarteste Weise das Mittel zwischen der kindlichen Weichheit und der männlichen Anmuth." — Unser *von Quandt* sagt endlich von dem Dresd. Bilde: „Das Museum macht blos Ansprüche darauf, den Amor zu besitzen, welchen *Vasari* als ein Werk des *Francesco Mazzuoli* beschreibt. Der schöne Knabe sieht sich, während er schneidet, schon schalkhaft nach einem Gegenstande um, an welchem er den neuen Bogen probiren will" etc. — Doch möchte in den beiden Amorinen wohl nicht die Idee liegen, dass *„die Liebe ein Quälgeist ist"*, vielmehr scheint die ganze Composition, in Betracht der Bücher, worauf der Amor steht, mehr die lockere Jugend zu allegorisiren, welche über die Liebe und das tolle Treiben die Wissenschaft vernachlässigt und gar wohl mit Füssen tritt: denn, was sollten sonst die Bücher auf diesem Bilde? Das Bild könnte endlich auch von *Carpi* sein, der doch bekanntlich der treueste Nachahmer und Copist *C.'s* war. Leinw., 4 F. 10¼ Z. hoch, 2 F. 4 Z. breit. —

135.*** *Allegri* (eigentlich *Antonio Lieto*), gen. *Correggio*. Die *berühmte* **heilige Nacht.** In einem in ein verfallenes Gebäude mit Säulenwerk nur nothdürftig eingebauten Stalle, mit der Aussicht auf eine gebirgige Landschaft, erblicken wir im Vordergrunde die knieend vorwärts gebeugte *Maria*, in das Anschauen ihres Kindes versunken, welches auf einer aus altem Bretterwerke zusammengefügten und mittels Streu bedeckten Krippe, mit Windeln umhüllt, ruht, indem ihre gestützten Arme den Liebling umfasst halten. Zur Rechten ist eine Hirtenfamilie zur Krippe herangetreten und betrachtet mit Staunen und Freude das vom Himmelsglanze umflossene Christkindlein, während fünf Engel auf leichtem Gewölke über der Gruppe schweben. Die Hirtin, welche ein Täubchenpaar in einem Korbe hält, um es als Geschenk der Mutter für den Tempelgang zu überreichen, scheint wahrhaft geblendet von dem Lichtglanze, indem sie ihre Hand nach den Augen erhebt, während der Sohn mit harmlosen Blicken nach dem riesigen Vater, der mit der Linken seine Wolfskeule umfasst hält und mit der Rechten die Pelliccione von der Schulter hebt, emporblickt, um gleichsam zu erwarten, was dieser zu dem Vorgange sagen wird, und vor ihnen drängt in ruhiger Haltung der gewaltige Schäferhund sich zur Krippe heran. Im Mittelgrunde ist dagegen *Joseph* mit der Fütterung des Esels beschäftigt, während am Ausgange des Stalles zwei Jünglinge sich mit dem Ochsen beschäftigen, der mit dem Vorrathe seiner Krippe sich zu schaffen macht. Die Beleuchtung der Figuren geht von dem Lichtglanze des Kindes aus. Am fernen, mit Gebirgen begrenzten Horizonte bricht der Morgen an.

Figuren in Lebensgrösse. Dieses bei den Italienern als „*la Notte di Correggio*" und bei den Franzosen als „*la Nuit du Corrège*" allbekannte B. wird in den älteren deutschen Catal. als ein Gemälde der *dritten Manier* des Meisters bezeichnet. Wenn C. bei der ersten Ansicht eines Gemäldes des *Rafael* ausrief: „*ed io anche son pittore!*" so werden wir diese Aeusserung nicht als *Hochmuth* bezeichnen, den er gar nicht gekannt haben soll, sondern nur als *Selbstgefühl;* ja, wir müssen es ihm zugestehen, wenn wir dieses Kunstwerk desselben genauer betrachten. Zwar bemerkt *von Quandt*, und wohl nicht ganz mit Unrecht, dass C. sich die Ueberschreitung der Grenzen des Darstellbaren zu Schulden kommen liess, was namentlich bei diesem B. der Fall sei. Doch unser Nestor der Kunstkenner fügt hinzu: „Unverkennbar deutete er dadurch, dass von dem neugebornen Kinde die Gruppe beleuchtet wird, an, Christus sei das Licht der Welt, der dämmernde Morgen ist eine Anspielung auf den Anfang einer neuen Zeit. Das optische Licht ist hier gleichnissweise und als ein Wort, ein sprachlicher Tropus gebraucht, welcher etwas anderes bedeutet, als der Maler dargestellt hat" etc. — „Wenn dieser Uebergriff in die Poesie auch nicht gerechtfertigt werden kann, so müssen wir uns doch der ächt malerischen Wirkung erfreuen, welche dadurch entstand" etc. — Auch spricht *v. Q.* die alltägliche Erfahrung vor diesem Bilde aus, wenn er sagt: „Die Kunst der Malerei ist so gross, dass der Beschauer beim ersten Anblick des B. über die höchst bewunderungswürdige Lichtwirkung nicht erstaunt; er nimmt sie als etwas Natürliches wahr, bis er sich besinnt, dass ein Kunstwerk vor ihm steht, und er sodann erst bemerkt, wie meisterhaft die blendende Helligkeit bis zum nächtlichen Dunkel sich abstuft, wobei die Dämmerung in der Ferne den Uebergang von der einen zur andern vermittelt." — Durch dieses B. bewährte sich aber auch *C.* recht eigentlich als der „*gewaltige Chiaroscurist*", welches Epitheton ihn durch alle Zeiten nicht so leicht streitig gemacht werden dürfte. — Das *Abrégé* bemerkt: „*Ce tableau est supérieur à tous les tableaux existans, pour le sublime de l'ordonnance, le moëlleux du pinceau, & la miraculeuse distribution de la lumière. L'artiste, voulant représenter l'obscurité de la nuit, ce qu'aucun peintre n'avoit hazardé avant lui, fit sortir de l'Enfant Jesus, représenté au milieu du tableau, une masse de lumiere, qui éclaire tous les objets qui sont à l'entour, lesquels sans cela resteroient dans l'obscurité & couverts d'ombres. Depuis que le Corrége eut fait ce chef-d'oeuvre, d'autres peintres ont essayés après lui, d'imiter cette idee, c'est à dire d'éclairer tous les objets d'un tableau par une seule lumière, & il faut avouer que cela leur a réussi, sans cependant arriver au sublime, qui étonne dans le tableau du Corrége."* — In einem Manuscripte, das in der Bibliothek des Königs (?) von Frankreich sich befand, soll die Behauptung aufgestellt worden sein, dass man das B. eigentlich nie anders als bei Beleuchtung gezeigt habe, wodurch erst Gegenstände auf demselben zum Vorscheine gekommen wären, die man bei Tageslichte gar nicht wahrgenommen habe. So fabelhaft nun auch diese Behauptung an und für sich klingen mag, so erinnert sie uns doch unbedingt an die sogenannten ältern *Praesepien-* oder *Krippenbilder*, welche ebenfalls nur für *den Effect* gemalt waren, den ihnen die *Beleuchtung* erst geben musste. Wir wollen daher nicht völlig in Abrede stellen, dass *C.* gleichfalls dieses B. ursprünglich zu dem Zwecke der in Italien für den *Popolaccio* feierlichst begangenen *grossen Praesepien* auf Bestellung des *Alberto Pratonero* (nicht *Pratonari* oder *Prateroni*) und zwar für den Altar (nicht Hochaltar) der demselben zugehörigen Capelle in der Stiftskirche *San Prospero* (im Modenesischen) gemalt haben könnte. *C.* malte übrigens, wie man sagt, unter mehrmaligen Unterbrechungen mehre Jahre an diesem B. Doch sind die Anekdötchen, welche man an die Schöpfung und Ablieferung desselben zu knüpfen sich gestattete, rein erfunden; könnten aber auch den Werth des Kunstwerks nicht herabsetzen. *C.* malte zu einer Zeit, wo er schon zu einem bedeutenden Rufe gelangt war, wo seine Werke nach dem damaligen Geldwerthe gut bezahlt wurden und er selbst schon durch Erbschaft und Sparsamkeit, welche zwar von Einigen „*Geiz*" genannt wird, einiges Vermögen besass. Wir wollen auch zugeben, dass, da das B. 8 Jahre schon bei ihm bestellt war, er einen geringern Preis dafür sich ausbedungen hatte, als er bei Ablieferung desselben für dergleichen Bilder zu erhalten pflegte, und dass er dasselbe grade zu einer Zeit malte, als Krieg, Hungersnoth und Krankheiten im Lande ihn nöthigten, grössere Werke einstweilen zu sistiren. Allein zu einer Dürftigkeit, die ihn genöthigt hätte, dies B. *für 40 Scudi und ein gemästetes Schwein* zu malen, war Meister *Antonio Lieto* noch nicht herabgekommen. *Pungili* sieht dieses Geschichtchen *(Memorie istoriche di Antonio Allegri detto il Correggio I. 196)* nur als die Erfindung eines *Schöngeistes* an, der ein romanhaftes Gewebe um die Entstehung des Bildes schlingen wollte. Eine Dichtung neuerer Zeit hat sogar in die Geschichte dieser Bildbezahlung die von *Vasari (Vite dei più eccellenti Pittori, Scultori et Architetti, Vol. V. S. 195)* erwähnte Sage eingemischt, dass *C.*, als er die Zahlung für die Frescobilder in der Kirche *San Giovanni* zu *Parma* halb (60 Scudi) in Kupfermünze erhalten, sich daran gleichsam zu Tode getragen, weil er damit nach *Correggio* bei grosser Hitze gegangen und in Folge eines schnellen frischen Trunkes Wasser erkrankt und bald gestorben sein soll. Doch diese Zahlung erhielt er am 22. Jan. 1524. Die „*heilige Nacht*" malte er etwa von 1523 bis 1530, und starb erst 1534. — Der Contract ward zwischen *C.* und *Pratonero* schon am 14. Oct. 1522 abgeschlossen, und sie kamen über den Preis von *208 Libre alter reggianer Münze* (eine für die damalige Zeit keineswegs unbedeutende Summe) überein. Der Contract, dessen Original, laut *Abrégé* nach *Richardson* der Ritter *Donzi*, Inspector der Gallerie zu Modena, besass, lautet: „*Per questa nota di man mia, io, Alberto Pratonero, faccio fede a ciascuno, come io prometto di dare a Maestro Antonio da Correggio, pittore, libre ducento otto di moneta vecchia Reggiana, e questo per pagamento d'una tavola, che mi promette di far in tutta excellentia dove sia dipinto la Natività del Signor nostro, con le figure attenenti, secondo le misure & grandezza, che capono nel disegno che mi a porto esso Maestro Antonio di man sua In Reggio, alli XIIII. di Ottobre MDXXII.*" Unterhalb dieses ist noch zu lesen: „*Ed io, Antonio Lieto di Correggio mi chiamo aver receputo al di, e millesimo sopra scritto, quanto è sopra scritto & in segno di ciò questo ho scritto di mia mano.*" — Nach dem *Abrégé* sind 208 Libre = 40 Tblr.; doch es ist die Valuta dieser Summe nicht mit Gewissheit festzustellen, da die *Lira* einen sehr verschiedenen Werth, je nach den Münzstädten Italiens, von 7 gGr. 6 Pf. bis zu 1 gGr. 8 Pf. herab, hatte, und die alte *Reggianer Lira* mag wohl der *Modeneser* gleich geltend, d. h. 2 gGr. 4 Pf werth gewesen sein. *Fiorillo*, der den Besteller *Pratonieri* nennt, sagt, dass der Pater *Resta* nach *Bottari (Lett. Pitt. III. S. 343)* der Erste war, der diesen Contract und die dazu gehörigen Papiere gesammelt habe, dass *Richardson* denselben jedoch mit mehren kleinen Unrichtigkeiten abdrucken lassen, dass aber der Präsident *des Brosses* in einem Briefe über Italien versichere, der *Herzog von Modena* habe ihm gesagt, er besitze den Originalcontract, ferner: der darin festgesetzte Preis belaufe sich auf 600 franz. Livres, und, was mehre Geschichtschreiber über *Correggio's* Armuth etc. gesagt hätten, sei lächerliche Fabel. Auch sagte er, dass nach der genauesten Berechnung 208 Liro in der damaligen Zeit nicht 8 Pistolen machten, wie *Bottari* gesagt, sondern $47\frac{1}{4}$ *Zecchinen* (à 3 Thlr.). Ebenso bemerkt *F.*, dass *Tiraboschi* den Contract von Neuem hat abdrucken lassen, und zwar so, wie er in einer handschriftlichen Beschreibung der alten Gallerie des Hauses *Este*, vom Dr. *Pietro Gherandi*, sich eingerückt befand, das Original *sei jedoch mit den Gemälden nach*

Dresden gekommen. Ausserdem scheint dem *F.* das B. vor 1530
nicht vollendet worden zu sein. — Nachdem dasselbe etwa 110
Jahre in der Capelle „*Pratonero*" in der *Basilica San Prospero*
den Altar geziert, kam es, auf Befehl des Herzogs *Franz I.* von
Este-Modena, in dessen Gallerie und aus dieser 1746 in die Dresdener, während eine 1745 von *Giuseppe Nogari* (nicht von
Ventura Rossi) ausgeführte Copie auf Leinwand in Modena blieb.
Der Cardinal *Rinaldo von Este*, der 1695 nach dem Tode *Franz I.*
den Hut niederlegte und Herzog von Modena ward, liess 1686
eine Copie anfertigen und an der Stelle des schon gegen 50 Jahre
weggenommenen Originals aufstellen. Auch gab es schon vorher
mehre Copieen, und *Malvasia* erwähnt *(Felsina pittrice I. 333)*,
dass der berühmte *Colonna* unter den vielen Copieen der vom
Aretusi, im St. Johannes-Kloster zu Parma, den Vorzug vor allen
gegeben habe. Endlich befand sich auch (laut Kunstbl. 1838
No. 58) eine kleine, aber als unächt erkannte Wiederholung desselben in des Buchhändlers *Georg Reimers* Besitze zu Berlin. —
Das *Abrégé* bemerkt: „*on prétend que Mylord Pembroke pos-
sède dans sa collection un dessein, qu'on croit être la première idée
du Corrége de ce grand tableau.*" — *Vasari*, ein Zeitgenosse C.'s,
gedenkt zuerst dieses B.'s (Uebers. v. *E. Förster* Bd. 3. 1 S. 69)
Er bemerkt namentlich, dass vom Christkinde alles Licht auf
die Umgebung ausströme, dass die sterblichen Augen der Frau
das Licht seiner Göttlichkeit nicht ertragen und sie, von seinem
Strahle getroffen, die Hand vor das Gesicht hält" etc. Ferner
sagt *Lanzi* (Uebers. v. *Quandt*, 2. S. 315): „Verhältnissmässig
ebenso (wie mit der Luftperspective) verfuhr er *(Correggio)* mit den
Schatten, und verstand in jedem den Wiederschein der nächsten
Farbe so fein anzugeben, dass bei starkem Gebrauch der Schatten doch nichts Eintöniges, sondern alles mannichfaltig ist.
Diese seine Trefflichkeit leuchtet besonders aus der „*Nacht*" der
Dresdener Gallerie hervor" etc. (welche Andere richtiger „*Tages-
anbruch*" nennen). Von dem Urtheile *Richardson's (Traité de
la peinture III. S. 677)* sagt das *Abrégé*: „*est si peu mesuré &
si paradoxe, qu'il ne merite aucune consideration.*" Ludwig *Tiek*
sprach sich über dieses unvergleichliche B. sehr treffend mit den
Worten des Johannes aus: „*Und das Licht scheinet in die Finsterniss, aber die Finsternisse haben es nicht begriffen*", während dasselbe von Anderen als das herrlichste, ästhetisch wie künstlerisch am
Höchsten stehende Werk, welches die Gall. von *C.* besitzt, bezeichnet
wird. Das *Convers.-Lex. der bild. Kunst* bemerkt sehr spitzig
selbst bei dem höchsten Lobe des B.'s: „Ob *Correggio* mit seinen
Hirten, die das Licht nicht begreifen und davon geblendet werden, ironisch auf die Geistesarmen, welche christlicherseits glücklich gepriesen werden, oder auf die geistlichen Finsterlinge hat
anspielen wollen, muss freilich dahingestellt bleiben. Näher
liegt wohl die Vorstellung, dass *Correggio*, wenn ihm des Johan-

nes Worte mit vorschwebten, bei den geblendeten und grinsenden Hirten an Leute denken mochte, die weder das neue Licht der Kunst, noch das in ihm Fleisch gewordene Wort verstanden." — Was *F. Schlegel* (Bd. 2, S. 25) über die Allegorieen in *C.'s* Bildern sagt, ist sehr beherzigungswerth; doch können wir uns nicht damit einverstanden erklären, dass die „*heilige Nacht*" einen „*Kampf des Bösen mit dem Guten*" allegorisiren solle. Auch erklärt er das Gesicht der *Hirtenfrau* für „*sehr hässlich*" und für das „*Symbol des Bösen*", was wir auch nicht unbedingt unterschreiben möchten, da sie doch gekommen, um Maria zu beschenken. *Mosen*, der im Ganzen wirklich nicht genug Worte zu finden vermochte, um das B. ganz dichterisch zu würdigen, bemerkt besonders noch hinsichtlich des Christkindes: „Das junge Leben empfindet die Nähe der mütterlichen Brust, die zarte linke Schulter, das Händchen zwischen den Wickelbändern und die rosigen Füsschen haben sich herausgebohrt wie Blumen aus den aufbrechenden Knospen." Doch auch seine satirische Ader musste er bei aller Begeisterung für das herrliche Bild fliessen lassen: denn der riesige Hirt ist nach seiner Ansicht „im Begriffe, sich das Umwurffell gegen die Blendung über den Kopf zu ziehen; er gehört der alten Zeit an, welche nicht sehen will." Und endlich hält nach seiner Beobachtung „hinter der Krippe Joseph den Esel zurück, welcher die Geburt des Kindes im jungen Morgen austrommeln will; denn was kann ein Esel verschweigen?" — So verschieden sind nun die Wirkungen, welche dieses, hinsichtlich seines ausnehmend behandelten, das Herz der Gläubigen in der That ergreifenden Sujets, die „*heilige Nacht*" (*santa notte*), und, in Rücksicht auf seinen seltenen künstlerischen Werth, das „*canonische Bild des Helldunkels*" genannte Meisterstück der Malerkunst des 16. Jahrh., das wohl bis jetzt noch nicht übertroffen ist, auf die von individuellen Stimmungen geleiteten und verleiteten Gemüther der Beschauer zu machen im Stande ist. — Uebrigens macht *von Quandt* noch wohlmeinend „die Maler unserer Zeit darauf achtsam, dass dieses B. eine solche Tiefe und Durchsichtigkeit des Dunkels, vermittelst einer pastosen Malerei nicht würde erhalten haben und dass die Künstler der früheren Zeit ein richtiger Tact selbst beim Farbenauftrag leitete, der es ihnen nicht erlaubte, Körper von feinerem Stoffe mit dicker Farbe abzubilden, wie denn auch hier der Hirt am pastosesten gemalt ist, indess die Helligkeit des Lichtes auf der Reinheit des Grundes beruht, den nur eine zarte Uebermalung färbt. Freilich können die Maler ihrerseits verlangen, dass man das Bindemittel wieder herbeischaffen soll, mit welchem lasirt werden kann, wie die älteren Künstler ihre Werke vollendeten." — (Das Bindemittel ist wohl da, und dessen Behandlung uns aufbehalten, aber die Künstler sind zu sehr verwöhnt, ja, zu bequem, es sich selbst vorzubereiten und sich um die Technik der einfachsten Farbenbereitung selbst, wie die Alten es thaten, zu kümmern; sie haben jetzt chemisch erkünstelte Farben.) — Stiche von *Giuseppe Maria Mitelli*, frei radirt, 16 Z. 4 L. hoch und 10 Z. 6 L. breit, mit *Rossi's* Addresse (das *Abrégé* bemerkt: „*sans marquer les effets de la lumière; on n'y voit que l'ordonnance des figures.*"), sowie von *H. Vincent, Pierre Louis Surugue* (Dresd. Gall. W.,; vom *Abrégé* bemerkt: „*nous en a livré une estampe, qui la rend avec toutes les beautés*"); ferner von *Baetius* (angefangen, wovon aber die Platte beim Dresd. Bombardement verloren ging; es sind nur drei Abdrücke davon vorhanden, deren einer im K. Kupferstichkabinete, der 2. bei *Mariette* und den 3. besass *von Heinicke),* wie auch von *Carl Heinrich Rahl* (22 Z. hoch, 19 Z. breit) und neuerdings von *W. Witthöft.* Gelungene Lithogr. von *Franz Hanfstängl* (nach dem *Peters*'schen Texte dazu befindet sich der Originalcarton im königl. Kupferstichkabinete zu München). Noch einer Anekdote müssen wir gedenken: Der bekannte Graf *Pietro Rotari,* welcher bekanntlich in der Mitte des vorigen Jahrh. an den Höfen erschien und als Historienmaler sich einführte, dabei durch das ihm aus Höflichkeit gespendete Lob sich verlocken liess, sich für einen bedeutenden Maler selbst zu halten, hatte in der Dresd. Gall. sein unter No. 389 noch vorhandenes Bild, „*die Rast auf der Flucht nach Aegypten*", ein Nachtstück, worin er allerdings *Correggio* nachzuäffen versucht, so postirt, dass es an der Rückseite der „*heiligen Nacht*", die damals noch auf einer Staffelei aufgestellt war, stand. Als nun einst der König *Friedrich August II.* die Gall. besuchte, so machte *Rotari* in grosser Selbstzufriedenheit denselben auch auf das von ihm gleichsam als Pendant ausgeführte Bild aufmerksam. Doch der König sah dies nur oberflächlich an und bemerkte ihm einfach, zur „*heiligen Nacht*" des *C.* mit lächelnder Miene hintretend: „*C'est bien pour le derrière du Corrège!*" — Das B., das sich im Ganzen sehr wohl erhalten, doch durch die Dresdener Steinkohlenatmosphäre auch eine etwas störende Patine bekommen hatte, ward 1827 durch *Pietro Palmaroli* gereinigt und soweit es nöthig restaurirt. Holz, 9 F. 1 Z. hoch, 6 F. 8 Z. breit. —

136. ** *Allegri (*eigentlich *Antonio Lieto),* gen. *Correggio.* Unter einer offenen Halle mit Rundbögen, deren geöffnete Kuppel durch von Genien gehaltene Guirlanden und einen umlaufenden Sims von Korb geflochten, mit darauf lagernden Südfrüchten sammt ihren Blättern geschmückt ist, sitzt im Mittelgrunde die *Madonna mit dem Christkinde* in grosser Einfachheit auf einem durch Stufen herausgehobenen und nett verziertem Piedestal, das von vier Heiligen und mehren lieblichen Genien umgeben ist.

Die erste, rechts stehende Figur des Vordergrundes stellt den heil. *Ritter Georg* dar, der, obschon der *Madonna* zugekehrt und er siegprangend den rechten Fuss auf den Kopf des von ihm erlegten *Lindwurms* setzt, sein von ritterlichem Selbstbewusstsein gehobenes und in voller Lebenskraft strahlendes Haupt nach dem Beschauer umwendet, während zwei Genien mit seinem Helme spielen und ein dritter derselben das erfasste Schwert des heiligen Kämpfers, sich kindlich-pathetisch nach dem Kopfe des Ungeheuers wendend, aus der Scheide zu ziehen bemüht ist. Zur linken Seite steht dagegen, den Fuss auf die untere Stufe des Subselliums stellend, in vorwärts geneigter Haltung, nach der Madonna und dem Christkinde mit der Linken zeigend, *Johannes der Täufer,* den Kreuzstab in der Rechten führend und mit seinem freudestrahlendem Angesichte dem Beschauer ebenfalls zugewendet. Hinter dem Johannes, etwas tiefer im Mittelgrunde, mit dem würdevollen Haupte dem Christkinde zugekehrt, steht der Schutzpatron der Modenesen, der heilige *Geminiano,* in den Pontificalien, mit dem von einem Genius unterstützten Modelle von *Modena,* nach welchem das Jesulein freudig die Arme ausstreckt, während, zur linken Seite der harmlosen *Madonna, Petrus der Märtyrer* mit auf die Brust gelegter Hand und mit nach ihr verehrungsvoll erhobenem Haupte hinter dem *St. Georg* erscheint. Ihn betrachtet die *Madonna* mit sichtbarem Wohlwollen. Die warme Bläue des italienischen Himmels harmonirt zur schönen Tageshelle des Bildes.

Figuren in Lebensgrösse. Dieses treffliche B., welches unter dem Namen *des „heiligen Georg" (San Giorgio)* in der Kunstwelt bekannt ist, dessen Gestalt jedoch, wie sie der heitere C. uns gab, keineswegs an das italienische Sprüchwort „*fare il Giorgio*" erinnert, ist, nach den Catal. seit 1806 bis 1823, als Werk „*der zweiten Manier*" des Meisters bezeichnet. Auch bemerkt der *Riedel'*sche Catal. von 1806: „In Erwägung, dass dieses Hauptstück ehemals als Altarblatt gedient hat, welches in gewisser Höhe und weiterer Entfernung sich zeigen und ausnehmen musste, hat es der Meister mit dem höchsten Tageslichte beleuchtet: dieses ist ihm so gelungen, dass jeder darauf angebrachte Schatten durchsichtig ist und vom Tageslichte reflectirt wird. Schon in dieser Rücksicht ist das Gemälde einzig, und kein anderes kann neben ihm bestehen. Man sieht jede Figur gehörig frei und mit Luft umgeben, jedoch unbeschadet der Composition des Ganzen. Noch ist zu bemerken, dass der Meister sich selbst in dem Portrait des Georg und seine Kinder unter den andern Portraits mit vollkommenster Aehnlichkeit angebracht hat." Diese Bemerkung ist allerdings interessant und hat das für sich, dass in der That selbst noch in einem angeblichen Portrait *Correggio's* aus späteren Jahren eine physiognomische Uebereinstimmung nicht abzuleugnen ist. *Vasari*, der jedoch unser B. unter dem Namen „*Peter Martyr*" kennt, sagt zwar, dass er vergebens nach einem Portrait des *C.* gestrebt, und behauptet sogar, dass er sich nie gemalt, was auch von Anderen nicht geschehen sei, da er immer sehr eingezogen gelebt habe. Aber grade sein eingezogenes Leben spricht eher dafür, dass er sich öfter selbst und ihm ebenso seine Familie, sowie es bei *Paolo Veronese* der Fall, als Modell gedient haben mag. Das heitere Gesicht des *St. Georg* harmonirt sehr zu dem aus allen Werken des Meisters hervorlächelnden Charakter und die Aehnlichkeit *Georgs* mit dem *Johannes*, der namentlich etwas sehr jugendlich ausgefallen ist, und mit den Genien, welche man auch schon „*als Sprösslinge*" des *St. Georg* ironisch bezeichnet hat, könnten ebenfalls dafür sprechen. (Wenn dem so wäre, so würde die Figur des *Matthäus* im Bilde des *Annibale Carracci [No. 425, Saal D]* ebenfalls Portrait des *Correggio* und der Engel ein Sohn desselben sein.) — *C.* malte dieses B. für die Brüderschaft des *St. Petrus Martyr* zu Modena, und es kam 1649 in die herzogliche Gallerie. Von ihm gilt namentlich *Vasari's* Ausspruch, dass *C.* in der Oelmalerei die höchste Stufe des Colorits erreicht hat. Das *Abrégé* schreibt: „*Ce tableau, connu sous le nom de S. George, a une grande réputation pour la figure de ce même S. George; elle est d'une rare beauté & représentée avec tant de vérité qu'elle a été copiée par les plus grands maîtres. La figure de St. Géminien en habit épiscopal, montrant sur la ville de Modène en modèle, & tenue par un enfant très beau, fait encore un objet d'admiration pour tous les connoisseurs. Ce tableau, aussi célèbre que celui de la Notte, quoique d'un genre absolument différent, parcequ'ici la lumière est répandue partout & dans l'autre elle est concentrée dans un seul point.*" *Lanzi* erinnert: „Uebrigens sind seine (*C.'s*) Erfindungen zumeist wie *Anakreons* Dichtung, wo die Amoretten und in den heiligen Gegenständen die Engelein sich gar lieblich gebaren; so scherzen sie im heil. *Georg* um Helm und Degen des *Heiligen*, und im heiligen *Hieronymus* zeigt ein Engel das Buch dieses grossen Kirchenlehrers und ein anderer Engel hält das deckellose Salbengefäss der Magdalene unter die Nase." Hierzu bemerkt *von Quandt* als Uebersetzer, dass dieses B. eines der vorzüglichsten B. der Dresdener Gall. sei, welches zu der „*Nacht*" ein treffliches Gegenstück macht, weil darin die Tagesbeleuchtung wirklich blendend erscheint, obwohl das Bild sehr gelitten hat, ehe es nach Dresden kam." Auch fügt er, als Feind aller hämischen Beschuldigungen, hinzu: „*Palmaroli* hat dasselbe nicht angerührt, muss hierbei bemerkt und ihm also der Verlust der Uebermalung, besonders am untern Theile des B's, nicht zur Last gelegt werden." — Uebrigens ist *C.'s* berühmtestes Bild mit hellster Tagesbeleuchtung die *Magdalene, welche dem Christkinde das Füsschen küsst*, was deshalb auch als „*der Tag des Correggio*" genannt wird, und von *Agostino Carracci* trefflich in Kupfer gestochen worden ist. Ferner sagt *von Quandt* (Begleiter S. 64): „Der ritterliche Heilige zieht durch seine prächtige Erscheinung und die Tageshelligkeit der Beleuchtung schon von Weitem alle Blicke auf sich." — „Der heilige Johannes zeigt mit wahrer Lust nach dem Kinde auf Maria's Schoosse. Die Heiterkeit des Allegri ist in diesem Bilde zum Jubel geworden und vielleicht niemals höher von ihm gesteigert worden. Welche Allegorie übrigens, die *Correggio* in viele seiner Bilder zu legen pflegte, *F. Schlegel* in diesem Bilde auffand, hätte er uns verrathen sollen. Doch geben wir ihm darin vollkommen Recht, dass hier nicht von einer Allegorie die Rede sein kann, die in den Lehrbüchern und den Köpfen der gegenwärtigen Maler fast allein unter diesem Namen gekannt und gemeint wird, die Allegorie nämlich, wenn sie anders noch diesen Namen verdienen kann, welche nicht das Unendliche andeuten, sondern einzelne abstracte, also bestimmte und beschränkte Begriffe in Sinnbilder übersetzen will etc. — Leider müssen wir auch an diesem B. wieder die Erfahrung machen, dass die individuelle Stimmung, höchst individuelle Urtheile über diese aus *C.'s* heiterm, harmlosen Gemüthe entsprossene Composition kritelnd zu Besten zu geben nicht Anstand nahm. So bemerkt *Mosen* im dichterischen Aufschwunge, welcher die Madonna und das Christkind „*rosig*" nennt und Erstere *nicht mehr als Himmelskönigin*, sondern *nur als liebreizende Fürstin auf Erden mit ihrem Hofstaate* in dem B. fand, dass *hier aller Inhalt in den schönen Schein aufgegangen ist, und der heiterste Schimmer der Farben sich für den verlorenen Geist entschädigen muss*. Auch will er behaupten, dass selbst die *Sinnlichkeit entschieden zurückgetreten ist in das Conventionelle gezierter Stellungen und Mienen und in ein rosiges, stereotypes Hoflächeln*, welches doch nur der schönen Königin — nämlich der Madonna, die übrigens *huldvoll sich neigen soll* (?) — so reizend steht. Ja, er behauptet, dass *die sinnliche Richtung* in diesem Bilde *sich abgedämpft*, um noch *piquanter* zu werden im *schönen Scheine höfisch religiösen Ceremoniells*, und dass diese höfische von *C*. angebahnte *Kunstrichtung* in der katholisch-christlichen Malerei sich tief herunter bis in das 17. u. 18. Jahrh. ziehe, nur dass sie bei ihm noch heiter ist, und noch Kraft zu einer *frischen*

Coquetterie hat etc. Ueber die Wahrheit dieser poetisch-kriticasterschen Auslassungen möchten wir nicht aburtheilen. Der Referent im Convers.-Lex. der bildenden Kunst findet dagegen in diesem B. ganz entschieden den *Rückfall des kirchlich-religiösen Lebens der Italiener in das Heidenthum* offenbart. „Mit immer steigendem Uebermuthe", heist es daselbst, „getragen vom Reichthum seiner Fantasie, sich in den Mitteln der Kunst, über die er spielend gebietet, löscht *Correggio* den letzten Schimmer der überlieferten Heiligkeit und setzt den alten Naturdienst wieder in seine vollen Rechte ein. Die Heiligen selbst müssen hier im Uebergange vom Mariendienste zum Afroditendienst (das war er schon vom Anbeginne) das neue Heidenthum verkünden. Das Christkind ist wie jedes andere geworden; es will nur spielen und streckt die Hände nach dem Kirchenmodell wie nach Nürnberger Spielwaare aus. Der Huldblick Marieus, doch ohne Theilnahme trifft den Mann von mittleren Jahren im Mönchsgewande (Petrus Martyr), der mit abgelebten Gesichtszügen ironisch auf die Gemeinde zeigt. Johannes der Täufer mit süssleckerer Miene gebärdet sich wie ein junger Faun, indem er uns auf die neue Gottheit aufmerksam macht" etc. In diesem Tone besprach schon 8 Jahre früher auch *E. Förster* d. B.: „Dahin musste *C.* auf dem von ihm betretenen Wege kommen, dass man sich vor einem Bilde, das den Altar einer christlich-katholischen Kirche schmückte, des letzten Restes christlicher Vorstellung entäussern muss, um die Schönheit desselben ungetrübt auf sich wirken zu lassen. Dass eine solche Entfernung von der alten christlichen Kunst und deren Lebensprincipe auch von einer gänzlichen Lossagung des Formellen begleitet sein, dass auch hier die Verschiedenheit immer greller hervortreten musste, war natürlich, und so darf es denn nicht wundern, zuletzt so wenig Sinn für Einfachheit der Linie und Zusammenhang der Form mehr zu finden, dass Johannes der Täufer wie ein gebrochener und gedrehter Stab dasteht und im ganzen Bilde kein volles Gewand mehr vorkommt (?), ja dass vier dreieckige Zipfel vom Johannes herabhängen." — Doch endlich kommen auch *Förster's* Zugeständnisse, um gleichsam die scurrilen Ausfälle wie Dissonanzen aufzulösen: „Dennoch ist d. B. ein lebendiges und stimmt in den Lobgesang seines Meisters, dieses in sich zur vollendetsten Harmonie gekommenen Genius. Auch über dieses B. ist Schönheit in vollem Masse ausgeschüttet; es ist mit so vielen Reizen der Lebensfrische, des Genussglückes, der Anmuth und des Scherzes, mit so vielem Zauber des Lichts und der Farbe geschmückt, dass es in der That den vollen Blumen- und Fruchtschnüren gleicht, welche die ganze Scene begrenzen.". *(Förster's Briefe über Malerei in Bezug auf die königl. Gemäldesammlungen zu Berlin, Dresden, München, Stuttgart* 1838. 8. 119.) — Der ruhige, vorurtheilsfreie Beschauer wird selbst entscheiden, in wie weit *C.'s* Bestreben, der christlichen Kunst einen anmuthsvollen Geist einzuhauchen, dergleichen Vorwürfe verdient. Die älteste christliche Kunst ging aus der heidnischen hervor, doch bei ihrem Streben, etwas Neues zu erfinden, verliess sie die Schönheitslinie und gerieth in steife Form; doch *Rafael*, *Correggio* und ihre Zeit suchten die der Kunst verloren gegangene Schönheitslinie wieder auf. — Nach *Vasari*, der das B. „*die Tafel von St. Peter dem Märtyrer*" nennt, copirte *Carpi* dasselbe. Er sagt, dass es *C.* für eine Gesellschaft Laien gemalt, die es mit Recht ungemein werth hielt und dass man darauf ausser anderen Figuren ein Christuskind im Schoosse der Madonna sähe, welches zu athmen scheine etc. — Stich von *Beauvais* für das Gall. W. 1753; Lithographie von *Franz Hanfstängl*. Holz, 10 F. 1 Z. hoch, 6 F. 8 Z. breit. —

Seite des Einganges zu Cabinet B.

119.*** *Dosso da Ferrara (?)*. *Maria* erhält in einer von Wolken umgebenen Glorie vom *Gott-Vater* den Segen. Unterhalb im Vordergrunde einer reichen Landschaft sind *drei heilige Bischöfe*, ohne Pluvialen und ohne Attribute, nur aufgeschlagene Bücher haltend oder vor sich liegen habend, sowie der *heilige Hieronymus*, die Linke auf den Todtenkopf stützend und ebenfalls ein Buch vor sich, versammelt und scheinen sich über den Vorgang am Himmel zu unterhalten.

Dieses B., das grosse Aehnlichkeit hinsichtlich des Stoffes und der Composition mit No. 116 von *Dosso* hat, und sich hauptsächlich dadurch von diesem schönen Bilde im Arrangement unterscheidet, dass *Hieronymus* hier zur Linken sitzt, der Papst *Gregorius* und *Bernhard von Padua* aber fehlen, kam 1725 durch *Leplat* als „*Annibale Carracci*" zur Gall. Es wird in dem Catal. 1765, sowie im *Abrégé* und im Catal. 1801 unter *Tisio (Garofolo)* aufgeführt. Die ersteren erklären es durch: „*Les quatre Docteurs de l'Eglise en meditation sur la conception de la Ste. Vierge.*" und Letzterer übersetzend: „Die vier Kirchenlehrer (welche?) denken über die unbefleckte Empfängniss der Maria nach." Ueber die Deutung d. B.'s ist bereits unter No. 116 (S. 82 f.) das Nöthige besprochen worden. In den Catal. von 1809 aber bis mit 1844 fehlt es ganz, weil es als Doublette betrachtet, im Vorrathe und früher in der Doublettengallerie, auf der Brühlschen Terrasse, sich befand. — Leinw., 5 F. 5¼ Z. hoch, 4 F. 2 Z. breit.

142.** *Grassi (Girolamo)*, gen. *Girolamo da Carpi*. Die *Aphrogeneia* oder *Aphrodite Dionäa* (d. i. schaumerzeugte und schaumgeborene Tochter der Dione und des

Zeus), bei den Römern *Venus marina* oder *Pontia*, steht mit *Amor*, von mehren Oceaniden umgeben, in einer von Schwänen gezogenen kolossalen Muschel an dem von fernen Gebirgen begrenzten Gestade des Meeres.

Figuren unter Lebensgrösse. *G.* war der vorzüglichste Nachahmer des *Correggio*, von dem die meisten Copieen nach diesem Meister herrühren. Der Künster, der uns hier die auf dem Meere umherschiffende Göttin der Schiffer *(Venus Euploia)* hervorführt, hat sich gestattet, an die Muschel die zu seiner Zeit gebräuchlich gewordenen Schaufelräder anzubringen. Das B. kam 1746 aus Modena zur Gall. — Leinw., 5 F. 11 Z. hoch, 9 F. 5 Z. breit.

336.** *Belucci (Antonio)*. Die auf ihrer Rechten eine weisse Taube als *Kurotrophos* tragende *Venus (Kallipygos)* sitzt auf einem rothen Gewande und reicht dem Lieblinge Futter dar, während *Amor*, ihr zur Seite, das Bändchen, woran die Taube gebunden, hält.

Figuren unter Lebensgrösse. Die Taube ist das Attribut der *Venus*, als der Kinderernährerin u. Göttin der süssen Triebe zur Vereinigung und Liebe (Propertius IV. 5. 63). Das B. kam durch *Leplat* 1731 zur Gall. — Leinw. 4 F. 10 Z. hoch, 6 F. 3 Z. br.

65.** *Pipi* oder *Pippi*, gen. *Guilio Romano.(?)* Der israelitische Richter *Simson* mit dem Kinnbacken eines Esels im Kampfe gegen die Philister (Richter 15, 9.).

Figuren unter Lebensgrösse. Dieses B. wird in den ältesten Catal., sowie im *Abrégé* (wo es „*Samson*" genannt wird) und sogar bis 1844 dem *Pippi* zugeschrieben, und die Catal. 1806 u. 1812 bis 1822 bemerken, dass es „*in der ersten Manier des Meisters*" gemalt sei. *Hirt* will es aber dem *Paris Bordone* zuschreiben, was jedoch *Jul. Hübner* gleichfalls bezweifelt, und es daher lieber als „*Unbekannt*" bezeichnet. Der Künstler stellt uns den von der Kunst mannigfach behandelten *biblischen Hercules*, eigentlich hier nur als ziemlich kräftigen Raufbold, dar. Das Ganze ist in der That etwas sehr burlesk aufgefasst, indem die Philister im buntscheckigsten Wirrwarr, theilweise mehr als *grosse Jungen*, aber nicht als mannhafte Krieger erscheinen. Wenn freilich *Simson* mit solchen Philistern nur zu thun gehabt, dann darf uns die Geschichte von dem Erschlagen der tausend Philister gar nicht mehr so ausserordentlich erscheinen. Ein Tambour wird durch seine Trommel sehr im Ausreissen gehindert. Die Mehrzahl hat wohl Spiesse, Spontons u. Hellebarden, aber wohl nicht zur Gegenwehr gegen den über die Haufen der Erschlagenen steigenden *Simson*. Die Sonne steht im Zenith des Bildes; das Costum ist gemischt und nicht historisch, während *Simson* fast nackend erscheint. Diese Composition könnte uns fast an *Lucas Kranach's* Bild No. 1647 erinnern, worauf Hercules mit den Pygmäen erscheint. — Leinw., 5 F. 6 Z. hoch, 7 F. 3 Z. br.

125. *Tisio (Benvenuto),* gen. *Garofalo.* Das *Christkind* schlummert auf einem am Boden liegenden Kissen, während vor dem göttlichen Schläfer *Mutter Maria* betend auf die Kniee gesunken ist und ein Engel zum Haupte des Kindes, ebenfalls kniend, das *Schweisstuch*, sowie die *Dornenkrone* hält, und mit dem Ausdrucke der Wehmuth und des schmerzlichsten Vorgefühls seine Blicke auf der noch glücklichen Mutter ruhen lässt. Ueber dieser Gruppe schwebt, von Wolken getragen, ein Engelchor, von welchem Einige die sogenannten *Marterwerkzeuge* halten. Noch höher erblickt man einen zweiten Engelchor, der sich um eine Inschrifttafel geschaart hat, worauf man liest: „*TVAM. IPSIVS. ANIMAM. GLADIVS. PERTRANSIVIT*" (ein Schwerd ist durch Deine Seele gedrungen).

Dieses treffliche B., das unbedingt aus *Garofalo's* Pinsel hervorging, hat jedoch eine Bezeichnung, die uns in unserer Ueberzeugnng zweifelhaft machen könnte. Es befindet sich nämlich unterhalb der Füsse des Kindes auf einem kleinen Steine die Schrift: „A PENI". Uebrigens hat *Tisio* dieses tief durchdachte Bild, welches von Einigen als eine Composition angesehen wird, die uns das Präsagium der Mutter *Maria*, als der einstigen *Mater dolorosa* veranschaulichen solle, mit einigen Abänderungen in der Gruppirung abermals gemalt, welche prächtige Seconda sich zu *Paris* befindet. Das B. war ursprünglich (wie No. 126, S. 84.) in der Kirche *Santo Spirito* der „*Padri Scalzi*" oder Franciscaner zu Ferrara. In den Zügen der Maria spricht sich nächst dem Muttergefühle eine fromme Freudigkeit, liebenswürdige Harmlosigkeit und innigste Andacht aus, und zwar, wie *von Quandt* sagt: „*so mild, so rein wie der Thau des Himmels*". Das schlummernde Christkind erinnert uns dagegen an *Schiller's* Worte: „Ihm ruhen noch im Zeitenschoosse die schwarzen und die heitern Loose, der Mutterliebe zarte Sorgen bewachen seinen goldnen Morgen". Die von der Kunst so oft beliebte *Prädestination* des Leidens und martervollen Todes des noch in den Windeln sorglos schlummernden Kindloins deutete der Künstler durch die von den Engeln in den höheren Regionen gehaltenen Marterwerkzeuge an. Und *von Quandt* bemerkt dazu höchst treffend: „*Allein die glückliche Mutter versteht diese bedeutungsvollen Zeichen nicht, und keine Ahnung stört die Mutterseligkeit*". Da das B. ebenfalls, sowie No. 126, auf eine Holztafel gemalt war und diese ebenso wie das andere durch den Wurmfrass so bedeutend gelitten hatte, dass bereits Gefahr vorhanden war, dieses ausgezeichnete B. endlich zerfallen zu sehen, so unternahm es der vorsichtige Inspector *Renner* die Malerei vom zerstörten Holze gänzlich zu befreien und auf Leinwand überzutragen, was ihm, ebenfalls sowie bei No. 126, trefflich gelungen ist. Lithogr. von *Franz Hanfstängl.* — Leinw., 8 F. 7 Z. hoch, 4 F. 5 Z. breit.

67. *Ramenghi (Bartolomèo)*, gen. *Bagnacavallo*. In einer von Engelsköpfchen umgrenzten und mit einem Wiederscheine umgebenen Sonnenglorie thront die einem rosigen Morgen gleichende *Himmelskönigin* auf von Engeln getragenen Wolken, das auf einem Wölkchen stehende und mit der rechten Hand nach Oben deutende herrliche, lebenskräftige *Christkind* zärtlich umfassend. Unter ihr auf grünender Erde stehen zur Rechten der heil. *Geminiano*, das Kirchenmodell zu den Füssen, zur Linken der heilige *Antonius von Padua* mit dem Lilienstengel, und inmitten rechts *St. Petrus* und links *St. Paulus* mit ihren Attributen.

Figuren in Lebensgrösse. Ueber die Erwerbung dieses vorzüglichen B., dessen aber *Vasari* unter *Ramenghi* nicht besonders gedenkt, wie er überhaupt bei *R.* mehre Verwechslungen gemacht zu haben scheint, haben wir bereits Einl. S. 75 f. ausführlich berichtet. — Das *Abrégé* und der Catal. 1765 nennt statt des *Geminian* irrthümlich den *heil. Dominicus.* Der Catal. von 1812 bemerkt, dass das B. unter *Rafael's* Augen gemalt worden sei. *Aloys Hirt* hält das B. wegen seines bewundernswürdigen, kräftigen Colorits für ein bis jetzt verkanntes Werk des *Sebastiano Piombo*, und *von Quandt* meint, dass, wenn es wirklich von *Bagnacavallo* abstammt, es unstreitig das allervorzüglichste Werk dieses Meisters im grossen Styl ist, d. h. „in einer grossen Lebensansicht oder Auffassung der Natur ausgeführt, unter deren Horizont das Kleinliche und Niedere liegt, welche aber das Bedeutende selbst darin erkennt und hervorhebt, was Anderen gemein und alltäglich erscheint." Uebrigens bemerkt *von Quandt*: „Dem Künstler, der dieses Meisterwerk schuf, erschien die Welt um ihn her voll Würde, aber ohne die Anmuth, welche Rafael mit jener verschmolz, und darum vermissen wir eine Huld, die ungern beim Anblicke des Kindes und seiner himmlischen Mutter entbehrt wird. Um diese Würde zu behaupten, verzichtete der Künstler auf Gruppirung der Figuren, Grazie und Alles, was einem Bilde lebendiges Interesse verleiht, wogegen *B.* in der Anordnung den feierlichen Kirchenstyl beobachtete. Ohne Handlung stehen die Heiligen wie kräftige Pfeiler symmetrisch in einer Reihe, in ernstes Nachdenken versunken." — Allein darüber sind Alle ein-

Saal D.

verstanden, dass hohe, ernste Charaktere auf den Gesichtern der vier Heiligen ausgeprägt sind. Sie scheinen übrigens weniger in ernstes Nachdenken versunken zu sein, als vielmehr auf eine von Oben hörbare Stimme zu achten. — *Fiorillo* erinnert, dass sich *B.'s* Gemälde nicht nur durch einen edeln Geschmack, sondern auch durch eine kraftvolle Farbengebung auszeichnen, so dass sie sogar von *Ludovico Carracci* als des Studiums werth geachtet worden wären, und es sei gewiss, dass *B.* sich nach *Rafael* gebildet und sogar die Nachahmung im Einzelnen auffallend, ja, dass selbst in der „*Verklärung*" in *San Michelo* zu *Bologna* ein wirkliches Abborgen von *Rafael* nicht unbemerklich wäre. *Ernst Förster* endlich gesteht (Uebersetzung des *Vasari*, 3. B. 2. Abth. S. 113, Note 17.), dass das B. in der Dresdener Gall. dem *B.* wohl eine Stelle unter den klassischen Meistern erwerben könnte: „Edel und gross", sagt er, „in der Charakteristik, mit entschiedenem Anschluss an Rafaelische Darstellungsweise, ist dieses Bild vornehmlich durch Energie und Harmonie der Farbe und eine männlich ernste Behandlung ausgezeichnet. — Ja, es ist dieses B. ein würdiges Kirchenstück, und je länger man es betrachtet, je lebhafter und je anziehender gestalten sich die Figuren. — Einen ganz vorzüglichen Stich hat *Peter Lutz* 1839 vollendet. Lithogr. von *Fr. Hanfstängl*. — Holz, 8 F. 10 Z. hoch, 7 F. 4 Z. breit.

51. *Dionysio Flammingo. Copie* nach *Rafael Sanzio.* Allegorie. Sieg der Vocalmusik über die Instrumentalmusik. Die heil. **Cäcilia**, als die Schutzpatronin der Musik, mit himmelwärts gerichteten Blicken, nachlässig die Handorgel, an der sogar einige Pfeifen sich aus ihrer Stellung gehoben, niederwärts haltend. Ihr zur Rechten der Apostel *Paulus*, der, ebenfalls den Tönen des in den Wolken singenden Engelchores lauschend, sich auf sein Schwert gestützt hat, sowie der Evangelist *Johannes*. Zu ihrer Linken der heil. *Augustin*, als Bischof, und die heilige *Maria Magdalena* mit dem Salbengefässe, dem Beschauer zugewendet. Vor ihnen am Boden liegen allerlei, zum Theil destruirte musikalische Instrumente, eine Gambe, Triangel, Flöten, Tambourins, Handpauken etc.

Lebensgrosse Figuren. Das Original dieses Bildes befindet sich in der *Pinakothek der Academie zu Bologna*. Nach *Vasari* hatte *Rafael* dasselbe für den Cardinal *Laurentio Pucci, tit. Santi quattro coronati*, gemalt, und von diesem war es für die Kirche *San Giovanni in monte* zu Bologna, in welcher das Grabmal der *Elena dall' Olio* aufgestellt, bestimmt. In eine Kiste verpackt, sendete es *Rafael* an *Francesco Raibolini* mit der Bitte, Meister *Francia*, sein alter, lieber Freund, möchte das Gemälde erst untersuchen, ehe er es aufstellen liess, und, wenn er einige durch den Transport verursachte Beschädigungen daran entdecke, diese nach seiner Einsicht wiederherstellen, oder, wenn ein Fehler daran sei, so möge er ihn als Freund verbessern. Doch das ausgezeichnete, unbedingt vollkommene Bild soll einen so mächtigen Eindruck auf diesen alten Meister gemacht haben, dass er, wie *Vasari* gleichfalls erzählt, darüber in den tiefsten Gram versunken, und bald darauf gestorben sei. *Vasari* hat durch den Zusatz „*wie Einige glauben*" allerdings diese Ursache von *Francia's* Tode nicht als verbürgt gegeben; doch wäre es möglich, dass gerade dieses bewundernswürdig ausgeführte Bild *Rafael's* auf den bisher gefeierten Künstler das wehmüthigste Gefühl darüber rege gemacht, weil er dadurch überzeugt worden, wie er gegen diesen jungen Künstler noch so weit in der Kunst zurück sei. *Vasari* bemerkt überdies, dass *F.*, nachdem er das B. in der Kirche habe aufstellen lassen, wenige Tage darauf bettlägerig geworden. Nach Einigen geschah die Uebersendung 1516, nach Anderen, namentlich *Fiorillo*, 1518. *Malvasia* widersprach dieser Erzählung zwar dadurch, dass er darzuthun versuchte, dass *Fr.* nicht 1518 gestorben sei, indem der Crucifixus am Altare der Familie *Grassi* in der Kirche *San Steffano* erst 1520 und der *San Sebastiano* in der Kirche *alla Misericordia* sogar erst 1522 von diesem Meister ausgeführt worden sei. Doch ist erwiesen, dass das erstere B. wohl früher gemalt, von *Calvi* übrigens als ein Bild des *Francesco Fr.* in Zweifel gezogen und sogar als ein Werk seines Sohnes *Giacomo* angesehen wird, während das zweite die deutliche Jahrzahl 1526 und die ebenso deutliche Bezeichnung „*J. Francia Aurif. Bononien.*" trägt. Daher fällt auch von selbst die von *Malvasia* berührte Anekdote, dass *Fr. Francia* dieses B. eigentlich *im Wetteifer mit Rafael's* „*Cäcilie*" *gemalt*, und das B. zuerst in der *Zecca* (Münze) zu *Bologna* aufgestellt habe, da jedoch der Zulauf der Künstler, die nach der Figur des heil. *Sebastian* ihre Studien machten, so ausserordentlich war, so veranlasst gesehen, es in die entferntere Kirche „*Misericordia*" bringen zu lassen, wohin aber der Zulauf ebenso ausserordentlich blieb. — Nach einer von *Lanzi* mitgetheilten handschriftlichen Notiz ist zwar *Francia* erst am 7. April 1533 gestorben; doch diese Nachricht wird von *Carpi* aus einer alten bologneser Chronik des Goldschmieds *Christophoro Saraceni* so gut als widerlegt, wo es beim Jahre 1517 heisst: „*Am 6. Januar starb Fr. Francia, ein vortrefflicher Goldschmied und Maler*". Ebenso findet sich in einer andern Chronik Bologna's: „*1517 (ohne Tag- und Monatsangabe) starb Meister Francesco Francia, der beste Goldschmied in Italien, ein vortrefflicher Maler und ausgezeichneter Juwelier, sehr schön von Gestalt und von grosser Beredtsamkeit, ob-*

gleich nur Sohn eines Zimmermanns von der Capelle der heiligen Catharina zu Saragossa". — Der Enthusiasmus *Vasari's* für das Original dieses Bildes ist übrigens ausserordentlich; besonders rühmt er, ausser der seltenen Ausführung mehrer Bekleidungsstücke, den physiognomischen Ausdruck der *Cäcilie* in ihrer wahrhaften Verzückung, die Würde des *Paulus* und das heitere Antlitz der *Magdalena*. Schon gleichzeitig erschien auf dieses B. folgendes lateinische Epigramm:

„*Pingant sola alij, referantque coloribus ora;
Caeciliae os Raphael, atque animum explicuit.*"

Bis zum Jahre 1796 stand das Original unangetastet an dem Orte seiner Bestimmung; doch als in diesem Jahre die Armee der französischen Republik sich auch gestattete, Italiens Kunstschätze auf Frankreichs Boden zu übersiedeln, kam es ebenfalls mit nach Paris. Hier ward es vom Holze auf die Leinwand übergetragen; doch nach dem Frieden, i. J. 1815, wo die ausgeführten Schätze wieder heimwärts zogen, ging es gleichfalls nach *Bologna* zurück. — Stiche davon lieferten *F. Bonasone*, *Ph. Thomassin* und *Strange*, sowie von *A. Lefèvre (Addr. Ernst Arnold)*. — Nachdem bereits das Original, wie man sagt, dem sächsischen Hofe für 15,000 Ducaten durch den Maler *Becchetti* zu Bologna angeboten worden war (vgl. Einl. S. 69, Nota*), erkaufte *P. Guarienti* diese seltene Copie, auf deren Besitz die Dresdener Gall. stolz sein kann, mit noch zwei anderen Bildern (dem *San Francesco* von *Guercino* und einer „*Carità Romana*" von *Pasinelli*) aus der *Casa Ranuzzi* zu *Bologna* für 1650 Ducaten in Gold. — Obgleich diese Copie in B. selbst für eine höchst gelungene Arbeit des *Dionysio Fiammingo* angesehen worden war, so ward sie doch, man weiss nicht aus wessen Veranlassung, in den früheren Catalogen von *Riedel*, Vater und Sohn, sowie im *Abrégé*, unter *Giulio Romano* als Original, und erst in den Catal. 1817 bis 1844 (von *Demiani* und *Matthäi*) als „Copie des *Pippi* nach *Rafael*" aufgeführt. — Die heil. *Cäcilie*, die nach Einigen *blind* gewesen sein soll (wohl nur nach dem Namen), lebte (?) im Anfange des 3. Jahrh. nach Christus. Ihre christlichen Eltern hatten sie mit einem Heiden *Valerian* verlobt, der, um sie für sich zu gewinnen und damit sie das gethane Gelübde ewiger Jungfrauschaft breche, sich taufen liess, doch vom römischen Präfecten *Almuchius* deshalb mit dem Tode bestraft ward. *Cäcilien* sollte unter der Bedingung, dass sie den Göttern opfere, das Leben geschenkt sein; doch ihrem Glauben treu bleibend, ward sie um 220 enthauptet. Nach Anderen ward sie in Oel gesotten, daher sie auch oft in einem Kessel stehend dargestellt ist (wohl mit *St. Maura* verwechselt). Weshalb man sie zur Schutzpatronin der Musik erkoren, ist eigentlich ungewiss. Unter den Dichtern haben sie *Chaucer*, *Dryden* (in seinem von *Händel* componirten „*Alexanderfeste*", welchem *Winter's* „*Timotheus*" oder „die

Macht der Töne" nachgeahmt ist), sowie *Pope* (in einer Ode) besungen. Auch *Haydn*, *Grossmann*, *Dittersdorf* und *Kotzeluch* haben sie durch Tonwerke verherrlicht. Die zeichnenden Künste aber haben sie namentlich gefeiert; denn ausser *Rafael* hat sie *Carlo Dolce* als Orgelspielerin und Sängerin wiederholt dargestellt. Auch *Rubens* (gestochen von *Sohelte Adams Bolswert*) hat sie in Oel gemalt; dagegen *Franc. Francia* in Fresco in der Cäcilienkirche zu Bologna, und man glaubt, dass der Ruf dieser Freske den *Rafael* erst zu seinem Bilde veranlasst habe. — Vielleicht haben die Worte der Legende: „*et cantantibus organis illa in corde suo soli domino cantabat dicens etc.*" dazu Veranlassung gegeben, dass man sie als *Erfinderin der Orgel* bezeichnete, indem man die Worte „*organis cantantibus*" durch „*Orgelklang*" übersetzte. Uebrigens ward auch früher der Cäcilientag (22. Nov.) in grösseren Städten durch grosse musikalische Aufführungen feierlichst begangen. — Der Copist des Bildes hiess eigentlich *Denys* (d. i. Dionys) *Calvart*, war um 1555 (nach *Malvasia* 1565) zu Antwerpen geboren, ursprünglich Landschafter der Flandernschen Schule, der sich sogar die Figuren in seine Bilder einmalen liess. Doch er kam sehr jung nach *Bologna*, wo er sich besonders in *Lorenzo Sabbatini's* Style als Historienmaler ausbildete, doch auch *Albrecht Dürer's* Gründlichkeit dabei verfolgte und von *Prospero Fontana* die Perspective erlernte. Seine Farbe hat er jedoch von den Niederländern entlehnt. *C.* bildete die neue bologneser Schule, und *Reni* wie *Albano* waren seine Schüler. Er starb zu *Bologna* 1619. Die Italiener, welche gewöhnlich die Künstler nach ihrem Vaterlande oder Geburtsorte zu benennen pflegten, nannten ihn *Dionysio Fiammingo* (d. h. den „Flamländer"). Die Familie *Bolognini* unterstützte vornehmlich den talentvollen Künstler. Er darf aber weder mit dem von *Vasari* unter *Michel Angelo* erwähnten *Federigo Fiammingo* oder *Lamperto*, einem Amsterdamer, der in *Florenz* lebte, und unbegreiflicher Weise von *V.* auch „*del Padovano*" genannt wird, noch mit dem Schüler *Rafael's*, dem *Mich. Coxis*, der ebenfalls „*Fiammingo*" hiess, und endlich mit dem Historienmaler *Henry Fiammingo*, der 1522 geb. u. 1600 in den Niederlanden starb, verwechselt worden. — Leinw., 8 F. 3¼ Z. hoch, 5 F. 3 Z. breit.

113. *Dosso da Ferrara. Diana*, oder vielmehr die *Artemis Selasphoros*, den schlafenden *Endymion* (*Latmios*) betrachtend.

Figuren unter Lebensgrösse. So unbestimmt als die Mythologen über *Endymion's* Herkunft und dessen Lebensverhältnisse sind, hat auch *D.* denselben, genau genommen, behandelt. Ob er des *Jupiter's* oder des *Aethlios* oder sonst Eines Sohn, ob er König von *Elis* oder Jäger oder Hirt war, das könnte hier uns gleich sein, wenn wir nur wüssten, ob der Künstler den *Endy-*

mion von der *Diana* mit dem Zaubermantel eingeschläfert, oder
ihn den sich vom *Jupiter* erbetenen oder endlich den zur Strafe ihm
auferlegten ewigen Schlaf schlafen lässt. Wir möchten fast überzeugt
sein, dass der Künstler, ohne sich über den Mythos richtig
belehrt zu haben, nur einen sogenannten schlafenden *Endymion*
(in der Höhle des Latmos?), und auch nur eine *Diana*, nach den
allgemeinen Begriffen vieler um den wahren Zusammenhang der
Mythen sich leider wenig oder gar nicht kümmernden Künstler,
aber keineswegs, wie es der Mythos erheischte, die *Selene* oder
Artemis Phosphoros hat malen wollen. Darum ist auch der
mythisch-poetische *Kuss, den die Nachtsonne der schlafenden,
verhüllten (ἐνδύμιον) Tagessonne reichen will,* so höchst prosaisch
ausgefallen. Hätte D. das alte Gemälde *(Pitture ant. d'Ercol.
III. Tav. 3)* gekannt, wo *Selene* durch *Amor* zu dem schlafenden
E. geführt wird, oder die herrlichen Sarkophagbilder *(Visconti
Mus. Pio-Clement. T. IV. Tab. 10 u. Mus. Capitol. T. IV. Tab.
24 u. 29.)* von dem Schlafe dieses anerkannt schönen Jünglings,
der darauf eigentlich den sanften Todesschlaf repräsentirt (wie
er namentlich in dem Gemälde von *Girodet* aufgefasst), so würde
er nicht *einen so handfesten, bäuerischen Endymion* geschaffen
haben. Dass *D.* sich die *Diane* als *Selene* gedacht haben mag,
sehen wir aber daraus gewissermassen, dass deren nahestehender
Wagen mit *Ochsen* bespannt ist, um als Abendgöttin damit bergein
zu fahren. — Dieses B. kam 1746 als *Parmegianino* aus Modena
zur Gall. — Leinw., 3 F. 5 Z. hoch, 5 F. 7 Z. breit.

117.* *Dosso da Ferrara.* Allegorie. Die verschiedenartigsten
Gebilde der im Traume überreitzten Phantasie.

Eine kräftige, zum grössten Theile verhüllte Gestalt (ob
weiblich oder männlich, ist schwer zu bestimmen) liegt in einer
düstern Höhle, in die jedoch von Oben das Tageslicht auf die
Figur fällt, mit dem Oberkörper auf einen mit Kissen belegten
Stein gestützt und schläft. Hinter ihr steht *ein bärtiger Alter mit
Federwedel*, über ihr sitzt dagegen eine *Nachteule*, sowie vor ihr
zur Linken ein *schwarzer Hahn* steht und darüber scheinbar eine
Seifenblase schwebt. Den schon mehr in Düster gehüllten Mittelgrund
beleben allerlei chimärische und phantasmagorische Gestalten,
karrikirte menschliche Köpfe und Zerrbilder, Frösche mit
Schild und Speer bewaffnet, ein Krebs auf einer Schildkröte
sitzend, mit Schild und Panner etc., während man im Hintergrunde
jenseits eines Flusses eine zum Theil in schwefelichter
Flamme brennende Stadt erblickt. — Die *ungezügelte Phantasie
des Traumes* ist durch die chimärischen Gestalten und die Brände
im Hintergrunde versinnlicht, während die *Seifenblase* an die
schnell vorübereilenden Traumgebilde und die Eule an den *Aberglauben
der Traumdeuterei* erinnert. Der Alte mit dem *Federwedel*
deutet hingegen das *Abschreckende* an, was die wilden

Traumbilder nach sich ziehen. Es könnte aber auch den Wedel bedeuten, mittels welches *Hypnos* die Augen der Einzuschläfernden mit dem Wasser aus dem *Lethe* besprengt. Der Hahn endlich soll nur *die Zeit kurz vor Anbruch des Morgens* andeuten, in der die Träume am regsten zu sein pflegen und das *Erwecken aus denselben* symbolisiren, oder er soll uns an den durch die Worte des *Prudentius* ausgedrückten Volksglauben erinnern:

Ferunt vagantes Daemones — Laetos tenebris noctium — Gallo canente exterritos — Sparsim timere et cedere. — Invisa nam vicinitas — Lucis, salutis numinis. — Rupto tenebrarum sinu, — Noctis fugat satellites.

Die ganze Composition erinnert uns zugleich auch an den alten Mythos, dass *Hypnos* (Schlaf) oder *Morpheus* (Schlafmacher) eine grosse Berghöhle bei den mitternächtlichen *Kimmeriern* bewohne, unter deren Felsen der *Lethe* (Vergessenheitsfluss) hervorfloss. In dieser Höhle lag der Schlaf, von oben durch eine Oeffnung von der Sonne beleuchtet, und um ihn her gaukelten Heere von Träumen. Nach Anderen lag diese Höhle des Morpheus in einem dichten Walde Aethiopiens, und er ruhte sorgenlos auf einschläfernden Blumen, während um ihn her die dunkelen Schaaren flüchtiger Träume in unzähligen Gestalten sich reiheten. Endlich muss auch hier der Mythos von der Trauminsel Berücksichtigung finden, an deren Hauptstadt der Fluss der Vergessenheit, aus den Quellen *Pannychia* und *Negretes* kommend, wie Oel vorüberschleicht, und aus deren eisernem und irdenem Thore, die beide nach dem Felde der Trägheit ausmünden, die schrecklichen und blutigen Träume hervorkommen. Die Bewohner dieser Stadt sind die Träume selbst, von welchen keiner dem andern ähnlich sieht; Einige sind schöne und schlanke Gestalten, dagegen Andere klein und ungestaltet; noch Andere strahlen im Goldglanze von Göttern und Königen, während endlich noch Andere geflügelt und seltsam geformt sind. Ueberdiess erinnert uns auch der Alte mit dem Fächel an den Mythos, nach welchem der Traumgott, sobald er dem Menschen seine Traumgestalten sehen lassen will, sich zu dessen Haupte stellt. Seltsam erscheint die Erklärung des Catal. 1806: „*Maria Egyptiaca schläft und ist mit allerlei Gegenständen der Einbildungskraft umgeben*" (?) etc. Dagegen ist jedoch einzuwenden, dass diese Heilige eine *Mohrin* gewesen sein soll, oder, wenn sie als *Weisse* dargestellt ist, stets *nackend und nur von ihrem langen Haupthaare umhüllt* erscheint. — Dieses Bild kam 1746 aus der Gall. zu Modena, doch als Gemälde des *Garofalo* bezeichnet. — Leinw., 2 F. 11 Z. hoch, 5 F. 3 Z. breit.

114.* *Dosso da Ferrara.* Die *Eos* zieht ihr muthiges Viergespann aus dem Stalle, um vor ihrem Bruder *Helios* den Schleier der Nacht zu heben.

Der Künstler will uns hier den alten Mythos von der Göttin der Morgenröthe, *Eos*, versinnlichen, nach dem sie Schwester des *Helios* und der *Selene* war und wie diese nach früheren Dichtern im Lande der Aethiopen wohnte. Denn bei *Euripides* heisst es von dem Lande des äthiopischen Königs *Merops*:
„Wohin vom viergespannten Wagensitze zuerst
Aufsteigend *Helios* mit goldener Flamme strahlt.
Es nennet jene Flur der Nachbarn schwarzes Volk
Der lichten *Eos* und des *Helios* Rossestall."
Komisch klingt die aus den Worten des Catal. 1765 und des *Abrégé*: „*Diane assise, ayant à côté d'elle ses chevaux, qu'elle tient par la bride*" entlehnte deutsche Erklärung im Catal. 1771, 1806 ff.: „*Diana sitzt, bei ihr stehen ihre Pferde, welche sie beim Zaume hält*". Es ist allerdings nicht zu leugnen, dass der Künstler auch bei dieser Composition die *Diana* im Sinne gehabt haben könnte, da dieses B. unbedingt das Pendant zu Nr. 113 ist, und *Diana* als *Selene* bei späteren Dichtern ebenfalls mit einem Rossegespann vorkommt. Nach *Matthäi* und *Jul. Hübner* ist es dagegen: „*eine Hore mit Apollo's Gespann*". Unseres Wissens erhielten zwar die *Horen* durch die späteren Dichter Stalldienste beim *Apollo* als *Helios*; doch dann musste der Künstler in seiner Composition auf die unbedingt schon erfolgte Abfahrt der *rosenfingerigen Eos* Rücksicht genommen und durch eine röthliche Färbung des Horizonts angedeutet haben. Da nun aber dieses nicht der Fall ist, so müssen wir hier zuverlässig an den Aufbruch der *Eos* selbst denken. *Dosso* hat sich bei der Zeichnung der Rosse wohl etwas übereilt: denn nur von zwei Köpfen derselben kann man sich auch das Vorhandensein der dazu gehörigen Körper erklären. — Dieses B. kam ebenfalls unter der Bezeichnung „*Garofalo*" 1746 aus der Gall. zu Modena. — Leinw., 3 F. 5 Z. hoch, 5 F. 7 Z. breit.

Eckflügel-Cabinet B.
(Mit einem Seitenlichte.)

Decoration. Der Fries besteht in einfachen arabescirten Felderungen. Der Plafond ist ohne alle malerische Zieren.

Seite mit der Thüre von Saal D.; rechts und links der Thüre:

48.** *Lutti* oder *Luti* (*Benedetto*). Eine *Mater dolorosa*. — Brustbild der schmerzensreichen Mutter *Maria* mit auf der Brust gekreuzten Händen.

Oval. Ein Bild, das unsere volle Achtung verdient. *Lutti*, aus der florentiner Schule des *Gabbiani* hervorgegangen, stiftete zu Anfange des 18. Jahrhunderts zu Rom eine eigene Schule. Man nannte ihn „*den letzten Maler*" der florentinischen Schule. Er ist, wie *Lanzi* sagt, *lieblich und leuchtend in der Farbe, kunstreich in Vertheilung von Licht und Schatten, harmonisch für das Auge.* Zu beklagen ist, dass die Gall. kein grösseres Bild von ihm besitzt. Häufiger sind seine Pastellbilder. Das B. kaufte mit No. 47. 1742 der Gall.-Insp. *Joh. Gottfried Riedel* in Prag. — Leinw., 2 F. 7 Z. hoch, 2 F. 2 Z. breit.

47.** *Lutti (Benedetto)* oder *Luti*. Brustbild Jesu, als Jüngling, mit niedergesenktem Blicke.

Oval. Pendant zu No. 48. Könnte auch, als Pendant zur „*Mater dolorosa*", ein *Johannes* (Evangelist) sein. — Leinw., 2 F. 7 Z. hoch, 2. 2 F. 3 Z. breit.

39.* *Naldini (Battista).* Die *heiligen drei Könige* bringen dem Christkinde ihre Huldigungen und Geschenke dar.

Pendant zu No. 38. Ein reiches Gefolge mit Pferden und Kameelen zeigt sich im Hintergrunde. — Holz, 1 F. 11 Z. hoch, 2 F. 3 Z. breit.

38. *Naldini (Battista).* Der Augenblick, in dem die durch die Engel auf die Geburt des Weltheilands aufmerksam gemachten Hirten zu der heiligen Familie eintreten.

Im Hintergrunde der Aussicht auf die Landschaft die verkündigenden Engel. *Vasari* gedenkt dieses Künstlers, mit dem er 14 Jahre hindurch gemeinschaftlich arbeitete, mit grosser Achtung. Er malte unter dessen Beistande im herz. Palaste zu Florenz. *N.* gehörte überdies zu *Michel Angelo's* Nachahmern. *Lanzi* tadelt nur die etwas geschwollenen Kniee seiner Figuren wie die zu wenig geöffneten und etwas wilden Augen seiner Köpfe, sowie das Schillernde seiner Farben; doch gesteht er ihm einen kühnen Pinsel und ein geschmackvolles Colorit zu. Dieses B. ward mit No. 39 zwar schon 1741 durch *Vent. Rossi* in Italien angekauft, kam aber erst 1806 in die Gall. — Holz, 1 F. 11 Z. hoch, 2 F. 3 Z. breit.

93. *Cerquozzi (Michelangelo)*, gen. *delle Battaglie*, endlich *delle Bambocciate*. Ein Weib mit ihrem Säuglinge an der Brust, knieend vor einem Offizier, scheint um Hilfe gegen die Plünderer zu bitten, oder Genugthuung wegen ihres erschlagenen Gatten zu erflehen, während ein Haus geplündert wird und ein Soldat vor demselben damit beschäftigt ist, einen getödteten Mann zu entkleiden. Costum des 17. Jahrhunderts.

Die Gall. enthielt sonst drei Gemälde (das *Abrégé* kennt nur zwei) dieses zu seiner Zeit in Rom (geb. 1602) von den höheren Ständen nicht eben geachteten Künstlers, der namentlich als ein Nachahmer des *Peter Laar* angesehen ward. So lange er meist Kriegsscenen malte, belegte man ihn mit dem Namen „*delle Bataglie*", nachdem er aber zu sehr in die Burleske verfiel, worin er es sehr weit brachte und deshalb auch den Beifall des Pöbels erlangte, nannte man ihn „*delle Bamboeciate*", (d. h. Maler pöbelhafter Scenen). Seine historischen Bilder entbehren alles edeln Styls; doch ist sein *Masaniello (1647)*, *dem ein Haufe Lazzaroni zujauchzt*, im Palaste *Spada* zu Rom ein beachtenswerthes Gemälde. — Leinw., 2 F. 2 Z. hoch, 2 F. 8 Z. breit,

73.* *Baroccio* oder *Barozzi (Federigo)*. Joseph von Arimathia und *Nicodemus* bringen den Leichnam Christi zur Grabstätte, während *Maria Magdalena* knieend betet.

Nach Art der Historienbilder des 16. Jahrhunderts hat der Künstler das ganze Leiden Christi nach Beginn und Folge in seiner Composition anzubringen versucht, weshalb wir im Hintergrunde Golgatha sehen und vorn auf der Grabplatte Hammer, Zange, Nägel, Dornenkrone und Schweisstuch erblicken. — *Mengs* und *Ramdohr* tadeln seine Manier, lassen ihm aber auch in Einigem Gerechtigkeit widerfahren. Die Gallerie besitzt sechs Gemälde (vor 1826 nur drei, No. 68, 69 u. 71) von diesem Meister, der ein Schüler des Venetianers *Batt. Franco* war, allein sich später nach *Titian* bildete, endlich aber ein Nachahmer *Correggio's* geworden, welchen er jedoch weniger im Helldunkel, als in den weiblichen Figuren und im leichten Faltenwurfe imitirte. Durch *Rafael's*, seines Landsmanns, Werke veredelte sich B. in der Richtigkeit der Zeichnung. Doch legt man ihm einen zu öligten Pinsel zur Last, wodurch seine Bilder schillernd oder grünlich glasirt erscheinen. Besonders wird seine Grablegung im Heiligen-Kreuz-Brüderschaftshause zu Sinigaglia gerühmt. *B.* hat viele seiner Gemälde öfter wiederholt. Dieses B. stammt aus der Gall. des Grafen *Wallenstein* zu Dux. In den früheren Catalogen und im *Abrégé* findet sich dieses B. bis 1826 nicht verzeichnet. — Leinw., 4 F. 11 Z. hoch, 1 F. 3 Z. breit.

71.* *Derselbe*. Die sogenannte *Stigmatisation* des heil. *Franciscus von Assisi*.

Dieses Sujet der Heiligenlegende hat die Kunst mehrfach, ja, zum Theil sehr barock ausgebeutet. Nach der Legende ging der Heilige i. J. 1224 auf den Berg *Arernus*, um dort 40 Tage zu fasten. Er wünschte sich sehnlichst, auch Christo in den

Leiden und Schmerzen ähnlich zu sein. Als er nun am Kreuzeserhöhungstage recht inbrünstig betete, sah er einen Seraph, der in Kreuzesform in einer Glorie am Himmel schwebte, während Strahlen von den Wundenmalen der Hände und Füsse, sowie des Speerstiches der Seite aus die gleichen Theile des Körpers des Heiligen trafen. Als die Vision verschwunden war, fühlte *F*. sein Herz von einem seraphischen Brande entflammt und die Wundenmale Christi erscheinen au seinem Körper; auch floss Blut daraus hervor. — Der ihm begleitende Ordensbruder, im Vordergrunde knieend, scheint vom Wunder geblendet zu sein. Er wendet sich mit vor die Augen gehaltener Hand, den Rosenkranz haltend, während er das Evangelienbuch auf einen Stein neben sich gelegt hat, nach dem im Mittelgrunde knieenden Franciscus, auf den das Wunder von dem in den Wolken schwebenden Christus sichtbar wirkt. — Leinw., 2 F. 3½ Z. hoch, 1 F. 7½ Z. breit.

34.**** *Bronzino (Angelo).* Portrait *Cósimo's II.*, des vierten Grossherzogs von Florenz und Siena.

Dieser Mediceer ward am 19. Mai 1590 geboren, folgte 1608 seinem Vater, *Ferdinand I.*, in der Regierung, und starb, nach einem vielfach durch Kriege gestörten und bewegten, sowie dabei kränkelnden Leben, im Februar 1621, beweint von seinen Unterthanen. Sein Denkmal bezeichnet ihn als „Vater der Armen" *(Pater egenorum).* Seine Gemahlin war *Maria Magdalene*, Erzherzog *Carls von Oesterreich* Tochter. Das B. selbst trägt die Inschrift: „*COSMVS . MED . FLOR . ET . SENARVM . DVX . II.*" — Holz, 2 F. 1 Z. hoch, 1 F. 7 Z. breit.

35.**** *Derselbe.* Portrait der Grossherzogin *Eleonore* von Florenz, ersten Gemahlin des Grossherzogs *Cósimo I.*

Vortreffliche Ausführung mit grosser Technik verbunden. *Eleonore* war die Tochter des *Don Pédro ron Toledo*, Markgrafen zu Villa Franca, Vicekönigs von Neapel. *Mosen* meint, dass d. B. von einem ältern Meister sei. Er phantasirt: „Dieses Gesicht ist der sprechendste Ausdruck jener Zeit, aus deren Schmerzen die Reformation hervorging. Wie schmerz- und gramvoll sind die Züge in diese länglichen Gesichtsformen eingeschrieben. Wie schwermüthig verhüllen unter der hohen, fürstlichen Stirne die Augenlider den betrübten Blick!" — und nach langweiliger poetischer Betrachtung der Haare, Augenbrauen, Augenwinkel, sowie des Kragens, der Perlen, Edelsteine etc. schliesst er mit den Worten einer scheinbaren Pointe: „In ihr erscheint uns das schmerzensvolle Verhältniss des Unterganges der florentinischen Herrlichkeit vor der einbrechenden neuen Zeit verleiblicht". — Wir sind überzeugt, dass *Mosen* hier mehr als sonst phantasirt hat, ohne dabei um die Zeit und Lebensverhältnisse, sowie den Charakter dieser Fürstin nur einigermaassen sich bekümmert zu haben. — Holz, 1 F. 4½ Z. hoch, 1 Fuss breit.

36. *Vasari (Giorgio, der Jüngere).* Eine *Pietà*. — Die in tiefste Trauer versenkte Mutter *Maria*, sitzend und den Leichnam Christi in dem Schoose haltend, während *Maria Magdalena* zu ihren Füssen weinend sich niedergelassen hat. In den vier Ecken des abgerundeten Bildes sind die *vier Evangelisten*, durch ihre Attribute erkennbar, der *Engel* beim *Matthäus*, *Adler* beim *Johannes*, *Stier* beim *Markus* und *Löwe* beim *Lucas*, angebracht.

Dieses B. ist das einzige, welches die Gall. von dem als Maler, noch mehr aber als Kunsthistoriker wohlbekannten *Giorgio Vasari* besitzt, der deshalb wohl unnöthiger Weise „*der Jüngere*" heisst, weil sein Grossvater, der berühmte Thonkünstler zu Arezzo, welcher als Verfertiger der schönen aretinischen Vasen bekannt ist, ebenfalls „*Giorgio*" hiess. *Vasari* war Schüler des *Andrea del Sarto* und *Michel Angelo's*, und hat sich in mehren seiner Gemälde in der That als Künstler gezeigt. Doch die vielfachen Aufträge, die er, sowohl als Maler, wie auch als Baumeister erhielt, geboten ihm endlich, wie *Lanzi* sagt, *die Schnelligkeit der Vollendung vorzuziehen*. Er war ein guter Zeichner, gründlicher Kenner der Formen, verstand namentlich einen schönen Charakter in die Köpfe zu legen, doch seine malerische Ausführung ward bei Trockenheit des Pinsels durch die Eile, mit der er meistens arbeitete, in der Farbe hart und in der Bekleidung völlig manirirt. — Dieses B. ward für 20 Scudi durch den Maler *Sigm. Striebel* zu Rom für die Gall. angekauft.

72.* *Baroccio (Federigo).* Die heilige *Maria Magdalena* in grosser Betrübniss, an der verlassenen Tumba Christi betend.

Homogen in der Composition mit No. 73, ist nach Art der Maler des 16. Jahrh. der Kreis der Composition auf mehre Momente dadurch erweitert, dass der Künstler nicht nur ausser der Salbenbüchse der *Magdalena* noch die Dornenkrone auf der Grabzarge angebracht, sondern auch das spätere Zusammentreffen *Christi* mit *Magdalena* im Garten, sowie mit den beiden Jüngern auf dem Wege nach Emaus im Hintergrunde noch eingewebt hat. Das B. kam durch den Kunsthändler *Kindermann* als Gemälde des *Baldassare Peruzzi* zur Gall. — Holz, 1 F. 3 Z. hoch, 1 F. 6 Z. breit.

Eckflügel-Cabinet B.

Rechte Seite vom Saale D. aus, über dem Eingange nach A. beginnend.

110.* *Batoni* oder *Battoni (Pompejo Girolamo).* Die heilige *Maria Magdalena*, als Büsserin in der Höhle, andächtig in einem Buche lesend, das an einem Schädel, als *Memento mori*, gelehnt ist.

Figur in Lebensgrösse. *Batoni* ist in der Neuzeit der Malerkunst unbedingt eine höchst beachtenswerthe Grösse und dabei anziehende Erscheinung. Er ist einer der letzten Koryphäen der italienischen Kunst, auf welchen die *Natur*, die *Antike* und die *Werke Rafael's* einen höchst wohlthätigen Einfluss übten. *Fiorillo* sagt in Bezug auf dessen *Magdalena*, auf deren Besitz die Dresdener Gall. stolz sein darf: „sogar im Wurf der Falten wusste er der Natur eine gewisse nachlässige Grazie abzulauschen" und „*Mengs* allein war im Stande, durch den Weg des Verdienstes, nicht der Ränke und Kabalen, dem *Batoni* die oberste Stelle unter den Künstlern zu Rom, welche dieser vierzig Jahre hindurch behauptet hatte, streitig zu machen". Nach *Mengs* Tode erhob sich gegen *Batoni* eine Partei, die den ehrwürdigen Greis leider zu kränken suchte. Doch der Ritter *Onofrio Boni* hat nach *Batoni's* Tode, dessen Verdienste gründlich in seinem „*Elogio del Cav. Batoni (Rom 1787)*" gewürdigt. Dieser, der *B.* „den Maler der *Natur*" nennt, sagt: *Mengs* wurde Maler durch Philosophie, *Batoni* war es von *Natur*; *Batoni* hatte einen natürlichen Geschmack, der ihn, ohne dass er es merkte, zum Schönen führte, *Mengs* gelangte durch Reflexion und Studium dazu etc. Als erste Meister *B.'s* werden *Dominico Brugieri* und *Dom. Lombardi* genannt. — Das *Abrégé* urtheilt über dieses Bild: „*Cet admirable tableau fait l'admiration des connoisseurs. Cette figure bien caractérisée, coloriée avec force, est sans contredit un des plus beaux des ouvrages de cet habile peintre.*" Auch fügt es noch die Notiz bei: „*Dieterich en a fait une belle copie, que S. M. la Reine de Pologne donna en présent à Sa Maj. Prussienne*" (vgl. Einleit. S. 94). Selbst *von Quandt* ist damit einverstanden, dass *B.* die neueren italienischen Künstler in einem gründlichern Studium befestigt, auf die Natur hingewiesen und einen gebildeten Geschmack in Auswahl der Gegenstände verbreitet, und dass die drei Bilder, welche die Gall. besitzt, die Meisterschaft des Künstlers bewähren. *B.* war übrigens ein Freund *Winkelmann's*, und solch ein Freund konnte ihm nur vom Nutzen sein. — Der Streit darüber, ob es nur *eine Maria Magdalena* oder deren *drei* gegeben, ob sie die Schwester der *Martha* und des *Lazarus* war, oder nicht, hat fast über ein Jahrtausend gewährt, und *Jacobus Faber Stapulensis* und *Jodocus Clichtoveus* gegen *Marc. Grandivallis* hatten bereits 1519 die Sache als entschieden angesehen (?). Einige halten sie für das bussfertige Weib von *Magdala*, welcher, nach Luc. 8, 21. und Markus 16, 9., Christus sieben Teufel ausgetrieben hatte. Nach *Ludolf Saxo* soll sie *die Braut auf der Hochzeit zu Kana* und deren Bräutigam der jungfräuliche Apostel *Johannes* gewesen sein; als dieser jedoch die wunderbare Verwandlung des Wassers in Wein gesehen, habe er sofort der schönen Braut freiwillig entsagt (?). In den canonischen Schriften des Neuen Testaments ist *Magdala* nirgends als eine *Sünderin*, welche sich Busse auferlegen musste, ausdrücklich bezeichnet, wenn man sie nicht mit dem bei Lucas 7, 37 ff. erwähnten Weibe, welche im Hause des Pharisäers sich Christo so ausserordentlich dienstbar zeigte, indentificiren will, wie allerdings geschehen ist. Daher mag es wohl auch gekommen sein, dass die christliche Kirche ihre Bekehrung nach dem alten Hildesheimer Brevier am 1. März und nach dem *Florarium Sanctorum* am 7. April feierte. Nach Letzterem geschah ihre Bekehrung im 32. Jahre nach *Christi* Geburt, wo sie 22 Jahre alt war. Im apokryphischen *Evangelium von der Kindheit Christi* (Cap. 5.) ist sie als eine „schöne Sünderin" genannt. Nach einer Legende begab sie sich nach der Aposteltheilung nach Ephesus und wohnte beim *Johannes*, später lebte sie daselbst in einer Höhle als Büsserin; nach einer andern Legende trat sie jedoch nach *Christi* Himmelfahrt eine Reise von *Jerusalem* nach *Marseille* an, von wo aus sie weiter nach der *Provence* ihre Schritte lenkte, um daselbst als reuige Schöne ihre Sünden in einer Höhle abzubüssen. Diese Höhle befand sich in einem Berge, der 3000 Schritte hoch war, die Gestalt eines Doppelthurmes hatte, und in derselben soll sie ihr bussfertiges Leben beschlossen haben. Auch haben sich Einige versucht gefühlt, das Weib, welches Christus zum Verdrusse mehrer Jünger im Hause des aussätzigen Simon (Matth. 26, 6. u. Mark. 14, 3.), salbte, mit der *Magdalene* zu verwechseln. — Als Heilige erscheint *Magdalena* zuerst im 8. u. 9. Jahrhunderte und *Wandalbert* hat sie zuerst im *Martyrologium* auf den 11. Juli gesetzt. Er sagt: „*Undecimam Christo felix miserante Maria — Ornat, septeno caruit quae daemone, quamque — Magdala progenitam signat cognomine origo*". Das arabische und moscoviter Calendarium setzt sie zuerst auf den 22. Juli. Dagegen hatte auch die *Sünderin*, welche nach Lucas 7, 37. im Hause des *Pharisäers Simon* die Füsse Jesu salbte, nachdem sie dieselben mit ihren Thränen gebadet und mit ihrem Haupthaar abgetrocknet hatte, einen Gedächtnisstag, nämlich den 21. März, in den alten Calendarien erhalten. In dem *Calendarium Antisiodorene* bei *Martene* sind *Maria Magdalena* und *Maria*, Schwester des *Lazarus*, ebenfalls genau unterschieden. Der Ersteren Gedächtniss oder *Natale* (bei den Heiligen der Sterbetag) setzt es auf den 22. Juli mit dem Beisatze: „*de qua septem daemonia ejecit dominus*"; der zweiten *Natale* steht dagegen beim 18. Januar. — Die *Inventio* oder

Aufhebung der Gebeine der heil. *Magdalena* ist endlich im *Florarium Sanctorum* beim 17. Dec., wobei noch die Jahrzahl 890 bemerkt ist. Um diese Zeit weihte auch der Bischof *Eraclius*, in der Diöces Lüttich, der heil. *M. M.* eine Kirche, und *Odo*, Abt zu Fleury und Clugny (starb 944) hat eine Festrede auf dieselbe gehalten, worin er sie „*Coapostola*" und „*Apostolorum Apostola*" nennt. Die Verehrung der h. *M. M.* ward im 13. Jahrhunderte in Deutschland und Frankreich allgemein, nachdem namentlich 1279 die zweite Erhebung der heiligen Gebeine stattgefunden hatte. Schlüsslich ist noch zu erwähnen, dass der Name *Magdalena* von Einigen, besonders *Saubertus* und *Fabricius*, nicht von ihrem Geburtsorte *Magdala* abgeleitet wird, sondern von dem talmudischen Worte „*Magdala*", was soviel als ein *Frauenzimmer* bedeutet, *das mit künstlichem Haarflechten umzugehen versteht*. Nach *Harant's* Reisebeschreibung zeigt man ihr Haus noch ohnweit *Bethanien*. — Die Darstellung *Batoni's* von der so allgemein gefeierten heil. Büsserin ist so poesievoll, dass sich Einige sogar gedrungen fühlten, einen Vergleich zwischen ihr und der des *Correggio* zu wagen. Die tiefen Lasuren des blauen Gewandes, welche sehr gelitten hatten, sind durch *Schirmer* ersetzt. Dagegen ist die Carnation in ihrer Zartheit noch in ursprünglicher Frische erhalten. — Ein Stich ist von *Friedr. Bause* (1780), ein anderer von *Jos. Camerata*, und ein dritter von *Karl von Pechwell*. Ebenso haben *Peter Richter* und *Christian Gottfried Schulze* dieses B. gestochen, sowie *Joh. Conr. Krüger* in Punktirmanier ausgeführt. Endlich ist bei *Ernst Arnold* in Dresden ein Stich von *H. Bucker* und von *W. Witthöft* bei *G. Meyer* i. Lpz. erschienen. Lithogr. von *Fr. Hanfstängl*. — Leinw., 4 F. 3 Z. hoch, 6 F. 7 Z. breit.

127.** *Tisio (Benvenuto)*, gen. *Garofalo*. Ein Festzug des *Bacchus* auf Naxos (?). » In einer gebirgigen Landschaft mit Gebäuden erblicken wir (rechts im Bilde) *Bacchus*,‑ als *Dionysios Akratopotos* oder *Akratophoros*, und *Ariadne* auf einer von zwei Leoparden gezogenen Biga, über ihnen schwebend hält ein Genius zwei goldene Ringkronen, vor ihnen her der parenthyrsirende *Thiasos*, im buntesten Gemische, bestehend aus Bacchantinnen mit Tambourins und Becken, Mänaden, Thyaden und Lenä, mit Fruchthörnern und Körben, mit Amphoren und Mostschalen, Mimallonen mit Thyrsen, sowie aus Najaden, Nymphen, Dryaden, jugendlichen und mannhaften Tityren, Silenen, auf Elephanten und Kameelen sitzend, endlich Faunen mit Flöten, Tibien und Tuben, Satyren, Panen oder Sylvanen. Im Mittel des Vordergrundes sind Faunen bemüht, dem von einem Löwen trunken herabgesunkenen *Silen* wieder in das Gleichgewicht zu bringen, während in den Wolken *Jupiter* und *Juno* von Oben herab die Zuschauer abgeben.

Figuren unter Lebensgrösse. Dieses figurenreiche Bild bezeichnet das *Abrégé* durch „*Une Bacchanale d'une riche composition, sur le devant on aide Silene à monter un lion*", und der Catal. 1806 bemerkt: „Dieses Gemälde ist eine der reichhaltigsten Zusammensetzungen, wobei man zu dem wahren Geschmack der antiken Zeiten zurückgeführt wird; die Charakterzeichnung in den verschiedenen Altern der Figuren beweisst die Grösse *Raphael's*. Es ist eines der besten Hauptstücken, von *Raphael* gezeichnet und unter seinen Augen(?) von *Garofalo* gemalt; die Originalskizze, gezeichnet und erfunden von *Raphael Sanzio*, befindet sich in der Sammlung des Königs von Grossbrittanien." — Dagegen erzählt *Vasari*, dass der Herzog von *Ferrara* einstmals dem Papste *Paul III.* ein 5 Ellen langes Oelgemälde gezeigt habe, das den *Triumphzug des Bacchus* darstellte, welches nebst einem andern, vom Papste betrachteten Bilde, *die Verleumdung des Apollo* vorstellend, von dem Ferraresen *Benvenuto Garofalo* in dem Alter von 65 Jahren nach einer Zeichnung des *Rafael von Urbino* ausgeführt worden sei und das der Herzog über einem Kamine in seinem Schlosse aufgehangen hatte. Der Papst erstaunte darüber, dass ein so betagter Mann, der übrigens nur ein Auge besass, noch dergleichen grosse und schöne Bilder herstellen konnte. Dieses über dem Kamine aufgehangene und vom Papste bewunderte Gemälde *G.'s* war unser vorliegendes Bild, das 1746 aus der Gall. zu *Modena*, in die es von Ferrara gebracht worden war, zur Gall. kam; wohin jedoch das Bild weggekommen, ist unseres Wissens unbekannt. — Dieses Bild ist nun allerdings, wie auch *von Quandt* richtig bemerkt, von *G.* mehr als ein *Decorationsbild*, wozu es auch gleich ursprünglich bestimmt gewesen zu sein scheint, behandelt und daher nicht mit der an diesem Künstler, dessen Bilder, wie *Bottari* und *Lanzi* versichern, öfter sogar von Kennern für Gemälde dessen gehalten wurden, welchen (nämlich den *Rafael Sanzio*) er zu erreichen strebte, gewohnten Sorgfalt gezeichnet und gemalt. Doch es ist an wirklich reizenden Figuren, welche in der That einen für Schönheit der Formen gebildeten Sinn zeigen und an antike Wandmalereien durch Leichtigkeit und Anmuth erinnern, wirklich reich zu nennen. Namentlich macht *von Quandt* „auf die Gruppe zweier Liebenden (am Opferaltare) und auf eine Tänzerin aufmerksam". — Leinw., 7 F. 4 Z. hoch, 11 F. 1 Z. breit.

20.*.* *Nichtbekannter* (?) *Copist* nach *Michel Angelo Buonarotti*. Die vom *Jupiter*, als Schwan, überlistete *Leda*.

Eckflügel-Cabinet B.

Figur in Lebensgrösse. Ueber den Werth dieses unbedingt ausgezeichneten Bildes bemerkt *von Quandt*, dass sowohl das Colorit, als der Farbenauftrag dieser höchst merkwürdigen Copie des wohl einzigen zuverlässigen Oelgemäldes von *M. A. Buonarotti's* Meisterhand vermuthen lassen, dass kein anderer als *Rubens* selbst der Copist war. „Die Formen", sagt er, „zeigen die Elasticität Michelangelo'scher Gestalten, bei gewaltiger Grossheit der Formen haben solche doch eine Geschmeidigkeit der Bewegungen, wodurch die Starrheit der Muskelkraft aufgelöst wird, und *Rubens* hat glücklich, indem er sich streng an die ersten Formen des Vorbildes hält, eine Ueberfülle vermieden, die in seinen weiblichen Figuren oft in schlaffe Weichlichkeit ausartet". — Das *Abrégé* hält dieses Bild dagegen für eine Copie des *Angelo Bronzino;* denn es sagt: „*C'est probablement une copie d'Angelo Bronzino du fameux tableau de Leda & de Jupiter metamorphosé en Cygne, que Michel-Ange avoit fait pour le duc de Ferrare & qu'il envoya après en France & le vendit à François I., qui le fit placer à Fontainebleau. Dans la suite Desnoyers, Ministre d'Etat sous Louis XIII., trouva que Leda étoit représentée avec un air d'amour si passionnée, qu'il le fit brûler par conscience*". Uebrigens führt das *Abrégé* (S. 20), seltsam genug, dasselbe Bild unter *Bronzino* ohne alle Bemerkung (No. 718, Aeuss. Gall.) wie ein *Original* auf, nachdem es schon S. 10. unter *Michel Angelo* mit „*de son Ecole*" bezeichnet ward. Auch die Catal. 1765, 1771, 1801, 1806, 1812 haben es als Copie des *Bronzino*, während die Catal. 1817 ff. es unbestimmt gelassen haben; um 1825—30 war es nicht in der Gallerie und es erscheint erst wieder in den Matthäi'schen Catal. seit 1834. *Jul. Hübner* erzählt die Verbrennungsgeschichte dieses B. durch *Desnoyers* nach dem *Abrégé*, während *von Quandt* uns Folgendes mittheilt: „Der plötzlich fromm gewordene *Herzog von Orleans*, unter dessen Administration, während der Minderjährigkeit *Ludwig's XV.*, durch Errichtung einer Bank und vieler Bedrückungen Frankreich seinem Verderben entgegen geführt wurde, gab den Befehl, das Bild der Leda zu verbrennen Glücklicher Weise entfloh es dem Scheiterhaufen und kam nach Copenhagen, wo jetzt die *Leda* eingekerkert wird, weil daselbst, wie man glauben muss, die Ehrbarkeit zu Hause ist". — *Watelet* und *Leresque* berichten dagegen nicht nur von der *Leda des Michel Angelo*, welche zu Fontainebleau aufgestellt war und bereits 1540 durch einen Stich des *Aeneas Vico* bekannt ward, jedoch ohne Nennung des Verlegers, sondern auch von der *Leda des Correggio*, welche *Duchange* in Kupfer stach, dass diese Bilder durch die abergläubische und furchtsame Bigotterie des Herzogs von Orleans vertilgt wurden. Uebrigens erinnern wir hierbei, dass bekanntlich die berühmte Freske, das „*jüngste Gericht*", des *Michel Angelo* in der Cap. Sistina ebenfalls auf Befehl des Papstes,

Paul's IV., fast zerstört worden wäre, wenn nicht einige kunstverständige Kardinäle desshalb Gegenvorstellungen gemacht hätten, wobei man den sonderbaren Auswog zu ihrer Erhaltung wählte, den Schüler *Michel Angelo's*, *Daniëlo da Volterra*, zu beauftragen, die anstössigsten Stellen mit leichter Gewandung zu decken, weshalb dieser den Namen „*Brachettone*" (d. i. Hosenmacher) erhielt. — *Vasari* erzählt ausserdem von dem Bilde der Leda des *M. A.*, dass er dasselbe, zu Folge einer Aufforderung des Herzogs *Alphonso* von Ferrara, nach seiner Rückkehr von Venedig nach Florenz, gemalt und, beleidigt von dem sonderbaren Auftreten des vom Herzoge an ihn abgesendeten Edelmannes, es nicht dem Herzoge überliess, sondern an seinen Schüler *Antonio Mini* nebst Cartons schenkte, welcher dasselbe mit sich nach Frankreich nahm und daselbst durch Vermittelung einiger Kaufleute an König *Franz I.* verkaufte, und dass endlich der Carton später wieder nach Florenz zurückkam und Eigenthum des *Bernardo Vecchietti* ward. *Vasari* bezeichnet das B. allerdings „*wie Leda den Schwan umarmt und Kastor und Pollux aus dem Eie hervorkriechen, in Dimensionen gross und sehr leicht, in Tempera gemalt.*" — Nach einer Note der Florentiner Ausgabe des *Vasari* liess der Staatsminister *Desnoyers* aus engherzigen Rücksichten das Bild nur entstellen, es ward jedoch leidlich restaurirt und nach England verkauft. *Waagen* führt es jedoch in seinem Buche „Künstler und Kunstwerke in England" nicht auf. — Nach *Förster* bewahrt die Academie zu London einen Carton von diesem Bilde, der jedoch nur irrig für *M. A.*'s Originalzeichnung gehalten wird. — Der Mythos von der *Leda* ist von den Mythologen sehr mit Willkür behandelt worden, namentlich sind sie über Vater und Mutter derselben uneinig, jedoch darüber einig, dass sie Gemahlin des *Tyndareus*, Königs von Sparta, war. Gänzlich im Unklaren ist man jedoch über die aus der frechen Ueberlistung des Jupiter, als Schwan, hervorgegangenen Geburten. Nach den älteren Dichtern ist *Helena* allein aus dieser Umarmung entsprossen, nach den späteren jedoch gingen entweder die Dioskuren, *Kastor und Pollux*, zugleich mit *Helena* aus dem Eie hervor, oder aus einem Eie wurden *Kastor und Pollux* und aus dem andern *Helena und Klytämnestra* erzeugt. Eine der ältesten noch vorhandenen malerischen Darstellungen von der Umarmung der *Leda* fand man in *Herculanum (Pitture d'Ercol. Tom. III. tab. 8.)*; am Meisten findet man dieselbe auf antiken Gemmen, ein Beweis, wie beliebt dieser Gegenstand im Allgemeinen war. — Das B. kam 1723 durch *Leplat* aus der Sammlung der Gräfin *Wrzowecz* in Prag zur Gall. — Leinw., 4 F. 5 Z. hoch, 6 F. 6 Z. breit.

45.**** **Dolce** oder **Dolci** (**Carlo**). Christus, gleichsam als Mittelfigur eines Abendmahlsbildes, sitzt an einem mit weissem Linnen gedeckten Tische, während vor ihm ein goldener, reich verzierter Kelch und ein Brodteller stehen. Sein von stiller Wehmuth erfüllter, thränenfeuchter Blick ist nach Oben betend gerichtet, seine linke Hand hat ein rundes Brodchen erfasst, um es zu brechen, und seine Rechte ist segnend erhoben.

Brustbild in Lebensgrösse. — *Dolci* war unbedingt das für die florentinische Schule, was *Sassoferrato* für die römische war, und *Lanzi* sagt: „Beide wurden, ohne eben erfindsam zu sein, ihrer Madonnen und anderer kleiner Gemälde wegen ausserordentlich geschätzt". — „*Carlo* ist weniger seiner Schönheit wegen berühmt, da er, wie sein Meister, ganz Naturalist ist, als durch seinen ausserordentlichen Fleiss, womit er alles ausführt, und wegen des wahren Ausdrucks zarter Regungen. Mit diesem Ausdrucke des Gefühls stimmt das Colorit und der Hauptton der Bilder, in welchem nichts Lautes oder Kühnes ist, sondern alles Bescheidenheit, Ruhe, sanfter Einklang". — D. hat nur wenige grosse Bilder mit ganzen Figuren geliefert, dagegen viele in halber Figur, für deren jedes er meist 100 Scudi bezahlt erhielt. Auch sind viele von ihm selbst wiederholt oder von seinen Schülern, namentlich *Alessandro Lami* und *Bartolomeo Mancini*, zuweilen auch von seiner Tochter, *Agnese Marie*, die dem Style des Vaters am Nächsten kam, copirt oder replicirt worden. Obschon *von Quandt* über dieses B. sein Urtheil kürzlich dahin abgiebt, dass es zwar ein oft bewundertes Gemälde sei, dass jedoch, da der Gegenstand von solcher Erhabenheit ist, ihn *D.* nicht zu erreichen vermochte, so ist er doch (Note zu *Lanzi)* damit einverstanden, dass *D.* noch immer unter die besseren Künstler des 17. Jahrh. gehört; er sagt: „*D.* gewann mehr durch Anmuth und Milde des Ausdrucks seiner Bilder, als dass er durch übertreibende, karrikirende Nachahmung grosser, ihm unerreichbarer Meister um das Wohlgefallen der Menge gebuhlt hätte; und, wenn seine ihm ganz eigenthümlichen zarten und innigen Bilder nicht Bewunderung erregen, so erscheinen sie uns doch sehr liebenswürdig". — *Fiorillo* bemerkt, dass die Werke des *Dolci*, eines Schülers des *Jacopo Vignali*, zum Theil aber auch des *Matteo Roselli*, den Charakter an sich tragen, den sein Name (der *Süsse, Sanfte, Liebliche*) bezeichnet, wenn sie auch nicht, in der Zierlichkeit der Formen, die eines *Salvi* und *Sassoferrato* erreichen, so übertreffen dagegen die des *D.* alle durch einen Fleiss der Ausführung. Ausser einer Armuth an Erfindung schimmert in *D.*'s Bildern jene Furchtsamkeit und Schwermuth hindurch, die ihn wirklich bis an seinen Tod beherrschte. *D.* zeigt sich unbedingt als ein vollendeter Techniker, namentlich auch in diesem Bilde (besonders das seltsam schön ausgeführte Haar), der wohl der materiellen Schönheit grosses Genüge leistete, aber dem Geistigschönen wenig Rechnung trug. Die grössten Liebhaber hat *D.* in England gefunden. — Die Originalität unserer Bildes ist von Einigen angezweifelt worden und für ein Werk (ob aber auch ihrer Erfindung?) der *Agnese Maria Dolce* angesehen worden, während eine Copie dieses B. von der Hand des *Agnese D.* doch bekanntlich im *Louvre* zu Paris sich befindet. *Mosen's* Urtheil, der den *D.* „*den schwächlichen Liebling des zartsinnigen, gebildeten Publicums*" nennt, ist eine poetische Licenz. — Das B. kam 1746 aus Modena zur Gall. — Stiche von *Carl Ludw. Bernh. Buchhorn*, von *R. Earlom* (?). Lithogr. von *Franz Hanfstängl* und von *L. Zöllner.* — Leinw., 3 F. 1 Z. hoch, 2 F. 11 Z. breit.

46.* *Dolce (Agnese Maria).?* Jungfrau Maria in Andacht.

Brustbild in Lebensgrösse. Scheint Replica von einer der vielen andächtigen Marien zu sein, welche *Carlo D.* auf Bestellung gemalt hat und zum Theil noch in Florenz in Hauskapellen vorhanden sind. Das B. ward allerdings durch *von Heinecke's* Vermittelung in Hamburg als *Giuseppe detto Sansone Bolognese* (?) im J. 1746 für die Gall. angekauft. — Leinw., oval, 2 F. 8 Z. hoch, 2 F. 1½ Z. br.

111.** *Batoni (Pompejo Girolamo).* Allegorische Figuren der drei bildenden Künste, Baukunst, Bildhauerei und Malerei.

Ganze Figuren. Die Bildhauerei zeigt sich auf einer steinernen Stufe, neben der das Modell eines Kopfes liegt, sitzend mit Schlägel und Eisen, nur in eine von den Schultern herabgefallene Tunica gekleidet und unterhalb mit einem Pallium leicht umworfen, als die Kunst, die im Schweisse ihres Angesichts schafft. Die Malerei dagegen, welche auf ihrer Staffelei das angelegte Bild des Hercules stehen hat, erscheint in zierlich prunkender Kleidung; mit einer auf der Brust von einer goldenen Kette getragenen Maske, präsentirt sie sich wie eine Copistin der Gemäldegallerie, scheint sich zur Bildhauerei schwesterlich herabzuneigen und sich angelegentlich mit ihr über Etwas zu besprechen. Die Baukunst verharrt dagegen mit Würde, gleichsam in abwartender Stellung, Rissrolle, Winkel und Zirkel haltend, zur rechten Seite; sie scheint in irgend einer Beziehung der Entscheidung der beiden sich berathenden Schwesterkünste entgegenzusehen. Auf dieses Bild mögen doch wohl nur *von Quandt's* Worte zielen: „Er schliesst sich in seiner künstlerischen Richtung den Bolognesen an, ohne jedoch fähig zu sein, auch nur in einem schwächern Grade als *Guido* und *Domenichino* seinen Werken Leben und Wärme einhauchen zu können. Aber gerade diese auf Null stehende Temperatur hat *Battoni* bei den Liebhabern, die sich nicht erwärmen wollen und ein völlig schulgerechtes Bild, woran nichts zu tadeln ist, solchen Werken vorziehen, die vom Beschauer Begeisterung fordern, in so hohe Gunst gesetzt". — Leinw., 3 F. 7 Z. hoch, 2 F. 6 Z. breit.

52.*₊* Nach *Rafael Sanzio*. Copie der im Lehnstuhle sitzenden *Maria* — *Madonna della Sedia* oder *della Séggiola* — das liebliche Christkind fest umschlungen haltend, dabei der kleine Johannes mit seinem klugen Augenpaare.

Halbe Figur. Man könnte dieses Bild „*die in innigster Mutterliebe versunkene Madonna*" nennen, und *Braun* sagt mit Recht: „In diesem Bilde gab *Rafael* das von sich, was man seine Seele nennen kann; in diesem Bilde ist sein Geist und Herz, seine Einsicht und seine schöpferische Liebe himmlisch verklärt". Das Original, im Jahre 1516 gemalt, befindet sich in der Gall. *Pitti* zu Florenz, und war von 1797 bis 1815 in Paris. Sehr wahr bemerkt *von Quandt*, dass man schon oft bewundert hat, wie bei den Werken *Rafael's* die Form eines begrenzten Raumes und die Anordnung der Composition gegenseitig eine solche Angemessenheit haben, sich beide wechselseitig bedingen und gleichsam mit einander verwachsen sind. Die glückliche Raumbenutzung ist ebenso vollkommen in diesem Bilde als bei den Gruppen in den Gewölben der *Farnesina*. Man versuche nur einmal diese Gruppe in ein Quadrat zu setzen und man wird sich dann überzeugen, dass nur der Zirkel mit diesem Bilde übereinstimmt. Man hat übrigens, um die Wahl der runden Form zu erklären, behauptet, dass *Rafael* durch den Anblick einer schönen Winzerin und ihrer Kinder so begeistert gewesen sei, dass er sofort diese wahrhaft entzückende Gruppe auf ein in der Nähe gelegenes Bodenstück einer Weinkuffe entworfen und ausgeführt habe. Die Sage klingt übrigens schön und nicht unwahrscheinlich, auch harmonirt sie ganz zu *Rafael's* übrigem künstlerischen Habituell; — weshalb sollte man sie daher in Zweifel ziehen? — Dieses Sichineinanderschmiegen der Mutter und des Kindes ist der Ausdruck der Liebe, durch welche Beide *ein ungetheiltes* Dasein, *eine* Seele werden. Wie herrlich hat dies *Rafael* wiedergegeben; er legte in die Züge der Mutter reine Huld und Hingebung, und in den Blick des Jesusknaben den in der Zukunft die Welt durchschauenden Geist, sowie eine Ahnung und ein höheres Selbstbewusstsein. — Wem wir aber diese wahrhaft gelungene Copie verdanken, weiss man unseres Wissens ebenso wenig, als wie das B. zur Gallerie kam. Früher ward dieselbe dem *Giulio Pippi*, später sogar dem *Francesco Penni* beigemessen; doch stimmt, wie *von Quandt* als Kenner bemerkt, mit dessen leichtem und durchsichtigem Farbenauftrage die Behandlung dieser Copie nicht überein, sondern diese erinnert uns weit mehr an den pastösern Farbenauftrag des *Garofalo*, welche Vermuthung auch die milde, liebevolle Auffassung des Originals gewissermassen bestätigt. — Stich von *W. Witthöft*. Lithogr. von *Franz Hanfstängl*. — Holz, rund, 1 F. 4¼ Zoll im Durchmesser.

43.** *Dolce (Carlo).* Die Tochter der *Herodias* und des *Philippus*, *Salome*, bringt ihrer Mutter das abgeschlagene Haupt *Johannes des Täufers*, welches sie als gewünschten Lohn für ihr seltenes Tänzertalent von ihrem Oheime, dem Könige *Herodes Antipas*, auf dem Schlosse Macharos empfangen hatte (Matth. 14, 11. & Marc. 6, 28.).

Lebensgrosses Kniestück. Wir sehen vor uns ein nettes, mit grosser Liebe ausgeführtes Bild, das unbedingt allen Forderungen der Kunsttechnik genügt. Doch dem fleissigen Meister *Dolce* fehlte, wie auch *von Quandt* sehr wahr bemerkt, die Kraft des Gemüths, eine echte *Tochter der Herodias* darzustellen. Es vermag dieses B., namentlich im Hinblicke auf das blutende Haupt des der Intrigue eines buhlerischen, tief gekränkten Weibes geopferten Vorläufers Christi uns wohl zum Mitleide zu stimmen, aber es ist nicht fähig, die gerechte Entrüstung und das Grausen in dem Beschauer hervorzurufen, welche das Tragische dieses fürchterlichen Ereignisses in uns wecken sollte. — In dem Abwenden des Kopfes der *Salome* sehen wir einzig und allein nur den sentimentalen Widerwillen vor der ihr gewordenen blutenden Belohnung; doch die hoffärtige, nicht mehr leichtfertige, sondern entmenschte Tänzerin, welche einen solchen Preis fordern konnte, spricht *nicht* aus diesen Zügen. Dieses finden wir allerdings weit mehr in dem ältern Nachbarbilde des *Oggione*. Das B. war früher in der Sammlung des *Mr. Talard* und kam aus der Gallerie des Prinzen *Carignan* zu Paris durch Vermittelung des *Noël Araignon (Ecuyer Valet de Chambre de la Reine)* und *de Brays* 1742 mit No. 44 für 1600 Livres zur Gall. — Stich von *W. Witthöft* (*G. Meyer* addr.). Lithographie von *Franz Hanfstängl*. —

17.*** *Uglone* oder *Uggione*, und *d'Oggione (Marco).* *Salome*, Tochter der *Herodias*, mit dem Haupte des *Johannes* (vgl. No. 43).

Kniestück unter Lebensgrösse. Dieses B. haben die älteren Catal. und das *Abrégé* als Original des *Leonardo da Vinci* bezeichnet, und das *Abrégé* sagt darüber: „très-beau tableau jusqu'au coloris près, qui paroît un peu negligé." Erst die Catal. 1806 ff. führen es als *Copie* auf, und die Catal. von *Matthäi* und *Jul. Hübner* nennen es ein Schulbild des *Leon. da Vinci*. Dagegen ist *von Quandt* überzeugt, dieses B. dem *Marco d'Oggione*, einem der ältesten Schüler und Nachahmer des *da Vinci*, zuschreiben zu müssen. Das beste Bild dieses Künstlers, der nicht grade zu den hervorragendsten Kunstschöpfern seiner Zeit, aber doch unbedingt zu den verständigsten Copisten zählt, ist bekanntlich die *Madonna in trono* in der Kirche *Santa Eufemia* zu Mailand, nächstdem aber die Copie des Abendmahls von *L. da Vinci*, das früher in *Castellazzo* war und jetzt in der Gall. *Brera* sich befindet. Er war bereits 1490 in *L. d. V.'s* Schule; *Vasari* erwähnt von ihm eine Himmelfahrt Mariens und eine Hochzeit zu Kana. *Oggione* starb 1530. — Diese Composition bezeichnet *von Quandt* als ein Bild, welches wirklich das Gemüth tief erschüttert. Er sagt: „Erst jetzt erfährt sie *(Salome)*, dass ein Mord der Preis für ihren reizenden Tanz war, und das Blut gerinnt in ihren Adern; sie selbst wird zur lebendigen Leiche." — Dagegen wirkt der Friede in den Zügen des edeln Todten beruhigend und löst die Dissonanz. Die Auffassung des Ganzen ist in der That *hochtragisch*: denn es flösst Schrecken und Mitleid ein. *Mosen*, der die *Salome* „*ein bleiches, grausam entschlossenes Weib*" nennt, hat über diese „*männermordende Medusa*" (?), deren Haare „*wie grimmige Nattern um Schultern und Nacken rollen*" und die um die runde, entschlossene Stirne, welche nicht mehr erröthet, eine Ferroniere mit einem Rubin in der Mitte, *welcher darauf wie ein heller Blutstropfen steht*, trägt, vieles phantasirt und gedichtert, dabei aber höchstens nur als einen Contrast zur „sentimentalen" *Salome* des *Carlo Dolce* gewürdigt. Das B. kam 1748 (vgl. Einleitung. S. 67 f.) aus der Gall. zu Prag als Original des *Leon. da Vinci*. *Jul. Hübner* scheint nicht für *von Quandt's* Ansicht zu stimmen, da er: „*vielleicht A. Salai*" (?) paronthesirte. Die Restauration durch *Renner*, im J. 1838, hat das B. zu neuer Frische gebracht. Leinw., 3 F. 8 Z. hoch, 2 F. 4 Z. breit. —

44.** *Dolce (Carlo)*. Die heilige *Caecilia*, als Orgelspielerin.

Halbe Figur. Dieses B. gehört zu den vorzüglichern des *D.*, und es verdient in der That auch, wie alle Bilder dieses Künstlers, unsere Anerkennung. Auch in ihm bemerkt man, dass *Correggio's* Anmuth einen hohen Einfluss auf *D.* geäussert; doch er vermochte nicht, seine zu weichen Regungen des Kunstgefühls zu der freudigen Lebendigkeit zu steigern, die uns bei *Allegri's* Gemälden so sehr entzückt. Das Urtheil *von Quandt's* „die heilige Cäcilie, die mit stiller Rührung den Tönen lauscht, die sie der Orgel entlockt, ist ein Bild, durch welches wir vor Allem den Charakter des Meisters kennen lernen", ist aus dieses Nestors der Kunstkenner Gerechtigkeitsgefühle entsprossen und contrastirt gewaltig zu *Mosen's* unreifen Dichterfloskeln, nach welchem die Cäcilie des *D.* „*ein Vorbild aller Claviervirtuosinnen mit dem berühmten Augenniederschlage der Henriette Sonntag ist*" etc. Namentlich ist aber wahrhaft mephistophelisch dessen

Bemerkung: „*Wir würden nicht so ungalant sein, an ihrer Unschuld zu zweifeln, selbst wenn der Maler den grossen Lilienzweig neben ihr anzubringen vergessen hätte.*" — Die heil. *Cäcilie*, diese personificirte *Kunst der Töne*, war stets ein Liebling der Künstler: denn ausserdem, dass *D*. dieses B. wiederholte, welche Wiederholung (jetzt in der *Eremitage zu Petersburg*) in der Delicatesse und dem Schmelze des Pinsels mit dem Dresdener wetteifern soll, so malte er auch noch eine *Cäcilie als Sängerin*, wie ihr ein Engel, während sie das Notenblatt hält, einen Lilienstrauss darreicht. *Domenichino*, der die berühmten Fresken aus der Legende dieser Heiligen in *San Luigi dei Francesi* zu Rom malte, hat dagegen dieselbe, die Kniegambe spielend, während ein Engel das Notenbuch über dem Kopfe hält, dargestellt. Auch *Franc. Francia* hat mit seinen Schülern durch die berühmten Fresken aus der Cäcilien-Legende in der Cäcilienkirche zu Bologna diese Heilige gefeiert und man glaubt, dass diese trefflichen Compositionen den *Rafael* auf die Idee zu seinem berühmten Cäcilien-Bilde (vgl. No. 51 Saal *D*. S. 124 ff.) gebracht hätten. Endlich hat auch der niederländische Malerfürst *Rubens* die *Cäcilie* durch seinen Kunstpinsel gefeiert, welches Bild besonders durch den Meisterstich des *Schelte Adams Bolswert* bekannt geworden ist. — Die Dresdener *Cäcilie* des *Dolce* ist von *Heinrich Friedrich Thomas Schmidt*, so wie von *Friedrich Knolle* (Addr. *Ernst Arnold* in Dresden) und neuerdings von *Witthöft* (Addr. *G. Meyer* in Leipzig) gestochen und von *Franz Hanfstängl*, sowie von *Val. Schertle* und von *Zöllner* lithographirt worden. — Das B. ward mit No. 43 aus der Sammlung des Prinzen *Carignan* zu Paris für 1600 Livres im J. 1742 durch *Araignon* und *de Brays* für die Gall. angekauft, nachdem beide früher in der Sammlung des *Mr. Talard* sich befunden hatten. — Leinw., 3 F. 6 Z. hoch, 2 F. 10 Z. breit. —

141. Copie nach *Correggio's* bekannter „*Sposalizio*" im Louvre zu Paris. — *Maria* mit dem *Christkinde*, welches der vor ihnen knieenden heil. *Katharina* einen Ring an den Finger steckt; daneben der heil. *Sebastian*.

Kniestück. Dieses B., das die früheren Cataloge als eine „*Schulcopie*" bezeichnen, giebt uns nur eine höchst schwache Idee von dem Originale; namentlich stören mancherlei Zeichnenfehler den Eindruck. Leinw., 3 F. 6 Z. hoch und 3 F. 6 Z. breit. —

56. Unbekannter Schüler des *Rafael Sanzio*. *Maria* mit dem *Christkinde;* daneben der *kleine Johannes*, eine Schriftrolle haltend, welche das *Christkind* aufrollt.

Kniestück. Dieses B. trägt unverkennbar, trotz mehrfacher Zeichnenfehler und mangelhafter Technik, namentlich der Haare, die besonders beim *Johannes* perrüquenhaft erscheinen, den Einfluss der Schule des *Rafael* an sich und hat Manches, was selbst den Kunstkenner zu einem zufriedenern Urtheile stimmt. Das B. kam als Original des *Rafael (!)* aus der Gall. zu Modena. Lith. von *Franz Hanfstängl.* Holz, in runder Form, 3 F. 1 Z. im Durchmesser. —

Linke Seite vom Saal C. aus:

41.* *Ficherelli* oder *Ficharelli (Felice)*, gen. *Felice Riposo.* Ein junger Mann von wüstem Aussehen, im magiarischen Costüm, überfällt mit dem Dolche in der Hand eine auf einem Bette liegende, sich gegen ihn wehrende, entblösste weibliche Gestalt, während im Hintergrunde am Ausgange des Gemachs ein Mann den Erfolg der empörenden Scene abzuwarten scheint.

Figuren in Lebensgrösse. Die ältesten Catal. und das *Abrégé* haben das B. nicht. Der Catal. von 1806 bringt es zuerst unter der Bezeichnung: „*Lucretia liegt auf einem Bette; Tarquinius, aufgebracht über ihren Widerstand, droht ihr mit dem Dolche*", und bemerkt, dass es nach *Guido Canlassi* copirt sei, während *Demiani's* Catal. von 1817 u. 1825 es als eine wahrscheinliche Copie nach *Luca Giordano* bezeichnen. — Bekannt ist, dass dieser, wegen seiner *Nichtredseligkeit* „*Felice Riposo*" genannte Künstler, obschon er ein denkender Kopf und fleissiger Maler war, eigentlich nicht viele Gemälde selbst componirte, sondern nach anderen anerkannten Meistern, besonders *del Sarto* und *Perugino*, copirte, welche Copieen man nicht selten für Originale hielt. — Uebrigens ward d. B. von *Giordano* durch den Graf *Gotter* für 800 Gulden Conv. für die Gall. angekauft. So gern wir nun auch der Erklärung „*Lucretia und Tarquinius*" huldigen wollten, so hält uns doch das gewählte Costüm des jungen Wüstlings und der Mann auf der Lauer davon ab: denn dieser besonders harmonirt keinesfalls zur bekannten Entehrungsgeschichte der tugendhaften *Lucretia.* Holz, 4 F. 7¼ Z. hoch, 6 F. 9¼ Z. breit. —

148.** *Mazzuoli (Girolamo)!* — Der heilige *Georg*, in vollständiger Rüstung des 16. Jahrh., vom Streitrosse gestiegen, knieet vor der sitzenden *Madonna*, welche das *Christkind* auf dem Schoosse hält, das im Begriffe ist, dem tapfern Streiter eine goldene Gnadenkette umzuhängen. Der *kleine Johannes* wird von einem nur zum Theile sichtbaren Mädchen gegängelt.

Ganze Figuren in Lebensgrösse. Da das dem *St. Georg* zukommende Attribut, der *Lindwurm*, fehlt, so könnte es auch ein heil. „*Mauritius*" sein. Das *Abrégé* bemerkt: „*La rareté des ouvrages de Jerôme, qui n'est gueres connu qu'à Parme, rend ce tableau, peint dans la maniere de François, très estimable.*" Dieses B., das 1746 aus Modena zur Gall. kam, bezeichnet *von Quandt* als eine Copie nach *Correggio's* „St. *Georg*" in der Pfarrkirche zu *Rio*, einem Flecken nahe bei *Correggio*, welches Original jedoch verschwunden sein soll. Auch bemerkt v. Q., dass der Copist sich zwar als kein vorzüglicher Künstler erwiesen, allein wir danken ihm doch, dass uns die Composition eines Werks des *Correggio* überliefert wurde. Stich von *M. Aubert*. Leinw., 5 F. 3 Z. hoch, 3 F. 7 Z. breit. —

70.* Baroccio *(Federigo)*. Die *Madonna* mit dem *Christkinde* erscheint in einer von Engelsköpfchen erfüllten Glorie den betenden heiligen *Franciskus von Assisi* und *Dominikus* (?).

Ganze Figuren unter Lebensgrösse. Der rechts knieende *Franciskus* hat sein Attribut, die Stigmatisation, sowie auch die neben ihm liegende weisse Lilie; doch trägt der angebliche *Dominikus* (links) die den Cisterciensern eigenthümliche weisse Kutte mit schwarzem Scapulier, während die Dominikaner doch ein weisses führen, weshalb man vermuthen könnte, dass es der heil. *Bernhard von Clairvaux* sei. Auch kommt der heil. *Dominikus* selten ohne den Hund, eine Fackel in der Schnauze haltend, ein Attribut, das auf den Traum seiner Mutter deutet, vor. Das B. kam erst um 1830 in die Gall. und war früher in der Doublettengallerie. Leinw,, 5 F. 8 Z. hoch, 4 F. 6 Z. breit. —

109.** *Batoni (Pompejo Girolamo)*. *St. Johannes der Täufer* sitzt in halbliegender Stellung im Vordergrunde einer üppigen Landschaft, neben ihm ruht sein Attribut, das Lamm, während er mit der Rechten nach dem im Hintergrunde erscheinenden *Messias* zeigt.

Figur in Lebensgrösse. Dieses B., das als Pendant zu No. 110 betrachtet werden muss, zeigt uns, dass der Künstler eben so schön einen männlichen Körper mit einer anmuthsvollen Naturtreue und mit einem seltenen Farbenreize zu malen verstand, als er die heilige *Magdalene* naturalistisch- und malerischschön auffasste. Leinw., 4 F. 3 Z. hoch, 6 F. 7 Z. breit. —

27.*** *Vannucchi (Andrea)*, gen. *Del Sarto*. Eine *Sposalizio*. Die *Madonna* mit dem Christkinde auf einem von Stufen getragenen Throne mit Baldachin, dessen Vorhänge von zwei Engeln zurückgehalten werden. Auf der rechten Seite der Stufen knieet die heil. *Katharina*, welcher das lächelnde *Christkind* den Verlobungsring an den Finger steckt, während zur Linken die heilige *Margarita*, ein Kreuz haltend, kniet. Auf der untersten Stufe des Thrones sitzt der *kleine Johannes* mit dem Lamme und blickt nach dem zu den Füssen der *Margarita* liegenden Drachen, deren hauptsächlichsten Attribute.

Figuren in halber Lebensgrösse. Dieses B., das an vielen Verzeichnungen leidet, hat zwar das Colorit *V.'s*, auch dessen Monogramm, *A. V.* in einander verschränkt, an der untern Thronstufe, scheint aber entweder ein nicht völlig vollendetes Bild zu sein oder ist aus der Zeit, wo *V.* noch in der Schule des *Pietro di Cosimo*, der wohl ein geübter Colorist, aber kein tüchtiger Zeichner war. Besonders auffällig aber sind die geschwollenen Kniee und der zu fleischige Körperbau des *Christkindes*, die verzeichnete Hand der *Margarita* und deren komischer Drache. Trefflich ist der *kleine Johannes* mit dem Lämmchen, der gewissermassen sich über die putzige Gestalt des Drachen lustig zu machen scheint. Die *Madonna* ist überdies nicht edel und das *Christkind* mehr feuchsend, als kindlich lächelnd. Am Besten ist *Katharina* und der *kleine Johannes* mit seinem trauten Lämmchen aufgefasst. Das Colorit ist wahrhaft glühend. Der Catal. 1806 sagt: „Dieses schöne Gemälde gehört zu den vorzüglichsten Kostbarkeiten aus dem damaligen Zeitalter und ist vorzüglich bewundernswürdig wegen dem kräftigen Colorit und der guten Erhaltung selbst der brillantesten Farben." Die Catal. von *Demiani* haben diese Bemerkung nicht; was das Colorit anlangt, geben wir *Riedel* recht. — Leinw., 5 F. 11 Z. hoch, 4 F. 4 Z. breit. —

145. ** *Mazzuoli (Francesco)*, gen. *Parmegianino* oder *Parmesano*. — „La Madonna della Rosa". — Mutter *Maria* mit dem vor ihr liegenden *Christusknaben*, der die linke Hand auf einem Erdglobus ruhen hat, während seine Rechte eine Rose emporhält.

Lebensgrosses Kniestück. Ein Gemälde, das freilich nur eine Namensverwandtschaft mit der berühmten „Madonna della Rosa" des *Rafael Sanzio* hat. Das *Abrégé* sagt: „*Le grand nombre des copies faites de ce précieux tableau prouve sa réputation. Le Parmesan l'avoit destiné pour le fameux Aretin, mais consultant mieux ses intérêts, il le donna au Pape Clement VII. Ce tableau passa après entre les mains de Denys Zani, Gentilhomme Bolonois; de cette famille il est entré dans la Galerie Electorale.*" *Crespi* kaufte nämlich 1752 d. B. von *Dionisio Zani* zu Rom für 5000 Scudi (nach früheren unverbürgten Angaben 6000 Zecchinen) an. Der *Biedel*'sche Catal. 1806 bemerkt: „Der Künstler nämlich hatte dieses Stück nicht anders verkaufen können, als mit der Abänderung, dass er die Venus, welche dieses Gemälde erst vorstellte, durch Zuthun eines reichen Anzuges zur Maria umbildete. Das Uebrige blieb wie vorher, nur dass das Bild anstatt: *Cupido der Weltbesieger*, wie es früher benannt wurde, nun den obigen Namen *(Madonna della Rosa)* erhielt. *Affo* im Leben des *M*. erzählt: „*Costui che fu l'uomo piu libertino de giorni suoi, non doveva certamente aver chiesto una beata Vergine, ma si bene una Venere col suo Cupido, e in fatti mi à più volte detto il prelodato Sig. Benigno Bossi, che attentamente nella Real Galleria di Dresda a potuto ben osservare questo quadro, che troppo evidentemente si scorge il primo pensiero del Pittore, qual fu di rappresentare Venere e Cupido, mentre o per le tinte leggieri adoperate nel ricoprire le già dipinte profanità, o per essere stato il quadro lavato, si raffigurano ancora le ali, alle spalle del Putto, e si comprendono certi smanigli alle braccia, et certi ornamenti al capo della vergine, che fanno pienissima fede del pentimento del pittore, che di una Venere fece una nostra Donna, et di un Cupido formò un Gesù Bambino; forse andò fallita all' Aretino la speranza di poter acquistar tal pittura col solito suo pagamento o d'un sonettaccio scipido, o d'una lettera insulsa, onde dara a credere ai principi, non che agli artefici di renderli immortali.*" — *Fiorillo* will wissen, dass das B. durch Vermittelung der *Biaconi* dem Könige von Polen *(Friedrich August)* verkauft ward, auch sah er bei seinem Freunde *Carlo Biaconi* eine alte vortreffliche Copie desselben, und er meint, dass es dieselbe sein könne, welche nach *Crespi (Felsina Pittrice T. III. S. 161)* der bekannte Schüler des *Guido Reni*, *Giambattista Bolognino*, von dem Bilde genommen habe. Auch *Vasari* ist über das B. entzückt, er lobt namentlich das Christkind, das er der Natur sehr treu findet, und bemerkt dabei, dass *M.* besonders den Kindergesichtern eine eigenthümliche kindliche Lebendigkeit zu geben vermochte, welche treffenden Verstand und Schalkheit erkennen lässt, wie bei Kindern oft der Fall sei. Nicht weniger findet er die eigenthümliche (manirirte) Gewandung (Tracht des 16. Jahrh.) der *Madonna* schön, weil man das Fleisch auf das Zarteste durchschimmern sähe. Uebrigens weiss V. von der Metamorphose des B. nichts, sagt aber, dass es für *Aretino* ursprünglich bestimmt gewesen, dass es *M.* jedoch dem nach Bologna kommenden Papste *Clemens* geschenkt, dass es dann in die Hände *Dionigi Gianni (Zani)* gekommen, der es auf seinen Sohn *Bartolomeo* vererbt, und dass dieser damit so gefällig gewesen, dass man es auf 50 Male copiren konnte. Der älteste Stich von d. B. ist von *Domenico Pellegrino Pellegrini Tibaldi*. Doch ohne dessen Namen (17 Z. hoch, 12 Z. breit) mit der Schrift: „*Et flos de radice ascendet et requiescet super eum spiritus domini.*" — Viele Andere sind nicht enthusiasmirt für d. B., eben so wenig als für die berühmte *Madonna M.'s* im Palaste *Pitti*, welche man gewöhnlich die „langhälsige" nennt. Genau genommen kann derselbe Vorwurf auch der *Madonna della Rosa* gemacht werden. Auch für die Anmuth des Christkindes, das überdies viel zu langgezogen erscheint und hinsichtlich des Gesichts als eine Nachäffung von *Correggio* betrachtet werden kann, wird kein Vorurtheilsfreier schwärmen — und *von Quandt* nennt mit Recht die von *Lanzi* gepriesene Anmuth der Kinder *M.'s* eine „Ziererei". Die *Madonna* ist *keine von Mutterliebe strahlende Christusgebärerin*, sie blieb eine *stolze Venus* und das *Christkind ein schalkhafter Cupido*, der den Erdball commandirt und zu der Mutter die Blume der Liebe, sammt ihren Stacheln, triumphirend emporhält. Die Rose kann keine Blume für das Christkind sein, da sie *Cupido* dem Harpokrates weihte, damit er die Ausschweifungen der *Venus (sub rosa)* verschweige. Ebenso sieht man dem Kleide der sogenannten „*Madonna*" an, dass es ihr gewaltsam angelegt ward. Die ganze Composition und malerische Ausführung scheint übrigens nur auf Effect berechnet zu sein. Ueberhaupt ist *M.* wohl sehr überschätzt worden und hinsichtlich der alten vielfach nachgebeteten Behauptung, dass *Rafael's* Geist auf ihn übergangen sei, bemerkt *von Quandt*, *dass wohl nur Engländer diese Versündigung an Rafael noch begehen könnten*, da noch in neuerer Zeit ein englischer Maler 2000 Thlr. für ein kleines Bild *M.'s* in dieser Meinung bezahlte. — Stich von *J. C. Teucher.* Holz, 4 F. 3 Z. hoch, 3 F. 2 Z. breit. —

53.* Nach *Rafael Sanzio*. Anbetung der Hirten. Die heilige Familie in einem in Ruinen eingebauten Stalle. *Maria* sitzt bei einer Spahnkorbwiege, die aus der Schwebe genommen ist, und bietet dem in derselben liegenden *Christkinde* die Mutterbrust.

Das Jesulein wendet sich neugierig nach den eintretenden Hirten um, von denen Einer ein gebundenes Lamm als Geschenk darbringt, während im Mittelgrunde rechts drei Engel auf Lauten spielen und einige andere darüberschweben. Uebrigens ist die Gruppe im Ganzen sehr schön geordnet und lebendig, die *Madonna* hat jedoch unbedingt der Copist verfehlt, da namentlich dieser mehr Stolz verrathenden Züge unmöglich in einer Composition *Rafael's* gesucht werden können. Für *Rafael* war stets die Anbetung oder Huldigung der Hirten ein Lieblingsgegenstand. Das B. ward 1744 als Original des *Rafael* durch *Louis Talon* in Spanien angekauft. Leinw., 3 F. 5 Z. hoch, 4 F. breit. —

99.** *Maratti* oder *Maratta (Carlo)*, gen. *Carlo della Madonna*. Mutter *Maria* mit dem *Christkinde*, das auf Stroh in der Krippe liegt; darüber schweben drei Seraphimköpfchchen.

Halbe Figur. Eine kleine Reminiscenz von *Correggio's „heiliger Nacht."* *M.* war in der Schule des *Andrea Sacchi* gebildet, weshalb man ihn auch „*Carluccio d'Andrea*" nannte. Andere machen ihn zu einen Schüler des *Cortona;* später bildete sich *M.* nach *Rafael* und *A. Caracci* aus, und malte Anfangs vornehmlich kleinere Madonnenbilder, weshalb er auch von seinen Neidern den Spottnamen „*Carluccio delle Madonnine*" erhielt. Das Christkind in der Krippe war ein Lieblingsstoff dieses Meisters, von dem man sagt, dass er den Untergang der römischen Schule noch verhindert habe. Das bekannteste Bild dieses Sujets malte er, nach *Fiorillo,* 1650 für die Kirche *St. Giuseppe dei Falegnámi.* Ein Hauptverdienst hat sich jedoch *M.* um die Erhaltung und theilweise Restauration der Werke des *Rafael* und *Ann. Carracci* in dem Vatican, in der Farnesina etc. erworben. — *Bellori* und *Mengs* haben *M.'s* Verdienste am Besten gewürdigt. Gestochen für das Gall.-Werk von *Cl. Jardinier,* sowie auch von *C. Zucchi.* Lithogr. von *Franz Hanfstängl.* Leinw., 3 F. 6 Z. hoch, 2 F. 8 Z. breit. —

64. *Pippi (Giulio),* gen. *Giulio Romano.* Sogenannte — *Madonna del bacino* — fälschlich *della scodella* oder *della catinella.* — Eine heilige Familie. *Maria* vor einem Tische stehend, worauf ein Metallbecken *(bacino)* mit Wasser gesetzt ist, in welchem das Christkind steht und sich nach dem kleinen *Johannes* umwendet, der aus einem Wasserkruge dasselbe begiesst. Hinter der *Maria* steht die Grossmutter *Anna* mit dem Tuche zum Abtrocknen bereit, während Vater *Joseph* und Grossvater *Joachim* im Hintergrunde die Scene mit Wohlgefallen betrachten.

Kniestück lebensgrosser Figuren. *Vasari* erzählt, dass *P.* dieses B. mit eigener Hand *(di sua propria mano)* für den Herzog *Federigo* von *Mantua* gemalt habe. Doch muss *V.* das B. nicht selbst gesehen haben, weil er von kleinen Gestalten, Frauen in der Ferne redet, welche Maria zu besuchen kommen. Der Herzog schenkte später das B. der *Signora Isabella Boschetta.* Das *Abrégé* bemerkt: „*C'est un des plus parfaits ouvrages des Jules, qui annonce très glorieusement l'élève de Raphael. On voit que la reconnoissance dirigeoit son pinceau & que la satisfaction de travailler pour un Prince, à qui il devoit sa fortune, le soutenoit.*" — Der *Riedel*'sche Catal. 1806, der es „*Maria mit der Schaale*" (?) nennt und doch in der Beschreibung von einem „*kupfernen Bassin*" spricht, erinnert: „Der Meister hat sich in diesem vortreff-

Eckflügel-Cabinet B.

lichen Bilde selbst übertroffen, und man bemerkt es deutlich, dass er es unter den Augen Raphaels gefertigt hat" (?); während *P.* doch erst nach Rafael's Tode nach Mantua berufen ward, wo er dieses Bild auch malte. Es ist übrigens nicht zu leugnen, dass dieses Gemälde die ihm gewordene vollste Anerkennung der Kunstkenner verdient; die *Madonna* ist edel und *Anna* würdevoll aufgefasst. Zu der auf dem Tische liegenden Wickelschnure ist allerdings das Christkind schon etwas zu gross. Der Jesusknabe ist in der That etwas zu sehr kindlich-empfindlich über den kleinen Schabernack des *Johannes*, der an ihm unaufgefordert sich als *Täufer* manifestirt, und es scheint fast, als ob *P.* sich hier einen Scherz erlaubt habe, um den *dereinstigen Täufer Jesu* schon in der kindischen Laune des Muthwillens *als einen Täufer* uns vorzuführen. Ueberhaupt will man das B. für kein die heilige Geschichte darstellendes betrachten, sondern man ist vielmehr versucht, eine ganz gewöhnliche Familienscene darin vorgeführt zu sehen. Man ist dagegen einverstanden, dass es einen hohen Kunstwerth hat. „Wir lernen aus diesem Gemälde *Giulio Romano (Pippi)* vollständig kennen," sagt *von Quandt*, „denn alle seine Werke haben die Grossheit der Zeichnung und sinnliche Kraft, weshalb wir auch religiöse Gegenstände, welche er darstellte, nur als Bilder einer lebensfrischen Natur betrachten müssen. Aus diesem Standpunkte verdient das Werk den grössten Beifall. Wir können unser Wohlgefallen der Mutter eines so kräftigen Knaben, wie der, welcher sich an sie lehnt und von einem andern Kinde mit Wasser begossen wird, nicht versagen, und glauben die erfrischende und doch schreckende Empfindung des kalten Douchebades, welche durch die sanfte Berührung der warmen mütterlichen Hand gemildert wird, an uns selbst wahrzunehmen, wobei wir mit Behagen die Grossmutter bemerken, welche vorsorglich ein Tuch zum Abtrocknen in Bereitschaft hält." Dieser höchst gemüthvollen Auffassung fügt *von Quandt's* heitere Laune noch bei: „Die Kunstkenner und Schriftsteller haben diesem Gemälde die Benennung „*„Maria mit der Schüssel"*" gegeben, und so sich aus der Verlegenheit, dieses lebensvolle Naturbild zu rubriciren, ungeschickt genug geholfen, denn etwas besonders Bemerkenswerthes für diese Herren war nur das grosse Waschbecken, worin der Knabe steht." — Zu diesen gehört freilich auch *Mosen*, der wirklich das B. „*Maria mit dem Waschbecken*" getauft und dazu bemerkt hat: „So weltlich muss man dieses B. auffassen, soll es eine Bedeutung haben. Die Sinnlichkeit packt hier das Heilige derb an, aber noch unbeholfen, fast unschön. Die von Leidenschaft durchglühte Fleischfülle sollte nicht hier, sondern in der spätern Kunstrichtung der flämischen Malerschule ihr Recht erhalten. Hier ist sie zwar von der Poesie der christlichen Religion verlassen, sie hat aber noch nicht ihre eigene gefunden." So schwärmt *Mosen*, ohne das B. in künstlerischer Beziehung gewürdigt zu haben, weiter und geht endlich auf „die Göttin der Sinnlichkeit, die uns mit süsser Coquetterie aus *Correggio's* Werken anblickt" (?), über. Dieses B. kam 1746 aus der Gall. zu Modena, ward früher sogar als Bild *Rafael's* betrachtet, wie wir unter dem Kupferstiche von *Laffrery* ersehen. Für das Gall.-Werk stach es *J. J. Flipart*, radirt ist es von *Pietro Facchetti* und eine andere Radirung trägt die Addresse *M. Ferry* mit „*Raphael Ur. in.*" bezeichnet; lithographirt von *Franz Hanfstängl*. Dasselbe Sujet hat *P.* nochmals behandelt, welches Bild von *B. del Moro* gestochen ist. Auf diesem B. hält Maria kniend das Kind in dem Becken, zur Seite stehen Anna und Joseph, sowie im Hintergrunde Elisabeth mit dem kleinen Johannes. *Aloys Hirt* (vgl. artist. Notizenblatt 1826, Nr. 7. Nota 2.) wagt das B. nicht dem *G. Romano* zuzuschreiben. — Holz, 5 F. 8½ Z. h., 4 F. 3 Z. br.

96.** *Salvi (Giovanni Battista)*, gen. *Sassoferrato.* Die *Madonna* mit dem an ihrem Busen sanft schlummernden *Christkinde*. Im herzinnigsten Gefühle der Mutterliebe betrachtet sie ihren Liebling.

Halbe Figur. Der nach seinem Geburtsorte *Sassoferrata*, in der *Mark Ancona*, meist benannte *Salvi*, welcher aus der Schule des *Guido Reni* hervorging, doch auch nach *Rafael* sich zu bilden suchte, gehört vornehmlich zu den Eklektikern und war schon bei seinen Zeitgenossen wegen seiner lieblichen Madonnenbilder beliebt und geachtet. Ja, man nannte ihn sogar den „*Maler der schönen Madonna*" (*Pittore delle belle Madonne*). Von *Quandt* gesteht, dass die Richtung seines Geistes edel ist, wenn er auch das Vorbild bei Weitem nicht in den Gemälden erreichte, welche ein Hinstreben zu *Rafael* zeigen. Die Gall. besitzt zwar keines der B. des *S.*, in welchem Spuren der Nacheiferung *Rafael's* sich kundgeben; doch gehören die drei vorhandenen zu seinen vorzüglichern, und documentiren ihn als einen mit technischer Fertigkeit und trefflicher Naturnachahmung begabten Künstler, der zugleich die Gegenstände seiner meist einfachen, anspruchslosen Compositionen geistig zu beleben fähig war. Das *Abrégé*, sowie alle Catal. vor 1830 führen das B. nicht auf. Erst *Matthäi* nahm es in die Gall. auf. Aus Versehen des Setzers hat *von Quandt* im „Begleiter" die Lebenszeit des *S.* auf 1510 bis 1565 angesetzt, was jedoch 1605 bis 1685 heissen muss. — Leinw., 1 F. 8 Z. hoch, 1 F. 4¼ Z. breit.

95.*** *Derselbe.* Eine Betende, als — *Madonna revelata* — bekannt.

Halbe Figur. Dieses Sujet hat *S.* wiederholt und zwar auf eine sehr verschiedene Weise ausgeführt. Der Ausdruck der Betenden ist wahrhaft ergreifend und das Bild hat in der That Classicität in der Kunstgeschichte erlangt. Besonders verleiht

Eckflügel-Cabinet B.

der durchsichtige Schatten, welcher von dem weissen Schleiertuche auf die Stirn der sogenannten *Madonna revelata* fällt, dem Gesichte einen eigenthümlichen Reiz. Eine ähnliche betende Madonna des *S.* hat *Folo* gestochen. *Lanzi* sagt von *S.'s* Madonnenbildern: „Ohne ein griechisches Ideal zu haben, hat er doch ein dem Charakter der Jungfrau höchst angemessenes, worin die Demuth besonders vorwaltet, dem Charakter des Kopfes aber die Einfachheit der Bekleidung und des Putzes entspricht, ohne der Würde Abbruch zu thun. Er malte mit vollem Pinsel, hat ein reizendes und von schönem Helldunkel gehobenes Colorit; in den Localtönen nur ist er etwas hart." — Dieses B. war 1822 bis 1830 das einzige von *S.* in der Gall. — Lithograph. von *Franz Hanfstängl.* — Leinw., 1 F. 9 Z. hoch, 1 F. 4½ Z. breit.

94.**** *Derselbe.* Die *Madonna* mit dem an ihrer Brust sanft schlafenden *Christkinde*, gleich einer Erscheinung in einer von Wolken und Seraphimköpfchen umgebenen Glorie.

Halbe Figur. Dieses 1741 aus der *Casa Grimani Calergi* durch *Vent. Rossi* für die Gall. angekaufte B. gehört wohl zu den anmuthigsten Schöpfungen dieses zartfühlenden Meisters, und *von Quandt* bemerkt sehr wahr, dass es sich durch lebendigern Ausdruck, als die übrigen Bilder *S.'s* gewöhnlich haben, und namentlich durch ungesuchte Natürlichkeit auszeichnet. — Lithogr. von *Franz Hanfstängl.* — Leinw., 2 F. 8 Z. h., 3 F. 6 Z. breit.

100.** *Maratti (Carlo).* Mutter *Maria* hält das schlafend an ihre Brust geneigte und auf ein weisses Kissen gebettete *Jesuskindlein* mit ächter Mutterzärtlichkeit in ihren Armen und betrachtet mit Freudigkeit den kleinen, geliebten Schläfer.

Halbe Figur. Auch in diesem Bilde hat der als *Carlo delle Madonne* bei seinen Freunden bekannte Künstler sich bewährt. Befand sich, nach den Catalogen vor 1822 zu urtheilen, nicht in der Gall. — Leinw., 1 F. 7 Z. hoch, 1 F. 2½ Z. breit.

101.** *Derselbe.* Mutter *Maria* betrachtet das unter einem gelüfteten Schleier im süssen Schlummer liegende *Christkind*, während der *kleine Johannes* zur Seite steht.

Halbe Figur. Dieses B. ward erst wieder durch *Matthäi* nach 1830 in die Gall. aufgenommen. Ein in der That mit vieler Zartsinnigkeit behandeltes Bildchen, dass schon viele Copisten gefunden hat. Gestochen von *Jean Daullé.* — Leinw., 1 F. 6½ Z. hoch, 1 E. 3 Z. breit.

Eckflügel-Cabinet C.
(Mit einem Seitenlichte.)

Decoration: Sowie Eckflügel-Cabinet B. ohne Plafondmalerei.

Rechts vom Fenster.

363.* *Negri (Pietro)*. Die auf Befehl ihres Sohnes, des Kaisers *Nero*, ermordete Mutter *Agrippina*, Gemahlin des Kaisers *Claudius*, wird sterbend (?) vor ihren Sohn gebracht.
Kniestück in Lebensgrösse. Der Künstler, ein Schüler und Nebenbuhler des *A. Zanchi*, hat uns hier zwei verworfene Geschöpfe in Mutter und Sohn vorgeführt, deren die an Abschaum aller Art reiche Geschichte des hochgepriesenen Römerthums sich selbst zu schämen hat. *Agrippina, die Jüngere,* war ihrer edeln Mutter gleiches Namens, der Gemahlin des grossen *Germanicus*, völlig unähnlich, und gehört wohl, ihrer unglaublichen Ausschweifungen, Hab- und Ehrsucht halber, zu den verrufensten hochgestellten Frauen in der Weltgeschichte. *Tiberius* hatte sie mit dem unmenschlichen *Domitius Ahenobarbus* vermählt. Als sie diesem den *Nero* gebar, äusserte dieser entmenschte Römer, dass von ihm und der *Agrippina* nichts Anderes als etwas Abscheuliches kommen könne. Eine grässliche Prophezeihung. Nach dem Tode ihres verruchten, ersten Gatten wurde sie durch ihren Bruder *Cajus* wegen ihrer Sittenlosigkeit aus Rom vertrieben; doch zurückgekehrt vermälte sie sich, nur um der Schätze willen, mit *Crispus Passienus*, und brachte diesen dann um's Leben. Auch ihren dritten Gemahl, den Kaiser *Claudius*, nachdem dieser ihren Sohn erster Ehe, *Nero*, adoptirt hatte, lieferte sie durch Gift. Als aber *Nero*, der durch ihre Machinationen den Kaiserthron bestiegen hatte, sich zu sehr durch seiner Mutter Herrschsucht incommodirt fand, machte er zuerst den Versuch, sie mittels eines bereits defecten Schiffes zu ersäufen, und als dieser Plan fehlschlug, gab er Befehl, sie auf ihrem Landgute bei Nacht zu überfallen und zu ermorden. Ob *Agrippina* noch lebend vor ihren Sohn gebracht wurde, ist aus der Hauptstelle bei *Tacitus (Histor.* 14, 9. 10.) nicht zu ersehen. Lebend sah sie wohl *Nero* nicht, obschon, nach *Tacitus*, Einige erzählt, dass er ihren Leichnam schön gefunden habe. Die Oeffnung der Leiche der *A.* in Gegenwart *Nero's* hat *Pittoni* gemalt (vgl. No. 388). — Das Bild ward 1741 durch *Vent. Rossi* zu Venedig für 289 Thlr., jedoch als *Francesco Cairo* für die Gall. angekauft. — Leinw., 3 F. 10 Z. hoch, 4 F. 11 Z. breit.

Eckflügel-Cabinet C.

230.** *Palma (Giacomo) der Jüngere*, gen. *Palmetta*. König *Heinrich III.* von Polen, nachmals König von Frankreich, auf seiner Flucht i. J. 1574 in Venedig.

Figuren unter Lebensgrösse. *Palma* ist der letzte Maler der guten Zeit der venetianischen Schule, und Einige wollen ihn sogar als den ersten Maler des Verfalls dieser Schule bezeichnen. Wenigstens hat er in keiner Weise seinen Grossonkel, den *Palma Vecchio*, erreicht, obschon er, wenn er sich Mühe gab, und es galt, bei seinen vortrefflichen Talenten wohl Etwas zu leisten vermochte. Doch er hatte leider, bei seinen vielen Bestellungen, die ihm durch *Vittoria's* Gunst wurden, sich eine Manier der Schnellmalerei angeeignet. Seit *Tintoretto's* und *Paolo Veronese's* Tode hatte er vollends die Oberherrschaft errungen, und es ist nur zu verwundern, wie dieser Künstler, obschon er ein hohes Alter erreichte, so ausserordentlich viele und meist grosse Bilder ausführen konnte. Freilich sind viele seiner Arbeiten mehr nur Entwürfe zu nennen, wie ihm selbst einmal der Ritter *Arpino* witzig sagte. Doch ist nicht zu leugnen, dass er einen kräftigen Pinsel führte, was, nach *Lanzi*, selbst *Boschini*, sowie *Guercino* und *G. Reni* anerkannten. *J. Hübner* möchte das B. dem *Andrea Vicentino*, einem Schüler des *P.*, zuschreiben, der als einer der kühnsten und besten Manieristen bekannt ist, weil er denselben Gegenstand im *Palazzo Ducale* zu Venedig gemalt hat. Wir sehen jedoch keinen Grund, dem *Palma* das Bild, das sogar durch „*IACOBVS. PALMA. VENETVS. F.*" gezeichnet ist, entreissen zu wollen, da namentlich die Compositionen des *Vincentino* in Hinsicht auf Farbe und Verzierung geschickter, als die des *Palma jun.* sind. — Was endlich das Sujet des B.s betrifft, so hat das *Abrégé*, sowie die früheren und späteren Catal. bis zum Jahre 1815 „*die Ankunft des Kaisers Friedrichs Barbarossa zu Venedig*" (*Débarquement de l'Empereur Fréderic Barberousse, accompagné du Patriarche & du Doge de Venise. D'autres Nobles forment le cortège & derrière on voit le Bucentaure.*), und erst die Catal. seit 1817 haben die Erklärung „*König Heinrich III. von Frankreich in Venedig*" etc. — Wer diese erstere Erklärung gab, musste sich eine seltsame Vorstellung vom Kaiser *Friedrich* gemacht haben und unbedingt nicht das wahrhaft gelungene Portrait dieses „*Polisson de Paris*", den die Polen Książę Zaćmienie (Fürsten der Finsternisse) nannten, erkannt haben. Falsch ist aber auch, den *Heinrich als König von Frankreich* auf dem Bilde zu bezeichnen. Denn die Geschichte berichtet: dass der letzte Sprosse aus dem Hause *Valois*, *Eduard Alexander*, Herzog von Anjou, Sohn Heinrichs II. von Frankreich (geb. 19. Sept. 1551 zu Fontainebleau), den seine Mutter *Katharina von Medicis* zum Andenken an seinen Vater „*Heinrich*" umtaufte, durch ihre Bestechungen, sowie namentlich durch Machinationen der römischen Curie die polnische Königskrone erhielt, sich aber selbst in dieser Stellung missfiel, und durch seine Zurückgezogenheit von der polnischen Nation, sowie seine nächtlichen Banketts mit seinen französischen Hofleuten nicht beliebt machte, dass er endlich, bei der Nachricht von dem, am 30. Mai 1574, erfolgten Tode seines Bruders, des Königs *Karls IX.* von Frankreich, heimlich aus Polen entwich und durch Oesterreich *über Venedig* nach Frankreich zurückging, trotzdem aber doch den polnischen Königstitel beibehielt. — Der Künstler hat nun in diesem B. den Moment aufgefasst, wo die *Republik Venedig*, welche nach dem langen unglücklichen Türkenkriege durch den Frieden am 15. März 1573 sich wieder ihrer früheren Vorrechte und Vortheile zur See erfreute, jede Gelegenheit wahrnahm, um sich durch Feste und Schaugebungen von Glanz und Hoheit in der Meinung der europäischen Staaten zu heben, und daher auch den Empfang *Heinrichs von Valois*, als er heimlich den polnischen Königsthron verlassen und bei seiner flüchtigen Heimkehr auf grossem Umwege schmuck- und mittellos nach *Venedig* kam, auf eine, nicht allein den Reichthum der Republik, sondern auch ihre Ueberlegenheit in Kunst und Industrie an den Tag legende Weise verherrlichte. Wir sehen hier den *schmucklosen und schon durch seine Persönlichkeit sich keineswegs empfehlenden König*, der nun baldigst Frankreichs Krone tragen sollte, zwischen dem Dogen *Nicolao Deponte* (nicht *Moncenigo*), und dem Kardinal *Giovanni Francesco Commendoni* (seinem Freunde), wie er mit dem grossen Gefolge der *Nobili*, unter die er sich hatte aufnehmen lassen, aus dem *Bucentauro* gestiegen nach seinem Absteigequartiere sich begiebt, um wahrscheinlich hier die 100,000 Thlr. in Empfang zu nehmen, welche die Republik, zum Zeichen ihrer Ergebenheit, dem tieferschöpften Könige auf sein Ansuchen und unter Gewährleistung zweier Bankiers ohne Interessen vorzuschiessen sich erlaubte. Dieses colossale B. mit grösstem Figurenreichthume, der aber nicht imposant genug gruppirt ist, kam 1748 aus der Gallerie zu Prag mit 3000 Fl. berechnet. (Vgl. Einleitung S. 67. 68.) — Leinw., 9 F. 7 Z. hoch, 19 F. 6 Z. breit.

97. *Brandi (Giacinto)* aus *Poli* oder *Gaeta*. Der mythische Begründer aller Künste und Gewerbe, *Dädalos*, setzt auch seinem Sohne, *Ikaros*, Flügel von Wachsfedern an, um von *Kreta* zu entfliehen.

Figuren in Lebensgrösse. Diese zarte Symbolisirung des vorsichtigen und tollkühnen Strebens der Technik hat der Künstler, ein Schüler des *Giov. Lanfranco*, dessen grossartigen Styl er aber nie erreichte, unbedingt nicht der Antike abgelauscht. Leinw., 6 F. 2 Z. hoch, 5 F. breit. —

292.** *Caliari (Carlo)*, gen. *Carletto*, Sohn des *Paolo Veronese*. Eine heilige Familie. *Maria mit dem Christkinde*, das seine Händchen nach dem *kleinen Johannes* ausstreckt, der mit seinem Agnus-Dei-Fähnchen und einige Früchte in seiner Diphthera tragend herantritt. *Joseph*, sowie *Anna* mit der Wickelschnure und *Elisabeth* danebenstehend.

Figuren weit unter Lebensgrösse. *Matthäi* rechnete dieses Bild schon zur römischen Schule. Nach *Quarienti* ist es von dem Bruder des *Paolo*, dem *Gabbrielle Caliari*, gemalt. Kam aus der Sammlung des Abbate *Caliari* in Venedig zur Gall. — Leinw., 5 F. 11 Z. hoch, 4 F. 4 Z. breit.

342. *Trevisani (Francesco)*. Der heil. *Franciscus von Assisi* in einer Entzückung an einem Felsen gelehnt sitzend, während vor ihm ein die Gambe spielender Engel schwebt und im Hintergrunde der Gefährte seiner harrt.

Tr. war aus *Trevigi* gebürtig und Schüler des *Antonio Zanchi*; doch hat er auch Vieles vom *Cartona* angenommen. Dieses B. ist durch den Maler *Sigism. Striebel* für den König 1751 angekauft. Auch erscheint in diesem B. der *Todtenkopf*, als ein dem *Fr.* zukommendes Attribut. — Leinw., 2 F. 7½ Z. hoch, 2 F. 2¼ Z. breit. (Vgl. S. 26. No. 433.)

86.* *Feti (Domenico)*. Die Parabel Jesu vom ungnädigen Verfahren des seinem gnädigen Herrn schuldigen Knechtes gegen seinen Mitknecht (Matth. 18, 23 ff.).

F. war von *Ludovico Civoli* gebildet; doch hatte er Gelegenheit durch Berufung an den Hof des Herzogs *Ferdinando von Mantua* sich durch die Werke der Venetianer Meister auszubilden. Er war ein Schnellmaler, hatte auch einiges Talent, doch keine angenehme Gruppirung der Figuren; seine Architectur enthält meistens Studien aus Rom und dessen Umgebung. Die meisten seiner Bilder wurden bei der Plünderung des herzoglichen Palastes zu Mantua im Jahre 1630 zum Theil verstreut. Nach ihm haben *Theod. v. Kessel*, *Q. Boel*, *van Hoy* und *Ossenbeck* gestochen; auch die *Crozat*'sche Sammlung hat 9 Stiche. Vorzüglich scheint er die Gleichnissreden Jesu sehr geliebt zu haben, da er sie, genau genommen jedoch, nur als römische Genrebildchen ausführte. Dieses B., auf dem wir den von seinem Herrn gnädig behandelten Knecht seinen ihm schuldenden Mitknecht schonungslos würgen sehen, ward mit No. 76 bis 85 vom Inspect. *Riedel* 1742 zu Prag für die Gall. angekauft. — Holz, 1 F. 7 Z. hoch, 2 F. 2 Z. breit.

82.* *Derselbe.* *Jesu* Parabel von den *Arbeitern im Weinberge* (Matthäus 20, 1 ff.).

Für das Gall.-Werk gestochen von *Jos. Camerata.* — Holz, 2 F. 2 Z. hoch, 1 F. 7 Z. breit.

76. *Derselbe.* Schluss der Parabel *Jesu vom verlorenen Sohne* (Lucas 15, 21 ff.).

Mit einigen verfehlten Figuren. — Holz, 2 F. 2 Z. hoch, 1 F. 7 Z. breit.

81.* *Derselbe.* Gleichnissrede *Jesu*: „*Vermag auch ein Blinder einem Blinden den Weg zu weisen? Werden sie nicht alle Beide in die Gruben fallen?*" (Lucas 6, 39.).

Eine ziemlich gelungene Composition. — Holz, 1 F. 11 Z. hoch, 2 F. 6 Z. breit.

78.* *Derselbe.* Gleichnissrede *Jesu* vom *verlorenen und wiedergefundenen Groschen* (Lucas, 15, 8. 9.).

Die Drachme (oder „*Groschen*" nach *Luthers* Uebersetzung) liegt in einer ausgesprungenen Steinecke des Fussbodens. Gestochen von *Jos. Camerata* für das Gall. Werk. - Holz, 2 F. 1 Z. hoch, 1 F. 7 Z. breit.

80. *Derselbe.* Gleichnissrede *Jesu* vom *verlorenen und wiedergefundenen Schaafe* (Lucas 15, 4—6.).

Die Köpfe gut, doch das Uebrige der Figuren etwas fehlerhaft gezeichnet. — Holz, 2 F. 2 Z. hoch, 1 F. 7 Z. breit.

83. *Derselbe.* Parabel *Christi von dem Menschen, der ein grosses Abendmahl veranstalten wollte* und dazu viele Gäste lud, die aber unter mancherlei Vorwänden die Einladung ausschlugen, worauf er dann seine Knechte an die Landstrassen, um allerlei Gäste, Arme, Krüppel, Blinde etc. zu holen, ausschickte etc. (Lucas 14, 16 ff. vgl. Matthäus 22, 1 ff.).

Holz, 1 F. 7 Z. hoch, 2 F. 2 Z. breit.

77. *Derselbe.* Märtyrertod der heiligen *Agnes*. Mehre Engel mit Blumenkränzen und Palmenzweigen schweben über der bis zum letzten Augenblicke standhaften Jungfrau.

Nach der Legende, die zum Theil aus der 14. Hymne des *Prudentius*, theils aus dem heil *Ambrosius* geschöpft, war die h. *Agnes* eine römische Jungfrau, im 3. Jahrh., welche Christin geworden war und alle Heirathsanträge, die ihr schon im 13. Jahre gemacht wurden, ausschlug, weil sie allein *Christi Braut* sein wollte. Wunder geschahen, als man sie in ein öffentliches Bordell brachte. Der ihr aufgedrungene Bräutigam, eines römischen Consul Sohn, starb vor Gram. Man warf sie aus Erbitterung in's Feuer, doch dieses liess sie unberührt, und so schnitt man ihr endlich den Hals durch. Selbst der Aberglaube des Volks beschäftigte sich vielfach mit dieser Heiligen und ihr Fest ist eines der ältesten in der Kirche, das man besonders zu Rom feierlichst, im 21. Januar, beging. Ihr Hauptattribut ist das schuldlose Lamm *(Agnus)*. — Dass sie den Märtyrertod in Rom litt, deutete der Künstler durch den Träger des *Vexillum* mit *S. P. Q. R.* (der römischen Reichsdevise) an. Das Costum ist freilich nicht römisch. — Holz, 2 F. 1 Z. hoch, 1 F. 7 Z. breit.

14. Schule des *Botticelli (Sandro)*, gen. *Filippi* oder *Filipepi* (angeblich). Die *Galateia*, eine der 50 Töchter des *Nereus* und der *Doris*, auf einem Delphino stehend.

Ganze Figur unter Lebensgrösse. Die Nereiden, unter denen *Amphitrite*, *Thetis* und *Galateia*, welche auf den Wellen des Meeres in einer Muschel oder auf einem Delphino daherschifften, gehören dem ältern griechischen Mythenkreise an und ihre sämmtlichen Namen sind aus des Hesiod Theogonie bekannt; doch das Verhältniss der *Galateia* zum *Polyphem*, der seinen Nebenbuhler *Acis* verfolgte und vertilgt haben würde, wenn ihn *G.* nicht in die *Acilische Quelle* verwandelt hätte, ist ein späterer sicilianischer Mythos. Auch *Albano* hat in zwei verschiedenen Gemälden die *G.* verherrlicht, von denen nur noch eines in der Gall. ist (No. 474), sowie sie *Claude Lorrain* in seiner sicilianischen Küstenlandschaft (No. 635) mit ihrem Geliebten, *Acis*, im Vordergrunde angebracht hat, während der einäugige *Polyphem* auf dem Berge bei seiner Heerde ruht. Die berühmteste *Galateia* ist die von *Rafael* in der Farnesina. — Holz, 4 F. 4 Z. hoch, 2 F. 3 Z. breit.

Seite dem Fenster gegenüber:

143. *Mazzuoli (Francesco)*, gen. *Parmeggianino* oder *Parmesano*. Auf einem durch Marmorstufen erhöhten Throne sitzt die *Madonna* mit dem ihr zur Seite stehenden *Jesusknaben*. Vor ihr knieet der Knabe *Johannes*, der sein Agnus-dei-Fähnchen auf die Stufen gelegt, dem kleinen Freunde eine Blume reicht. Hinterwärts neben der Madonna knieet der heil. *Franciscus*, während im Vordergrunde links der heil. *Sebastian*, dessen Märtyrer-

krone und Palme auf der Stufe vor ihm liegen, mit auf den Rücken gebundenen Händen und einem eingeschossenen Pfeile vor der *Madonna* steht.

Figuren unter Lebensgrösse. Leider leidet dieses B. an gewaltigen Verzeichnungen, besonders die Figur des *Johannesknaben*, und überhaupt ist die ganze Ausführung des B., womit auch mehre Kunstkenner, namentlich *von Quandt*, einverstanden, matt, indem dieser in seiner Uebersetzung des *Lanzi* (II. S. 329 Note 41.) ausdrücklich davon sagt: „*ein entsetzlich manierirtes Bild, welches man doch ja nicht mit Correggio's Sebastian verwechsele.* — Gestochen für das Gall.-Werk von *Noël le Mire*. — 6 F. hoch, 3 F. 3 Z. breit.

229.** *Palma (Giacomo)*, gen. *Palmetta* oder *Giovine, der Jüngere.* Der Apostel *Andreas* wird zu Patrā in Achaja an das Kreuz geschlagen.

Figuren in Lebensgrösse. Eigenthümlich ist die Form *(Y)* des Kreuzes; da doch gewöhnlich dieselbe einem *X* gleicht, weshalb auch bekanntlich diese Art von Kreuzen das „*Andreas-Kreuz*" genannt wird. *Andreas* war Sohn des *Jonas* (Matth. 16, 17 f.) und Bruder des *Petrus*, und mit ihm einer der Ersten, welche ihr Fischerhandwerk mit der „*Menschenfischerei*" vertauschend, Jesu nachfolgten (Matth. 4, 18 f.). Er war zu *Bethsaida* (Joh. 1, 44) geboren und anfänglich ein Schüler des *Johannes* (Ebend. v. 35, 37 und 40). Besonders wird er als Apostel von Nordgriechenland, Epirus und sogar der Scythen betrachtet. Sein Todesjahr wird 83 nach Chr. angesetzt und sein Tag ist der 30. Nov. Ausser der Kreuzigung haben die Künstler (z. B. *Domenichino*) auch die *Geisselung des Andreas* dargestellt. Eine der ältesten Darstellungen der Kreuzigung befindet sich auf der aus Constantinopel stammenden Thüre von *San Paolo* ausserhalb Roms. — Das B. kam für 2000 Livres aus dem Nachlasse des *de Brays* zu Paris. — Leinw., 5 F. 10 Z. hoch, 7 F. 11 Z. breit.

79.** *Feti (Domenico).* Der Hirt *David* ruht als Sieger, auf einer Erhöhung sitzend, von dem Kampfe mit dem riesigen Philister *Goliath* aus.

Figur in Lebensgrösse. Der Künstler hat den *David* mit ziemlicher Lebendigkeit in eine grössere Composition gesetzt, als es gewöhnlich von Anderen geschah. Der Moment ist unmittelbar nach dem Kampfe aufgefasst: denn *D.* führt nicht nur die Trophäen, Kopf und Schwert, sondern auch der Körper des erschlagenen Riesen liegt noch in der Nähe; ebenso bietet der Hintergrund die Aussicht auf die Flucht der Feinde und deren Lager. Doch noch grossartiger hat diesen Moment *Guido Reni* aufgefasst, von welchem Bilde die Gall. freilich nur eine gute Copie (No. 455) besitzt. Gestochen von *Jos. Camerata.*—Leinw., 5 F. 3 Z. hoch, 3 F. 11 Z. breit.

57. *Copie* nach *Rafael Sanzio* (*Carl van Mander*). Die *Madonna* mit einem Buche im Schoosse, in der Tracht einer Florentiner Bäuerin, auf einem von Blumen umgebenen Steinhügel sitzend, mit dem neben ihr stehenden *Christkinde*, und neben diesem kniet mit kindlicher Hingebung der *kleine Johannes;* in einer weiten Landschaft. — *La bella Giardiniera.* —

Figuren in halber Lebensgrösse. Dieses B. kam als Original 1748 aus der Gall. zu Prag (Einl. S. 67). Doch ward es schon von *Quarienti* als Copie erkannt. Das *Abrégé* und die *Riedel*'schen Catal. vor 1806 haben es als *Copie von einem unbekannten Meister*. Zuerst hat der *Riedel*'sche Catalog von 1806 dasselbe als *Copie* von *Carl von Mander* aufgeführt, welcher Annahme man bis auf die neueste Zeit gefolgt ist. Das Original, welches unter dem Namen „*La bella Giardiniera*" bekannt und jetzt im Louvre zu Paris ist, ward höchst wahrscheinlich von *Rafael* um 1508 zu Florenz gemalt, wiewohl am Saume des Gewandes 1517 stehen soll. Nach *A. Constantin* (*Notice sur un Dessin de Raffael, Rom 1841.* 8[a]) befand sich im Besitze des Herrn *Gigli* zu Rom eine Zeichnung, welche das Motiv zur *Madonna del Cardellino* und *Bella Giardiniera* enthält. — Man bewundert namentlich an dem Original, das freilich durch eine Copie nie vollkommen vertreten werden kann, am wenigsten durch diese, welche überdiess noch in den Lasuren der Körper beider Kinder gelitten haben mag, die himmlische Einfalt der Madonna, aus deren Augen eine klare reine Seele zu ihrem Liebling herabschaut. Der kleine Christus blickt dagegen mit seinem seelenvollen, geistverrathenden dunkeln Augenhaare zur Mutter so herzinnig fragend empor, während der gemüthvolle Johannesknabe seine Betrachtungen über das Jesuskind zu haben scheint. Der Faltenwurf verräth noch etwas die Schule des *Pietro Vanucci.* Das azurblaue Oberkleid soll jedoch *Ridolfi Ghirlandajo* nach *Rafaels* Abreise von Florenz erst noch vollendet haben. Einige wollen in diesem Werke *Rafaels* den Einfluss seines Florentiner Freundes, des *Fra Bartoloméo di San Marco*, erkennen, dessen Manier in der Malerei nach *Vasari* auch *Rafael* nachzuahmen suchte; namentlich in dem Kopfe der Madonna, weil er dem Kopfe der Madonna in einem Bilde des *Fra Bartoloméo*, welches in London Lord *Clive* besass und von *Volpato* gestochen ward, sehr ähnelt, nur dass der *Rafaels* weit milder und lieblicher ist. Stiche sind von *Chevreau* und *Desnoyers* bekannt. Der Copist d. B. ist aus der flandernschen Schule, geb. zu *Meulebecke* bei Courtray, 1548. Er war, genau genommen, weniger hervorragender Künstler, als Dichter und Schriftsteller. Er lebte mehre Jahre in Italien, allein 3 Jahre in Rom, und malte namentlich römische Bauwerke und italienische Landschaften, die sehr geachtet sind. Der Ausbruch des Kriegs vertrieb ihn aus seiner Vaterstadt und er floh mit Familie nach *Brügge;* doch auch hier nicht mehr sicher, ging er nach *Holland* und liess sich in *Harlem* nieder, wo er eine Akademie eröffnete und italienischen Geschmack auf holländischen Boden verpflanzte. *Descamp* sagt von ihm: „er war ein guter Maler, ein guter Dichter, ein aufgeklärter Gelehrter, kritischer Philosoph und vorzüglich rechtschaffener Mann." Er starb 1606 in *Amsterdam*, wohin er 1604 sich übersiedelt hatte. Sein verdienstlichstes literarisches Werk ist sein *Malerbuch*. — Lithographie von *Franz Hanfstängl*. Das Original ist nur 3 F. 7 Z. hoch und 2 F. 11 Z. breit, während die Copie 4 F. 4 Z. hoch und 2 F. 11 Z. breit ist.

261.** & 262.** *Da Ponte (Leandro)*, gen. *Bassano*. Portraits des venetianischen Dogen *Pasquale Ciconia* und seiner Gemahlin.

Kniestücke in Lebensgrösse. Seit etwa 1848 sind erst beide Bilder durch *Matthäi* in der Gall. wieder vereint worden, während früher das Portrait der Gemahlin sich in der Doubletten-Gall. befand. Das Geschlecht *Ciconia* oder *Cicogna* (Storch) war ein altes berühmtes venetianisches Adelsgeschlecht und gelangte 1381 durch die Verdienste des *Marco C.* im genueser Kriege zum Patriciate. Der vorzüglichste dieses Geschlechts aber war *Paschalis* oder *Pasquale C.*, der erst Gouverneur von *Candia*, das er gegen die Türken glücklich vertheidigte, war, und, nachdem er noch mehre der vorzüglichsten Stellen in der Republik bekleidet hatte, im August 1586 zum Dogen *(Ducato)* erwählt ward. Er war der Erbauer der *Rialtobrücke*, der Feste *Palma nuova* in Friaul und der Befestiger von *Cephalonia*, und starb 1594. Als *Podesta* von *Padua* hat ihm das Volk eine broucene Statue errichtet. Auf No. 261 ist der Hintergrund der Markusplatz zu Venedig und auf beiden B., welche 1744 durch *Vent. Rossi* aus der *Casa Grimani Calergi* zur Gall. kamen, ist die Bezeichnung: „*LEANDER BAS. FECIT*". — Leinw., 4 F. 9 Z. hoch, 3 F. 11 Z. breit.

40.** *Vanni (Francesco) da Siena*. Die *heilige Familie* in einer gebirgigen Landschaft. *Maria* sitzend, das *Christkind* auf dem Schoosse haltend, welches die Händchen nach seinem kleinen Freunde *Johannes* ausstreckt, den

Elisabeth knieend auf ihrem Schoosse hält, während links *Joseph* stehend beide Hände auf einen Stab gestützt hat.

Figuren in ¦ Lebensgrösse. *Vanni*, 1565 zu *Siena* geboren, gehörte zwar der Florentinischen Schule an und war von mehren Meistern, besonders *Facini* und *Mirandola*, gebildet, strebte aber später dem *Correggio*, sowie dem *Ann. Carracci* nach, und seine Manier ward endlich der des *Baroccio* ähnlich. Sein gerühmtestes Bild ist „*Simon der Zauberer*" im St. Peter zu Rom. *V.'s* liebenswürdiger Charakter zeigt sich auch in seinen Bildern. Er zeichnete im Ganzen gut und sein Colorit ist angenehm, besonders verwendete er auf Köpfe, Hände und Füsse viele Sorgfalt. Namentlich stand er mit *Guido Reni* in freundschaftlicher Verbindung. Dieses einzige B., welches die Gall. von *V.* besitzt, ist unbedingt unserer Beachtung werth und gewann durch *Palmaroli's* und *Renner's* Restauration. Stich von *Pierre Etienne Moitte* für das Gall.-Werk. — Leinw., 4 F. 5 Z. hoch, 3 F. 9 Z. breit.

Linke Seite vom Fenster:

294.** *Caliari (Carlo)*, gen. *Carletto*. Ueberlistung der *Leda* durch den *Jupiter-Schwan*.

Figur unter halber Lebensgrösse. Der Künstler weicht in seiner Darstellung dieses Mythos (vgl. No. 20 Saal B Seite 139.) ganz von der gewöhnlichen Annahme dadurch ab, dass er den Act im *Torus* scheinbar einverstanden vor sich gehen lässt, während nach der Mythe diese seltsame Ueberlistung doch bei Gelegenheit des Badens im Flusse geschah. Als Modell zur Leda diente die bekannte in *Paolo Veronese's* Bildern häufig vorkommende lombardische schöne Blondine (mit dem Perlenschmucke im Haupthaare), die wahrscheinlich *Carletto's* Frau war. Uebrigens muss der Künstler einen Schwan als Modell gehabt haben, der entweder in dem Mausern begriffen war, oder er mag sich ihn vom Wasser sehr durchnässt gedacht haben. Das B., das einen ziemlich gewandten Pinsel beurkundet, eine gute Beleuchtung hat, und in der Behandlung des Torale, sowie der Lagerdecke viele Technik verräth, kam 1744 durch *Vent. Rossi* aus der *Casa Grimani Calergi* in Venedig zur Gall. Freilich ist die Auffassung im Vergleiche zu der des *Michel Angelo* (No. 20) eine kleinliche zu nennen. — Es war von 1801 bis 1830 nicht in der Gall. — Leinw., 3 F. 9 Z. hoch, 3 F. 3 Z. breit.

22.*** Schule des *Michel Angelo Buonarotti*. — Ein *geistlicher Ketzer*, der mit Ketten an einen Baumstamm gefesselt ist, während zu seinen Füssen brennende Scheite liegen. Im Hintergrunde die Ruine eines Amphitheaters und anderer Gebäude.

Figur in Lebensgrösse. Dieses B., zu dem die Figur aus dem „*Jüngsten Gerichte*" des *Buonarotti* entnommen zu sein scheint, erinnert uns an den Feuertod des *Arnold von Brescia*, der als ausgezeichneter, freisinniger Geistlicher (ein Schüler des *Abälard*) und kühner Redner gegen den Verfall des Kirchenthums und die Entartung des Klerus (1139) aus Frankreich flüchten musste und den der Bannstrahl Papsts *Innocenz II.* traf. Nachdem (1144) er namentlich als Gegner der ausgearteten Geistlichkeit selbst in Rom aufgetreten, die Einwohnerschaft sich sogar für ihn erklärt und Papst *Adrian IV.* deshalb das Interdict über die Stadt ausgesprochen hatte, ward er aus Rom flüchtig, in Campanien ergriffen, nach Rom zurückgebracht und daselbst als Rebell und Ketzer verbrannt. — Sollte der hier dem Feuertode Preisgegebene einen Märtyrer vorstellen, so würde der Maler ihn gewiss nicht so allein hingestellt haben, sondern noch einen über ihm schwebenden Engel mit Palme, oder doch wenigstens einen Heiligenschein angebracht haben. Auch hätte der Maler, wollte er einen heil. Märtyrer darstellen, ihn gewiss nicht in so convulsivischer Stellung, sondern Gott ergeben, seine Marter duldend aufgefasst. Uebrigens ist die Zahl der Märtyrer, welche den Feuertod erlitten, sehr gross und unter ihnen sind *Apollinaris von Ravenna, Donatus, Bathus, Lazarus etc.* die vorzüglichsten. — Sehr gut ist die Anstrengung dargestellt, welche der Gefesselte kundgiebt, um die Füsse durch gewaltsames Heranziehen der Beine von den brennenden Scheiden zu entfernen. Auch *von Quandt* hält dafür, dass die Figur aus dem jüngsten Gerichte des *Michel Angelo* entlehnt, wo ein Auferstehender, um dessen Hände ein Paternoster geschlungen, zum Orte der Seeligen hinangezogen wird. Er sagt: „Man muss die meisterhafte Zeichnung der Figur bewundern, welche uns einen Begriff von der gewaltigen Kraft der Phantasie *Buonarotti's* giebt, allein den Copisten (Nachahmer?), unerachtet seiner Kunstfertigkeit, bedauern, einen grossen Meister missverstanden zu haben, denn es ist eine ganz natürliche Bewegung, die Beine heranzuziehen, in der Meinung, das Gewicht des Körpers zu erleichtern, wenn jemand an den Händen in die Höhe gehoben wird, und dagegen ganz unmöglich, beide Beine aufwärts zu bewegen, wenn solche mit Ketten an einem Pfahle befestigt sind." Darauf ist allerdings zu erwidern, dass die von *von Quandt* aufgestellte Theorie sehr wahr, dass aber bei einem auch deshalb gefesselten Körper die durch die Noth erzwungene Praxis doch am Ende anders ausfallen dürfte. Uebrigens erscheint der Mittelkörper, welcher bereits von den leckenden Flammen berührt wird, eingesunken, ein Beweis, dass sich der Maler den Ober- und Unterkörper in den letzten convulsivischen Kraftanstrengungen gedacht haben mag. Die Vermuthung, dass *Buonarotti's* nicht eben geistreicher und dabei unentschlossener Schüler, *Daniello da Volterra*, der bekanntlich die nackten Gestalten des jüngsten Gerichts auf Befehl Sr. Heiligkeit mit Gewandung überdecken musste (weshalb er auch spöttisch „*il brachetone*", der Hosenmacher, oder „*il Calzajuólo*", Strumpfwirker, genannt), dieses Bild gemalt habe, konnte natürlich *von Quandt* nicht theilen. — Das *Abrégé* und ältere Catal., sowie auch die von *Demiani*, 1817 etc., führen es sogar als *Originaal des Buonarotti* auf. Die Catal. 1801 bis 1812 bezeichnen es dagegen als „von *Buonarotti* erfunden und von *Bronzino* copirt." — *Matthäi* hat endlich „*Schule des Buonarotti.*" — Eines der 69 Gemälde, die aus der Gall. zu Prag 1748 angekauft wurden (vgl. Einl. S. 67). — Leinw., 6 F. 7 Z. hoch, 3 F. 3. Z. br.

227. ** *Palma (Giacomo), Giovine.* Die Jungfrau *Maria* wird im zwölften Jahre ihres Alters von ihren Aeltern in den Tempel gebracht.

Figuren in Lebensgrösse. Sowie die Archäologen über das Altersjahr der *Maria*, in welchen sie im Tempel dargestellt worden sein soll, nicht einig sind, während von Einigen das 3., von anderen das 12. Jahr angenommen ward, und noch weniger gewiss ist, ob überhaupt diese durch keine canonische Schrift verbürgte „*Darstellung*" wirklich stattgefunden hat, ebenso haben auch die Künstler über die Art der Darstellung und die körperliche Ausbildung der *Maria* nicht gleiche Ansicht gehabt. Denn während Einige sie als niedliches Mädchen (z. B. Cima No. 196) vorführen, haben Andere sie als fast ausgebildete Jungfrau dargestellt. Die Kirche bezeichnet diesen Act auch als „*Mariä Opferung*" (später als *Praesentatio Beatae Mariae Virginis*) und der 21. Nov. ward als ihr Gedächtnisstag gefeiert. Zu Constantinopel wurde dieses Fest schon 730 begangen, während die abendländische Kirche es erst 1374 eingeführt hat. Die gewöhnliche Annahme ist, dass *Maria im 3. Jahre* bereits und zwar *ohne geführt zu werden*, die Stufen des Tempels hinaufgestiegen und vom Priester *Zacharias* Gott geweihet, sowie in das Allerheiligste geführt worden, wo sie bis zum 12. Jahre unter den Priestern geblieben sei. *Gelaleddin* erzählt sogar, dass *Maria* in *einem Tage* so viel wuchs, als andere Kinder *in einem Jahre*. *Gregor von Nyssa* bezweifelt das Factum und sagt, dass ein Weib unter Priestern im Tempel lebe und im heiligen Hause gesehen werde, liess weder Gesetz noch Anstand zu. Das „*Evangelium von der Geburt der Maria*" giebt das 14. Jahr als die Aufnahmezeit an, ebenso eine Handschrift des „*Vorevangeliums Jacobi*". Ersteres lässt endlich *Maria* nur durch Engel gespeist werden: denn die Speise, welche sie von den Priestern im Tempel empfing, vertheilte sie unter die Armen. Am Meisten irren aber die Künstler in dem Ceremoniell, das sie ganz dem katholischen Ritus entnommen haben. Sie geben ihr gewöhnlich eine *Wachskerze* (bei den Juden noch unbekannt) in die Hand, ja, öfter sogar eine *Krone* auf das Haupt, und lassen sie vom Hohenpriester, der in den Feierkleidern (?) und von Leviten mit Rauchfässern, Windlichtern etc. umgeben erscheint, auf einer 12 Stufen hohen Stiege (?) empfangen werden. Von allem Dem ist freilich im mosaischen Ritus und in der Beschaffenheit des Tempels zu Jerusalem keine Spur, und die davon vorhandenen apokryphischen Notizen sind wohl eigentlich blos als ein erfundenes Seitenstück zu dem Erscheinen des 12jährigen Jesus im Tempel zu betrachten. — Uebrigens ist zu bemerken, dass im Orient ein Mädchen von 12 Jahren bereits *eine völlig ausgebildete Jungfrau* ist. — Das B. kam 1746 aus Modena zur Gall. — Leinw., 6 F. 6 Z. hoch, 12 F. 6 Z. br.

81.* *Feti (Domenico).* Der heilige *Sebastian* an eine Säule gebunden, in seinen Unterleib ist bereits ein Pfeil geschossen.

Figur in Lebensgrösse. Dieses B., das 1741 durch *Vent. Rossi* aus der *Casa Contarini* zu Venedig um 200 Thlr. für die Gall. angekauft ward, weicht allerdings in der Behandlung etwas von *Feti's* gewöhnlicher Manier ab. Doch wenn man bedenkt, dass er in Mantua sich besonders den *Giulio Romano* zum Muster nahm, so können wir wohl die alte vielleicht nicht ohne Ursache gegebene Bezeichnung des Bildes lassen, und möchten nicht, wie *J. Hübner* gethan, ein (?) dabei setzen. — Leinw., 6 F. 2 Z. hoch, 3 F. 10 Z. breit.

312.*** *Turchi (Alessandro)*, gen. *L'Orbetto.* Der sieggekrönte *David* mit seinen Trophäen, dem Kopfe und dem Schwerdte des riesigen Philisters *Goliath.*

Kniestück in Lebensgrösse. *Turchi*, der von ganz niedriger Herkunft gewesen sein und seinen Spitznamen *l'Orbetto* daher haben soll, dass er als Knabe den Führer eines *blinden Bettlers*, der vielleicht gar sein Vater war, abgegeben, war 1582 zu *Verona* geboren, erhielt den ersten Unterricht von *Ricci*, bildete sich aber später nach *Correggio, Guido Reni*, sowie auch *Ann. Carracci* aus. Er war ein fertiger Zeichner, dabei guter Colorist, aber liebte es *nicht*, sich erst Cartons und Farben-Skizzen zu seinen Bildern zu machen, sondern malte meist, so zu sagen, *Prima vista*, was man allerdings ihm zum Vorwurfe gemacht hat. *Lanzi* nennt ihn einen *anmuthigen, artigen Maler, der besonders in den Tinten eigenthümlich Schönes hat*, und leitet seinen Beinamen „*l'Orbetto*" von seiner Gewohnheit, *mit den Augen zu blinzeln*, her. Auch wird *Brusasorci* als einer seiner Meister genannt. Die bekleideten Figuren sind auch besser als die nackten, obschon ihm eine sehr lebhafte und weiche Carnation nicht abgesprochen werden dürfte. Dass er übrigens so schöne Farben hat, soll darin seinen Grund haben, dass er sich selbst mit Bereitung derselben grosse Mühe gab und sogar Chemiker dabei zu Rathe gezogen haben soll. *T.* hat uns allerdings in diesem B. einen *David* vorgeführt, den wir eher für einen *Falkenier* des 17. Jahrhunderts ansehen könnten, wenn er nicht seine aus Hasengarn geflochtene Schleuder am Gürtel hängen hätte und die mächtigen Trophäen trüge. Uebrigens erinnert uns dieser unbedingt etwas zu sehr neucostumirte und mit einem Pelzbarette versehene *David* mehr an die Geschichte des *Martino Tamayo*, der als spanischer Soldat unter Kaiser *Karl's* V. Heere in Deutschland diente, und vor *Ingolstadt*, wo das Heer des schmalkaldischen Bundes dem kaiserlichen dicht gegenüber stand, den riesigen protestantischen Hellebardier, der täglich vor das Lager herausschritt und wie *ein zweiter Goliath* den Tapfersten von des Kaisers Heere zum Kampfe herausforderte, jedoch ganz gegen des Kaisers strengstes Verbot erlegte, sodann mit dessen Schwerte und Kopfe in's Lager zurückkehrte und, beides zu des Kaisers Füssen hinwerfend, um sein Leben bat, was er allerdings durch sein eigenmächtiges Handeln verwirkt hatte. *Karl* consequent verdammte ihn auch zum Tode, als aber die spanischen Regimenter beim Beginne der Execution revoltirten, sah sich der Kaiser doch genöthigt, dem *David der Neuzeit* das Leben zu schenken *(Histoire du Duc d'Alba.).* — Das B. war unter *Friedrich August* I. als „unbekanntes Original" im königlichen Palaste zu Warschau und kam nach 1722 zur Gall. Lithogr. von *Franz Hanfstängl.* — Leinw., 4 F. 6 Z. hoch, 4 F. 1 Z. breit.

313.* *Turchi (Alessandro).* Der trojanische Königssohn *Paris* giebt als Hirt *Alexander* auf dem Berge Ida sein Urtheil zu Gunsten der *Venus,* gegen *Juno* und *Minerva,* wegen des von der Eris unter die Hochzeitsgäste des Peleus geschleuderten Apfels mit der Inschrift „*der Schönsten*", ab. (Vgl. S. 49 No. 320.)

Der Moment ist eben eingetreten, wo *Paris* das Urtheil fällt; er reicht der *Venus* den goldenen Apfel, den diese wie ein Schulmädchen, das die erste Prämie erhält, kaum anzunehmen sich getraut, während *Juno* beleidigt bei Seite schreitet und *Minerva* verdrüsslich Anstalt zum Ankleiden macht. Selbst das Gesicht der zum Schildbuckel der *Athene* verdammten *Gorgo Medusa* zieht ein schiefes Maul. *Merkur* spendet dem *Paris* sein Lob. *Amor* scheint Fliegen zu fangen und, wie er, sind auch die Schäfchen des schönheitsrichtenden Hirten indifferent geblieben. Von diesem Bilde gilt, dass dem *T.* die unbekleideten Figuren weniger gut gelungen sind, wiewohl sie nicht eben einen directen Tadel verdienen. Das B. kam aus der Sammlung des Senator *Isolani* zu Bologna zur Gall. — Holz, 2 F. 1 Z. hoch, 3 F. breit.

502. *Mola (Pietro Francesco)*, gen. *Pierfrancesco di Como*. Die *Hero*, Priesterin der Aphrodite im Tempel zu Sestos, beim gestrandeten Leichname ihres im Meere ertrunkenen Geliebten, *Leander*. Im Mittelgrunde der Thurm, in welchem *Hero* mit ihrer Sclavin des Nachts die Leuchte für den schwimmenden *Leander* unterhielt, und im Hintergrunde das vom Sturme erregte Meer.

Der in *Cesari's* Schule gebildete *M.* war zu *Como* 1612 geboren, und bildete sich dann in Venedig namentlich nach *Albano* und *Guercino* aus. Er war vorzüglich in der Landschaft, und in den Figuren zeigt er sich als ein Nachahmer des *Albano*. Die altgriechische Sage von dieser Priesterin zu *Sestos* an der Küste des thracischen Chersonesos, welche der alte griechische Dichter *Musaios* in einem besondern epischen Gedichte uns überliefert hat, ist folgende. *Hero* hatte am Feste der Venus dem *Leander*, aus dem Sestos gegenüber an der asiatischen Küste liegenden Abydos gebürtig, ewige Liebe und Treue geschworen, und dieser schwamm seitdem allnächtlich über den Hellespont zu seiner Geliebten, welche in einem Thurme am Gestade wohnte. Bei einem heftigen Sturme erlosch die dem *Leander* aufgesteckte Leuchte. Der Geliebte verlor die Richtung, ermattete endlich und ertrank. Beim Anbruch des Morgens hatte das Meer unterhalb des Thurms den Leichnam *Leander's* an's Ufer geworfen. Alsbald dies *Hero* sah, stürzte sie sich vom Thurme und starb auf dem entseelten Körper ihres Geliebten. — Der Künstler ist allerdings in seiner Composition etwas aus der Poesie herausgerathen; der Thurm ist zu entfernt, einige Männer, die wahrscheinlich zu den geankerten Schiffen gehören, aber das Poetische der Handlung stören, tragen den geliebten Leichnam an's Ufer, und *Hero* eilt zwar bestürzt, doch scheinbar noch unentschlossen, ob sie dem Geliebten im Tode nachfolgen soll, herbei, während die über der Gruppe schwebenden Amoretten für *Hero* weinen und zum Ueberflusse noch einen schwarzen Flor ausgebreitet halten. — Leinw., 1 F. 9 Z. hoch, 2 F. 3 Z. br.

315.* *Turchi (Alessandro)*, gen. *l' Orbetto*. Der vom *Mars-Eber* getödtete *Adonis* wird von der *Venus* aufgefunden.

Dieses Sujet ist von der Kunst vielfach ausgebeutet, und namentlich auch von *Guercino*, sowie von *Turchi*, zwei Male verschieden behandelt worden. Während in *Guercino's* Bilde (No. 483) Amor den *Marseber beim Ohre nimmt*, lässt *Turchi* in diesem B. den *Amor die feigen Hunde des Adonis* züchtigen, und *Venus* den Leichnam durch Amoretten aufheben und Belebungsversuche anstellen. Das B. findet sich nicht in einem der früheren Catal., sondern ist erst neuerdings aus dem Vorrathe in die Gall. aufgenommen worden, .obschon es bereits 1741 aus der Sammlung des Grafen *Wallenstein* zu Dux (Einl. S. 52.) angekauft ward. — Leinw., 2 F. 4 Z. hoch, 3 F. 2 Z. breit.

244. *Lanzani (Polidoro)*, gen. *Polidoro di Venetia* oder *Venetiano*. Ein *Sposalizio*. Die *Madonna* mit dem *Christkinde* in einer Landschaft mit verfallenem Mauerwerke. Das Jesulein steckt der vor ihnen ehrfurchtsvoll knieenden heil. *Katharina* den Verlobungsring an den Finger. Neben ihnen der heil. *Andreas*.

Figuren unter halber Lebensgrösse. Der Künstler, über dessen Namen und Herkunft die Kunsthistoriker im Unklaren sind, war jedenfalls ein Schüler des *Titian*. Das *Abrégé* sagt von ihm: „*Elève de Titien, peignit ordinairement des images de Vierge & des Saints. Quoique assez bon peintre, on fit peu de cas de lui, parceque dans son tems il y eut de très grands peintres à Venise.*" Die ganze Composition zeigt von einer sehr kindlichen Auffassung des von Anderen so mannigfach ausgeführten Sujets. Das Kreuz des *Andreas* ist sehr undeutlich, mehr einem Baumstamme ähnlich. Soll übrigens etwa das Kind, das ein Engel im Hintergrunde herbeiführt, uns vielleicht daran erinnern, dass das B. ein *Exvoto* war? — Leinw., 3 F. 10 Z. hoch, 4 F. 9 Z. breit.

85. *Feti (Domenico)*. Der junge *Tobias* fängt im Flusse *Tigris* unter dem Beistande des Engels *Raphael* oder *Azaria* genannt, den *Fisch*, dessen Herz, Leber und Galle zur Heilung der Blindheit seines Vaters dienen sollten (Buch Tobias Cap. 6.).

Die Auffassung ist sehr kindlich. Der Fisch wird mittels eines dreizipflichen Tuches gefangen, und der Engel scheint selbst einzusehen, dass sich der junge *Tobias* sehr linkisch dazu anstellt. Uebrigens macht der Fisch selbst ein Gesicht, als ob er seine Dummheit, sich fangen zu lassen, nicht begriffe. Das B. ist vom Insp. *Riedel* 1742 in Prag angekauft. — Leinw., 2 F. 5 Z. hoch, 2 F. 11 Z. breit.

84. *Derselbe*. Die Parabel Jesu vom *barmherzigen Samariter* (Lucä 10, 34.).

Der Künstler hat hier den Moment aufgefasst, wo der *barmherzige Samariter* den auf dem Wege von Jerusalem nach Jericho von Räubern arg zugerichteten Mann bereits verbunden hat und ihn auf sein Saumthier hebt, um ihn in die Herberge zu bringen.

Das B. ist ebenfalls von *Riedel* in Prag angekauft. — Leinw., 2 F. 5 Z. hoch, 2 F. 11 Z. breit.

Ohne Bedenken adoptiren wir jetzt *von Quandt's* Worte: „Wir verlassen nun dieses Zimmer und treten durch die gegenüber liegende Thüre in das Allerheiligste des Museums, wo wir die *Madonna di Sisto* erblicken."

Eckflügel-Cabinet A.
(Mit einem nördlichen Seitenlichte.)

Decoration. Diese besteht hauptsächlich in der Umrahmung des mit einer Spiegelglastafel gedeckten Gemäldes von 9 Fuss 3 Zoll Höhe und 7 Fuss Breite. Der vom Hofbaumeister *Krüger* erfundene und gezeichnete, sowie hinsichtlich der Ornamente vom Bildhauer *Hauptmann* ausgeführte, altarähnliche Bau, mit Mechanismus zum Stellen, ist weiss mit Gold staffirt. Nächst dem *Namen* des Künstlers im Friese sind in den beiden Seitenfüllungen die Jahrzahlen 1483 und 1520, als Geburts- und Sterbejahr des *Rafael Sanzio*, angebracht. Freilich ist diese Aufstellung schon mehrfach getadelt und namentlich der weiss staffirte Grund der Einrahmung ungeeignet genannt worden.

Vorbemerkung: Mit grossem Rechte hat man in diesem *Allerheiligen* der Dresdener Gemäldegallerie die *Sixtinische Madonna*, die *grosse Perle* dieses Gemäldeschatzes, allein, und zugleich angemessen ihrer ursprünglichen Bestimmung aufgestellt. Wir sind nicht ganz mit *von Quandt* einverstanden, dass wir, „ehe wir näher an dieses herrliche Bild herantreten, erst Alle verscheuchen müssen, welche uns die Freude daran verleiten wollen." Der Unbefangene, gleichviel welches Geschlechtes, Alters oder Standes, wird dieses aus *Rafael Sanzio's* reiner, unbefangener Seele mittels seines durch keine Manier befangenen Pinsels auf die Leinwand gezauberte Gemälde am Besten beurtheilen, da die im tiefsten Gefühle entsprossene Idee zu dieser Composition aus allen Einzelnheiten harmonisch hervorleuchtet und wie eine sanfte Melodie auf das tiefste Gefühl des Beschauers mächtig einwirkt, ja, selbst dann auch, wenn sogar Tausende von Kunstkritikastern durch ihr Geschrei diese dem Gemälde innewohnende zauberische Gewalt des Eindruckes zu schwächen versuchten. Ja, der Unbefangene wird gewiss bei Betrachtung der berühmten *Madonna Sistina* gern in *Theodor Körner's* begeisterte Worte mit einstimmen:

> Lange hab' ich vor dem Bild gestanden.
> Mich ergriff's mit wunderbaren Slegen.
> Schöne Welten sah' ich vor mir liegen,
> Und ich fühlte frei mich aller Banden! —

Lasst uns zuvörderst das Bild selbst betrachten:

49. *** *Rafael Sanzio von Urbino.* — **Madonna di San Sisto.** — Ein einfacher grüner Vorhang enthüllt die Erscheinung der harmlosesten *Himmelskönigin*, die von leichten Wölkchen getragen und von einer durch Engelsköpfchen, welche, wie von weisslichem Lichtschimmer magisch gebildete Körper, zur Himmelsbläue der Tageshelle verschwimmen, erfüllten Glorie gleichsam umflossen ist. Sie trägt das vom *heiligsten Ernste erfüllte Jesusknäblein* auf dem linken Arme, indem sie es mit dem rechten hält, während dasselbe sich gewissermassen nur als einen unzertrennlichen Theil seiner Mutter darstellt, da ihr auch allein, nach der eigentlichen *Tendenz des Marienkultus*, die Huldigung der Heiligen gilt. — Rechts etwas abwärts knieet gleichfalls auf Gewölke der heil. Papst *Sixtus II.*, der demüthig seine Tiara neben sich auf die unterhalb abschliessende Brüstung niedergelegt hat und begeistert zu *Madonna* emporblickt, während in der Mitte der Brüstung, in ächt beschaulicher Stellung, *zwei Engelknaben*, dem Beschauer zugewendet, emporblicken und links die heilige *Barbara*, nach dem gemüthlichen Engelpaare herabblickend, ebenfalls auf Wolken in halb knieender Stellung erscheint.

Figuren in Lebensgrösse. Das *Abrégé* bemerkt: „*C'est bien dommage, que ce tableau est peint sur toile, tandis que tous ses autres ouvrages sont sur bois & c'est aussi pour cela qu'il étoit déjà fort endommagé avant d'arriver ici.* Winkelmann *prétend que ce tableau n'est pas de la plus belle maniere.*" Der Catal. von 1771 hat seltsam genug „*Papst Sixtus V.*" (?). Bekanntlich muss es wohl Papst *Sixtus II.* heissen. Es giebt nämlich *drei* heilige Päpste Namens *Sixtus.* Der *I.* soll 128 n. Chr. den Märtyrertod erlitten haben; doch sind keine historischen Zeugnisse dafür vorhanden. Der *II.* starb am 6. August 258 in Folge jenes Befehls des Kaisers *Valerian* durch das Schwert, als dieser den Christen verboten hatte, ihre öffentlichen Andachtsübungen auf den Begräbnissplätzen zu halten und festsetzte, die Bischöfe, Presbyter und Diaconen, welche dagegen handeln würden, sogleich mit dem Schwerte hinzurichten. Der *III.* starb am 18.

Aug. 440, jedoch nicht als Märtyrer, und über die Ursache seiner Heiligsprechung sind die Kirchenhistoriker noch im Unklaren. — *Sixtus II.* ist auch in den alten Kirchenkalendern der Vorzügliche; ihm folgte im Tode sein Archidiacon *Laurentius*. Während nun der Catal. 1806 den *heil. Sixtus* (sowie 1765 u. *Abrégé*) nennen, haben die Catal. von *Demiani* den Namen des heiligen Papstes verschwiegen. Uebrigens glauben die Catal. 1806 und 1812 bemerken zu müssen: *„Dieses Gemälde scheint ein Werk der Phantasie ohne Pinsel gefertigt zu sein und gränzt an das höchste Ideal griechischer Schönheit."* — Ueber die Bekleidung der *Madonna* ist zu bemerken, dass sie eine krapprothe *Sopravesta* mit Gold gestickt und einen gleichen Rock, sowie darüber einen weiten blauen Mantel und ausserdem einen italienischen Nesseltuchschleier trägt, der wie die ganze Gewandung von der Luft bewegt zu sein scheint. Der Papst ist mit den höchsten Pontificalien, mit der *Alba* oder *Sotane*, dem *Fano* oder *Ovale* und dem aus sogenanntem *brocatirten Goldstück* gefertigten *Pluviale* bekleidet, während die Stola durch das *Cingulum* gegürtet ist. Von dem Kopfe des *Sixtus* sagt *Braun*: „Sein Kopf ist voll feuriger Andacht und grosser Kraft. Um den Scheitel wallen unten noch weisse Haare, und ein wohlgeordneter, sehr natürlicher Bart schliesst den mächtigen Charakter dieses Kopfes." — Die Kleidung der h. *Barbara*, deren Attribut, der *Thurm*, zur Seite sich etwas zeigt, ist die einer wohlhabenden Römerin zu Anfange des 16. Jahrhunderts. — *Von Quandt's* neueste Auffassung dieser trefflichen Composition, die nichts zu wünschen übrig lässt, ist von wahrhaft jugendlichem Feuer durchglüht. Nach einer gründlichen, poetisch durchwürzten Charakteristik der einzelnen Figuren schliesst er mit den Worten: „So ist selbst in der künstlerischen Gruppirung und Raumvertheilung der Ideenkreis, wie im Geiste des *Rafael* in sich geschlossen, und zugleich für alle Zeiten und Confessionen jeder Beschauer mit der Vision, die eine sichtbare Offenbarung genannt zu werden verdient, in Verbindung gesetzt. Hier ist nichts blosse Anspielung, es sind keine allegorischen Figuren, diese Gestalten sind, was sie scheinen, in Wahrheit. In den Engelskindern erkennen wir die Ahnung des Ueberirdischen, in der Barbara die Holdseligkeit, in der heiligen Jungfrau die unendliche Liebe, im Christus die allwissende Weisheit und im Sixtus unerschütterliche Ueberzeugung. Ein gedankenreiches Kunstwerk, wie dieses, lässt unzählige Standpunkte geistiger Betrachtung zu, aber unstreitig liegt der christliche dem am nächsten, aus welchem Rafael die Idee bildlich aufgefasst hat" etc. Schliesslich verweisst *v. Q.* noch auf die Schrift: *H. Ulrici*. „Ueber die verschiedene Auffassung des Madonnenideals bei den älteren deutschen und italienischen Malern." — Die malerische Umrahmung der eigentlichen Handlung dieses in seiner einfachen Composition so grossartigen

Gemäldes erinnert uns vor Allem an die *Sage von dem Traume des Rafael, den er von der Himmelskönigin selbst erfiehet haben soll.*

A. Die Sagen über die Entstehung des Bildes.

Wir theilen die betreffende Stelle aus der vom Dichter *Hohlfeldt* gegebenen poetischen Bearbeitung dieser Sage mit:

> Doch jetzo gilt's, das kühnste Werk zu wagen!
> Hoch ist der Preis, den Keiner noch errang,
> Wohin noch nie sich die Begeistrung schwang,
> Welt über Sterne soll ihr Flug ihn tragen.
>   Was noch kein sterblich Aug' erschaut —
>   Das Ideal der Huld und Milde,
>   Entschleiern will er's uns im Bilde
>   Der hochgelobten Gottesbraut. —
> Erhöht ist sie, der Erde Schmerz entronnen,
> Ihr Haupt umfliesst ein Diadem von Licht
> Doch dahin reicht des Künstlers Fittig nicht; —
> Er fühlt es tief, als er sein Werk begonnen.
>   Erst wenn der Todesengel winkt,
>   Wird der, dem sich sein Herz ergeben,
>   Zu solchem Anschaun ihn erheben! —
> Er fühlt's und — Muth und Kraft — entsinkt. —
> Da drängt die Zeit, das hohe Bild zu enden;
> Der fromme Künstler betet Tag und Nacht:
> „Ach möchtest du aus jenem Sitz der Pracht
> „Nur einen Strahl in meine Dämmrung senden!"
>   Und als er so begeistert fleht,
>   Schwebt sie zu ihm in heil'gen Träumen
>   Hernieder aus den sel'gen Räumen
>   In ihrer Himmelsmajestät.
> Umgeben rings von tausend Seraphimen,
> Auf ihrem Arm den eingebornen Sohn,
> Steht sie vor ihm auf einem Wolkenthron,
> Als Königin des Himmels unter ihnen.
>   Des Ew'gen Nähe waltet hier;
>   Erhoben von der Erde Staube,
>   Verehren Liebe sie und Glaube,
>   Und Unschuld blickt empor zu Ihr.
> Mag Schlaf und Traum mit jener Nacht entschwinden,
> Die ahnungsvoll des Künstlers Ruh' umwallt —
> Sein Auge sah die göttliche Gestalt,
> Und was er sah, will er der Welt verkünden. —
>   Ein edler Sinn, ein reines Herz
>   Lässt nie zu tief zum Staub' sich nieder; —
>   Treu gab er die Erscheinung wieder
>   Und hebt uns mit sich himmelwärts. —

Diese Sage hat in der That Vieles für sich: denn stellen wir uns recht lebhaft im Geiste vor, dass durch ein Bogenfenster, welches nach italienischer Art mit einem Vorhange gedeckt ist, dessen beide, an einer Eisenstange mittels Ringen laufende Hälften jedoch zurückgeschlagen sind, uns die Erscheinung wird, so werden wir auch vor der Brüstung, auf das vor uns zugekehrt das herrliche *Engelknabenpaar in dolce far niente*, als trefflicher Bildabschluss, verharrt, den grossen Künstler, mit seinem begeisterten Traumbilde beschäftigt, schlafend vor uns erblicken.

Auch spräche für diese Sage, dass, wie man Seiten der Kunstkenner annimmt, *Rafael* dieses B. ohne vorläufige Studien und Entwürfe im freien Ergusse der Phantasie gemalt habe. — Eine andere Sage erklärt endlich, wie *Rafael* auf die Idee gekommen sei, die beiden Engel, die überdies auch mit besonderer Liebe ausgeführt sind, als Abschluss des Bildes anzubringen. Als nämlich eines Tages der phantasiereiche Künstler sein Atelier betrat, fand er zwei kräftige Knaben in einer Stellung vor dem Bilde, welche zeigte, wie sie so ganz in der Anschauung desselben versunken waren. Augenblicklich fand er, dass er eigentlich durch diese Gruppe die Leere des untern Raumes im Bilde ganz passend ausfüllen könne. Er bat in seiner gewohnten Liebenswürdigkeit die Kinder, ruhig in der angenommenen Stellung etwas zu verharren, und machte sofort Anstalt, sie in dieser Situation als Studie zu skizziren.

B. *Die Fornarina angeblich als Madonna.*

Was endlich die Sage von der „*Fornarina*" betrifft, welche zur *Madonna* als Modell gedient haben soll, was auch durch Bildnisse von ihr bestätigt zu sein scheint, so müssen wir uns darüber im Interesse des Beschauers etwas ausführlicher verbreiten. — Im Ganzen ist von dem Privatleben *Rafael's*, des ersten der Künstlerfürsten, nur sehr wenig aufgezeichnet worden, und selbst *Vasari*, der seiner Zeit am nächsten stand, und namentlich mit *Rafael's* Schülern genauer bekannt war, hat nur äusserst wenig darüber mitgetheilt. Selbst nicht viel mehr und Vieles mit *Vasari* sogar übereinstimmend enthält die von *C. R. Riccio* zu Mailand in einem alten Codex des 16. Jahrhunderts, der ursprünglich aus der *Certosa* zu *Pavia* stammte, aufgefundene Lebensbeschreibung des *Rafael*, welche 1790 *Angelo Comolli* zu Rom herausgab, und von Einigen dem *Giovanni di Casa*, von Anderen dagegen dem *Paolo Giovio* zugeschrieben wird. Beide Biographen stimmen aber namentlich darin mit einander überein, *dass Rafael in einem innigen Verhältnisse zu einer Römerin von ganz niederm Herkommen stand, deren Familienname aber leider nicht bekannt geworden ist.* Sie lebte einzig unter dem Namen, der von ihres Vaters *Gewerbe* (Bäcker = *Fornajo*) entnommen war, desto sicherer im Munde des römischen Volkes als „*Fornarina*", d. h. *die Tochter eines Brotbäckers*, fort. Als Geliebte des grossen *Rafael* erhielt die *Fornarina*, die durch ihre wunderbare Schönheit auf das Herz und Gemüth des Fürsten der Künstler einen so mächtigen Einfluss ausübte, einen ehrenvollen Platz neben der *Beatrice* des *Dante*, sowie neben der *Laura* des *Petrarca*, und ihre zauberreiche Gewalt auf *Rafael's* spätere Kunstentwickelung ist sogar von mehren als der *Anfangspunkt einer neuen Aera der Malerei*, wo diese zuerst das *Ideale im Realen* auszuprägen begann, bezeichnet worden. Ja, man hat selbst

Eckflügel-Cabinet A.

behauptet, dass *Rafael eine Verkörperung der Idee für die künstlerische Darstellung der Madonna und heiligen Frauen so lange vergebens gesucht habe, bis er zum ersten Male der Fornarina in einem abgelegenen Stadttheile Roms, welches er bei seinen unermüdlichen Nachforschungen nach Alterthümern zu durchwandern pflegte, begegnete.* — Der wahre Name der Angebeteten des *Rafael* ist auf die Nachwelt leider nicht gekommen, doch das Haus, in dem sie vielleicht geboren und erzogen, oder in welchem sie doch wenigstens zu der Zeit bei ihren Aeltern gewohnt, als *Rafael* ihre erste Bekanntschaft gesucht, bei ihr oft stundenlang zum Aerger des päpstlichen Finanzministers *Agostino Chigi* am *Bäckerladen* verweilte und seine schönsten Morgenstunden in dem Anschauen seines gefundenen Ideals verbrachte, ist noch vorhanden: es heisst fort und fort im Munde jedes Römers die „*Casa Fornarina.*" — Nahe der Brücke und dem Thore, das nach der *Strada Balbi* führt, in einem der am wenigsten besuchten Quartiere Roms, wohin sich selten nur ein Fremder verirrt, befindet sich, in einer einsamen, so zu sagen verlorenen Gasse, ein kleines Häuschen, dessen äusseres, geringfügiges Ansehen schon von hohem Alter zeigt, auch seit Menschengedenken als ein *Bäckerladen* benutzt worden ist, über dessen Thüre seit undenklicher Zeit eine steinerne Platte mit der Inschrift: „*CASA. FORNARINA*" (das Haus der Bäckerstochter) angebracht ist, und von ihm erzählt das Volk jedem Reisenden, der, um diese *Casa* zu sehen, sich in diesen stillen Stadttheil führen lässt, dass in diesem Häuschen einst die vom *Rafael wie eine Gottheit verehrte namenlose Schönheit* gewohnt habe. — Dieses Mädchen war gleichsam der gute Genius des Künstlers, sie schwebte stets vermittelnd zwischen ihm und den seiner Phantasie entsprossenden Kunstgebilden. Denn ausserdem, dass er wiederholt ihr Portrait malte, gewährte die *Fornarina* das Modell zu seinen vorzüglichsten Frauengestalten, namentlich zur *Galateia* in der Farnesina, zur *heil. Katharina* in der Gall. *Pitti* zu Florenz, zur *heil. Cäcilie*, und endlich auch noch zu der im Vordergrunde der „*Verklärung*" knieenden Frauengestalt (?), die ein Kind auf das Wunder aufmerksam macht. Als *wirkliche Portraits der Fornarina* werden dagegen folgende bezeichnet: in einem Pavillon der Gärten des Palastes *Borghese* in Fresko; ein anderes befand sich früher in der *Gallerie Borghese*, das Hauptportrait ist im dritten Zimmer des *Palastes Barberini*, das *Ramdohr* komischer Weise „das Bildniss der *Furnerina*" nennt. Dass es vom *R.* selbst gemalt, scheint zu beweisen, dass sein Name auf dem Armbande angebracht ist. *Ramdohr* bemerkt übrigens: „die Person, die es vorstellt, ist nicht schön, und hat einen ziemlich materiellen, obgleich wahren Charakter. In der Bestimmtheit der Contouren erkennt man den grossen Zeichner wieder. Aber vielleicht sind sie nicht genug verschmolzen. Das Colorit hat sehr verloren.

Gerade gegenüber ist eine *Copie dieses Bildes*, die man dem *Giulio Romano* zuschreibt. Fast dürfte sie zu schlecht für diesen Meister sein." — Dieses Bild zeigt eine bis zum Gürtel nackte Gestalt, die auf ihrem Schoosse ein feines, durchsichtiges Gewand erhebt, während sie unter Blumen in einem Bosquet sitzt und eine einem Turban ähnliche Kopfbedeckung trägt. Eine Italienerin mit edelen, üppigen Formen, von etwas bräunlichem Teint. Die Nase ist etwas breit, die Augen sind dunkel und gross, sowie voller Leben, die Stirn ist hoch gewölbt, das Haupthaar hellbraun, fast in's Gelbliche spielend. — Ausserdem befindet sich in der *Tribune zu Florenz* ein Portrait, das man ebenfalls dem *Rafael* hat zuschreiben wollen und für das der „*Fornarina*" ausgab; doch dies soll, nach der „*Revue Brittanique*", nur eine Erfindung des *Raphael Mengs* sein, der dieses Bild durch Kupferstich vervielfältigen liess, und es damit versucht haben soll, dem Stiche ein Ansehen zu verschaffen. — Die theils der Volkssage entnommenen, theils bei mehren Biographen vorhandenen Nachrichten über die Zeit der ersten Bekanntschaft *Rafael's* mit der *Fornarina* und das Verhältniss des Künstlers zu diesem weiblichen Wesen, das so ausserordentliche Gewalt auf ihn ausgeübt haben soll, sind, genau genommen, schwer zu vereinbaren. Wir wollen zuvörderst die in dem Volksmunde lebende Sage verfolgen. Diese setzt das Jahr 1508 (?) an, wo *Rafael* auf dem Wege zum *Agostino Chigi*, welcher sogar in freundschaftlichen Verhältnissen zu ihm stand, und dessen Palast und Kapelle er mit Gemälden zu schmücken begonnen, die *Fornarina* zuerst erblickte, grade als sie im Bäckerladen ihres Vaters kleine Brötchen *(pagnotte)* zum Verkauf auslegte. Der Künstler vergass über diese Erscheinung seine begonnenen Fresken und seine weiteren Entwürfe für *Chigi*. Keine Bitten und freundschaftlichen Ermahnungen *Chigi's*, welcher der Fortsetzung und endlichen Vollendung des begonnenen Werkes mit wahrer Ungeduld entgegenharrte, richteten etwas beim *Rafael* aus. Denn die Besuche, welche dieser alltäglich am Bäckerladen abstattete, wurden immer häufiger und anhaltender. Der alte Finanzmann *Chigi* gerieth über das längere Aussenbleiben *R.'s* fast in Verzweiflung, und zürnend bestürmte er ihn, doch wieder an das Werk zu gehen. Da er fort und fort tauben Ohren predigte, sann *Chigi* endlich auf ein Mittel, seinen geliebten *Rafael* wieder zu gewinnen und zu sich zu führen. *Ch.* begab sich zur *Fornarina* und lud sie ein, in seinem Palaste zu wohnen, welche Einladung sie auch sofort annahm. — Von diesem Beginnen des *Chigi* redet *Vasari* (II. 122.) gleichfalls. — *Rafael* war mit dieser Veränderung ebenfalls zufrieden gestellt; er fand seine Geliebte täglich in den Räumen, wo er malte, und seine Phantasie hatte durch der *Fornarina* stete Nähe neuen Aufschwung, ja, sogar eine sichtbare Steigerung erhalten, und das Begonnene, angeblich die berühmten *Galateia* (von Einigen allerdings *kleinlich* genannt) und die *Psyche-Fresken*, ward baldigst zu aller Verwunderung vollendet. Seit dieser Zeit verliess die *Fornarina* nicht wieder ihren *Rafael;* er vermochte sich auch nicht von ihr zu trennen. Sie folgte ihm wie sein Schatten oder vielmehr seine *Seele* mit in den *Vatican,* sie war auch hier der Genius, der ihn zu seinen neuen Schöpfungen begeisterte. Den heiligen Vater erfüllte jedoch die Leidenschaft des Künstlers mit heftigem Unwillen und die stete Gegenwart der schönen Bäckerstochter im Vatican, von deren Verhältnisse zu *Rafael* ganz Rom eben so sehr erfüllt war, als von *Rafael's* Künstlerrufe, war ein so grosser Stein des Anstosses für Se. Heiligkeit, dass er beschloss, Schritte zu thun, damit sie aus des Künstlers Nähe entfernt würde. — „*Wer ist das Mädchen?*" fragte er eines Tages den *Rafael* in ziemlich heftigem Tone. — „„*Wenn Ew. Heiligkeit die Antwort mir gestatten,*"" entgegnete in sehr ruhigem, aber bestimmten Tone der beleidigte Künstler, und der Enthusiasmus seiner unbegrenzten Leidenschaft für sein gefeiertes Mädchen röthete seine Wangen, „„*es sind meine Augen!*"" — Der Papst verstand die Antwort, und las noch mehr aus *Rafael's* Blicken; er nahm Rücksichten gegen den für ihn unersetzlichen Künstler und schwieg. Die *Fornarina* blieb nach wie vor im Vatican. — Dies Alles berichtet der Volksmund. Doch auch mehre Biographen, namentlich *Vasari,* wissen noch Einiges von ihr zu erzählen. So berichtet *Vasari,* sowie der anonyme Biograph, dass *Rafael* die Kupferstiche, welche *Marc Antonio* nach *R.'s* Zeichnungen gefertigt, „*dem Baviera, seinem Malerlehrlinge, welcher für das Mädchen Sorge trug, das Rafael bis an's Lebensende zärtlich liebte, er habe nen und dankbaren Gemüths geschenkt*" habe. Auch erwähnt *Vasari,* dass *Rafael* von ihr ein Bild von grosser Schönheit und Lebendigkeit gemalt, das später der Kaufmann *Matteo Botti zu Florenz* besass, und von diesem gleich einer Reliquie geschätzt ward. *Förster* meint, dass es dasselbe Bild gewesen, das 1824 im *Palazzo Pitti* zum Vorscheine kam, von *Passarotti (Tab. VI. Gall. del Pal. Pitti)* gestochen und Aehnlichkeit mit der Dresdener *Madonna di S. Sisto* hat. — Als *Rafael* sein Ende nahen sah, liess er, nach den genannten Biographen, seine Geliebte entfernen, setzte ihr aber einen ansehnlichen Jahrgehalt aus. Was aber *Vasari* damit sagen will, dass *Rafael,* nachdem er sein Testament gemacht, „*als guter Christ seine Geliebte aus dem Hause sendete*", ist nicht ganz klar. Ueber das Verhältniss *Rafaels* zum Cardinal *Bernardo Divizio di Bibiena* und dessen Unternehmen, ihn mit der Nichte *Maria Bibiena,* die aber, wie aus der über *Rafaels* Grabschrift eingemauerten Inschrifttafel hervorgeht, noch vor ihm starb, zu vermählen. sowie auch darüber, dass *Rafael* diese Verbindung fort und fort verzögerte, welche Verzögerung allerdings Einige in der wahrscheinlichen Kränklichkeit der

Braut suchen wollen, ist noch in Dunkel gehüllt, wie überhaupt sein vorschneller Tod, als dessen Ursache freilich von den Biographen und namentlich auch von *Vasari*, die allzugrosse Leidenschaftlichkeit in der Liebe und die verfehlte Behandlung der Aerzte (?) angegeben wird, stets ein Schleier gedeckt bleiben wird. *Vasari* schreibt nämlich folgendes von der Ursache zu *Rafaels* Tode: „*Raffaello intendendo in tanto à suoi amori, così di nascosto, continuò fuor di modo i piaceri amorosi, onde avvenne ch'una volta fra l'altre, disordinò più del solito, perche tornare a casa con una grandissima febbre, fu creduto da' Medici che fosse riscaldato. Onde non confessando egli il disordine che aveva fatto, per poco prudenza loro gli cavarono sangue, di maniera che indebolito si sentira mancare ladove egli aveva bisogno di ristoro.*" (II. 132.) — *Pungileone, Longhena* und *Passavant* bezweifeln *Vasari's* Angabe und meinen, dass er sie aus *Seniore Fornari Osservazioni sopro il Furioso dell' Ariosto* entnommen habe. Man vermuthet übrigens, dass sich *Rafael* bei der Untersuchung der Alterthümer Roms der *Mal aria* ausgesetzt und dadurch sich ein bösartiges Fieber zugezogen hatte, das ihn um so leichter dahin raffen konnte, als sein Körper durch die gewaltigen Anstrengungen seines Geistes so schon sehr angegriffen war. — Dass die unbesiegbare Liebe *Rafael's* zur sogenannten *Fornarina* seinen Tod herbeigeführt haben kann, wäre leicht möglich, da in Italien schon so mancher seiner Liebe durch hinterlistige Machinationen geopfert ward. — Die Welt hat übrigens mit jenem ihr so oft eigenem Unbilligkeitsgefühle das Gedächtniss der *Fornarina* geschmäht und die Schuld an dem frühen Tode *Rafael's* auf ihr Haupt zu wälzen versucht, und nur ein einziger wohlwollender englischer Dichter (?) sagt von ihr: „Wenn sie auch einige Unvollkommenheiten gehabt haben sollte, so betrachte wenigstens ihr Gesicht, damit du sie alle vergessest." — Mit *Rafael's* Tode verschwinden alle Nachrichten über die späteren Schicksale der *Fornarina;* doch in Rom ging stets die Sage, dass sie später im Hause des *Giulio Romano* gelebt, und man will sogar wissen, dass sie zu diesem in einem gleichfalls vertrauten Verhältnisse gestanden habe, zu welcher Vermuthung wohl nur die Aehnlichkeit mehrer Frauengestalten in den Gemälden dieses vorzüglichsten Schülers *Rafael's* Anlass gegeben haben dürfte. Trotz aller Verunglimpfungen, die der *Fornarina* leider zu Theil wurden, ward sie doch schon von Vielen seit Jahrhunderten darum beneidet, *dass die Liebe eines Rafael sie unsterblich machte, dass das Bild eines plebejischen Mädchens aus einer der unbedeutendsten Vorstädte Roms die Zierde von Palästen und Kirchen, die Augenweide von Fürsten, sowie die Andachtsweihe für die Geistlichkeit und die gläubige Menge, ja, sogar der Stolz und die Freude der Kunstwelt geworden ist.* Ja, gewiss haben schon viele hoch- und höchstgestellte Mädchen und Frauen die *arme Bäckerstochter* um das glänzende Loos beneidet, dass sie einen *Rafael* fand, um ihr Bild von Generationen bewundern zu lassen. — Schlüsslich ist nur noch zu bemerken, dass die *Fornarina* nicht, wie die Volkssage will, schon im Jahre 1508 mit *Rafael* bekannt geworden sein kann, sondern erst in den Jahren 1513 oder 1516, und ein innigeres Verhältniss derselben zu *Rafael*, wenn namentlich einige Daten der Sage berücksichtigt werden sollen, vor dem Jahre 1517, von welcher Zeit an er auch für *Chigi* hauptsächlich gemalt hat, wohl nicht stattgefunden haben dürfte

C. *Zur Geschichte des Bildes. Rumohr's Vermuthung.*

Die älteste Nachricht von diesem B. giebt zwar in grosser, aber doch vielsagender Kürze *Vasari*, indem er sagt: „*Fece a monaci neri di San Sisto in Piacenza la tavola dell' altare maggiore, dentrovi la nostra Donna con S. Sisto e S. Barbara, cosa veramente rarissima e singolare*". (Er malte den schwarzen Brüdern des Klosters *St. Sixtus* zu Piacenza ein Blatt für den Hochaltar; man erblickt darauf die *Madonna* mit dem heiligen *Sixtus* und der heiligen *Barbara*, ein fürwahr seltenes und einziges Werk.) Das Kunsturtheil *Vasari's*: „*cosa veramente rarissima e singolare*" bezeichnet also das Bild als ein *ausserordentliches* und in seiner Art *einziges*, was wir um so mehr beherzigen müssen, da Mehre, wie wir sehen werden, die Autorschaft *Rafael's* zu diesem Bilde haben bezweifeln wollen. Dass *Vasari* das Bild eine „*tavola*" nennt, ist übrigens ganz sprachgemäss, da die Italiener jede Fläche, gleichviel ob Holz, Leinwand, Papier oder Metall, worauf etwas gemalt, gezeichnet oder gedruckt und geschrieben ist, eine *tavola*, gleich unserm *Tafel* und dem lateinischen *tabula*, nennen. Es ist in der That wohl auffallend, dass, da *Rafael* fast alle seine grösseren Gemälde auf Holz auszuführen pflegte, er dieses Altarblatt auf Leinwand gemalt hat. Es ist zwar in den letzten Jahren seines Lebens ausgeführt, wo die Malerei auf Leinwand bereits in Italien gebräuchlicher zu werden anfing, obschon man weit früher (um die Mitte des 14. Jahrhunderts bereits) mit heissgemachten Wachsfarben nach Art der alten *Encaustik* auf Leinwand (besonders Processionsfahnen und Antependien der Altäre) zu malen pflegte. Eben dieser Umstand, dass d. B. auf *Leinwand* und noch dazu *sehr dünne*, und auf einen *leichten Kreidegrund* gemalt ist, hat den Ritter *Rumohr* zu der Conjectur veranlasst, dass es ursprünglich zu einer *Processions-*, oder wohl vielmehr zu einer sogenannten *Kirchenfahne* bestimmt gewesen sei. Diese Conjectur hat nun allerdings Viele, und namentlich auch unsern *von Quandt*, gewaltig indignirt, denn er sagt: „Der Ritter *Rumohr* und sein Knappe — rannten mit eingelegten Lanzen gegen dieses Meisterwerk an und behaupteten, dass es zu einer Processionsfahne bestimmt gewesen sei" — „schwerlich würden die schwarzen Mönche des heiligen *Sixt* in

Piacenza den berühmten Meister zu beauftragen gewagt haben, eine so untergeordnete Arbeit zu übernehmen, welche bestimmt gewesen wäre, zum Schmuck eines Festtags zu dienen. Ueberdies wäre es unmöglich, ein Gemälde, welches 63 Quadratfuss hält und pastos auf starkem Grund gemalt ist, an einer Stange umherzutragen. Die Fläche würde schon bei einem mässigen Luftzuge wie ein Segel gewuchtet haben." „Da nun die Scenerie des Bildes ein Fenster mit seiner Brüstung, einem eisernen Vorhangsstabe und aufgezogenen Vorhängen vorstellt, alles Dinge, die sich nicht von einem Orte zum andern tragen lassen, so ist es widersinnig zu glauben, dass dies Gemälde zu einer Processionsfahne bestimmt gewesen sei." — „Auch bezweifle ich, dass jemals eine Processionsfahne in Oel gemalt wurde, weil die Spiegelung der Oelfarbe einen festen Standpunkt nöthig macht, um die Malerei sehen zu können, und alsdann ist die Bewegung, welche eine Fahne erleidet, der Oelfarbe nachtheiliger, als einer dünn aufgetragenen Leimfarbe. Auf diese Weise malte *Rafael* in früherer Zeit eine Processionsfahne, welche jetzt im Königl. Museum zu Berlin aufbewahrt wird." — Wir glauben, dass es sich hier eigentlich nur um eine Verwechselung des Ausdrucks der Begriffe „*Kirchenfahne*" und „*Processionsfahne*" handelt. Wäre allerdings *Rumohr* gemeint gewesen, dass das B. zu einer ganz gewöhnlichen *Processionsfahne*, bei den Italienern „*Stendardo*" oder auch „*Bandiera*" genannt, gedient, so müssten wir in der That *von Quandt* völlig beistimmen, obschon Dieser wohl darin ebenfalls irren dürfte, dass man nie Processionsfahnen in Oel gemalt habe. Man hatte nämlich nicht nur in der Zeit vor *Bellini* Processionsfahnen in Wachsfarben ausgeführt, sondern auch seit dem 3. Jahrzehnt des 16. Jahrhunderts solche, die auf ausgespannte und *angefeuchtete* Leinwand mittels durch Spicköl verdünnte Oelfarben gemalt waren, welche dann übrigens keinen oder doch nur äusserst wenig Glanz hatten, wenn sie nicht erst gefirnisst wurden. Hätte aber *Rumohr* gemuthmasst, dass d. B. der *sistinischen Madonna* ursprünglich eine „*Kirchenfahne*", bei den Italienern „*Drappellone*", gewesen, so könnten wir ihn allerdings nicht widersprechen. Die *Drappelloni* waren meist sehr werthvolle Bilder, welche besonders an *Marienfesten* vor dem Hochaltare standartenartig aufgestellt wurden, und waren zumeist von einer besondern Draperie umgeben. In Deutschland hatte man noch ausserdem seit dem 15. Jahrhunderte für die Fastenzeit die sogenannten „*Hungertücher*" und für die Passionszeit die „*Passionsfahnen*", die ebenfalls als Vorhang den Hochaltären dienten. Dass überdies d. B. ursprünglich nicht für den Hochaltar der Benedictiner-Kirche San Sisto zu *Piacenza*, dem es jedoch bis zum Jahre 1754 als *Altarblatt* wirklich diente, vom *Rafael* als solches gemalt, könnte genau genommen schon daraus hervorgehen, dass man es in den Rahmen des Altars gleichsam gewaltsam hineingezwängt, d. h., dass man sogar den obersten Theil des Bildes bis unter die in der Mitte etwas gebogene Zugstange des Vorhangs bei Einlegung in den Rahmen umgeschlagen hatte. Man kann auch nicht gut annehmen, dass dieser Maassfehler vom *Rafael* selbst wirklich begangen worden, und kann noch weit weniger glauben, dass es von ihm, wenn ein Maassfehler geschehen, zugelassen worden wäre, dass diese unbedingt zu gewaltsame Verkürzung mit seinem Bilde, welche übrigens, genau genommen, nur störend für das Verhältniss desselben sein musste, vorgenommen ward. Die Kirche *San Sisto* war überdies stets die vorzüglichste Kirche zu *Piacenza* und der Orden der Benedictiner gehörte stets zu den gebildetsten und wissenschaftlichsten, welche dem *Rafael* eben so gut es zumuthen konnten, für ihre schöne und an Monumenten reiche Kirche eine *Drappellone*, die bei den Marienfesten vor dem Hauptaltare aufgerichtet werden sollte, zu malen, als *Leo X.* dem *Rafael* auftrug, zu den berühmten Arazzi (vgl. S. 15), welche doch, genau betrachtet, *Drappelloni* noch untergeordneter Art waren, die Patronen für die flandernschen Weber auszuführen. — Höchst wahrscheinlich ist überdies die *Madonna di San Sisto* um 1518 gemalt, also ziemlich zu derselben Zeit, als er den Auftrag zur Ausführung der gedachten Patronen für die Arazzi vom Papst *Leo X.* erhielt. Es ist daher gar Nichts ausserordentliches, dass man d. B., weil es auf Leinwand (gegen *Rafael's* Gewohnheit) gemalt ist, für eine ursprüngliche *Kirchenfahne* — *Drappellone* — betrachtet.

D. *Eine angebliche Wiederholung des Bildes.*

In *Rouen* befindet sich nämlich in der Benedictinerinnen-Abtei *St. Amand* eine Copie der sistinischen *Madonna*, die allerdings schon von Vielen für ein Original anerkannt worden ist, auf der jedoch der französische(?) Künstler, welcher diese Copie besorgte, den *St. Sixtus* dadurch in einen „*St. Amand*" umgestaltete, dass er statt der *Tiara* eine *bischöfliche Mitra mit Infulen* auf der Brüstung angebracht, ohne jedoch die Figur des *St. Sixtus* nur im Mindesten zu verändern. In der *Revue encyclopédique ou analyse raisonnée des productions les plus remarquables Tom. IV. (32. de la collect. 96. livraison Dec. 1826)* wird hinsichtlich der *Madonna di S. Sisto* (lithograph. von *M. Aubry-le-Comte*) gesagt: „*Il existait à Rouen une abbaye célèbre fondée dans le XIe siècle sous l'invocation de St. Amand, évêque etc.*" „*En 1508 l'abbesse sollicita et obtint, du Cardinal Georges d'Amboise, un tableau pour une chapelle dédiée à la Vierge. Ce cardinal s'adressa au peintre célèbre dont le nom et la reputation étaient alors, comme encore aujourd'hui, dans toutes les bouches. Raphael lui envoya un tableau semblable à celui qu'il avait fait ou qu'il fit pour le monastère de Saint Sixte.*" Schon die Angabe des Jahres 1508 macht diese Notiz deshalb verdächtig, da die *sistinische Madonna* doch unbedingt erst um 1518 gemalt ist. Auch ist nicht zu übersehen, dass unmittelbar auf einander folgend zwei Cardinäle des Namens „*Georges d'Amboise*", Oheim und Neffe, Erzbischöfe zu *Rouen* waren. Der Erstere war von 1498—1510, in welchem Jahre er starb, Cardinal, der Zweite, Ersterm, seinem Oheime, 1510 im Erzbisthume Rouen nachfolgend, ward jedoch erst 1545 zur Cardinalswürde erhoben. Ersterer war selbst *Cardinal des St. Sixtus*, war ausserdem päpstlicher Legat für Frankreich und *Ludwig's XII.* rechte Hand. Er hatte auch grossen Einfluss in Rom, und strebte namentlich gewaltig nach der Papstwürde; doch grade im Jahre 1508 war er mit Rom zerfallen. Uebrigens lebte er, als Staatsmann für Frankreich bethätigt, eben zu dieser Zeit sehr wenig in *Rouen* und starb 1510 am Hofe *Ludwig's XII.* zu *Lyon*. Leicht möglich wäre es, dass dessen Neffe und Nachfolger im Erzbisthume, welcher erst 1550 starb, die sistinische *Madonna* in *Piacenza* bei seiner Anwesenheit in Italien gesehen, und durch einen französischen Künstler habe copiren lassen. Ja, wir könnten fast muthmassen, dass der bekannte, beste Schüler des *Giulio Romano*, der *Jean de Lyon (Giovanni da Lione)*, dessen höchste Blüthe nach 1540 war, der Copist des sehr gelobten, und als Original sogar von Mehren anerkannten (vgl. Artistisches Notizenblatt 1827 No. 7) Bildes der Abtei *St. Amand* zu *Rouen* gewesen sei. — Wie und woher übrigens *Böttiger* die Gewissheit erlangt, dass es unbestrittene Thatsache sei, dass die *Madonna zu Rouen* noch bei Lebzeiten *Rafael's* in die Kapelle kam, für welche sie bestimmt war, hat er uns verschwiegen. Die Notiz der *Revue encyclopédique* ist überdies unbedingt verfehlt, da 1508 *Rafael* noch nicht *an eine derartige Darstellung der Madonna gedacht und sein damaliger Styl auch noch ein ganz anderer war*. Man müsste denn annehmen, dass die Aebtissin 10 Jahre lang den Erzbischof um ein Bild für die Kapelle gebeten oder dass *Rafael* so lange mit der Malung des Bildes für *Rouen* Anstand genommen hätte. Dass das Rouener Bild, das übrigens besser gehalten ist, als das Dresdener, die vor 1827 an diesem noch vorhandene, doch schon seit 1753 bekannte Verkürzung nicht hat, ist dafür sogar ein Beweis, dass das Dresdener Bild ursprünglich nicht für den Hochaltar gemalt, sondern, nachdem es anderweit aufgestellt gewesen, erst von den Benedictinern zu Piacenza in den Altar, leider auf Unkosten seiner Höhe, hineingezwängt worden ist. — *Böttiger* hält das zu *Rouen* wirklich für *ein Original von Rafael*, bemerkt auch, dass es dem Dresdener Bilde *die Erstgeburt streitig machen könne* und sagt: „Wer mag über deren Priorität entscheiden? Ob *Rafael* beide ganz oder durch Beihülfe seiner Schüler gefertigt habe, ist nicht zu bestimmen. Aber vollendet sind sie gewiss beide von seiner Hand." Dagegen bemerkt *von Quandt*: „Was nun das Gemälde *la*

Madonne de Saint Amand betrifft, so ist es kein Werk eines Italieners, sondern französischen Künstlers, was man sogleich an dem weniger pastosen Farbenauftrag und den feinen rothen Contouren und Druckern, welche hie und da auf das Bild gezeichnet sind, um den Formen mehr Bestimmtheit und Nettigkeit zu geben, erkennt." — Uebrigens findet sich, unsers Wissens, nirgends davon eine ältere Notiz, dass *Rafael für Rouen ein Bild gemalt habe*, und selbst *Martinieri*, der sonst alle Gemälde von anerkannten Meistern in Kirchen etc. aufgeführt, hat unter „*Rouen*", bei der Abteikirche *St. Amand*, des Bildes mit keinem Worte gedacht. —

E. Dagegen erhobene Zweifel, dass die Sistinische Madonna von Rafael sei.

Das Bild der *Sistinischen Madonna* war bis zum Jahre 1753 in *Piacenza*, und es war bis dahin Niemandem eingefallen, nur im Mindesten es in Zweifel zu ziehen, dass es wirklich ein Werk des *Rafael Sanzio von Urbino* ist. Man wollte zwar wissen, *dass von Piacenza aus eine alte Copie auf Holz nach Rouen gekommen sei*, und man hat sich auch schon zu Anfange des 3. Jahrzehents dieses Jahrhunderts Mühe gegeben, zu erforschen, ob diese alte Copie auf Holz entweder noch in *Piacenza* vorhanden, oder ob sie wirklich nach *Rouen* oder anders wohin gekommen war. — Dieser Umstand erregte allerdings schon damals einigen Zweifel an der Originalität des Dresdener Bildes, namentlich bei Denen, welche dabei in Erwägung zogen, dass *Vasari* das piacenzaer Gemälde *Rafael's* „*tavola*" genannt. Weil der ältere Italiener nur ein Gemälde auf Holz „*tavola*" und dagegen ein auf Leinwand gemaltes Bild, welches auf Blendrahmen gespannt ist, vornehmlich „*quadro*" zu nennen pflegte, und endlich *Vasari* sogar von dem Bilde „*Johannes der Täufer*", welches *Rafael* für den Cardinal *Colonna* malte, ausdrücklich sagt: „*Fece al Cardinale Colonna un S. Giovanni in tela*", so glaubte man darin einen Hauptverdacht mehr gegen die Originalität der *Sistinischen Madonna* finden zu müssen. Da nämlich *Vasari* ausdrücklich nur von diesem Bilde *Rafael's* hervorhob, dass es der Künstler „*in tela*", d. h. auf Leinwand, malte, so glaubten Einige sofort daraus folgern zu dürfen, dass *Rafael* sonst kein anderes Bild als dieses auf Leinwand gemalt hätte und dass daher das piacenzaer Bild, welches *Vasari* ausdrücklich „*tavola*" nennt, auch ursprünglich ein Holzbild gewesen sein müsse. Doch dieses Calcul war im Grunde schon deshalb falsch, weil *Vasari*, so richtig auch meist dessen Urtheil über den Werth der Kunstwerke selbst ist, dagegen in der Wahl seiner Worte nachlässig zu sein pflegt. Denn *Vasari* braucht öfter gerade da das Wort „*tavola*", wo er doch unbedingt „*quadro*" hätte setzen sollen, und eben so häufig auch umgekehrt. — So nennt er z. B. das

Bild *der Madonna mit dem Stieglitz*, das *Rafael* für den *Lorenzo Nasi* malte, „*un quadro*", was doch bekanntlich auf *einer Holztafel* sich befindet, während er die „Himmelfahrt der Maria" von *Titian* als „*una tavola*" bezeichnet, welches Gemälde dagegen ursprünglich gleich *auf Leinwand* gemalt war. Namentlich scheint *Vasari* jedes Bild, das für den Altar einer Kirche bestimmt war, absonderlich durch *tavola* bezeichnet zu haben, während er die übrigen Bilder meistens *quadri* zu nennen pflegte. Auch *Carlo Cesare Giovannini*, der zuerst über den Zustand des Bildes 1753 an den sächsischen Hof Bericht zu erstatten hatte (Einl. S. 72 f.), bezeichnet dasselbe als *tavola*, während doch aus dem Uebrigen hervorgeht, dass das Bild auf Leinwand gemalt war. Sprechen wir doch im Deutschen gleichfalls von einem „*Altarblatte*" oder einer „*Altartafel*", wenn gleich das Bild auf Leinwand gemalt ist.

F. Des Grafen von Lepel Zweifelsgründe.

Der Erste, der wahrhaft turniermässig die hochadelige Glene gegen die Originalität der sistinischen Madonna einlegte, war *Graf von Lepel, auf Nassenheyde in Pommern*, in seiner kleinen Schrift „*Uebersicht der Gemälde Rafael's*" mit dem Motto: „*Venerare nomen et ingenium*" (Ueberschrift des Sanziohauses zu Urbino) 1825. — „Meine Meinung", sagt er, „über die *Madonna-Sistina*, die ich mit *Hirt* blos für ein Bild aus *Rafael's* Schule, etwa vom *Thimotheo de la Vite*, erkläre, wird als eine gewaltige Ketzerei erscheinen, um so mehr, da dieses Bild besonders durch *Müller's* treffliches Kupfer neuerlich wieder so grosses Geräusch gemacht hat. Allein es hat innere Kennzeichen, welche beweisen, dass das Bild nicht von *Rafael* sein kann. Es ist zu impastirt, ist nichts weniger als gut gruppirt etc." Vom Hofrath *Böttiger* aufgefordert, erklärte sich der Graf L. von Herrnhut aus, theilweise noch deutlicher darüber im artistischen Notizenblatte (1825. No. 24.), „*weshalb ihm die Sixtinische Madonna kein Werk Rafael's zu sein scheine*". — Nachdem er voraus bemerkte, dass es eine Zeit gegeben, in welcher in jeder grossen Gallerie ein Gemälde von *Rafael* sein musste, und dass selbst in Dresden die *Madonna del bacino* von *Giulio Romano* lange für ein rafaelsches Original gegolten, stellte er freilich als Hauptgrund, der ihn bestimmte, „*das Sixtinische Gemälde nicht für eine Arbeit Rafael's zuhalten*", — „*das Gefühl des sogenannten Raphaelesken*" hin, indem er die meisten Gemälde *Rafael's* gesehen und studirt haben wollte. Als Rechtfertigung dieses Hauptgrundes galt ihm übrigens der Satz: „*Die Kunst kann nicht leicht in Worte gefasst werden; sie rührt und wirkt auf das Gefühl*". — *Graf von Lepel* war dabei doch wenigstens noch so gnädig, erstlich zu gestehen, dass das Gefühl täuschen kann, und dann auch, dass er mit Niemand rechten werde, der seine Meinung nicht für die wahre hielt.

— Ueberdiess war der Herr Graf auch überzeugt, dass man, „um recht pertinent über das Gemälde urtheilen zu können, noch 5 bis 6 andere unbestrittene Gemälde *Rafael's* neben der *sistinischen Madonna* haben müsste." — Wie wenig aber *Graf von Lepel* die Werke *Rafael's* wirklich studirt haben mochte, ging schon daraus hervor, weil er sich überzeugt hielt, dass 5 bis 6 Gemälde *Rafael's* gefunden werden könnten, welche durchgängig so übereinstimmend in Erfindung, Ausführung und specieller Behandlung sind, dass sie für ein siebentes und achtes Gemälde des mit unaufhaltsamen Schritten der Vervollkommnung zueilenden Künstlers, welcher noch dazu durchaus fern von aller Manier war, einen wirklichen Maassstab oder eine artistische Entscheidung abgeben könnten. — *Rafael*, dieses unablässig im Streben nach einem hohen Ziele begriffene Kunstgenie zeigte sich bereits seit dem Austritte aus der Schule des *Pietro Vanucci*, genannt *Perugino*, um's Jahr 1504, noch mehr aber seit dem Jahre 1508, wo er Florenz verliess, seit dem Beginne seiner künstlerischen Thätigkeit in *Rom*, in allen Phasen seiner Kunstentwickelung als ein von *keiner Autorität* abhängiger, durch *keine Schulmanier* bedingter, sondern als ein völlig einflussfreier Künstler, wiewohl Einige behaupten möchten, dass bei *Rafael* vor 1508 während seines Aufenthalts in *Florenz* die Einwirkungen des *Fra Bartolomeo di San Marco*, namentlich hinsichtlich des *Colorits*, sowie um's Jahr 1512 die des *Michel Angelo* zu *Rom*, besonders rücksichtlich der *grossartigen Zeichnung*, sich geltend gemacht hätten. Sollte dies nun auch wirklich — *freilich aber nur höchst momentan* — der Fall gewesen sein, so dürfte dies wohl noch weit mehr dafür sprechen, dass von allen Künstlern des hinsichtlich der Malerei in Italien mächtig sich erhebenden *Cinquecento*, am Meisten *Rafael Sanzio*, als ein selbständiger Schaffer sowohl, wie als *Erfinder* und *Zeichner*, als auch als *Maler* dasteht, welcher alle Evolutionsphasen und Formationen seiner sehr schnell verlaufenden Bildungsepoche in seinen Werken charakteristisch ausgeprägt hat. Im Verlaufe seiner hauptsächlichsten Ausbildungszeit, vom Jahre 1508 bis zum Jahre 1518, steigerte sich vornehmlich in *Rafael* die an und für sich schon seltene *Compositionskraft* und die sprudelnde *Ideenfülle;* vorzüglich ward aber in dieser Epoche seiner künstlerischen Thätigkeit der *Kreis des Einfachschönen*, sowie der *anmuthigen Innigkeit*, in welchen sich schon dessen Jugendwerke so harmonisch bewegen, von ihm *siegreich* überschritten, und die dem *jugendfrischen Meister von Urbino* eigenthümliche *Grazie* verbindet sich seit dieser Zeit gleichsam mit *epischem Reichthume* und *dramatischem Leben*. Vorzüglich aber durchziehen seit dem Jahre 1512 wahrhaft inhaltsschwere Gedanken die Gruppen und einzelnen Gestalten der Cartons und ausgeführten Gemälde, und dieses bemerkbare spirituelle Durchwehen eines grossen, aber rund in sich abgeschlossenen Gedankens geben selbst den ausgedehntesten Bilderkreisen eine *innere wunderbare Einheit.* — Das angebliche *„Gefühl des sogenannten Raphaelesken"* jedoch, was sich *Graf von Lepel* beimessen wollte, zerstäubt noch mehr in lächerliche Atome arroganter Einbildung, wenn man erwägt, dass *Rafael* bei seiner bewundernswürdigen Productivität und der beachtenswerthesten Unterstützung von Seiten mehrer seiner Schüler *über ein halbes Tausend Gemälde* hinterlassen hat, obschon er nur 37 Jahre alt ward und im Ganzen nur etwa 17 Jahre selbständig malte, ja, wenn man endlich sogar sich überzeugt, dass *die 14 Madonnen mit Heiligen, die 35 heiligen Familien, die 37 einfachen Madonnenbilder, die 14 Darstellungen aus dem Leben der Maria, die 24 zum Theil figurenreichen Compositionen aus dem Leben der Heiligen*, sowie die *80 Männer- und 15 Frauenportraits*, nebst den 576 Zeichnungen und Entwürfen, rein von aller Manier, sowie frei von Lieblingsfiguren (die öfter erscheinende *Fornarina* ausgenommen) oder stereotypen Formen an Gewandungen oder geringfügigen Specialitäten sind, ja, sogar im Colorit, in der Weise der Beleuchtung und in der gesammten technischen Behandlungsweise nur höchst selten und dann auch nur eine sehr theilweise Vergleichung unter einander zulassen. Diese ungeheure Verschiedenheit der Gemälde des *Rafael* letzter Periode lässt sich aber auch daraus erklären, dass der Meister eine grosse Zahl von Schülern seit etwa 1513 oder 1515 um sich versammelt hatte, deren Hilfe er bei der Unzahl der Bestellungen, um dieselben zu fördern, natürlich stets in Anspruch nehmen musste. Die Gemälde *Rafael's*, welche in den letzten 8 bis 10 Jahren seines Lebens aus seiner Werkstatt hervorgingen, unterscheiden sich daher gerade nicht soviel in der Zeichnung, wiewohl auch diese in den Fresken (wie *Hirt* bemerkt), wo der Meister nicht überall gegenwärtig sein konnte, nicht immer die rafaelsche Strenge verräth, als namentlich in der Farbengebung und hauptsächlich hinsichtlich des Tones. Der grosse Meister vermochte zwar auch hierin viel über seine Schüler. „Die Palette, der Auftrag und die Farbenbehandlung", sagt *Hirt*, „lässt sich auch bis zu einem gewissen Grad lehren, nur das Auge und das individuelle Gefühl für Ton und Farbe lässt sich nicht meistern. Es finden sich zwar Anklänge von Farbengebung unter den Individuen einer und derselben Schule, aber Geist und Ton unterscheiden sich immer etc." *Rafael* vermochte unbedingt bei seinem mächtigen Geiste sogar viel über das Talent seiner Gehilfen, nur das Gefühl für den Ton in der Farbe vermochte er ihnen nicht zu geben. Ferner brachte *Graf von Lepel* noch folgende ihm als gewichtig erschienene Gründe für seinen Zweifel auf das Forum der Kunstkritik. Zuvörderst hielt er dafür, *dass die beiden Nebenfiguren eigentlich nur dazu da wären, um den Raum auszufüllen und dass sie in gar keiner Beziehung zu der grossen Erscheinung der Ma-*

donna, die doch nur um ihretwillen geschäh, ständen. Ueberhaupt sollen, nach *L.'s* Ansicht, *die beiden Heiligen mit vieler Kälte dastehen*, was sogar einige Kenner und Kunstfreunde dazu vermocht haben sollte, *die Madonna mit dem Kinde allein für sich copiren zu lassen*, und als Beispiel dafür wird von ihm die Königin *Louise* von Preussen (?) angeführt. — Ausserdem wollte *Graf von Lepel* behaupten, dass *Rafael nie ein Messgewand* (er meint das *Pluviale* von Goldstück mit den eingewirkten Figuren der Apostel) *so ausgeführt habe, wie das des heiligen Sixtus*, und er wurde dabei an die venetianische Schule (?) erinnert. Eben so wenig sollte nach *L.* der *Bart des Sixtus in Rafael's Manier sein*, und als Beleg diente ihm der angebliche Prophet Ezechiel (?), der von Cherubim (?) getragen wird und seiner ruhigen Stellung wegen mit dem Sixtus verglichen werden könne. Uebrigens glaubte *Graf von Lepel* sogar behaupten zu dürfen, *dass Rafael kein Colorist gewesen sei*, und berief sich in dieser Beziehung auf *Mengs* Urtheil (?). Er gestand blos zu, *dass Rafael in der Madonna della Seggiola sich einigermassen mit dem Effect der Farbe eingelassen habe.* — Ferner sollte *die heilige Barbara eine Wendung des Halses haben, deren sich Rafael nie bedient und die einen Anhauch von Manier habe.* — Als ein Hauptbeweis für die Nichtrafaelität des Bildes wurde namentlich *ein leiser Zug von Trübsinn, welcher über dem Gesichte der Madonna selbst schwebe und sich auf keiner der Madonnen Rafael's finden solle*, angeführt, sowie auch, dass der „Gottmensch auf dem Dresdener Gemälde *nichts Kindliches* habe, was doch die Christuskinder von *Rafael* vorzüglich charakterisire." — Als etwas sehr Gewichtiges hatte endlich *Graf von Lepel* das hingestellt, dass „der Engel auf dem Bilde der *Madonna di Fuligno*, welcher das Täfelchen hält, *rafaelischer* sei, als die schönen Engelsköpfe, welche, man weiss nicht warum? und wohin? aus dem Dresdener Gemälde hervorgucken." — Ja, *Graf von Lepel* will dabei sogar noch behaupten, dass man allein schon aus einer *Seidelmann*'schen Copie von den beiden Engeln der Sistina und einer *Bause* Prof. *Hummels* von dem Engel der *Madonna di Fuligno*, welche er in seinem Krankenzimmer aufgehangen, ersehen könne, *dass sie nicht beide von einem Maler herrühren könnten.* — Völlig sicher, dass seine Beweisgründe unumstösslich waren, schloss der mit aristokratischem Selbstgefühle kunstrichtende Graf noch mit den Worten: „Nun dünkt mich, habe ich Gründe genug ausgesprochen; wem diese nicht genügen, mit dem streite ich nicht." — Die Bescheidenheit war aber Sr. hochgräflichen Gnaden nicht ganz von der Seite gewichen; denn er fügte einlenkend hinzu: „Ueberdem kann die Ansicht eines einzelnen Menschen nicht entscheiden. Das Bild bleibt, wie es ist, und kann keinen Werth von dem Namen erhalten. Wer Freude an diesem imposanten, grandiösen Gemälde findet, dem will ich seine Freude nicht verkümmern, wenn er glaubt, diesem Bilde noch den Namen des grössten der Maler beilegen zu müssen. Und nun schliesse ich. Mehr zu sagen *nec res, nec aetas, nec sororum fila trium patiuntur atra.*"

G. · *Johann Gottlob von Quandt's Entgegnung.*

Der Erste, welcher es für billig hielt, gegen die vom Grafen *von Lepel* in ziemlich maasslosem Tone ausgesprochenen Zweifel aufzutreten, war unser *von Quandt*, im Artistischen Notizenblatte (1826 No. 1 u. 2). — Ob *Graf L.* diese würdevolle Beleuchtung seiner Zweifelsgründe noch gelesen hat, wissen wir nicht; ein gleichfalls ihn widerlegender Aufsatz des Gallerie-Inspectors *Schmidt* in demselben Blatte (im Februar 1826 geschrieben) nennt ihn wenigstens als „kürzlich verstorben." — Es ist seitdem ein Menschenalter verflossen und anzunehmen, dass die Mehrzahl derer, die sich für diesen Kunststreit interessirten, schlafen gegangen, während die neue Generation der Kunstfreunde nur wenig Kenntniss davon haben dürfte. Deshalb wollen wir hier das Wesentlichste aus *von Quandt's* gehalt- und nachdrucksvoller Refutation mittheilen, zumal sie unbedingt als ein Aktenstück zu dem Gemälde der *sistinischen Madonna* anzusehen ist. — Nachdem *von Quandt* voraus bemerkt, dass es Dinge von solcher Wichtigkeit giebt, dass man sie entweder unberührt lassen, oder vollständig erwägen müsse, wenn man solche einmal zur Sprache bringt, und dass Derjenige, welcher das, woran Viele sich erfreuen, tadelt, das, woran Viele glauben, bezweifelt und eine neue Behauptung aufstellt, es der Sache, den Anderen und sich selbst schuldig sei, ausführliche und hinreichende Gründe aufzustellen, weisst er zuvörderst den *Gefühlsgrund Lepel's* als einen rein *subjectiven, nur für ihn Gültigkeit habenden Grund* zurück. — Ferner verwirft er den *Tadel der Composition* schon deshalb, weil er in einem Tone gehalten, der die Achtung verletzt, welche das Werk eines so hohen Geistes von jedem Beurtheiler fordert; denn, sagt *v. Q.,* „das Trefflichste darf freimüthig beurtheilt und getadelt werden, allein, indem es durch wahren Werth dem Empfänglichen Achtung einflösst, sollte es vor falschen Beschuldigungen gesichert sein und zu der Freimüthigkeit die Mässigung sich gesellen." — Nachdem ferner *von Quandt* ·mit edler Ruhe den von *Lepel* ausgesprochenen Tadel gegen die Composition des Gemäldes vornehmlich durch die treffende Bemerkung refutirt, dass der Werth einer Composition nicht darin bestehe, *dass die Figuren in einem Bilde durch eine Handlung unter einander in Zusammenhang treten*, sondern dass wohl ein geistiger Zusammenhang aller Theile einer Composition, *die Einheit des Gedankens, ein weit höherer und vollkommener wäre*, als der, welchen eine Handlung den Figuren einer Composition verleihen kann, versucht er in Folgendem die Einheit des Bildes darzuthun:

„Vor allem muss der Maler den Gesichtssinn zu befriedigen suchen, da die Sphäre des Sichtlichen diejenige ist, innerhalb welcher seine Anschauungen liegen, und da das Auge das Organ ist, vermittelst dessen der malerische Gedanke zur geistigen Anschauung zurückkehrt. Die grösste Mannigfaltigkeit von Gestalten ist in dieser Gruppe auf unserm Bilde vereint, und indem die Gegensätze reizen und immer erneuernde Unterhaltung erregt wird, vereint das Verschiedenartige sich zum harmonischsten Ganzen dadurch, dass die beiden Gegensätze der Seitenfiguren sich das Gleichgewicht halten und von der beide überwiegenden Mittel- und Hauptfigur, wie durch einen Schlussstein, nicht nur zusammengehalten, sondern auch als untergeordnete Theile überboten werden, wodurch das Auge immer nach dem Mittelpunkte des Ganzen hingezogen wird. Nirgend ist eine Leere, noch eine lästige Ueberfüllung, und wie nach oben hin das Ganze immer ernster und mächtiger wird, so schliesst sich nach unten die Gruppe auf das anmuthigste durch die beiden Genien, an welchen das Auge einen entzückenden Ruhepunkt findet, wenn der kühne Blick von der Erhabenheit betroffen sich niedersenkt. Wenn wir die Massenverhältnisse gleichsam die Harmonie des Bildes nennen möchten, so wagen wir es, den schönen Uebergang der Contouren und Linien die Melodie des Bildes zu nennen. In dieser Hinsicht ist das Bild wieder höchst bewundernswürdig; das Ganze bildet eine Pyramide, nirgend ist eine Ecke, welche das Auge beleidigt, nirgend eine Ausbeugung, welche lasten würde. Gerade in Hinsicht der Befriedigung des Auges scheint uns diese eine der herrlichsten Compositionen zu sein, die in sich Feierlichkeit symmetrischer Anordnung mit Mannigfaltigkeit freier, in einander webender Gruppirung vereint. — Aber ohne bei der das Auge entzückenden Erscheinung stehen zu bleiben, beim Eindringen in das Innerste dieses Kunstwerkes schliesst sich ein Himmel auch dem geistigen Auge auf. Es haben dem entzückten Maler die Grade der Weihen der Menschheit in himmlischen Gewanden vor der Seele gestanden, und dies ist die Aufgabe, welche alle die einzelnen Theile in einem Gedanken zusammenfasst und hält. Rechts erblicken wir St. Barbara; sie ist die Erscheinung der höchsten Anmuth, der Anmuth, welche der Unschuld im Weltleben sich zugesellt, der Unschuld, welche heiter und gefahrlos über die Erde dahin geht, wie ein Sonnenblick, der die Blumen anlächelt und den kein Gifthauch trübt. Ich hoffe, keinen Gegner zu haben, welcher das Weltleben unbedingt verdammt, sondern einen Vorurtheilsfreien, der gestattet, dass zu dem Guten das Wohlgefällige sich fügt, und zur Tugend die Grazie sich gesellt, der die Freuden des Lebens nicht verwirft, die der Schöpfer selbst auf der Erde den Lebenden bereitete. Mit dem anmuthvollen Blicke des schuldlosen Wohlgefallens und dem Gefühle höherer Seligkeit lächelt Barbara hernieder. — Ihr gegenüber steht die Würde in kräftiger Greisengestalt und mit dem Zeichen der höchsten geistlichen Herrschaft angethan. Sixtus flösst jedem Ehrerbietung ein, indem er selbst ehrfurchtsvoll seine Kirche dem Schutze der Erhabenen empfiehlt. Wie die weibliche Tugend durch Anmuth gewinnt, so der geprüfte und durch das Leben gereifte männliche Charakter durch das Gepräge der Festigkeit und Würde. Wie nun die Verbindung im Raume für diese beiden Seitenfiguren durch die Mittelfigur bewirkt wird, so werden auch für den Geist die beiden Gegensätze, Anmuth und Würde, im Charakter der Madonna vereint. Die Anmuth ist in dieser Gestalt bis zur Schönheit, die Würde zur Erhabenheit gesteigert und beides in ein Wesen verschmolzen. Der Brennpunkt des Ganzen ist das Christuskind, das ist ein junger Gott, so ganz plastisch gedacht, dass dieser Gedanke nur durch Formen dargestellt werden kann. Als Maass für seine Grossthat dienen die beiden schönen geflügelten Kinder, obwohl sie über der Wirklichkeit erhaben sind, wovon der Eine in Anschauung in sich selbst versenkt, der Andere zu reflectiren scheint. Es wird schwer, ein Kunstwerk aufzufinden, welches in ästhetischer Hinsicht vollkommener wäre, als dieses, da diese ja keine andere ist, als die, dass der Gedanke ganz in der Erscheinung aufgeht."

Auf die ungemein einseitige Behauptung *Lepel's*, dass *Rafael* kein Messgewand, wie der Graf das päpstliche *Pallium pluviale* aus Unkenntniss zu nennen beliebte, so ausgeführt hätte, als das des *Sixtus*, erwiederte *von Quandt*: „Das Gewand ist nicht mit so ausserordentlichem Fleisse, wohl aber mit einer Meisterschaft ausgeführt, welche mit sicherer Pinselführung stets den rechten Ort trifft, wo jeder Strich und Punkt die gehörige Wirkung hervorbringt, so dass diess Gewand weit ausgeführter scheint, als es wirklich ist." — Es war in der That, wie die Kunstkenner wissen, dem *Rafael* eigen, auch öfter den liebevollsten Fleiss auf die Ausführung von Nebendingen zu verwenden, und zwar nicht nur in seiner *ersten* und *zweiten* Periode, sondern auch in der höchsten Reife seines Kunsttalents. Man betrachte nur das Porträt *Leo's X*. mit den Kardinälen *Julius von Medicis* und *de Rossi*, sowie die unteren Figuren auf dem Gemälde der *Madonna di Foligno*, und *Lepel* hätte zuverlässig diese Behauptung nicht aufgestellt, wenn er das gelesen, was über ersteres sowohl *Vasari (Tom. V. S. 283)*, als auch *Quatremère de Quincy (Histoire de la vie et des ouvrages de Raphael S. 190 f.)* gesagt haben. — Was ferner von *Lepel* als *verdächtig* angeführte *Ausführung des Barts am Sixtus* betrifft, so musste grade dieser aufgestellte Zweifelsgrund L.'s bei *von Quandt* natürlich erst recht den gerechtesten Zweifel erregen, dass L. „auf das *Haar Raphael's* Werke kannte und studirt hatte." — Denn die Gestalt, welche *L.* für den Propheten *Ezechiel* hielt, stellt keineswegs denselben vor, sondern vielmehr den *Jehova*, nach der bekannten Erscheinung, welche der Prophet am *Chebar* hatte, und dieser wird auch bekanntlich nicht von Cherubim getragen, sondern von den *Ezechiel I, 5—10* beschriebenen 4 heiligen Thieren mit den *Engels-, Adler-, Ochsen- und Löwenköpfen* (woraus die Attribute der 4 Evangelisten sich später gebildet haben), *während die kleine Figur an dem Flusse* (Chebar) *der Prophet E. ist.* Mit vollem Rechte sagt daher *von Quandt*: „Wer solche Irrthümer sich zu Schulden kommen lässt, dessen Richtersprüche können wir unmöglich entscheidende Gewalt zugestehen." — Das allergrösste Missverständniss aber waltete in des Grafen Beurtheilung *Rafaels als Coloristen*. Wenn von Einigen behauptet wird, *dass an Rafaels Werken das Colorit nicht der überwiegende Vorzug ist, weshalb wir seine Werke so hoch verehren*, so wird damit keineswegs behauptet, dass er ein *schlechter Colorist* gewesen sei, ja, es folgt noch nicht einmal daraus, dass er darin *Correggio* und *Tizian* nachstehen müsse, welche besonders wegen des Colorits Lob verdienen. Wer aber behauptet, dass *Rafael* blos *ein* Bild, die *Madonna della Sedia* trefflich colorirt habe, scheint unbedingt die Porträts der Päpste *Julius II.* und *Leo's X.*, den *Violinspieler* in der Gallerie Sciarra, den *Donatore* der Madonna di Foligno, und namentlich die *Fornarina* im Palaste Barberini, wie endlich auch *Rafaels Fresken* ganz vergessen oder gar nicht gesehen zu haben. — Ja, von *Quandt* lebte schon zu jener Zeit, wo das Gemälde der *Madonna di Sisto* noch nicht unter *Palmaroli's* Händen sich in der Farbe gekräftigt hatte, der Ueberzeugung, dass dieses Gemälde *trefflich colorirt* sei. Er schloss es als Kenner aus einigen weniger mit Schmuz überdeckten Stellen, namentlich den *Händen des Sixtus etc.* — Ferner sprach unserm *v. Q.* das, was dem Grafen *v. L.* in den Zügen der *Madonna* als *Trübsinn* erschienen, vielmehr als ein *erhabener Ernst* an, was noch weit mehr sich zeigte, seitdem das Gemälde bereits das zweite Mal eine Kräftigung der Farbe erhalten hat. Uebrigens ist unserm *von Quandt* die Behauptung L.'s, *dass Rafael* stets nur *heitere Madonnen* gemalt habe, unbedingt etwas zu gewagt, da doch bekanntlich die *Madonna del Pesce* (neuerdings durch den herrlichen Stich *Steinla's* noch mehr bekannt), *la Vierge au Baldaquin, la Vierge à la longue cuisse*, doch ebenfalls *im erhabensten Ernste* aufgefasst sind. — Eben so wenig vermochte sich *v. Quandt* mit der Ansicht *L.'s* zu vereinen, dass man *Rafaels* Bilder mit einander hinsichtlich der Auffassung und der Behandlung oder des Styls vergleichen könne: denn nicht nur, dass die Mehrzahl der Künstler im Leben ihre Kunstansichten und ihren Styl ändert, sondern auch mit der Zeit ganz von der Weise ihrer Schule abweicht und sich, sind sie nicht Manieristen, durch manche Compositionen oft ganz verleugnen, so ist gerade die Mannigfaltigkeit beim *Rafael* am allerbemerkbarsten, so dass wenige Werke desselben, wie schon bemerkt, einander ähnlich sind. —

Ja, dieser schöpferische Reichthum seiner Phantasie und Gefühle, diese Ungebundenheit des Styls, welcher nach dem Wesen jedesmaliger Aufgabe sich gestaltete, sind es vornehmlich, warum wir *Rafael* für den grössten Künstler halten. Denn welche Verschiedenheit waltet allein schon zwischen der *Madonna* für *Lorenzo Nasi* und der *Grablegung*, der *Madonna di Foligno* und *del Pesce*, dem *Spasimo di Sicilia* und der *heiligen Cäcilia*, und doch sind alle diese Gemälde notorische Werke *Rafaels*. Findet sich doch sogar in dem Gemälde der *Madonna di Sisto* eine unverkennbare Mannigfaltigkeit des Charakters der einzelnen Figuren, und doch liegt keineswegs ein dem *rafaelischen Kunstcharakter* widersprechendes Wesen in denselben. Es finden sich übrigens sogar kleine Eigenheiten der Zeichnung darin vor, welche doch unbedingt für *Rafael* sprechen, wozu namentlich die *weitere Distanz der Augen und die Füsse der Madonna, die Hände des St. Sixtus* gehören. „Selbst kleine Fehler", bemerkt *von Quandt*, „welche weit eher der grosse Meister in der Unbesonnenheit der Begeisterung, als der bedachte Nachahmer, der sorgliche Copist begeht, welche *Rafael* oft entschlüpften, können hier als Zeichen der Originalität angeführt werden, als z. B. die verzeichnete Hand, mit welcher Maria das Christuskind trägt, und welche an die Hand am Madonnenbilde im Palaste Tempi erinnert." (Hierzu dürfte vielleicht auch die Hebung des rechten Oberschenkels der Barbara gezählt werden.) — Ein wirklich *entscheidendes Urtheil über die Originalität* des Gemäldes konnte *von Quandt* vor der Herstellung desselben nicht fällen. Seine damalige Ansicht, welche er jedoch nur eine „*Meinung*" nennt, die auch nur „*als Vermuthung gelten*" sollte, war: „dass es aus *Rafaels Geiste* hervorging, von einem würdigen Schüler dieses grossen Meisters untermalt wurde, von ihm selbst aber der Kopf und die Hände des heil. Sixtus, die Engel und das Christuskind ausgeführt sind." Auch liess sich damals so viel daran erkennen, „dass es theilweise fleissig ausgeführt, an anderen Stellen aber sehr vernachlässigt ist." „Die Seite zur Linken des Beschauers, wo sich der heilige *Sixtus* befindet, ist der vollendetste Theil. Von dieser Seite fing *Rafael* an zu übermalen. Die Gewänder der heiligen *Barbara* hingegen sind nur untermalt und zwar so nachlässig, dass zwischen dem untern Theile des Aermels des linken Armes und dem Aermel des Oberkleides ein Streifen sich befindet, wo der graue Grund unbedeckt geblieben ist. Auch die linke Hand dieser Heiligen ward sehr flüchtig entworfen. So viel oder so wenig der Schmuz, welcher das Bild bedeckt, zu sehen gestattet, scheint der Kopf der *Barbara* nur wenig oder keine Lasur zu haben, dahingegen zeigen sich Spuren davon an den Engelsköpfen, wie denn auch die Haare dieser Genien wahrhaft rafaelisch zart mit Glanzlichtern erhöht sind. Von der Figur der Madonna lässt sich am Wenigsten etwas mit Sicherheit über die Ausführung sagen, weil diese grade im schlimmsten Zustande sich befindet." — „Im Ganzen scheint dieses Gemälde pastoser behandelt zu sein, als andere Gemälde *Rafaels*, wozu der Umstand, dass es auf Leinwand gemalt ist, die meisten Bilder *R.'s* aber auf Holz gemalt sind, viel beiträgt. Doch scheint das Bild wohl auch noch weniger durchsichtig, weniger saftig, und erdiger und schwerer, als es wirklich sein mag, weil es ganz vertrocknet ist." — Dies also *von Quandt's* unumwundenes Urtheil über die Originalität und Ausführung der sistinischen Madonna zu Beginn des Jahres 1826, also fast ein halbes Jahr vorher, ehe dieses Gemälde durch Prof. *Pietro Palmaroli's* Kunstfertigkeit wieder geniessbarer wurde.

H. *Aloys Hirt's Verwahrung gegen den Graf von Lepel und Hirt's eigenes Urtheil über das Gemälde.*

Graf von Lepel hatte sich übrigens noch auf das Urtheil des Hofraths *Aloys Hirt* in Berlin, dessen Name unter den Kunstkennern wirklich so mit Auszeichnung genannt wurde, dass diese Aeusserung in der That stutzen machen musste, berufen, und hatte sogar geradezu erklärt, dass nach *Hirts* Ansicht das Gemälde der *sistinischen Madonna* ein Werk des *Timoteo della Vite* von *Urbino* sein solle. — *Böttiger* und *von Quandt* hielten es daher für geeignet, *Hirt* zu einer öffentlichen Erklärung zu veranlassen, und *von Quandt* bemerkte ausserdem schon im Voraus, dass der grossartige Styl in der *Sistina*, welcher doch auch in anderen Werken *Rafaels* sich finde, an welchen nachweisbar *Timoteo* gar keinen Antheil gehabt, uns noch lange nicht zu der Vermuthung berechtige, dass die *Sistina* von diesem *Schüler des Fr. Francia* und *Gehülfen Rafaels* gemalt sei, weil dann doch gewiss *Vasari* eben so gut davon etwas berichtet haben würde, als dieser Kunsthistoriker nicht zu bemerken unterliess, dass *Timoteo* an den *Sibyllen* in der Kirche *della Pace* den grössten Antheil habe. — *Hirt* erschien baldigst im artistischen Notizenblatte (No. 7. 1826) mit einer Erklärung, der er zuvörderst seine Verwunderung darüber vorausschickte, dass er Gründe seines Zweifels über die Aechtheit der *Madonna di San Sisto* von *Rafael* kund gegeben haben sollte. — Vor Allem desavouirte *Hirt* auf das Bestimmteste, dass er mit dem Grafen *von Lepel* je darüber verhandelt habe, und versicherte, dass er seit 33 Jahren ihn weder gesehen, noch gesprochen habe und er das Gemälde selbst erst seit 30 Jahren kenne. — *Hirt* erklärte überdies, dass er „*über die Raphaelische Originalität des Gemäldes nie einen Zweifel hatte*." „Auch spreche ausser der Autorität des *Vasari* das Gemälde selbst den Namen des grossen Meisters hinreichend aus. Der Zweifel wegen des Ausdrucks „*tavola*" bei *Vasari* verdiene kaum einer Bemerkung. Dass Rafael bei diesem Bilde eben so gut, wie bei fast allen, die Unterstützung eines seiner Schüler gehabt, verstehe sich von selbst. „Indessen", sagt *Hirt*, „galt billig jedes Gemälde, das aus der Werkstatt *Rafaels* hervorging, als eine Arbeit des Meisters. Er gab die Erfindung und die Skizze, und das Weitere wurde unter seinen Augen und seiner Vorsteherschaft gemacht. Er bestimmte die Cartone, belebte den Ausdruck, bezeichnete das Colorit, den Effect, die Harmonie und, wo es mangelte, bestimmte er das Nähere durch seine Pinselstriche, so dass kein Staffeleigemälde aus seiner Werkstatt kam, dem er nicht mit eigener Hand die Seele und jene Harmonie einhauchte, die kein Schüler, sondern nur der überlegene Genius des Meisters geben konnte." — Ausserdem bemerkte *Hirt*, dass das Gemälde *„in die letzte Epoche Rafaels gehört und also aus jener Zeit ist, wo dem Meister nur wenige Zeit übrig blieb, den Pinsel bei seinen Schöpfungen selbst zu führen."* — Das Gemälde unterscheide sich hauptsächlich in zwei Dingen: in der Composition und dem Charakter der Madonna. *Rafael* war nämlich Einer der Ersteren, der bei Altargemälden die alterthümliche Darstellung der Maria mit dem Kinde auf den Thron zu setzen und die Schutzheiligen daneben aufzustellen, in eine beweglichere, mehr poetische und dem Geiste der Malerei günstigere Darstellungsweise umänderte. Das Erscheinen der Maria mit dem Kinde und zugleich mit den Schutzheiligen in den ätherischen Regionen, umflossen von einem Glanzlichte, steigerte die Farbenwirkung und das Schweben der Figuren gab Leichtigkeit, mannigfaltigere Stellungen und einen beseelteren, mehr himmlischen Ausdruck. In Hinsicht des Charakters der Madonna bemerkt man, dass alle früheren Marienbilder *Rafaels* sich durch Anmuth und Jungfräulichkeit auszeichnen, ihre Formen und ihr Ausdruck nähern sich mehr der Natur und dem Irdischen. In der *Madonna von Foligno* herrscht zu erst das *Ideal des Schönen* vor. Aber dies genügte dem grossen Meister nicht. In der *Madonna di S. Sisto strebte er die Idee des Erhabenen an, in der Himmelskönigin zu erschöpfen*, und so unterscheidet sie sich von allen früheren des Meisters. — Nachdem *Hirt* die berühmtesten Gemälde aus *Rafaels* letzter Periode, wo er im Zenith der Kunst stand, charakterisirt, bemerkt er endlich noch: „In Rücksicht der *Madonna di S. Sisto* wende ich mich an die Kenner, wenn ich behaupte, dass dieses Gemälde mit der „*Transfiguration*" (seinem letzten Gemälde) zu gleicher Zeit auf der Staffelei stand, das ist, dass beide zugleich gemalt wurden. Aber sowie der Meister die „*Transfiguration*" hauptsächlich dem *Giulio* vertraute, so die Madonna dem andern Lieblingsschüler, dem *Francesco Penni* (gen. *il Fattore*, weil er das ganze Hauswesen des *Rafael* und namentlich auch die Oeconomie des Kunstateliers zu überwachen hatte). Der Erstere war kühn und kräftig in den Formen, wie in der Farbe, beides selbst über das Mass; der Zweite gleichfalls tüchtig in der Zeichnung, war kältern Gefühls in der Farbengebung, aber in dieser Kälte milder und anmuthiger. Man vergleiche ihre Arbeiten in dem Saale Constantins nach dem Tode des Meisters" etc. — „Hiernach wird es keinen Kundigen befremden, wenn ich behaupte (schliesst *Hirt*), dass *Rafael* die Arbeit der *Madonna di S. Sisto* dem *Fattore* anvertraut. Die Zeichnung, wie vortrefflich; aber mehr gemässigt, als kühn. Der Ton ist graubläulich und kalt, selbst in dem Fleische und in der Gewandung. Die Glorie ein verwässerter Silberton. Nur der Kranz der Cherubim ist kräftiger und der Kopf der Mutter und das Kind von bestimmtem Localton. Man fühlt, dass hier *Rafael* die letzte Hand anlegte." (Dies war allerdings *Hirts* Urtheil im Jahre 1826, kurz vor der behutsamen Restauration des Bildes durch *Palmaroli*.) — Uebrigens erklärt *Hirt* noch nachträglich: „dass derjenige, der glauben möchte, dass *Timoteo della Vite* bei der *Madonna di S. Sisto* die Hand im Spiele gehabt habe, sicherlich im Irrthum ist. Der treffliche *Timoteo* (von Urbino) war der Gehilfe, als *Rafael* die Sibyllen in der Kirche *della Pace* malte, und befand sich nicht mehr in Rom, als das Gemälde für *Piacenza* gemalt wurde. Uebrigens ist gegen die Farbe des Dresdener Gemäldes *nichts so abstechend*, als der markige und fette Ton, der in den Originalgemälden des *Timoteo* herrscht."

I. Urtheile über das Gemälde nach Palmaroli's Restauration desselben.

Wir haben bereits über die vom Prof. *Pietro Palmaroli* ausgeführte *Rentoilage* und *Restauration* des Gemäldes in der *Einleitung* S. 101 u. 102, sowie S. 73 über den Zustand desselben, als es von *Piacenza* nach Dresden kam, gesprochen. — Es ist hier jedoch noch Einiges hinsichtlich der Angriffe, welche gegen *Palmaroli* seit 20 Jahren sich wiederholt geltend machen wollten, nachzutragen. Unter den 48 Gemälden, mit deren Herstellung der damals berühmteste und geprüfteste römische Restaurator *Pietro Palmaroli* in Dresden beauftragt ward, war das der *sistinischen Madonna* das 15te. *Von Quandt* stattete im Artistischen Notizenblatte (1827 No. 2, 3, 4 u. 14) einen Bericht über die gesammten Ergebnisse dieses Restaurationsunternehmens ab und bemerkte namentlich über die Herstellung der *Sistina* folgendes: „Wie viel dieses hohe Meisterwerk im Ganzen durch die Zeit und besonders die *Madonna* und das *Christuskind* durch Copisten gelitten, welche es oft mit Oel und Speichel angerieben hatten, um den mangelnden, es sichtlicher machenden Firniss für Augenblicke zu ersetzen, ohne zu bedenken, dass dadurch das Original verwaschen wird, ist bereits bekannt und oft schon beklagt worden. Um das Haupt dieser erhabenen Gestalt war ein grosser Schmuzfleck durch jenes unerlaubte Verfahren der Copisten entstanden, welcher tief in die Farbe eingedrungen war. Unbegreiflicher Weise hatte man aber einen Theil des Bildes am obern Rande umgeschlagen, so dass noch eine Schaar von zarten Wolken gleichenden Engelsköpfchen und der Stab, an welchem der auf dem Bilde sichtbare Vorhang angereihet ist, durch den Rahmen verdeckt wurde. Das Bild hat *Palmaroli* so gut als möglich gereinigt, wobei jedoch noch besonders darauf Rücksicht genommen werden musste, dass es sehr vertrocknet war und auf sehr dünne Leinwand und einen zerbrechlichen, wohl auf Holztafeln gewöhnlichen, aber bei Gemälden auf Leinwand ungewöhnlichen Kreidegrund gemalt ist. Durch das Aufziehen auf neue Leinwand hat dieses Meisterwerk wieder für Jahrhunderte Dauer, und durch den Firniss Nahrung bekommen, und die abblätternden Stellen haben von Neuem Festigkeit erhalten. Dadurch aber, dass das Bild nun in seiner ganzen Grösse zu sehen ist, entsteht der Vortheil, dass der Vorhangstab sammt den Vorhängen nun die Gruppe von dem Standort des Beschauers bestimmt abgesondert bezeichnet. Der Umstand, dass uns dadurch der Maler vor einem Fenster in freier Luft die Madonna als eine himmlische Erscheinung erblicken lässt, erhöht die wundervolle Wirkung dieses erhabenen Bildes, wodurch die ganze Composition, aber besonders die Gestalt der Madonna sehr gewinnt, welche durch die Nähe des Rahmens vormals gedrückt wurde" — Eben so gut, als sich schon vor 1826 Leute fanden, welche entweder aus grundloser Jalousie oder aus anmasslicher Beurtheilungssucht frech genug ausposaunten, dass *Rafaels Madonna di S. Sisto* „ein gar klägliches Machwerk sei, in welchem die Jungfrau ohne allen wahren Seelenadel nur die Strenge einer Temperamentstugend zeige und auch am Kinde dasselbe gilt" (vgl. Weimar. Modenjournal 1826 7. März. No. 19. mit J? unterzeichnet), oder Leute sich fanden, welche als leidige Kritikaster die *Rafaelität* des Bildes völlig in Zweifel setzen zu können glaubten, oder Leutchen auftraten, welche auf Grund ihrer Kunstweisheit dasselbe sogar als eine Copie von dem ächten auf Holz gemalten Bilde *Rafaels*, das aber schon früher als *Piacenza* verschwunden sein sollte, erklärten, und das Gemälde zu *Rouen* für ein ächtes, von *Rafael* noch früher gemaltes Bild ansahen, so fanden sich nach 1826 auch Leute, welche behaupten wollten, dass die durch *Palmaroli* bewirkte, möglichst behutsame Herstellung dem Bilde nur zum grössten Nachtheile gewesen sei. — Namentlich hatte sich schon bei *Palmaroli's* Berufung nach Dresden eine Partei Widerwärtiger gebildet, *die allein deshalb schon, dass ihren Günstlingen die Restaurationsarbeiten nicht anvertraut worden waren, Feinde der Palmaroli'schen Restauration waren,* sich dabei so kleinstädtisch als möglich betrugen und nach *Palmaroli's* Weggange die fürchterlichsten Gerüchte über die Verheerung, welche dieser anerkannte Restaurationskünstler in der K. Gemäldegallerie angerichtet haben sollte, in das Land nicht nur auf dem Wege der Salonklatscherei, sondern sogar in weiteren

Kreisen mittels der Presse zu verbreiten suchten. — Nach *von Quandt* behauptete auch der Director *Passavat*, dass die Restauration dieses Gemäldes durch *Palmaroli* „eine misslungene" wäre, weil das Bild *fleckig* geblieben. — Selbst das *Conversat.-Lexikon für bildende Kunst* hielt sich verpflichtet, gleichfalls wie ein oft wiederkehrendes Echo der „*Quamvis sint sub aqua, sub aqua maledicere tentant*", zu bemerken: „Der ursprüngliche Werth desselben ist leider durch die Restauration geschmälert worden, welche man durch den Italiener *Palmaroli* hat vornehmen lassen. Dieser ging beim Reinigen so scharf zu Werke, als sei er berufen worden, das Meisterwerk zu Grunde zu richten. Man that ihm zwar Einhalt, aber zu spät. Daher jetzt die Flecken im Gemälde. Die bläulichen, ja, fast blauen Stellen im Fleische, vornehmlich am Leibe, Vorderarme und Schenkel des Kindes, durchbrechen die Massen und trüben in den Köpfen die Tiefen der Augenhöhlen und Mundwinkel; auch sind einzelne Formen, wie die Stirn des Kindes, in ihrer feingefühlten Modellirung verletzt. Trotz diesen Unbilden, die sie erfahren, ist die Sistinische Madonna im Allgemeinen noch guten Standes; denn es lässt sich noch überall die Führung des Pinsels erkennen, so dass keineswegs von Verwaschenheit des Bildes zu sprechen ist." — War aber der erste Theil des offenbaren Klagelieds über den Ruin des Meisterwerkes, dessen Intonation uns eigentlich nur an *Virgils* „*Et veterem in limo ranae cecinere querelam*" erinnert, aus dem Innersten der Ueberzeugung entsprungen, so konnte der den Vordersatz doch theilweise widerlegende Schlusssatz gar nicht folgen. — Nachdem *von Quandt* schon gleichzeitig noch besonders in *Böttigers* „Kunstblatte" *Palmaroli's* Vertheidigung übernommen, auch die ausgezeichnetsten deutschen Künstler, welche zu jener Zeit in Rom lebten, mit ihren Namensunterschriften gegen jene anmasslichen Beurtheiler in der „*Augsburger Allgemeinen Zeitung*" eine kräftige Zurechtweisung hatten ergehen lassen, erhielt der Gerechtigkeit liebende *von Quandt* von Neuem Gelegenheit, die Sache zu verfechten, indem nach fast 30 Jahren abermals Bedenklichkeiten gegen *Pa'maroli's* Restauration kurz vor und bei der Uebersiedelung der K. Gemäldegallerie in das neue Museum auftauchten, worüber wir bereits in der *Einleitung* S. 102 u. 103 ausführlichst gesprochen haben.

K. Die Erwerbung des Gemäldes und einige andere Notizen.

Nachdem schon der Kurprinz *Friedrich August* auf seinen Reisen in Italien am Hochaltare der Benedictiner-Klosterkirche zu *Piacenza* das Gemälde mit dem stillen Wunsche wiederholt betrachtet hatte, das Bild für die damals erst in ihrer Ausbildung begriffene Dresdener Gemäldegallerie erwerben zu können, und im Verlaufe von etwa 30 Jahren sich sogar die Gelegenheit schon dargeboten hatte, sowohl die *Madonna di Foligno*, als auch die *heilige Cäcilia* und den *Violinspieler Rafaels* zu erlangen, ohne diese günstigen Zeitpunkte mit Klugheit benutzt zu haben, erhielt der Maler *Carlo Cesare Giovannini* in *Bologna* vom sächsischen Hofe den Auftrag, über den Zustand des Gemäldes der *Sistina* sich gründlichst zu belehren und Bericht darüber zu erstatten. Ueber die gründliche Besichtigung des Bildes, zu der, um recht gewissenhaft zu gehen, der ehrliche *Giovannini* den *Dottore Abbate Giovanni Battista Biamoni* noch hinzugezogen hatte, welcher über den Befund eine Art von Registratur aufnahm, sowie über den Kaufpreis und die einbedungene Copie, welche *Nogari* besorgte, nebst mehren Nebenumständen bei Erlangung dieser *Hauptperle* der Gallerie haben wir bereits in der *Einleitung* S. 73 u. 74 gesprochen. — Das Zeugniss des höchst uneigennützigen *Giovannini*, dessen Bemühungen die Gallerie eigentlich allein den Besitz des trefflichen Gemäldes verdankt, liest man auch in *Memorie originali italiane risguardanti le belle arti, serie prima; Bologna 1840.* — Eine würdige Anerkennung des hohen Werthes dieses Meisterwerkes hat *Quatremère de Quincy* in der *Histoire de la vie et des ouvrages de Raphaël*, sowie auch *Francesco Longhena*, welcher *Quatremère de Qincy's* Schrift in's Italienische übersetzte und mit vielen Anmerkungen, Zusätzen und zum Theil auch Berichtigungen versah. — Auch der für die Kunstgeschichte zu früh geschiedene *Fr. Kugler* hat, indem er das Ganze mit Gefühl aufgefasst, namentlich die von Anderen (wie wir sahen) getadelte *Madonna* als eine der *wunderbarsten Gestalten*, welche *Rafaels* Pinsel gezaubert hat, gewürdigt, indem er sagt: „Sie ist zugleich das hohe göttliche Weib, welches den Erlöser der Welt geboren hat, zugleich die zarte Erdenjungfrau, deren Demuth und Reinheit eines so hohen Preises gewürdigt ward. Es liegt in ihrem Gesichte etwas Unbegreifliches, ich möchte sagen ein schüchternes Staunen über das Wunder der eigenen Erhöhung und doch nicht minder die hohe Freiheit und das Bewusstsein des göttlichen Zustandes. Der Knabe, der kindlich, aber nicht kindisch nachlässig in ihren Armen ruht, blickt ernst hinaus in die Welt - nie wurde wieder, wie in den Zügen dieses Kindes, die Lieblichkeit der Jugend mit dem Ernste und dem tiefsinnigen Gedanken des heiligen Berufs in gleich ergreifender Weise vermählt. Das Auge des Beschauers kann sich nur mit Mühe von dem tiefen Eindrucke dieser beiden Gestalten losreissen, um auch die grossartige Würde des Papstes, die demüthige Ergebung der *Barbara* und die freundliche Unschuld der beiden Kinderengel zu betrachten." — Auch war *Kugler* der Annahme, dass das Gemälde ursprünglich zu einem Processionsbilde gedient, worüber wir uns schon oben ausgesprochen haben, nicht abhold: denn er sagt: „und wir können uns in der That keinen erhebendern Eindruck denken, als diese verklärte Erscheinung zur Eröffnung einer feierlichen Procession, von den Kerzen und Weihrauchdüften, den heiligen Gesängen des Ordens begleitet, über den Häuptern des anbetenden Volkes langsam vorüber schweben zu sehen." — Der Sage von den beiden lieblichen Engelknaben, als origineller Bildabschluss, haben wir bereits oben gedacht, und Viele, unter diesen selbst *Passavant*, waren auch wirklich stets der Ansicht, dass dem phantasiereichen, nie ruhenden Meister erst nach Vollendung des Bildes der untere, bereits mit Gewölke bedeckte Raum nicht gefallen, da er ihm zu leer erschienen und dass er, um die Leere zu füllen, diese gemüthlich aus dem Bilde herausschauenden, gleichsam als die am Ziele angelangten und gemächlich rastenden Vorläufer der auf den Wolken mit Windeseile herabschwebenden Madonna hinzugefügt habe. Als Belege dafür könnte allerdings die bei der letzten genauern Untersuchung und Restauration des Bildes unter der obersten, leicht aufgesetzten Farbenlage der unbedingt wohl von *Rafaels* eigener Hand ausgeführten Engelsbrustbilder noch sichtbaren Spuren der Pinselführung des zuerst gemalten Gewölkes angeführt werden. — Namentlich sind aber Diejenigen, welche bei der Behauptung stehen bleiben, dass das Gemälde uranfänglich ein „*Processionsbild*" gewesen, der Ansicht, dass diese beiden *Engelein* sammt der das Bild unten abschliessenden und mit dem Altar eigentlich vermittelnden Brüstung nebst der Tiara erst später gemalt worden seien, als das Gemälde zum Altarblatte dienen sollte. — Das *Convers.-Lex. für bild. Kunst* bemerkt ausserdem, dass dieses Wunderbild „*wohl ganz von Rafaels Hand herrührt*" und sagt: „Wie man bei der Reinigung an etlichen Stellen wahrgenommen hat, traf Rafael zu diesem Bilde keine andere Vorbereitung, als dass er die Composition mit Rothstein (?) auf die Leinwand aufzeichnete. Dann malte er auch sofort Mehres nach dem Modell, namentlich den Marienkopf, welcher die durch ideale Auffassung verklärten Züge einer Geliebten enthält. Der Kopf der heil. Barbara, der schwächste Theil des Bildes, mag ohne Hinblick auf das Modell, ohne Benutzung eines Studiums gemalt sein. Auch wird in dem schönen Engelknabenpaare nicht dasselbe Studium gefunden (?), welches in dem in jeglicher Hinsicht bewundernswürdigen Christkinde wahrgenommen wird." — Ferner will dasselbe behaupten, dass dem grössern Theile des Bildes die Eile der Ausführung anzusehen sei, und als Beleg dafür führt es namentlich an: „so steht z. B. das linke Auge im Marienkopfe etwas zu tief, was Passavant daraus erklärt, dass Rafael, indem er den Kopf nach dem Leben malte, mehr um die Idealisirung desselben, als um die Richtigkeit der Zeichnung besorgt war, oder dass er vielleicht auch nur einen Naturfehler(?) ohne Beachtung nachahmte. Ueberhaupt wird man immer mehr der Annahme Rumohrs beipflichten müssen, dass dieses Bild als Umgangsfahne *(Drapellone)* gemalt worden sei, in welchem Falle natürlich der Meister nicht ängstlich genau zu verfahren hatte."

— So viel steht fest, dass das Bild wohl ein „*Drapellone*", aber keine „*Umgangsfahne*" gewesen sein kann. — Uebrigens glaubten wir, hier die mannigfachsten kritisirenden und kritikasterischen Bemerkungen nicht unberührt lassen zu dürfen, um dem Leser namentlich zu zeigen, wie sich gewisse Kenner, welchen *von Quandt* die „*Flecken des Bildes als Kriterien*" überlassen will, wahrhaft abmühten, um wenigstens auch Etwas darüber gesagt zu haben, dieses seltene Kunstwerk auf irgend eine Weise zu bekritteln oder zu benagen. — Wenn endlich *von Quandt* sehr richtig bemerkt, dass ein so gedankenreiches Kunstwerk, wie dieses, unzählige Standpunkte geistiger Betrachtung zulässt, so war es kein Wunder, dass auch *Mosen* sich zu einer ihm eigenthümlichen poetischen Betrachtung gedrungen fühlte, aus der wir dem geneigten Leser zur Begutachtung einige Stellen gewissermassen nicht vorenthalten dürfen. Von der Madonna, dem Christkinde und den sie umgebenden Figuren sagt *Mosen*: „Wie im heftigen, wolkenzertheilenden Windeswehen, in welchem das blaue Uebergewand über ihr Haupt wie ein Segel links hinüberweht, trägt sie in ihren Armen den aufrecht sitzenden Knaben herunter. Er sitzt weniger auf ihren Armen, als in dem Gewande, welches sich zwischen ihren Händen zu einem Tragsessel spannt. Er thront darauf in göttlicher Ruhe, auf das linke Knie den rechten Fuss und um das Fussgelenk die linke Hand gelegt, während er die rechte weder zum Segnen, noch zu irgend einer andern Bewegung gebraucht, sondern sie nur an sich hält. Er erscheint hier nicht als der Sohn der Mutter, durch welchen wir ihm brüderlich nahe gestellt sind, sondern als der Sohn Gottes. Wer ist so rein im Herzen, um den entsetzenden Blick seiner Augen ertragen zu können? (Kein gutes Gewissenszeugniss, was sich *Mosen* da selbst gab.) — Es ist der Blick, mit welchem der junge Gott des fleischtödtenden Christenthums mit innerstem Abscheu zuerst die Niedertracht einer in Sündenlust versunkenen Welt erblickt. Dieser Knabe wird sie einst richten oder verdammen. Auch Maria trägt den Knaben nicht wie eine Mutter, sondern als eine Jungfrau, welche nie die Liebe zu einem Manne in dem Herzen gefühlt hat. Sie kennt in der Strenge übermenschlicher Unschuld keine Sünde, sie ist auch hier keine Vermittlerin der sündhaften Menschheit, deren Qualen sie nicht begreift. Die Verdammniss derselben wird von ihr zur Nothwendigkeit. So unerbittlich blicken Mutter und Sohn aus dem Himmel des Gemäldes heraus. Selbst die heilige Barbara ist in die Kniee gesunken, knittert beklommen das Gewand zwischen den Händen vor der Brust und blickt seitwärts über die linke Schulter herunter. Zu dieser Mutter mit diesem Sohne können nur das sündenverlassene Greisenalter, der heilige Sixtus, und die unschuldige Kindheit, die beiden geflügelten Engelknaben unten, ruhig emporblicken. Das Erdenleben zerdampft unter den Füssen der Gottreinen in ängstlich durcheinander qualmenden Nebelwolken." — Völlig in das unbegreiflichste Düster dichterischer Reflexion gehüllt, blieb uns aber der Satz: „Dieses Bild ist in seiner Wirkung so gewaltig, weil die hellene Kunst hier auf ihrem Gipfel ganz von dem ascetischen Geiste des Christenthums überwältigt, ihr eigenes Sittengesetz, die Sinnlichkeit verdammen muss. Dies ist der alte, fleischtödtende Geist des Christenthums, welcher hier, kaum noch von sinnlich schöner Form umschrieben, nur noch die feinste Linie zu durchbrechen braucht, um in den bilderstürmenden Fanatismus der ebräischen Dichter und Propheten des alten Testamentes und in den paulinischen Geist der anbrechenden Reformation überzugehen." — Worte von vielem Klang, aber........! —

L. Stiche und Lithographieen.

Zu den ältesten Stichen gehört der von *Christian Gottfried Schultze* (gr. *Imp. Fol.*) für das Gall.-Werk. Ein Hauptstich dieses Meisters. Abdrücke vor der Schrift, mit dem blossen sächsischen Wappen, sind sehr selten; doch sind die neueren in Paris besorgten Drucke von der noch im königl. Kupferstichcabinete befindlichen Platte, weil sie an Kraft und Reinheit die früheren übertreffen, vorzuziehen. — Als ein noch nicht übertroffener Meisterstich galt bis zum Erscheinen des Steinla'schen Stichs der von *Johann Friedrich Wilhelm Müller* (Sohn und Schüler des berühmten Kupferstechers, Professor *Joh. Gotthard Müllers* in Stuttgart) für den Kunsthändler *Rittner* in Dresden besorgte. *Müller*, von Jugend auf kränklich in Folge der bösartigen Pocken, erhielt im Jahre 1808 von Rittner den Auftrag. Die ihm von Dresden zugeschickte Zeichnung genügte ihm jedoch nicht, als er, um vor Beginn dieses grossen Werkes im Interesse desselben eine Reise nach Italien zu machen, von Stuttgart nach Dresden kam und das Original damit verglich. Er machte sich selbst eine Zeichnung, sowie besondere Studien, da ihm sein Vater stets gelehrt, dass vor Allem der Kupferstecher selbst ein guter Zeichner sein und sich auf Fremder Zeichnungen nicht verlassen dürfe. — Nachdem er 1809 von Italien zurückgekehrt, begann er den Stich mit einer wahrhaften Vorliebe. Trotz seiner Kränklichkeit ward das Begonnene sichtbar gefördert. Doch die Entfernung von dem Originale waren ihn oft noch störend, weshalb es für *M.* sehr erwünscht war, dass er im J. 1814 den Ruf an die Kunstakademie nach Dresden erhielt. Leider war aber seine neue Wirksamkeit als Lehrer selbst nur von kurzer Dauer. Die Nähe beim Originale seines Lieblingswerkes setzte ihn dagegen in den Stand, dasselbe mit allem Nothwendigen und Wünschenswerthen auszustatten. Doch er erschöpfte auch dabei die letzten Funken von Geistes- und Körperkraft. Mit der Vollendung des Meisterstichs hörte selbst für ihn die Möglichkeit auf, ferner der Kunst zu dienen, sowie überhaupt zu leben. Eine gänzliche Verzehrung, bei der er fast ganz ohne Nahrung hinschmachtend einem Träumenden, von dunkelen Phantasieen Bewegten glich, löste seinen Organismus auf. Die liebreichen Bemühungen eines berühmten Arztes schienen zwar Hoffnungen zur Genesung zu geben, besonders nach seiner Uebersiedelung auf den Sonnenstein. Allein seine Lebensgeister waren zu sehr schon erschöpft und er verlosch am 3. Mai 1816 wie eine des Oels entbehrende Flamme. Wenige Stunden nach des Künstlers Dahinscheiden kam der von Ramboz in Paris besorgte erste Druck seines Kunstwerkes in Dresden an. Um wenigstens noch im Tode den Künstler, der die Vollendung seines Werkes im Leben nicht sah, zu ehren, stellte man diesen ersten Druck, wie einst beim Rafael die „Verklärung", bei der Leichenausstellung auf. Ursprünglich kostete das Blatt 3 Louisd'or, doch stieg später der Preis auf 80 Thlr. und der der *Avant la lettre*-Drucke bis auf 100 und 150 Thlr. Nachstiche lieferten namentlich *Ignazio Pavon* und *F. Tosetti* (1821). Ein vorzüglicher Stahlstich ist von *F. Nordheim*, von dem bei *Rud. Weigel* ein erster Probedruck 16 Thlr. kostet. Lithographieen lieferten, ausser *Franz Hanfstängl, G. Bodmer, G. Weinhold, A. Maurin, Léon Noël, Th. Driendl*. In neuester Zeit erschien, Addr. *Ernst Arnold* in Dresden, der bekannte Meisterstich von *Moritz Steinla* (19¼ Z. breit und 26¼ Z. hoch), welcher unbedingt alle bisher erschienene Blätter übertrifft. *P. Lutz* stach vorher (dieselbe Addr.) das Brustbild der Madonna mit dem Kinde (5¼ Z. breit und 6¼ Z. hoch), ebenso auch die beiden Engel (10¼ Z. breit und 6¼ Z. hoch), welche letztere auch *Moritz Steinla* gestochen hat. Die Madonna mit dem Kinde erscheint auch von *Steinla* und *Felsing* bei *E. Arnold*, und bereits 1799 gab dieselbe *J. J. Agar* punktirt und in Farben gedruckt (rund 7 Z. 3 L. Durchm.) heraus; später ward sie von *J. C. Ulmer* gestochen und von *C. Piotti* unter *Longhi's* Leitung vollendet. Endlich sind noch die vom Maler *Jacob Schlesinger* in Originalgrösse auf Stein gezeichneten Köpfe des Sixtus und der Barbara zu erwähnen. Den letztern lithographirte er 1834 für den Carlsruher Kunstverein und den erstern gab er als Probeblatt für seine Sammlung von 5 Blättern mit Figuren und Köpfen aus diesem Gemälde nebst Umrissen und Beschreibung. —

Zusätze und Berichtigungen

zum

ersten Bande.

Einleitung.

Seite 10, Zeile 15 von Oben lies: *achtunddreissig* statt: *gegen vierzig*.

S. 10, Z. 3 von Unten ist zuzufügen: Die Platten sind im Kupferstichkabinet aufbewahrt und man kann noch jetzt von 154 Platten Abdrücke erhalten. Ein Catalog derselben erschien 1857 unter dem Titel: „*Choix Gravures d'apres les Tableaux de la Gallerie Royale de Dresde etc. qui se vendent au Cabinet Royal d'Estampes.*" 4.

S. 13, Z. 11 von Oben ist nach *Riedel* einzuschalten: Nach diesem „*Verzeichniss der Gemälde, welche in der Churfürstlichen Gallerie zu Dresden befindlich sind*" (ohne Verfassers Namen) erschien 1806, ebenfalls von *J. A. Riedel*, im Verlage der Waltherschen Hofbuchhandlung ein Catalog unter dem Titel: „*Beschreibung der churfürstlichen Gemälde - Gallerie in Dresden. Mit Anmerkungen und einem alphabetischen Künstlerverzeichnisse.*" Das Titelkupfer war der Aufstich des bereits dem Abrégé beigegebenen, mit der Schrift: „*Pierre Huttin Sculp. 1754*" (kostete 22 Gr.), und 1812 erschien davon eine neue, durchaus verbesserte Auflage ebenfalls im Verlage der Hofbuchhandlung.

S. 26 ist an Note ***) zu fügen: „Auch wird in Michaelis *Inscriptiones* S. 510 f. der auf dem Frauenkirchhofe befindlich gewesene Leichenstein eines *Conradus Conradi pinacothecae electoris Saxoniae praefectus*, geb. 13. Febr. 1647, † 23. Dec. 1690, aufgeführt.

S. 36, Z. 15 von Oben bei „*Steinhäusser*" zuzufügen: „(starb zu Dresden 2. Jan. 1757, 86 Jahre alt)."

S. 39, Z. 8 von Oben statt „*Jacob de Wit*" lies *Jacques de Witte*.

S. 54, Z. 6 von Oben ist beizufügen: „Auch müssen in diesem Jahre aus Neapel Bilder angelangt sein, weil es in den Dresdener Anzeigen von 1743, No. 67 heisst: „*20. August 1743 sind beiderseits Königliche Majestäten von Moritzburg anhero gekommen, und haben auf dem Stalle die von Neapolis kürzlich anhero gebrachten Schildereien in Augenschein genommen.*"

Zusätze und Berichtigungen.

S. 60, Z. 10 von Unten ist zu „*Zecchinen*" die Note *) zu setzen: „*Sollen dazu eigends in Venedig geschlagen worden sein. Die Magdalene von Correggio soll mit 27,000 Scudi allein im Kaufe veranschlagt worden sein.*"

S. 69, Z. 2 von Unten ist einzuschalten: „*Man zahlte für dieses seltene Bild sammt dem S. Francesco von Guercino und einer Carita Romana von Pasinelli 1650 Ducati d'oro.*"

S. 77, Z. 11 von Unten ist nach (1155) einzuschalten: „von *van Dyk* männliches Portrait (No. 942)" — und **Zeile 12 von Unten** ist statt 1044 — 1074 zu lesen.

S. 93, Z. 13 von Oben statt „*Sophia*" ist *Rebecca* zu lesen.

S. 95, Z. 2 von Oben ist anzufügen: Nach *Fiorillo* wurde *Wogaz* nur mit 14 Jahren Zuchthaus bestraft.

S. 98, Z. 15 ist einzuschalten: Inspector *Schweigart*, Enkel *Riedel's*, ward zu *Palmaroli* ein Jahr nach Rom auf königliche Kosten geschickt, um die Restaurationskünste zu erlernen, hat jedoch seine dort erlernten Künste nie für die Gallerie geübt.

S. 103, Z. 8 von Oben statt *Musen* lies *Musik*.

S. 140, Z. 14 von Oben statt *Hähnel*" lies „*Bildhauer Schilling in Dresden, Schüler des Prof. Hähnel*".

Erste Abtheilung der Gallerie.

S. 1 ist am Schlusse anzufügen: „*Ausgeführt von Carl Rolle*".

S. 3 zu No. 652 ist beizufügen: „*Stich von Zucchi* mit Erklärungsblatte in Contour.

S. 8 ist zuzufügen: „*Waagen* erkennt zwar mit Sicherheit in der *Kreuzigung*, dass dieselbe nach einem Carton des *Quintin Messys* gewirkt worden ist, dagegen zeige sich in der *Kreuztragung*, welche ihm *J. Hübner* ebenfalls mit vollem Rechte beimessen zu können glaube, augenscheinlich ein anderer, in den Köpfen ungleich derberer Meister, welcher mit dem der *Anbetung der Hirten* und der *Himmelfahrt* übereinstimmt, obwohl die Arbeit der Weber daran etwas besser ist als an letzteren."

S. 10, Z. 10 anzufügen: „Auch gestochen von *Marc-Antonio Raimondi*."

S. 17, Z. 9 ist einzuschalten: „Die *Arazzi della Scuola vecchia* sind unbedingt von *Rafael's* eigener Hand entworfen, während die *Arazzi della scuola nuova* zwar ebenfalls nach *Rafael's* Entwürfen, doch von seinen Schülern als Patronen erst ausgeführt und auf Kosten *Franz's* I. von Frankreich zu *Arras* gewobt und dem Papste zum Geschenke gemacht worden sein sollen."

S. 20, Z. 7 v. O. einzufügen: „*Tod des Ananias* ist auch von *Agostino Venetiano* gestochen."

S. 20, Z. 21 v. U. ist hinter „*Mantua*" einzuschalten „(in der Kirche *St. Barbara* und im Dome. Vgl. *Candioli Descrizione di Mantova*

Zusätze und Berichtigungen. 3

Lett. pittoriche Tom. VII. S. 58, und *Bettinelli delle lettere Mantovana* sagt, dass der Herzog *Guilielmo* sie vom Kardinal *Hercules*, der zu *Trident* während des Concils starb, geerbt habe. *Fiorillo* Thl. I. S. 95. Not. d.)"

S. 24 unter Z. 10 ist hinter „*aufgestellt wurden*" zu fügen: 1813 wurden sie in der sogenannten Doubletten-Gallerie auf der Brühl'schen Terrasse aufgehangen, als in diesem Saale Concerte und Bälle von Seiten des russischen und preussischen Gouvernements abgehalten wurden.

S. 25 zu No. 451: „Allerdings stimmen die Züge der *Semiramis* in diesem Bilde nicht mit den Schilderungen, welche *Ammianus*, *Diodorus Siculus* und *Porphyrius* von ihr geben. Uebrigens scheint diese fast die ganze, damals bekannte Welt erobernde Königin, die nach gewöhnlicher Annahme um's Jahr 1230 vor Christus lebte, wohl mehr als eine *mythische* Person zu betrachten zu sein."

S. 26, No. 433 statt *Caracci* liess *Carracci*.

S. 27 zu No. 425: „Die Gestalt des *Matthäus* scheint sowie der *Engel*, mit der Papierrolle, aus einem Bilde *Correggio's* entlehnt zu sein und diesen Meister sowie eines seiner Kinder vorzustellen. (Vgl. No. 136. Saal D. S. 115.)

S. 28 zu No. 417: *Guido Reni* hat dieses B. in Kupfer gestochen, jedoch sich gestattet, *zwei Figuren* zuzusetzen. *Bellori*, welcher das B. beschreibt, ohne es gesehen zu haben, hat es wahrscheinlich nur nach dem Kupferstiche gethan."

S. 29 zu No. 525: „Erinnert eher an *Martino Damago*, der als spanischer Soldat unter *Carl V.* diente, und vor *Ingolstadt* den riesigen, deutschen Hellebardierer erlegte."

S. 30, Z. 9 v. O. statt *Barberini* lies *Sciarra*.

S. 34 zu No. 490: Stich von *Raphael Morghen* und Lithographie von *Fr. Hanfstängl*.

S. 37 zu No. 563: „Die *Minerva* fehlt allerdings unter den Anwesenden."

S. 39 zu No. 457: „*von Quandt* war einverstanden mit der historischen Erklärung dieses Bildes und äusserte deshalb in einem Briefe an den Verf.: „*Schon die derbe Gestalt des Weibes ist der Natur einer Hirtin angemessener, als einer idealen allegorischen Figur.*"

S. 39 zu 492: „*Guercino* war ein älterer Zeitgenosse des *Calderon*, der in der „*Tochter der Luft*" (2. Thle.) in zwei Scenen *die Semiramis kämmend vorführt*, daher *von Quandt* muthmasst, dass der Dichter vielleicht das Bild des Künstlers gesehen habe."

S. 41 zu 450: „*Venus Erycina*" und „in *Malvasia Felsine pittrice, vite de pittori Bolognesi (IV.* S. 99) ist merkwürdiger Weise das B. nicht unter den Gemälden der Modeneser Gall. erwähnt."

S. 43 zu 207: „Nach *von Quandt*, im artistischen Notizenblatte No. 4, 1827, ist es das berühmte Bildniss der *Catharina Cornaro*,

4 Zusätze und Berichtigungen.

welchem *Ridolfi (Le Maraviglie dell' Arte*, S. 137) das höchste Lob ertheilt, wenn es nämlich das Original ist: denn *Ridolfi* sagt, dass *unzählige Copieen* von diesem B. gemacht wurden." — „Nach *Riedel's* Tagebuche, 1744—1760: Im Jahre 1747 kam das B. zum grössten Aerger des Inspectors *J. A. Riedel*, als eine *Copie* betrachtet, wofür es sein College *Pietro Guarienti* erklärt hatte, in das königl. Schloss nach *Warschau*, kehrte jedoch glücklicher Weise schon 1752, auf Befehl des Königs *August III.*, nach Dresden in die Gall. zurück."

S. 45, Z. 15 v. U. statt *Madrid* lies *Neapel.*

S. 45, Z. 1 v. U. werde hinzugefügt: „und lithographirt von *H. Bucker* (Addr. *E. Arnold*.)"

S. 46 zu No. 197: „Auch lithographirt von *Scherle* (Addr. *E. Arnold*)."

S. 47 zu No. 208: „Sowohl *Marc-Antonio's* grösstes Meisterwerk, als auch *W. Hollar's* Stich stellen allerdings ein anderes Portrait von *Aretin* dar. Die vollständige *beissende* Inschrift unter *Hollar's* Blatte ist: *Questo i Pietrò Aretino Poeta Tosco, que d'ogni un disse mal eccetto di Dio, Scusandosi con dir, non lo conosco.*"

S. 48 zu Z. 6 v. U.: Auch *von Quandt* ist nach brieflicher Mittheilung an den Verf., sowie auch Director *Waagen*, in seinen Bemerkungen etc., mit *Rumohr* einverstanden, dass es ein B. des *P. Farinato* sei.

S. 51, Z. 2 v. O. statt *goldbracatirt* lies *goldbrocatirt.*

S. 51 zu No. 224: Aus brieflicher Mittheilung *von Quandt's*: „*Here* zeigte sich nur dem *Paris* nackt. Zwar hat sie *Correggio* 1518 im Gartenhause des Nonnenklosters *St. Paolo* in *Parma* merkwürdiger Weise nackt dargestellt, wie sie *Jupiter* zur Strafe ihrer Eifersucht bei den Armen aufgehangen hat. Die Benennung „Venus" ist nur eine allgemeine Bezeichnung aller Bilder nackter Frauen. Das B. des *Palma* aber ist nichts als eine Studie, wozu ihm seine Tochter *Violanta* diente."

S. 53 zu No. 273: *Waagen* bemerkt, dass das B. *zu roh und manirirt für Medola sei.*

S. 55 zu No. 216: *Waagen* bemerkt, *dass ihm nie eine Malerei des Sassoferrato* von dieser Wärme und Klarheit der Malerei vorgekommen sei. Er hält daher das Bild für ein Original des *Vincenzo Catena.* „Besonders charakteristisch", sagt *Waagen*, für ihn sind die etwas scharfen Brüche der Gewandfalten und die Landschaft. Dieser bis zum Jahre 1530 lebende Künstler hat nicht blos Bilder in der bedingten Kunstform gemalt, wie das Bild No. 191 dieser Gallerie, sondern ist in seiner spätern Zeit ein Maler in der ganz vollendeten Kunstform des 16. Jahrhunderts, wie sein mit dem Namen bezeichnetes Bildniss in der *kaiserlichen Gallerie zu Wien* beweisst. Bei seinen Landsleuten galt er für einen der ersten, damals lebenden Maler seiner Schule, wie aus einer Aeusserung des Briefes eines venetianischen

Zusätze und Berichtigungen.

Edelmanns über den Tod *Rafael's* hervorgeht, von dessen wesentlichem Theile *Passavant (Rafael von Urbino* etc. Thl. I. S. 327) eine Uebersetzung gegeben hat." — Ein Stich ist von *C. Siedenkoff* (Addr. *E. Arnold* in Dresden)

S. 55 zu No. 199: „Früher galt das Bild als ein *Palma Vecchio. Matthäi* sagt (im Catal. 1835): „„Einige wollen dieses feurige kräftige Gemälde dem *Giorgione* zuschreiben; man hat indess den Vergleich zwischen diesem Meister und den übrigen Werken *Palma's* zu sehr in der Nähe, um diese Meinung nicht leicht berichtigen zu können."" 1850 ff. ist es jedoch unter *Giorgione* aufgeführt." —

S. 57 bei No. 210 lies *Tiziano* statt *Titian.*

S. 57 zu No. 210: Soll *die Tochter des Tintoretto* sein.

S. 58, Z. 5 ist einzuschalten: Das *Weigel*'sche Costümbuch von 1570 beweist, dass diese Art *Fächer* damals noch in fast ganz Italien Mode war.

S. 71, Z. 1 v. O. einzuschalten: „nachdem es früher (nach 1820) durch den Maler *Lehmann* aus *Leipzig* eine Art von Restauration erhalten hatte."

S. 72 zu No. 281: „*Von Quandt* hat dieses Bild in seinem „Begleiter" ganz besonders gewürdigt."

S. 75 zu No. 63: *Hirt* wollte es dem *Giorgione* zuschreiben (vgl. Artist. Notizenblatt 1826, No. 7). —

S. 79 zu No. 191: Das Bild ist unbedingt aus der frühern Zeit des Künstlers, in der er noch die feierliche Anordnung liebte.

S. 88 zu No 287: *Waagen* sagt: „*Ich finde in dem schweren Tone, in dem wenig freien Vortrage einen so erstaunlichen Abstand von so wunderschönen Werken dieses Meisters, wie die grossen Bilder No. 276, 277, 278, dass ich darin nur eine gute, alte Schulcopie zu erkennen vermag*" — *Von Quandt* äussert dagegen im Restaurationsberichte, 1827: „*wahrscheinlich von Tintoretto.*"

S. 90 zu No. 283: *Von Quandt* im Restaurationsberichte von 1827 setzt nur: „angeblich von *Paul Veronese.*"

S. 91 zu No. 61: Das B. ward 1845 wegen Abblätterung auf neue Leinwand gezogen und von alten Restaurationen befreit durch Inspector *Schirmer.*

S. 97 zu No. 132: Nach *Waagen* trug dieses B. früher die Jahreszahl „1514", die aber jetzt gänzlich verschwunden ist. *Waagen* sagt: „*Der Verlust derselben ist aber sehr zu beklagen, indem sie eine unschätzbare Urkunde für die Frühreife dieses wunderbaren Talents war. Es geht nämlich daraus hervor, dass der im Jahre 1494 geborene Künstler dieses Bild in seinem 20sten Jahre gemalt hat. Schon an einem andern Orte (Kunstwerke und Künstler in England, Th. II. S. 80) habe ich bemerkt, dass es einen namhaften höhern Grad der künstlerischen Ausbildung zeigt, als das von Raphael in seinem 21sten Jahre ausgeführte Sposalizio in der Brera zu Mailand. Obgleich ich nun jene Jahrzahl, wie alle, durch die Stelle der Bilder mir zugänglichen, Aufschriften der Dresdener Gallerie, möglichst getreu copirt habe, so ist die Erscheinung dieser künstlerischen Reife in so früher Zeit doch so wunderbar, dass sie bei Manchem Zweifel erregen könnte. Glücklicherweise ist indess ein, nach urkundlicher Beglaubigung nur drei Jahre später von Correggio ausgeführtes, Bild vorhanden, welches durch die grosse Verwandtschaft zu dem Bilde des heil. Franziskus die frühe Zeit desselben bestätigt. Dasselbe wurde im Jahre 1517 von Melchior Fassi in Correggio bestellt (Pungileoni, Memorie istoriche di Antonio Allegri detto il Correggio, Th. I. S. 59) und stellt in lebensgrossen Figuren den heiligen Petrus etc. dar. Es befindet sich jetzt in der Sammlung des Lord Ashburton in London"* etc.

S. 101, Z. 12 v. O. satt „einer Bilder" lies „seiner Bilder".
S. 103, Z. 2 v. U. ist einzuschalten: Von *Maratti* in Bister getuscht im königl. Kupferstichkabinete zu Dresden.
S. 106, Z. 17 v. U. lies *feierlichen* statt *friedlichen*.
S. 112 zu No. 135: Nach *Pungileoni* hat *Correggio* am 14. Oct. 1522 nur 40 Lire als Handgeld *(arra)* erhalten und der Künstler ward von der Vollendung des Bildes durch die Ausführung der Fresken in den beiden Kirchen zu Parma abgehalten, so dass es erst 1526 abgeliefert werden konnte.
S. 115, Z. 13 v. O. ist einzuschalten: „Im *königl. Kupferstichkabinete zu Dresden* befindet sich eine Tuschung in Bister von *Maratti*. — Stich von *A. Lefèvre* und *Rahl* (Addresse *E. Arnold.*) — Durch ein neues Firnissgeben hat das B. bedeutend gewonnen. Es tritt aber auch nach mehrer Kunstkenner Ansicht einiges minder Gute mehr hervor, z. B. „*das Kind erscheint etwas zu kalt in der so warmen Umgebung.*"
S. 120 zu No. 136: Eine Bistertuschung von *Maratti* befindet sich im *königl. Kupferstichkabinete zu Dresden*. — Bekanntlich hatte das B. am untern Theile etwas in der Uebermalung gelitten, was sogar sehr störend war. Diese Störung ist jedoch jetzt durch eine umsichtige und saubere, vom Inspector *Schirmer*. besorgte Restauration dieser Theile des Bildes spurlos verschwunden.
S. 120 zu No. 119: Die ersteren Cataloge *Matthäi's* führen dieses Bild unter „*G. Batt. Benvenuti*, genannt *Ortolano.*"
S. 121 unter No. 336 lies „*Bellucci*" statt „*Belucci*."
S. 122 zu No. 125: Schon im Sommer 1820 gab der Oberkammerherr *von Friesen* das B. dem Maler *Lehmann*, der sich als Restaurateur ausgebildet hatte, zur Herstellung.
S. 123 unter No. 67, Z. 9 statt „*das Kirchenmodell*" lies „*mit dem Kirchenmodelle.*" — Der Stich von *P. Lutz* ist bei *E. Arnold in Dresden* erschienen. — Auch dieses Bild erhielt 1820 der leipziger Maler *Lehmann* vom Oberkammerherrn *von Friesen* zur Restauration.
S. 127 zu No. 51: Stich von *Lefèvre* (Addr. *E. Arnold.*)

Zusätze und Berichtigungen.

S. 131 zu No. 48: Auf der Rückseite steht die Inschrift: „*EQUES. BENEDICTVS. LVTI. PINGEBAT. ANNO. 1722.*" — Zu No. 47: Auf dem Rücken des Bildes liest man die Schrift: „*Eques Benedictus Luti Romae faciebat. 1723.*"

S. 134 zu No. 36 ist anzufügen: „*Holz 1 Fuss 5 Zoll hoch, 1 Fuss breit.*"

S. 137 zu No. 110: Ein neuer Stich ist von *Zimmermann*, Addr. *Reichel* in Dresden, erschienen. Das Bild hat namentlich Ende des vorigen Jahrhunderts Prof. *Graff* sehr oft copirt.

S. 137, Z. 7 v. U. lies „*Thyiaden*" statt „*Thyaden.*"

S. 145 zu Z. 7: Die Copie ist noch in *Castellazzo*; es ist ungewiss, ob dieses Bild *al fresco* oder *a tempera* mit *bianco di S. Giovanni* gemalt ist. Ueber die Gefahr, in welcher dieses Bild in *Castellazzo* sich befand, hat *von Quandt* in einer Note zu *Lanzi* berichtet. — *Waagen* bemerkt: „Nach dem grossen Altarbilde des *Bernardo Zenale* in der Gall. der *Brera* möchte dieses Bild am Ersten von diesem Meister herrühren."

S. 149 zu No. 27: *Von Quandt* bezeichnet im Restaurationsberichte von 1827 es als *eine Skizze des Andrea Vannucchi*.

S. 151 zu No. 53: Das Colorit ist im Ganzen zu eintönig, und das *Roth* und *Braun* sind die vorherrschenden Farben.

S. 152 zu No. 99: Neuer Stich von *F. Knolle* (Addr. *E. Arnold.*)

S. 152 zu No. 64: Stich von *A. Hoffmann* (Addr. *E. Arnold.*)

S. 159, Z. 9 lies *Guarienti* statt *Quarienti.*

S. 161 statt No. 14 lies 15. — *Von Quandt* bemerkte brieflich an den Verf.: „Dass dieses B. aus der Schule des *Botticelli* abstammen solle, ist eine kühne Behauptung: denn die Dickleibigkeit ist mehr *nürnbergisch* als *florentinisch*."

S. 163, Z. 13 statt *Quarienti* lies *Guarienti*.

S. 165 ist statt No. 22 zu setzen 21.

S. 168 ist No. 87 statt 81 zu setzen.

S. 172 unter Decoration ist Z. 6 und 10 jedesmal „*farbig*" statt „*weiss*" zu lesen.

S. 173 unter No. 49 ist statt *zu* — „*zur Madonna*" zu lesen.

S. 177, Z. 18 v. U. ist zu berichtigen, dass dieses Normalweib, welches man mit Sicherheit für die *Fornarina* halten kann, nicht das Kind auf das Wunder aufmerksam macht, sondern vielmehr die Jünger anruft, und auf einen epileptischen Knaben zeigt, welchen jene jedoch nicht heilen konnten.

S. 181, Z. 9 sind folgende dem Verf. von *von Quandt* wenige Wochen vor seinem Tode freundschaftlichst mitgetheilte Notizen zuzufügen: „Man hat es aufgegeben, die Züge der *Fornarina* für das Vorbild *Raffaelischer Madonnen* zu halten, und es ist nicht zu leugnen, dass keine Einzige an das Bild der Geliebten des *Raffael* erinnert, welches sich im *Palast Barberini* befindet, wobei zu bemerken, dass die Bilder in diesem Palaste wie in der *Gallerie Borghese zwei verschiedene Exemplare* sind, von welchen man ersterem den Vorzug giebt. Jedoch ist es noch unentschie-

Zusätze und Berichtigungen.

den, ob eines dieser Portraite *Raffael* gemalt hat; denn der Name „*Raffael*", welcher *auf dem Armbande steht*, beweisst nichts. — Ueber die Bildnisse der *Liebschaften des Raffael* findet sich übrigens eine sehr gründliche Untersuchung bei *Francesco Longhena, Storia della vita e delle opere di Raffaelo Sanzio da Urbino*, S. 657. — Dass die *Fornarina* als Modell zur *Galatea* gedient habe, widerspricht geschichtlichen Urkunden: denn in einem Briefe beklagt sich *Raffael* zu der Zeit, als er dies Bild in der Farnesina malte, dass jetzt in Rom ein Mangel an schönen Weibern sei, und er sich daher gewisser Ideen bedienen müsse. Daraus folgt, dass die *Fornarina* damals wohl noch nicht dem *Raffael* als Modell diente. Auch sind in diesem Bilde *auffallende Zeichnenfehler*, wodurch bestätigt wird, dass es an Modellen mangelte. *Rumohr* betrachtet diesen Brief als einen Beweis, dass schon *Raffael* eine idealistische Richtung genommen hätte. (*Raffael's* Worte sind in dem Briefe, welchen er an *Baldassare Castiglione* schreibt, folgende: „*Della Galatea mi terrei un gran maestro se vi fossero la metà delle tante cose, che V. S. mi scrive; ma nelle sue parole riconnosco l'amore, che mi porta: e le dico che per dipingere una bella me bisogneria veder piu belle, con questa condizione, che V. S. trovasse meco a far scelta del meglio. Ma essendo carestia e dei buoni giudicj, e delle belle donne, io mi servo di certa idea, che mi viene alla mente. Se questa ha in se alcuna eccellenza d'arte, io non so, ben mi affatico di averla.*" (Vgl. *J. Longhena, istoria etc., p. 108.*) (Eine heil. *Catharina* von *Raffael* war sonst auch in der Gall. *Aldobrandini* zu Rom und sie besitzt jetzt *Will Beckfort* in *Bath*.) „Neuere Kunstkenner wollen *Maddalena Strozzi Doni* für das Vorbild zu der *Madonna di Sisto* halten. Das Bildniss dieser schönen Frau, gemalt von *Raffael*, ist seit 20 Jahren im Besitze des Grossherzogs von *Toscana*. Stich von *Marco Zignani*. Wenn den Künstler der Anblick einer Schönheit dazu begeistert, die heilige Jungfrau darzustellen, so hört der reale Gegenstand auf, ein solcher zu sein, und wird zum Ideale, das Individuum verschwindet im Lichte der künstlerischen Verklärung."

S. 183, Z. 13 v. U. sind hinter „*Infulen*" die Worte: „*nebst Hirtenstab*" einzuschalten.

S. 184, Z. 11 ist statt „*hat*" — „*habe*" und statt „*ist*" — „*wäre*" zu lesen.

S. 192, Z. 15 v. O. lies „*Grossheit*" statt „*Grossthat*".

S. 197 ist leider der Columnentitel „*Eckfiugel*" statt *Eckflügel* gesetzt worden. — Unter I. Z. 6 lies 30 statt 20.

S. 199, Z. 2 statt „*Passarat*" lies „*Passavant*".

S. 201, Z. 18 ist folgende gegen den Verf. gethane briefliche Aeusserung des sel. *von Quandt* einzuschalten: „Es ist richtig bemerkt, dass die *Engelsköpfe später in den untern Raum hineingemalt wurden*: denn man sieht deutlich die Pinselstriche, mit welchen die Wolken gemalt sind, durch die Haare der Engel hindurchschimmern. Ich gestehe, dass diese Entdeckung mir nicht lieb ist: denn sie stört meinen Glauben, dieses Bild sei in seiner Gesammtheit, als himmlische Erscheinung, aus *Raffael's* Phantasie hervorgetreten. In diesem Bilde ist jede Einzelnheit ein nothwendiger Theil des Ganzen und ein so unzertrennlicher Zusammenhang, dass man nicht denken kann, noch mag, die Engel wären vom *Raffael* nachmals als *Lückenbüsser* gemalt worden. Als integrirende Bestandtheile der Sphäre der Menschheit, deren Gipfel die jungfräuliche Mutter und ihr Sohn sind, dürfen die himmlischen Knaben, als *Engelskindheit* nicht fehlen, ebensowenig wie *S. Barbara* als *holdselige Jugend* und *S. Sisto* als *Würde des Alters*, und dennoch — es lässt sich nicht leugnen — *sind die Engel spätere Zusätze*. So muss jener holde Glaube und Wahn doch aufgegeben werden, wie es so oft geschieht, dass eine Wahrheit uns um eine glückliche Täuschung ärmer macht. Es fällt mir jedoch so eben ein Trost ein. Was *Kant* „*eine discursive Erkenntniss*" nennt, ist ein Gedanke, der sich von Begriff zu Begriff entwickelt — man würde sich jetzt lieber des Ausdrucks „*Evolution der Idee*" bedienen. — So hat sich in *Raffael's* Bewusstsein die Idee discursiv entwickelt, allein sie lag schon in ihrer Totalität in seinem Geiste. Freilich verliert durch diese psychologische Auseinandersetzung die Idee des Künstlers den Glanz der Inspiration und wird zu einer Reflexion, jedoch gewinnt im vollendeten Kunstwerke die sich successiv entfaltete und in ihre untergeordneten Begriffe zerlegte Idee die ursprüngliche Einheit der Intuition wieder." —

S. **203**, Z. 9 v. Unt. statt „*waren*" lies „*war*" und Z. 8 v. U. füge vor „*ihn*" das Wörtchen „*für*" ein.

S. **204 am Schlusse** ist noch zuzufügen: Eine Abhandlung über die *sistinische Madonna* ist vom Geheimen Medicinalrathe Dr. *Carus* in dem *Tiedge*-Album abgedruckt, nachdem er sie früher in der *Albina* vorgetragen hatte.